Bhakti-Yoga

Werke von Śrī Śrīmad A.C. Bhaktivedanta Swami Prabhupāda

Bhagavad-gītā wie sie ist
Śrīmad-Bhāgavatam, Canto 1-10 (12 Bände)
Śrī Caitanya-caritāmṛta (11 Bände)
Kṛṣṇa – Die Quelle aller Freude (2 Bände)
Der Nektar der Hingabe
Die Lehren Śrī Caitanyas
Die Lehren Königin Kuntīs
Die Lehren Śrī Kapilas
Die Schönheit des Selbst
Bewußte Freude
Leben kommt von Leben
Im Angesicht des Todes
Bhakti-Yoga – Der Pfad des spirituellen Lebens
Der Nektar der Unterweisung
Śrī Īśopaniṣad
Jenseits von Raum und Zeit
Vollkommene Fragen, vollkommene Antworten

DER PFAD DES SPIRITUELLEN LEBENS

Bhakti-Yoga

ŚRĪ ŚRĪMAD

A.C. BHAKTIVEDANTA SWAMI PRABHUPĀDA

Gründer/Ācārya der Internationalen Gesellschaft für Krischna-Bewußtsein

THE BHAKTIVEDANTA BOOK TRUST

The Journey of Self-Discovery/Kṛṣṇa, the Reservoir of Pleasure/
Message of Godhead (German)

Für weitere Informationen stehen Ihnen
folgende Zentren zur Verfügung:

Deutschland:
ISKCON
Postfach 1172
55759 Birkenfeld
Tel.: 06782-980436 oder 2214
Fax: 06782-980437

Schweiz:
Krishna-Tempel
Bergstrasse 54
CH-8030 Zürich
Tel.: 01-262 33 88
Fax: 01-262 31 14

Österreich:
Vedisches Kulturzentrum
Markt 58
2770 Gutenstein
Tel. & Fax: 02634-7731

---

e-mail (Deutschland): hkd@com.bbt.se
e-mail (Schweiz): hkch@com.bbt.se
e-mail (Österreich): hka@com.bbt.se

http://www.shamantaka.org

ISBN 91-7149-400-6

Inhalt

Einleitung

Sollte man in einem erfüllten Leben nicht mehr sehen als nur einen Wettlauf durch ein Selbstbedienungsparadies für Konsumenten? Wer mit der spirituellen Weisheit Indiens vertraut ist, mißt Erfolg und Glück mit einem anderen Maßstab als der Größe des Autos und der Quadratmeterzahl der Eigentumswohnung. Für einen solchen Menschen zählen nicht so sehr die erlebten Sensationen oder andere Dinge, die man schnell noch mitnehmen kann, bevor die Zeit abgelaufen ist.

Ein Suchender, der sich auf den Pfad des spirituellen Lebens begibt, wird sich bemühen, etwas Nützliches zu lernen und dauerhafte Schätze anzusammeln. Seine Aufmerksamkeit gilt dem Bewußtsein, dem Identitätsgefühl, dem inneren Selbst, denn alles andere wird einem am Ende ohnehin entgleiten.

Unzählige Menschen sind in der Vergangenheit bereits diesen Pfad, den Pfad des *bhakti-yoga,* mit Erfolg gegangen, und viele gehen ihn auch in der Gegenwart. Er führt nicht ins Ungewisse, sondern zu Wissen, Ewigkeit und Glückseligkeit, den eigentlichen Zielen des menschlichen Lebens.

Die ursprünglichen Quellentexte über *bhakti-yoga* sind die Veden, die Weisheitsschriften des alten Indien. Das offenbarte Wissen dieser Schriften ist unentbehrlich, doch gleichzeitig erklären sie, daß Buchwissen allein uns nicht ans Ziel führen kann – genauso wie man durch das Lesen medizinischer Bücher noch kein Arzt werden kann. Man braucht die Ausbildung und Anleitung eines erfahrenen Lehrers, der den Pfad des spirituellen Lebens kennt, weil er ihn selbst bereits gegangen ist.

Śrīla Prabhupāda, der spirituelle Meister und Gründer der Internationalen Gesellschaft für Kṛṣṇa-Bewußtsein, ist der bedeutendste Lehrer des *bhakti-yoga* und Sanskritgelehrte in unserem Jahrhundert. Er verfaßte über siebzig Bücher, darunter vierzig Bände mit kommentierten Übersetzungen der größten Klassiker der vedischen Literatur. Doch seine größte Qualifikation ist wohl, daß er konsequent vorlebte, was er in seinen Büchern lehrte.

In *Bhakti-Yoga – Der Pfad des spirituellen Lebens* findet der Leser Gespräche, Vorträge und Essays, in denen Śrīla Prabhupāda auf authentische und lebendige Weise die grundlegenden Wahrheiten des *bhakti-yoga* vermittelt. Alle ausgewählten Texte (bis auf das Essay „Die Botschaft Gottes") erschienen ursprünglich im Magazin *Back to Godhead*, das Śrīla Prabhupāda 1944 in Indien selbst gegründet hatte.

Die Texte verlangen vom Leser keine Vorkenntnisse. Man kann sich daher je nach Interesse einzelne Texte oder Kapitel heraussuchen oder auch die sieben Kapitel der Reihe nach lesen. Diese sind thematisch so angeordnet, daß sie in einer systematischen Abfolge die verschiedenen Schritte auf dem Pfad des spirituellen Lebens beschreiben, der uns aus der Wüste des Materialismus in die spirituelle Welt führt.

Die erste Station auf unserem Weg ist „Die Wissenschaft der Selbsterkenntnis". Die spirituelle Seele, unser bewußtes Selbst, ist nicht das Ergebnis einer zufälligen Kombination von Materie; vielmehr ist sie die Quelle des Bewußtseins, das den vergänglichen Körper mit Leben erfüllt.

Der Naturwissenschaft ist es bis heute noch nicht gelungen, den Ursprung des Bewußtseins zu erklären. Im Gespräch mit dem Physiker Gregory Benford erklärt Śrīla Prabhupāda: „Wir sagen nicht, daß naturwissenschaftliches Wissen nutzlos sei. Mechanik, Elektronik – auch das ist Wissen..., aber der Kernpunkt ist *ātma-jñāna* – Selbsterkenntnis, Wissen über die Seele."

Wenn man erkannt hat, daß man spirituelle Seele und nicht die äußere Maschinerie des Körpers ist, ist man bereit für den nächsten Schritt. Śrīla Prabhupāda sagt in *Der unsichtbare Weltenlenker:* „Selbst die modernsten Computer benötigen geschultes Bedienungspersonal. Deshalb sollten wir verstehen, daß auch die große Maschine, die wir als Kosmos bezeichnen, von einem höchsten spirituellen Wesen gelenkt wird. Das ist Kṛṣṇa."

Selbsterkenntnis und Gotteserkenntnis gehen Hand in Hand. Genauso wie wir individuelle Personen sind, ist das höchste spirituelle Wesen eine Person. Der Offenbarung der vedischen Schriften zufolge ist diese Höchste Person Kṛṣṇa, der „Allanziehende".

Wer den Wunsch hat, sein Selbst und Kṛṣṇa, das höchste Selbst, zu erkennen, wird sich automatisch auch seiner ewigen „Verbindung mit dem Höchsten" bewußt. So lautet die Überschrift des zweiten Kapitels. Der wahre Schlüssel zu Glück und Zufriedenheit, erklärt Śrīla Prabhupāda, ist die Entdeckung der ewigen persönlichen Beziehung zwischen uns, dem individuellen Bewußtsein, und dem höchsten Bewußtsein. Diese Stufe wird Kṛṣṇa-Bewußtsein genannt, und in *Bhaktiyoga – der Pfad des spirituellen Lebens* können wir lernen, wie wir dieses Bewußtsein in unserem eigenen Leben erlangen können.

Kṛṣṇa-Bewußtsein ist ein Bewußtsein göttlicher Liebe. In *Absolute Liebe* sagt Śrīla Prabhupāda zu seiner Zuhörerschaft: „Jeder ist unzufrieden – Ehemänner und Ehefrauen, Jungen und Mädchen, Völker und Staaten. Überall herrscht Unzufriedenheit, denn wir machen nicht den richtigen Gebrauch von unserer Neigung zu lieben. Warum? Weil wir es versäumen, die Höchste Person zu lieben." Diese Liebe wird nie enttäuscht, denn Kṛṣṇa erwidert die Liebe der Seele auf vollkommene Weise in einem ewigen, individuellen Austausch. In dieser Beziehung können wir wahre Erfüllung finden; sie ist das Prinzip der Freude, das das Thema des dritten Kapitels bildet.

Um auf dem Pfad des spirituellen Lebens so weit fortzuschreiten, daß man diese wahre Freude im Leben erfahren kann, muß man die Unterweisungen eines echten spirituellen Meisters beherzigen. Ohne seine kundige Führung ist es nicht möglich, sicher ans Ziel zu gelangen; denn man kann leicht in die Falle seiner eigenen materiellen Wünsche und Vorstellungen geraten oder von einem der vielen Betrüger in die Irre geführt werden. Im vierten Kapitel deckt Śrīla Prabhupāda schonungslos die Taktiken und Motive solcher betrügerischen „Gurus" und Spiritualisten auf und beschreibt detailliert die Eigenschaften und Erkennungsmerkmale eines echten spirituellen Meisters.

Śrīla Prabhupāda hat sich nicht einen eigenen *yoga*-Vorgang ausgedacht; im Gegenteil, er lehrt uns genau den Weg der Selbsterkenntnis, der in den Veden für unsere heutige Zeit empfohlen wird. In dem Vortrag *Meditation durch transzendentalen Klang* erklärt Śrīla Prabhupāda den Studenten der Northeastern University von Boston: „Wenn ihr diesen einfachen Vorgang des Chantens befolgt – Hare Kṛṣṇa, Hare Kṛṣṇa, Kṛṣṇa Kṛṣṇa, Hare Hare / Hare Rāma, Hare Rāma, Rāma Rāma, Hare Hare –, werdet ihr sofort auf die Ebene der Transzendenz gelangen." In „Yoga und Meditation", dem fünften Kapitel, beschreibt

Śrīla Prabhupāda die verschiedenen *yoga*-Pfade und teilt uns gleichzeitig die Schlußfolgerung der vedischen Literatur mit, nämlich daß alle Formen des *yoga* im *bhakti-yoga* gipfeln. *Yoga* bedeutet „Verbindung“ und *bhakti* „liebende, dienende Hingabe“. *Bhakti-yoga* ist also der praktische Vorgang, sich mit Gott in Liebe und Hingabe zu verbinden. Sobald wir beginnen, *bhakti-yoga* aktiv zu praktizieren, wird das theoretische Verständnis, das wir bislang von Gott und der Seele erworben haben, zu einer greifbaren Erfahrung.

Bhakti-yoga ist kein Pfad egozentrischer Selbsterlösung, sondern verhilft uns dazu, erst in uns selbst Frieden zu erfahren und dann diesen Frieden an andere Menschen weiterzugeben. In „Materielle Probleme, spirituelle Lösungen“, dem sechsten Kapitel, analysiert Śrīla Prabhupāda die tieferen Ursachen unserer globalen Misere und erklärt, wie man Kṛṣṇa-Bewußtsein praktisch anwenden kann, um Gewalttätigkeit und Krieg, Nahrungsmittelknappheit und Umweltzerstörung entgegenzuwirken. In *Natürlicher Wohlstand* plädiert Śrīla Prabhupāda für eine alternative Lebensweise nach der Maxime „Einfach leben – hoch denken“ und warnt: „Gemäß dem Gesetz der Natur ist es dem Menschen erlaubt, die Gaben Gottes zu benutzen und auf ihrer Grundlage ein zufriedenes, reichlich gesegnetes Leben zu führen... Je mehr wir aber versuchen, die materielle Natur nach Lust und Laune auszubeuten, desto mehr verfangen wir uns in den sich daraus ergebenden Folgen.“

Im Jahre 1953 verfaßte Śrīla Prabhupāda das Essay *Die Botschaft Gottes.* Inhaltlich ist dieses siebte und letzte Kapitel die konsequente Fortführung des vorhergehenden Kapitels. Śrīla Prabhupāda spricht über die Wissenschaft des *karma-yoga,* des *yoga* der Arbeit, und er beschreibt, wie durch *karma-yoga* das Bewußtsein aller Menschen erhoben werden kann und so ein friedliches, konstruktives Zusammenleben der verschiedenen Gesellschaftsschichten ermöglicht wird. Gleichzeitig weist uns Śrīla Prabhupāda einen praktischen Weg zu wahrer Religiosität, die nicht davon abhängig ist, ob man nun Christ, Hindu oder Moslem ist, und die dem eigentlichen Wesen des Menschen entspricht. Dieser Weg führt uns aus der Wüste des Materialismus und des Atheismus zu einer Oase höheren, spirituellen Bewußtseins.

— Die Herausgeber

1

Die Wissenschaft der Selbsterkenntnis

Die Physik des Selbst

Im Oktober 1973 besuchte Dr. Gregory Benford, außerordentlicher Professor der Physik an der University of California in Irvine, Śrīla Prabhupāda im Hare-Kṛṣṇa-Tempel von Los Angeles. Ihre Diskussion drehte sich darum, ob und wie die Seele wissenschaftlich zu verstehen sei. Śrīla Prabhupāda: „Wir sagen nicht, daß naturwissenschaftliches Wissen nutzlos sei. Mechanik, Elektronik – auch das ist Wissen..., aber der Kernpunkt ist ātma-jñāna *– Selbsterkenntnis, Wissen über die Seele."*

Śrīla Prabhupāda: Welche wissenschaftlichen Erkenntnisse hat man gegenwärtig über die Seele?
Dr. Benford: Über die Seele haben wir praktisch keine wissenschaftlichen Erkenntnisse.
Śrīla Prabhupāda: Dann sind Sie mit Ihrer Wissenschaft eigentlich nicht weitergekommen.
Dr. Benford: Nun, als Naturwissenschaftler befassen wir uns mit anderen Wissensgebieten.
Śrīla Prabhupāda: Das mag sein. Es gibt sehr viele Wissensgebiete: das medizinische Studium des Körpers, das psychologische Studium des Geistes und letzten Endes das spirituelle, transzendentale Wissen. Körper und Geist sind nichts anderes als Hüllen der spirituellen Seele, so wie Hemd und Mantel Hüllen Ihres Körpers sind. Glauben Sie, es sei ein Wissensfortschritt, wenn Sie sich lediglich um Hemd und Mantel kümmern und dabei die Person außer acht lassen, die von dem Hemd und dem Mantel bedeckt wird?
Dr. Benford: Ich denke, es gibt kein Wissensgebiet, das nutzlos ist.
Śrīla Prabhupāda: Wir sagen nicht, daß naturwissenschaftliches Wissen nutzlos sei. Mechanik, Elektronik – auch das ist Wissen. Doch die verschiedenen Wissensgebiete unterscheiden sich in ihrer Wichtigkeit. Die Kochkunst ist zum Beispiel auch eine Wissenschaft. Es gibt die verschiedensten Wissensgebiete, aber der Kernpunkt ist *ātma-jñāna* – Selbsterkenntnis, Wissen über die Seele.
Dr. Benford: Die einzige Art von Wissen, die beweisbar ist, und zwar

beweisbar in dem Sinne, daß jeder damit übereinstimmt, ist diejenige, die logisch oder experimentell bewiesen werden kann.

Śrīla Prabhupāda: Die Wissenschaft vom Selbst kann logisch bewiesen werden.

Dr. Benford: Wie das?

Śrīla Prabhupāda: Betrachten Sie nur Ihren Körper. Einst hatten Sie den Körper eines Kindes, aber jetzt haben Sie diesen Körper nicht mehr, sondern einen anderen. Doch jeder weiß, daß Sie einmal den Körper eines Kindes besaßen. Ihr Körper hat sich also verändert, aber Sie sind immer noch hier.

Dr. Benford: Ich bin mir nicht so sicher, ob es dasselbe „Ich" ist.

Śrīla Prabhupāda: Ja, Sie sind dasselbe „Ich". Die Eltern eines Kindes, das erwachsen geworden ist, sagen: „Sieh nur, wie groß unser Sohn geworden ist!" Aber er ist dieselbe Person; seine Eltern bestätigen dies ebenso wie seine Freunde und seine Familie – alle stimmen darin überein. Das ist der Beweis. Sie müssen diesen Punkt akzeptieren, denn es gibt viele Beweise, die dafür sprechen. Ihre Mutter wird abstreiten, daß Sie eine andere Person sind, auch wenn sich Ihr Körper verändert hat.

Dr. Benford: Aber vielleicht bin ich nicht mehr der gleiche, der ich einmal war.

Śrīla Prabhupāda: Richtig. „Nicht der gleiche" bedeutet zum Beispiel, daß ein kleiner Junge, der jetzt Unsinn redet, als Erwachsener keinen Unsinn mehr reden wird. Er hat zwar zusammen mit der Veränderung seines Körpers ein anderes Bewußtsein entwickelt, aber er, die Person, die spirituelle Seele, ist immer noch dieselbe. Die Seele handelt gemäß ihrem Körper und den Umständen, in denen sie sich befindet. Ein Hund zum Beispiel ist auch eine spirituelle Seele, aber weil diese Seele den Körper eines Hundes hat, lebt und handelt sie wie ein Hund. Ebenso handelt die spirituelle Seele wie ein Kind, wenn sie den Körper eines Kindes hat. Hat sie einen Erwachsenenkörper, so handelt die Seele wie ein Erwachsener. Den Umständen entsprechend ändern sich ihre Tätigkeiten, doch sie bleibt dieselbe. Sie sind zum Beispiel ein Wissenschaftler. In Ihrer Kindheit jedoch waren Sie kein Wissenschaftler, und daher entsprachen Ihre Tätigkeiten auch nicht denen eines Wissenschaftlers. Die Tätigkeiten mögen sich den Umständen gemäß ändern, doch die Person bleibt dieselbe.

Die Schlußfolgerung lautet folglich: *tathā dehāntara-prāptir dhīras tatra na muhyati.* „Wenn der Körper unbrauchbar ist, gibt die Seele ihn auf und nimmt einen anderen an" (*Bhagavad-gītā* 2.13). *Dehāntara* bedeutet „ein anderer Körper". Das ist unser Sanskritwissen aus der *Bhagavad-gītā.* Bei der Vereinigung der Sekrete geht die spirituelle Seele in die Gebärmutter einer Frau ein und bildet einen kleinen Körper. Aufgrund der Gegenwart der Seele wächst der Körper allmählich zur Größe einer Erbse heran. Mit der Zeit bildet der Körper neun Löcher: die Augen, die Ohren, den Mund, die Nasenlöcher, die Genitalien und den Anus. Innerhalb von sieben Monaten hat sich der Körper vollständig entwickelt, und das Bewußtsein kommt zum Vorschein.

Dr. Benford: Innerhalb von sieben Monaten?

Śrīla Prabhupāda: Ja. Das Kind möchte herauskommen. Es fühlt sich unbehaglich; daher betet es zu Gott, Er möge es bitte aus seiner Gefangenschaft befreien. Es verspricht, daß es ein Geweihter Gottes wird, sobald es geboren wird. So wird es nach neun Monaten aus dem Mutterleib befreit. Wenn aber seine Eltern keine Gottgeweihten sind, vergißt es Gott wieder aufgrund der äußeren Umstände. Nur wenn Vater und Mutter Gottgeweihte sind, entfaltet es sein Gottesbewußtsein weiter. Deshalb ist es ein großes Glück, in einer Familie von Vaiṣṇavas, gottesbewußten Menschen, geboren zu werden. Dieses Gottesbewußtsein ist echtes wissenschaftliches Wissen.

Dr. Benford: Ist es wahr, daß die Kinder solcher Eltern den Kindern anderer Eltern spirituell irgendwie überlegen sind?

Śrīla Prabhupāda: Im allgemeinen ja. Sie bekommen die Gelegenheit, von Mutter und Vater richtig erzogen zu werden. Zum Glück war mein Vater ein großer Gottgeweihter, und so erhielt ich diese Erziehung von frühester Kindheit an. Irgendwie trug ich diesen Funken des Kṛṣṇa-Bewußtseins in mir, und mein Vater entdeckte ihn. Dann nahm ich meinen spirituellen Meister an. So bin ich schließlich zur Stufe des *sannyāsa* [Lebensstand der Entsagung] gelangt. Ich stehe tief in der Schuld meines Vaters, denn er hat mich so erzogen, daß ich vollkommen Kṛṣṇa-bewußt wurde. Mein Vater pflegte viele heilige Menschen bei uns zu Hause zu empfangen und bat einen jeden von ihnen: „Segne gütigerweise meinen Sohn, auf daß er ein Diener Rādhārāṇīs [Śrī Kṛṣṇas ewiger Gefährtin] werde." Das war sein ganzer Ehrgeiz.

Er lehrte mich, die *mṛdaṅga*-Trommel zu spielen, obwohl meine Mutter nicht immer damit einverstanden war. Sie sagte: „Warum bringst du ihm *mṛdaṅga*-Spielen bei?“ Doch mein Vater entgegnete für gewöhnlich: „Nein, nein, er muß ein bißchen *mṛdaṅga* spielen lernen.“ Mein Vater war sehr liebevoll zu mir. Wenn man daher aufgrund vergangener frommer Handlungen gute Eltern bekommt, ist das eine hervorragende Chance, im Kṛṣṇa-Bewußtsein Fortschritte zu machen.

Dr. Benford: Was wird mit Ihnen und Ihren Schülern einmal geschehen?

Śrīla Prabhupāda: Wir gehen zurück zu Kṛṣṇa. Wir haben alles, was wir dazu brauchen. Wir kennen Kṛṣṇas Namen, Kṛṣṇas Adresse, Kṛṣṇas Aussehen und Kṛṣṇas Tätigkeiten. Wir gehen zu Kṛṣṇa. Kṛṣṇa verspricht in der *Bhagavad-gītā* (4.9):

janma karma ca me divyam
evaṁ yo vetti tattvataḥ
tyaktvā dehaṁ punar janma
naiti mām eti so ’rjuna

„Wer die transzendentale Natur Meines Erscheinens und Meiner Taten kennt, wird nach dem Verlassen des Körpers nicht wieder in der materiellen Welt geboren, sondern gelangt in Mein ewiges Reich, o Arjuna.“

Dr. Benford: Wie können Sie sich sicher sein, daß Menschen in einer anderen Lebensform wiederkehren?

Śrīla Prabhupāda: Wir sehen, daß es sehr viele Lebensformen gibt. Woher kommen diese verschiedenen Lebensformen – die Lebensform des Hundes, der Katze, die Lebensformen der Bäume, der Reptilien, der Insekten und der Fische? Welche Erklärung haben Sie für all diese verschiedenen Lebensformen? Sie haben keine.

Dr. Benford: Evolution.

Śrīla Prabhupāda: Das ist nicht ganz richtig. Die verschiedenen Arten existieren schon. „Fisch“, „Tiger“, „Mensch“ – sie alle existieren bereits. Man kann das mit den verschiedenen Wohnungstypen hier in Los Angeles vergleichen. Je nachdem, wieviel Miete man bezahlen kann, darf man eine von ihnen bewohnen, aber nichtsdestoweniger existieren all die verschiedenen Wohnungen gleichzeitig. In ähnlicher

Weise wird dem Lebewesen entsprechend seinem *karma* die Möglichkeit geboten, eine bestimmte Körperform anzunehmen. Aber es gibt auch eine Evolution: eine spirituelle Evolution. Dabei entwickelt sich die Seele vom Fisch- zum Pflanzenleben fort. Von dort geht das Lebewesen in einen Insektenkörper ein. Auf den Insektenkörper folgt der eines Vogels und dann der eines Säugetiers, bis die Seele schließlich die menschliche Lebensform erlangt. Von dort aus kann sie sich noch weiter erheben, wenn sie die nötige Qualifikation erwirbt. Anderenfalls muß sie wieder in den Kreislauf der Evolution eintreten. Aus diesem Grund steht die menschliche Lebensform an einem entscheidenden Kreuzweg in der evolutionären Entwicklung des Lebewesens.

In der *Bhagavad-gītā* (9.25) erklärt Kṛṣṇa:

yānti deva-vratā devān
pitṝn yānti pitṛ-vratāḥ
bhūtāni yānti bhūtejyā
yānti mad-yājino 'pi mām

Mit anderen Worten, man kann erreichen, was immer man will. Es gibt verschiedene *lokas* oder Planetensysteme. Man kann sich zu den höheren Planetensystemen erheben, wo die Halbgötter leben, und dort einen Körper annehmen, oder sich dorthin begeben, wo die Pitās, die Vorfahren, leben. Man kann einen Körper hier in Bhūloka, dem irdischen Planetensystem, annehmen oder zum Planeten Gottes, Kṛṣṇaloka, gehen. Diese Methode, sich zum Zeitpunkt des Todes zu einem Planeten eigener Wahl zu begeben, wird *yoga* genannt. Es gibt eine körperliche *yoga*-Methode, eine philosophische *yoga*-Methode und eine hingebungsvolle *yoga*-Methode. Die Gottgeweihten können unmittelbar zu dem Planeten gelangen, wo Kṛṣṇa weilt.

Dr. Benford: Zweifellos sind Sie sich darüber im klaren, daß es in Ost und West eine Reihe von Menschen gibt, die denken, es sei intellektuell eher zu rechtfertigen, theologischen Themen völlig agnostisch gegenüberzustehen. Sie glauben mehr oder weniger, Gott hätte es uns einfacher gemacht, mehr über Ihn zu erfahren, wenn dies wirklich Sein Wunsch gewesen wäre.

Śrīla Prabhupāda: Dann glauben Sie nicht an Gott?

Dr. Benford: Ich glaube nicht *nicht* an Gott; ich bilde mir erst eine Meinung, wenn ich Beweise habe.

Śrīla Prabhupāda: Aber glauben Sie nun, daß es einen Gott gibt, oder nicht?
Dr. Benford: Ich vermute, daß es Ihn geben könnte, doch das ist nicht bewiesen.
Śrīla Prabhupāda: Aber manchmal glauben Sie, daß es Gott gibt – nicht wahr?
Dr. Benford: Ja.
Śrīla Prabhupāda: Sie zweifeln also, Sie vermuten, Sie sind sich nicht sicher, aber Sie neigen dazu zu denken, daß es Gott gibt. Da Ihr Wissen unvollkommen ist, zweifeln Sie – das ist alles. Im Grunde tendieren Sie dazu, an Gott zu glauben. Weil Sie aber ein Wissenschaftler sind, akzeptieren Sie nur das, was Sie wissenschaftlich nachweisen können. Das ist Ihr Standpunkt als Wissenschaftler; aber persönlich glauben Sie an Gott.
Dr. Benford: Manchmal.
Śrīla Prabhupāda: Ja. Manchmal oder immer – das spielt keine Rolle. Jeder befindet sich in dieser Situation. In jedem Menschen schlummert Gottesbewußtsein. Es muß einfach nur durch die richtige Schulung zur Entfaltung gebracht werden, wie alles im Leben. Sie sind zum Beispiel durch die richtige Schulung und Ausbildung zum Wissenschaftler geworden. In ähnlicher Weise bedarf es nur der richtigen Ausbildung, um das Gottes- oder Kṛṣṇa-Bewußtsein, das in jedem schlummert, zu erwecken. Diese Ausbildung wird allerdings an den Universitäten nicht angeboten. Das ist das Manko des modernen Bildungswesens. Die Neigung, Kṛṣṇa-bewußt zu sein, ist bereits vorhanden, doch leider vermitteln die Verantwortlichen kein Wissen über Gott. Folglich werden die Menschen gottlos und können keine wahre Freude und Erfüllung im Leben finden.

In San Diego wollen einige Geistliche ein Treffen abhalten, um die Gründe zu erforschen, warum die Leute Religion ablehnen und nicht in die Kirche gehen. Aber der Grund ist einfach: Die Regierung weiß nicht, daß das Leben, zumal das menschliche Leben, darauf angelegt ist, Gott zu verstehen; deshalb unterstützt sie alle Wissensgebiete großzügig, außer dem wichtigsten: Gottesbewußtsein.
Dr. Benford: Der Grund dafür liegt natürlich in der Trennung von Kirche und Staat.
Śrīla Prabhupāda: Gründe mag es viele geben, doch der Hauptgrund ist

der, daß wir im Kali-yuga [dem Zeitalter des Streits und der Heuchelei] leben. Die Menschen sind nicht sehr intelligent. Daher versuchen sie, diesen Wissensbereich, den wichtigsten Wissensbereich, zu vermeiden und betätigen sich nur in den Wissensbereichen, in denen sich auch die Tiere betätigen. Ihr Wissensfortschritt bezieht sich auf vier Dinge: Essen, Schlafen, Geschlechtsleben und Verteidigung. Ihr Wissenschaftler entwickelt zum Beispiel viele tödliche Waffen, und die Politiker setzen sie zur Verteidigung ein. Ihr entdeckt die verschiedensten Chemikalien zur Schwangerschaftsverhütung, und die Menschen benutzen sie, um noch mehr Geschlechtsverkehr zu haben.

Dr. Benford: Was denken Sie über den Mondflug?

Śrīla Prabhupāda: Das gehört zum Schlafen. Man hat gewaltige Geldsummen ausgegeben, um dorthin zu gelangen und zu schlafen – weiter nichts. Was kann man sonst dort tun?

Dr. Benford: Man kann dorthin gehen und lernen.

Śrīla Prabhupāda: Man geht dorthin und schläft. Nichts als Schlafen. Man gibt Milliarden aus und bekommt nichts dafür.

Dr. Benford: Es ist mehr wert als das.

Śrīla Prabhupāda: Nein, denn diese vier Prinzipien – Essen, Schlafen, Geschlechtsverkehr und Verteidigung – bilden die Grundlage. Wenn man über kein Wissen jenseits des Körpers verfügt, kann man nicht über den Bereich des Körpers hinausgelangen. Man mag glänzende Kenntnisse über den Körper haben, aber alles, was man tut, fällt in diese vier Kategorien: Essen, Schlafen, Geschlechtsverkehr und Verteidigung. Dieses Wissen ist auch unter den niedrigen Tieren verbreitet. Sie wissen, wie man ißt, wie man schläft, wie man sich paart und wie man sich verteidigt.

Dr. Benford: Aber sie wissen nichts über Nuklearphysik!

Śrīla Prabhupāda: Das heißt jedoch nicht, daß Sie den Tieren etwas voraus haben. Es ist die gleiche Sache, nur aufpoliert. Sie haben es vom Ochsenkarren zum Auto gebracht – das ist aber nur eine Umwandlung materiellen Wissens.

Dr. Benford: Wir haben Kenntnisse über die Struktur der materiellen Welt.

Śrīla Prabhupāda: Aber das ist Energieverschwendung, weil Sie in Ihren Handlungen nicht über den Bereich des Körpers, nämlich Essen,

Schlafen, Geschlechtsverkehr und Verteidigung, hinausgelangen können. Der Hund schläft auf dem Boden, und Sie schlafen in einem gediegenen Appartment, aber im Grunde sind Ihr Genuß und der des Hundes der gleiche. Sie haben unzählige elektrische Geräte und andere materielle Annehmlichkeiten, aber wenn Sie schlafen, vergessen Sie alles. Deswegen ist dieses großartige Schlafzimmer nur eine Zeitverschwendung.

Dr. Benford: Sie scheinen zu betonen, welchen Nutzen Wissen Ihnen bringt. Wie steht es nun mit der reinen Freude daran, die Arbeitsweise der Natur zu entdecken? Wir denken jetzt zum Beispiel, daß wir Materie folgendermaßen verstehen [aufs Gras deutend]: Wie wir von Experimenten, von Theorie und Analyse her wissen, besteht dieses Gras aus uns unsichtbaren Teilchen, deren Eigenschaften wir experimentell analysieren können. Wir wissen, daß es aus Molekülen besteht. Wir verstehen einige der Kräfte, die es zusammenhalten, und dies ist das erste Mal, daß wir davon Kenntnis haben. Zuvor tappten wir völlig im dunkeln.

Śrīla Prabhupāda: Was haben Sie aber davon? Selbst wenn Sie jedes Teilchen dieses Grases kennen würden: was wäre damit gewonnen? Das Gras wächst – mit Ihrem Wissen und ohne Ihr Wissen. Es macht keinen Unterschied, ob Sie die Kräfte kennen oder nicht. Von einem materiellen, analytischen Standpunkt aus können Sie alles mögliche untersuchen. Jeden Unsinn können Sie hernehmen und untersuchen und untersuchen und ein dickes Buch darüber verfassen. Aber was ist damit gewonnen?

Dr. Benford: Ich glaube, ich betrachte die Welt als die Summe ihrer Einzelbestandteile.

Śrīla Prabhupāda: Angenommen, ich nehme dieses Gras und schreibe ganze Bände darüber: wann es entstand, wann es verging, was die Beschaffenheit der Fasern und Moleküle ist. Auf verschiedenste Art und Weise kann ich diesen unbedeutenden Halm beschreiben, aber was ist der Nutzen?

Dr. Benford: Warum hat Gott es dorthin getan, wenn es keinen Nutzen hätte? Lohnt es sich nicht, es zu untersuchen?

Śrīla Prabhupāda: Der springende Punkt ist, daß Sie lieber das unbedeutende Gras studieren als Gott, der alles erschaffen hat. Wenn Sie

Ihn verstünden, verstünden Sie das Gras von selbst. Doch Sie wollen das Gras von Ihm trennen, um es gesondert zu studieren. So können Sie einen Band nach dem anderen über dieses Thema verfassen; aber warum vergeuden Sie Ihre Intelligenz auf diese Weise? Der Ast eines Baumes ist schön, solange er mit dem Stamm verbunden ist, doch sobald man ihn absägt, vertrocknet er. Was nützt daher das Studium des vertrockneten Astes? Es ist eine Verschwendung von Intelligenz.

Dr. Benford: Aber warum ist es eine Verschwendung?

Śrīla Prabhupāda: Es ist zweifellos eine Verschwendung, denn das Ergebnis ist nicht von Nutzen.

Dr. Benford: Was ist dann „von Nutzen"?

Śrīla Prabhupāda: Es ist von Nutzen, sich selbst zu kennen, zu wissen, wer man ist.

Dr. Benford: Warum ist Wissen über mich selbst besser als Wissen über eine Pflanze?

Śrīla Prabhupāda: Wenn Sie verstehen, wer Sie sind, dann können Sie auch andere Dinge verstehen. Das nennt man *ātma-tattva, ātma-jñāna,* Selbsterkenntnis. *Darauf* kommt es an. Ich bin spirituelle Seele und durchwandere so viele Lebensformen. Aber in was für einer Lage befinde ich mich? Ich will nicht sterben, weil ich Angst davor habe, den Körper zu wechseln; ich habe Angst vor dem Tod. Darüber sollte man zuerst einmal nachdenken: Ich will nicht unglücklich sein, aber das Unglück kommt. Ich will nicht sterben, aber der Tod kommt. Ich will nicht krank sein, aber die Krankheit kommt. Ich will kein Greis werden, aber dennoch kommt das Alter. Warum kommen diese Dinge gewaltsam? Wer zwingt uns diese Dinge auf? Ich weiß es nicht, doch das sind die wirklichen Probleme. Ich will keine glühende Hitze, aber es gibt sie doch. Warum? Wer ist für diese Dinge verantwortlich? Warum werden sie uns aufgezwungen? Ich will diese Hitze nicht. Was habe ich getan? Dies sind wirkliche Fragen. Nur Grashalme zu studieren und einen Band nach dem anderen zu schreiben ist Energieverschwendung. *Studieren Sie sich selbst!*

Die Lebenskraft

Los Angeles, 22. Dezember 1968: In einer Pressekonferenz fordert Śrīla Prabhupāda die geistigen Größen der Welt zu einer „spirituellen Neuorientierung" auf. „Selbst große Wissenschaftler, die viele ausgezeichnete wissenschaftliche Entdeckungen gemacht haben, vermochten nicht ihr persönliches Selbst, die Ursache all dieser wunderbaren Entdeckungen, zu erkennen. Die Bewegung für Kṛṣṇa-Bewußtsein versucht daher in erster Linie, diese Wissenschaft von der Seele zu lehren."

Die Internationale Gesellschaft für Kṛṣṇa-Bewußtsein ist eine Bewegung, die die spirituelle Neuorientierung der Menschheit durch die einfache Methode des Chantens von Gottes heiligen Namen zum Ziel hat. Das menschliche Leben ist dazu bestimmt, die Leiden des materiellen Daseins zu beenden. Unsere heutige Gesellschaft versucht diesen Leiden durch materiellen Fortschritt Einhalt zu gebieten. Aber es ist kein Geheimnis, daß trotz weitreichenden materiellen Fortschritts kein Frieden unter den Menschen herrscht.

Dies liegt daran, daß der Mensch in Wirklichkeit spirituelle Seele ist. Es ist die spirituelle Seele, die die Grundlage für die Entwicklung des materiellen Körpers bildet. So sehr auch die materialistischen Wissenschaftler leugnen mögen, daß die spirituelle Seele die Grundlage der Lebenskraft bildet, läßt sich doch das Vorhandensein der Lebenskraft am besten durch die Gegenwart der Seele erklären.

Der Körper ändert seine Form ständig, doch die spirituelle Seele existiert ewig, ohne Wandel. Diese Tatsache erfahren wir sogar in unserem eigenen Leben: Seit der Entstehung unseres materiellen Körpers im Mutterleib hat er in jeder Minute, ja in jeder Sekunde seine Form gewechselt. Man bezeichnet diesen Vorgang im allgemeinen als „Wachstum", doch in Wirklichkeit handelt es sich um eine Art Körperwechsel.

Auf der Erde können wir den Wechsel von Tag und Nacht und den Wechsel der Jahreszeiten beobachten. Primitive Menschen schreiben dieses Phänomen Veränderungen in der Sonne zu. Manche primitive Völker glauben, daß im Winter die Sonne schwächer werde und daß sie nachts tot sei. Verfügt man aber über höheres Wissen, erkennt man, daß die Sonne sich keineswegs auf diese Weise verändert. Der Wechsel der Jahreszeiten und der Wechsel von Tag und Nacht sind auf die Veränderung der Positionen zurückzuführen, die Erde und Sonne zueinander einnehmen.

In ähnlicher Weise erleben wir, daß unser Körper seine Form wechselt, und zwar vom Embryo zum Kind, zum Jugendlichen, zum Erwachsenen und zum Greis bis hin zum Tod. Weniger intelligente Menschen nehmen an, die Existenz der spirituellen Seele sei nach dem Tode für immer beendet, genauso wie Eingeborene glauben, daß die Sonne beim Sonnenuntergang sterbe. In Wirklichkeit aber geht die Sonne in einem anderen Teil der Erde auf. So verhält es sich auch mit der Seele, die einen anderen Körper annimmt. Wenn der Körper alt und unbrauchbar ist wie ein verschlissenes Kleidungsstück, nimmt die Seele einen anderen Körper an, genauso wie wir uns einen neuen Anzug anziehen. Die moderne Zivilisation ist sich dieser Tatsache kaum bewußt.

Die Menschen kümmern sich nicht um die wesensgemäße Stellung der Seele. Es gibt verschiedene Wissensgebiete an den Universitäten und an den vielen technologischen Instituten, die alle dazu dienen, die feinstofflichen Gesetze der materiellen Natur zu studieren und zu verstehen, und es gibt medizinische Forschungslaboratorien, die den physiologischen Aufbau des materiellen Körpers untersuchen; aber es gibt kein Institut, das sich mit der wesensgemäßen Stellung der Seele befaßt. Das ist der größte Mangel der materialistischen Zivilisation, die nur eine äußere Manifestation der Seele ist.

Die Menschen sind in die glitzernde Manifestation des kosmischen Körpers und ihres eigenen Körpers verliebt, doch sie versuchen nicht, die grundlegenden Prinzipien dieses Blendwerks zu begreifen. Der Körper sieht sehr schön aus, wenn er voller Energie arbeitet und große Talente und wunderbare Denkleistungen an den Tag legt. Sobald aber die Seele den Körper verläßt, verliert das ganze Blendwerk des Körpers seinen Nutzen. Selbst große Wissenschaftler, die viele hervorragende wissenschaftliche Entdeckungen gemacht haben, vermochten nicht ihr persönliches Selbst, die Ursache all dieser wunderbaren Entdeckungen, zu erkennen.

Die Bewegung für Kṛṣṇa-Bewußtsein versucht daher in erster Linie, die Wissenschaft der Seele zu lehren – nicht auf dogmatische Weise, sondern durch umfassende wissenschaftliche und philosophische Erkenntnis. Die Grundlage dieses Körpers ist die Seele, deren Vorhandensein aufgrund der Gegenwart des Bewußtseins wahrgenommen werden kann. Ebenso kann man auch die Gegenwart des Höchsten Herrn, der Absoluten Wahrheit, im universalen Körper der kosmischen Manifestation aufgrund der Gegenwart der Überseele und des Überbewußtseins wahrnehmen.

Die Absolute Wahrheit wird systematisch im *Vedānta-sūtra* erklärt. Das *Vedānta-sūtra* ist im allgemeinen auch als die *Vedānta*-Philosophie bekannt und wird im *Śrīmad-Bhāgavatam,* einem Kommentar vom selben Autor, ausführlich erläutert. Die *Bhagavad-gītā* ist die Vorstudie zum *Śrīmad-Bhāgavatam;* sie führt zur Erkenntnis der wesensgemäßen Stellung des Höchsten Herrn, der Absoluten Wahrheit.

Die individuelle Seele läßt sich in drei Aspekten erkennen: erstens als das Bewußtsein, das den gesamten Körper durchdringt, zweitens als die spirituelle Seele im Herzen und drittens als eine Person. In ähnlicher Weise erkennt man die Absolute Wahrheit zuerst als das unpersönliche Brahman, dann als die lokalisierte Überseele (Paramātmā) und schließlich als die Höchste Persönlichkeit Gottes, Kṛṣṇa. In Kṛṣṇa ist alles enthalten. Mit anderen Worten, Kṛṣṇa ist gleichzeitig Brahman, Paramātma und die Persönlichkeit Gottes, genauso wie jeder von uns gleichzeitig Bewußtsein, Seele und Person ist.

Die individuelle Person und die Höchste Person sind in qualitativer Hinsicht gleich, aber quantitativ verschieden, ebenso wie ein Tropfen Meerwasser und die weiten Wassermassen des Meeres qualitativ gleich, aber quantitativ verschieden sind. Der Tropfen Meerwasser und das Wasser des gesamten Meeres haben die gleiche chemische Zusammensetzung. Die Menge des Salzes und anderer Mineralien ist jedoch im ganzen Meer viel, viel größer als in einem Tropfen Meerwasser.

Die Bewegung für Kṛṣṇa-Bewußtsein betont die Individualität der Seele und der Höchsten Seele. Die *Upaniṣaden* lehren, daß sowohl die Höchste Person, Gott, als auch die individuelle Person ewige Lebewesen sind. Der Unterschied besteht darin, daß das höchste Lebewesen, die Höchste Person, all die zahllosen anderen Lebewesen erhält. Das christliche Verständnis stimmt mit dieser Aussage überein, denn die Bibel lehrt, daß die abhängigen Lebewesen zum Höchsten Vater beten sollen, damit Er für ihren Lebensunterhalt sorge und ihnen ihre Sünden vergebe.

In allen offenbarten Schriften heißt es also, daß der Höchste Herr, Kṛṣṇa, der Erhalter der abhängigen Lebewesen ist und daß es den abhängigen Lebewesen obliegt, sich dem Höchsten Herrn verpflichtet zu fühlen. Das ist die Grundlage religiöser Prinzipien, und wenn wir sie nicht anerkennen, gibt es Chaos, wie heutzutage deutlich zu sehen ist.

Jeder möchte der Höchste Herr werden, sei es im gesellschaftlichen, politischen oder individuellen Bereich. Daher findet ein Wettstreit um diese illusionäre Vorherrschaft statt, der auf der ganzen Welt zu einem Chaos führt – individuell, national, sozial und kollektiv. Die Bewegung für Kṛṣṇa-Bewußtsein versucht die Oberhoheit der Absoluten Persönlichkeit Gottes zu etablieren. Das Ziel der menschlichen Gesellschaft sollte es sein, zu verstehen, daß Gott der höchste Herrscher ist, denn dieses Bewußtsein führt unser Leben zum Erfolg.

Die Bewegung für Kṛṣṇa-Bewußtsein ist nicht das Ergebnis mentaler Spekulation. Im Gegenteil, diese Bewegung wurde von Kṛṣṇa persönlich begonnen. Vor mindestens fünftausend Jahren legte Śrī Kṛṣṇa die Grundlage für diese Bewegung, indem Er auf dem Schlachtfeld von Kurukṣetra die *Bhagavad-gītā* offenbarte. Aus der *Bhagavad-gītā* erfahren wir auch, daß Er dieses Wissen schon viel, viel früher – vor mindestens 120.000.000 Jahren – dem Sonnengott Vivasvān erklärte.

Diese Bewegung ist also keineswegs neu. Sie geht durch die Schülernachfolge auf all die großen Führer der vedischen Zivilisation Indiens zurück, zu denen Śaṅkarācārya, Rāmānujācārya, Madhvācārya, Viṣṇu Svāmī, Nimbārka und später, vor ungefähr 480 Jahren, Caitanya Mahāprabhu zählen. Diese Schülernachfolge setzt sich bis in unsere Tage fort. Die *Bhagavad-gītā* wird auch von großen Gelehrten, Philosophen und Geistlichen in allen Teilen der Welt studiert. Doch meistens werden ihre Prinzipien nicht getreu befolgt. Die Bewegung für Kṛṣṇa-Bewußtsein stellt die Prinzipien der *Bhagavad-gītā* so dar, wie sie sind – ohne jegliche falsche Auslegung.

In der *Bhagavad-gītā* werden fünf Hauptprinzipien beschrieben, nämlich Gott, das Lebewesen, die materielle und die spirituelle Natur, Zeit und Tätigkeiten. Von diesen fünf sind Gott, das Lebewesen, die materielle und die spirituelle Natur sowie die Zeit ewig, nicht aber die Tätigkeiten.

Tätigkeiten in der materiellen Natur unterscheiden sich von denen in der spirituellen Natur. Obwohl die spirituelle Seele, wie bereits erklärt, ewig ist, sind Tätigkeiten, die unter dem Einfluß der materiellen Natur ausgeführt werden, vergänglich. Die Bewegung für Kṛṣṇa-Bewußtsein hat zum Ziel, die spirituelle Seele wieder dahin zu führen, daß sie sich ihren ewigen Tätigkeiten widmet. Wir können ewige Tätigkeiten ausführen, auch während wir uns noch in materieller Gefangenschaft befinden. Um spirituell zu handeln, braucht man nur die richtige Anleitung und muß die vorgeschriebenen Regeln und Vorschriften einhalten.

Die Bewegung für Kṛṣṇa-Bewußtsein lehrt diese spirituellen Tätigkeiten, und wenn wir dementsprechend geschult werden, gelangen wir in die spirituelle Welt, über die uns die vedischen Schriften, einschließlich der *Bhagavad-gītā,* umfassend berichten. Durch einen Bewußtseinswandel kann ein spirituell geschulter Mensch mit Leichtigkeit in die spirituelle Welt eingehen.

Das Bewußtsein ist immer vorhanden, weil es das Symptom der lebendigen spirituellen Seele ist, doch gegenwärtig ist es materiell verunreinigt. Wasser zum Beispiel, das aus einer Wolke herabregnet, ist rein, aber sobald es mit der Erde in Berührung kommt, wird es schmutzig. Wenn wir jedoch das Wasser filtern, kann es seine ursprüngliche Reinheit wiedergewinnen. Kṛṣṇa-Bewußtsein ist die Methode, unser Bewußtsein zu reinigen, und sobald unser Bewußtsein klar und rein ist, sind wir qualifiziert, in die spirituelle Welt erhoben zu werden und ein ewiges Leben voller Wissen und Glückseligkeit zu erlangen. Danach sehnen wir uns in der materiellen Welt, doch aufgrund unserer materiellen Verunreinigung werden wir auf Schritt und Tritt in unseren Hoffnungen betrogen. Deswegen sollten die Führer der menschlichen Gesellschaft die Bewegung für Kṛṣṇa-Bewußtsein sehr ernst nehmen.

Die spirituelle Heilkraft der Seele

Am 3. Oktober 1972 besuchte der Psychologe Dr. Gerald Frazer Śrīla Prabhupāda im Hare-Kṛṣṇa-Tempel von Los Angeles. Ihr faszinierendes Gespräch über die Natur und Heilkraft der Seele führte sie weit über die Grenzen der gewöhnlichen Psychologie hinaus. „Wir wissen, daß jemand, der spirituell gesund ist, auch intellektuell, geistig und körperlich gesund ist", erklärte Śrīla Prabhupāda.

Dr. Frazer: Ich würde gerne wissen, was Sie tun, wenn einer Ihrer Schüler ein Problem auf der physischen oder emotionalen Ebene hat. Helfen Sie ihm, dieses Problem zu überwinden, indem Sie ihn dazu bringen, es zu transzendieren, sich darüber zu erheben?
Śrīla Prabhupāda: Ja, wir sprechen nur auf der transzendentalen und nicht auf der körperlichen, mentalen oder intellektuellen Ebene. Wir kennen vier Ebenen: Zuunterst liegt die körperliche oder sinnliche Ebene, und darüber liegen die mentale Ebene, die intellektuelle Ebene und die spirituelle Ebene.

Unsere direkte Wahrnehmung befindet sich auf der sinnlichen Ebene; sie ist abhängig von der Sinneswahrnehmung (*indriyāṇi parāṇy āhuḥ*). Zum Beispiel sehe ich Ihr Tonbandgerät jetzt mit meinen Augen. Das ist die sinnliche Ebene. Wenn Sie mir allerdings Ihr Tonbandgerät nur beschreiben, sehe ich es auf der mentalen Ebene. Diese zwei Sichtweisen, die sinnliche und die mentale, sind voneinander verschieden. Und wenn ein Elektroniker darüber nachdenkt, wie er dieses Tonbandgerät wohl verbessern könnte, sieht er es auf der intellektuellen Ebene. Dies ist wieder eine andere Sichtweise. Sogar im materiellen Bereich gibt es also drei Sichtweisen, drei Ebenen: die sinnliche, die mentale und die intellektuelle. Und über all diesen liegt die spirituelle Ebene. Auf dieser Ebene befindet sich die Seele, die die Welt durch die materiellen Sinne, den Geist und die Intelligenz erfährt.

Wir sprechen also auf der spirituellen Ebene. Davon gehen wir aus. Wenn man einhundert Dollar besitzt, besitzt man ebenfalls fünfzig Dollar, fünfundzwanzig Dollar und zehn Dollar. Wir erziehen unsere Schüler deshalb im spirituellen Leben. Um spirituelle Erkenntnis zu erlangen, müssen sie früh am Morgen aufstehen und ein Bad nehmen; sie essen nur *kṛṣṇa-prasādam* [vegetarische, Kṛṣṇa dargebrachte Speisen] und enthalten sich bestimmter Dinge. Auf diese Weise werden ihre physischen und hygienischen Probleme automatisch gelöst. Wir müssen nicht viel Geld für Ärzte ausgeben. In den vergangenen sieben Jahren hatte ich keine einzige Arztrechnung zu bezahlen. Und auch die meisten meiner Schüler bleiben von Krankheiten verschont.

Gute Gesundheit hängt in Wirklichkeit von der Anwesenheit der spirituellen Seele im Körper ab. In Ihrem Körper sind *Sie,* die spirituelle Seele. Und da die spirituelle Seele anwesend ist, ist Ihr Körper gesund. Sobald aber die spirituelle Seele Ihren Körper verläßt, beginnt Ihr Körper zu verwesen. Das ist der Unterschied zwischen einem lebendigen und einem toten Körper. Wenn sich die spirituelle Seele in einem Körper befindet, bezeichnet man diesen Körper als lebendig, und sobald die Seele nicht mehr da ist, bezeichnet man ihn als tot. Deshalb sollte man sich spirituell immer gut in Form halten. Dann wird man auch mental, intellektuell und körperlich gesund bleiben. Haben Sie irgendeine Vorstellung von der Seele?

Dr. Frazer: In gewissem Maße.

Śrīla Prabhupāda: Und wie sieht die aus?

Dr. Frazer: Ich kann das nicht so gut mit Worten ausdrücken. Es ist der nicht beschreibbare, nicht definierbare Wesenskern sowohl von mir als auch von Ihnen.

Śrīla Prabhupāda: Nein, das ist keine Erklärung. Das ist eine Negation. Solange wir die spirituelle Seele nicht tatsächlich wahrnehmen und erkennen, kann von spirituellem Wissen keine Rede sein.

Dr. Frazer: Wenn Sie über die spirituelle Seele sprechen, scheinen Sie sich auf jenen Teil von mir zu beziehen, den ich am stärksten fühle, wenn ich meine physischen Sinne nicht gebrauche.

Śrīla Prabhupāda: Ihre physischen Sinne funktionieren aufgrund der Gegenwart der spirituellen Seele. Sie können Ihre Hand bewegen, weil sich die spirituelle Seele in Ihrem Körper befindet. Aber sobald die spirituelle Seele Ihren Körper verläßt, ist dieser Körper lediglich ein Klumpen Materie.

Dr. Frazer: Materie ist also von der spirituellen Seele verschieden?

Śrīla Prabhupāda: Ja, die Seele ist die Lebenskraft, die treibende Kraft, die in Ihnen, in mir, in der Ameise, im Elefanten, die überall anwesend ist.
Dr. Frazer: Befindet sie sich nach dem Tode noch im Körper?
Śrīla Prabhupāda: Tod bedeutet, daß Sie Ihren Körper verlassen haben. Andere spirituelle Seelen sind allerdings noch weiterhin in Ihrem Körper, wie zum Beispiel Bakterien und Parasiten. In Ihrem Körper befinden sich unzählige individuelle spirituelle Seelen.
Dr. Frazer: Individuelle spirituelle Seelen?
Śrīla Prabhupāda: Ja. Sie sind ein Individuum, ich bin ein Individuum, jeder ist ein Individuum.
Dr. Frazer: Und inwieweit sind sich diese verschiedenen spirituellen Seelen gleich?
Śrīla Prabhupāda: Die Eigenschaften sind die gleichen. Wir sind beide Menschen – Sie haben zwei Hände, und ich habe zwei Hände. Sie haben zwei Beine, und ich habe zwei Beine. Aber dennoch sind wir voneinander verschieden. Das ist Individualität. Dies zu verstehen ist Kṛṣṇa-Bewußtsein.
Dr. Frazer: Was passiert, wenn jemand zu Ihnen kommt und – sagen wir einmal – auf der physischen oder mentalen Ebene ein Problem hat und nicht in der Lage ist, die spirituelle Ebene zu verstehen. Bringen Sie ihn dann in Verbindung mit der spirituellen Ebene, so daß er sein Problem überwinden kann?
Śrīla Prabhupāda: Ja. Das ist die Aufgabe der Bewegung für Kṛṣṇa-Bewußtsein. Wenn jemand auf die Kṛṣṇa-bewußte Ebene kommt, hat er keine Probleme mehr, weder physische noch geistige, noch intellektuelle.
Dr. Frazer: Was mich besonders interessiert: Wie bringen Sie jemanden, der sich an Sie wendet, zum Kṛṣṇa-Bewußtsein? Haben Sie ein Heilverfahren?
Śrīla Prabhupāda: Ja. Genauso wie Sie durch irgendein psychiatrisches Verfahren heilen, heilen wir durch Kṛṣṇa-Bewußtsein.
Dr. Frazer: Könnten Sie dieses Verfahren etwas erläutern?
Śrīla Prabhupāda: Es besteht aus dem Chanten des Hare-Kṛṣṇa-*mantra.* Dieses Chanten ist vergleichbar mit dem Heilverfahren für einen Schlangenbiß. Haben Sie in Indien einmal einen Schlangenbeschwörer gesehen? Es gibt sie dort noch immer. Wenn jemand von ei-

ner Schlange gebissen wurde und bewußtlos am Boden liegt, kann ihn der Schlangenbeschwörer durch das Chanten eines bestimmten *mantra* allmählich wieder zu Bewußtsein bringen. Das ist ein materielles Heilverfahren. Als spirituelle Seelen sind wir in einer ähnlichen Lage: jeder von uns ist entweder physisch oder psychisch krank. Durch dieses Chanten von Hare Kṛṣṇa erwecken wir also jenes Bewußtsein, das all unsere körperlichen, geistigen und intellektuellen Krankheiten heilt.

Dr. Frazer: Es scheint, als müßte man über eine bestimmte Geisteshaltung verfügen, die für das Chanten günstig ist.

Śrīla Prabhupāda: Nein. Einfach durch das Chanten schaffen wir eine gesunde Geisteshaltung. Wir chanten und bitten jeden, der sich an uns wendet, mit uns zu chanten. Dann wird er intellektuell, mental und physisch geheilt.

Dr. Frazer: Es gibt viele Menschen, die das nicht tun würden. Sie möchten von anderen Personen und nicht durch sich selbst geheilt werden – nicht durch das, was sie durch Konzentration auf die innere Natur oder durch das Chanten erreichen könnten. Sie sind es nicht gewohnt, nach innen zu schauen.

Śrīla Prabhupāda: Nun, wir haben sehr viele Schüler, die nur durch das Chanten von allen mentalen, physischen und intellektuellen Problemen geheilt wurden. Viele von ihnen sind hier – Sie können mit jedem von ihnen sprechen.

Dr. Frazer: Bleiben Ihre Schüler, nachdem sie durch dieses Verfahren Kṛṣṇa-Bewußtsein erlangt haben, weiterhin im Tempel, oder gehen sie hinaus in die Gesellschaft, um dort normal zu arbeiten?

Śrīla Prabhupāda: Einige von ihnen tun das. Dieser Schüler [zeigt auf einen Gottgeweihten] ist Doktor der Chemie. Er geht seiner Arbeit nach, ist aber im Kṛṣṇa-Bewußtsein. In unserer Bewegung gibt es viele Professoren und Arbeiter. Man muß nicht im Tempel leben. Nein. Man kann außerhalb leben, aber dennoch Kṛṣṇa-bewußt bleiben. Im Tempel ist das aufgrund der Gemeinschaft mit anderen Gottgeweihten allerdings einfacher. Die Gemeinschaft ist ein wichtiger Faktor.

Dr. Frazer: Lehren Sie auch Körperbeherrschung?

Śrīla Prabhupāda: Ja. Kein Fleisch, keine Berauschung, keine unzulässige Sexualität, kein Glücksspiel. Das sind einige der „Neins", aber es gibt auch sehr viele „Jas". Gebote und Verbote – das ist Körperbeherrschung. Unsere Schüler gehen nicht ins Kino und auch nicht ins

Restaurant. Sie rauchen nicht, ja sie trinken nicht einmal Tee oder Kaffee...nichts dergleichen. Wir geben für solche Dinge kein Geld aus und haben auch so gut wie keine Arztrechnungen.

Dr. Frazer: Sie sagten: keine unzulässige Sexualität. Was ist zulässige Sexualität?

Śrīla Prabhupāda: Zulässige Sexualität bedeutet zuerst einmal, Geschlechtsverkehr nur mit der eigenen Frau zu haben. Man muß zunächst einmal verheiratet sein, dann kann man mit seiner Frau einmal im Monat nach der Menstruation Geschlechtsverkehr haben. Und wenn die Frau schwanger ist, gibt es keinen Geschlechtsverkehr mehr. Das bedeutet zulässige Sexualität.

Dr. Frazer: Verhängen Sie denn irgendwelche Strafen für unzulässige Sexualität?

Śrīla Prabhupāda: Strafe wird es von selbst geben – das ist der Lauf der Natur. Sobald man die Gesetze der Natur bricht, wird man bestraft. Nehmen wir als Beispiel das Essen. Wenn man mehr ißt, als man benötigt, wird man bestraft. Das ist das Gesetz der Natur. Wenn man zuviel Geschlechtsverkehr hat, wird man impotent. Das ist die Strafe der Natur für zuviel sexuellen Genuß. Und wenn man sich diesen verbotenen Dingen – unzulässiger Sexualität, Berauschung, Fleischessen und Glücksspiel – hingibt, wird man niemals spirituelles Bewußtsein entwickeln können. Das ist die größte Strafe. Wenn man spirituelles Leben nicht versteht, bleibt man wie ein Tier in Unwissenheit. Ist es nicht die größte Strafe, trotz der Chance, die man im menschlichen Leben hat, ein Tier zu bleiben?

Dr. Frazer: Ich nehme an, Sie haben recht, aber wie können wir diese Unwissenheit beenden?

Śrīla Prabhupāda: Wenn man Gott versteht, besitzt man vollkommenes Wissen; und wenn man Gott nicht versteht, ist das Wissen unvollkommen. Tiere kann man nicht über Gott belehren, Menschen schon. Deshalb gibt es so viele heilige Schriften in der menschlichen Gesellschaft. Wer aber das menschliche Leben nicht nutzt, um Gott zu verstehen, bleibt ein Tier.

Dr. Frazer: Gibt es Menschen, die Gott verstanden haben, die Kṛṣṇa-bewußt waren, aber wieder auf die körperliche, mentale oder intellektuelle Ebene zurückgefallen sind?

Śrīla Prabhupāda: Ja. Ebenso wie man von einer Krankheit geheilt sein, aber sich wieder infizieren und einen Rückfall erleiden kann, mag man auch Kṛṣṇa-bewußt werden und dennoch wieder ins materielle Leben zurückfallen. Wenn man sich aber immer spirituell gesund hält, besteht keine Möglichkeit, zu Fall zu kommen.
Dr. Frazer: Können Sie mir sagen, worauf es im Kṛṣṇa-Bewußtsein am meisten ankommt?
Śrīla Prabhupāda: Gott zu verstehen.
Dr. Frazer: Gott zu verstehen und das zu tun, was am meisten der Natur gerecht wird: den Gesetzen der Natur zu folgen?
Śrīla Prabhupāda: Der Grundgedanke des Kṛṣṇa-Bewußtseins ist es, Gott zu erkennen und Ihn zu lieben. Das ist unsere Absicht. Der Sinn des menschlichen Leben ist es, Gott zu verstehen und Ihn zu lieben.
Dr. Frazer: Ich kann Ihren Aussagen leicht folgen. Kṛṣṇa-Bewußtsein scheint also zu bedeuten, der Natur gemäß zu handeln. Übermäßiges Essen, zuviel Geschlechtsverkehr – jede Übertreibung verstößt gegen die Natur.
Śrīla Prabhupāda: Das Grundverständnis besteht zuerst einmal darin, zu wissen, daß man spirituelle Seele ist und nicht der Körper. Weil man aber diesen Körper angenommen hat, muß man unzählige physische Leiden erdulden. All unsere Schwierigkeiten haben wir unserem Körper zu verdanken. Aus diesem Grund ist der materielle Körper das eigentliche Problem.
Dr. Frazer: Die spirituelle Seele ist, wie Sie bereits erwähnt haben, vom Körper immer verschieden. Nun meine Frage: Fühlt die völlig verwirklichte Seele eigentlich noch physisches Leid? Mit anderen Worten, kann man im Kṛṣṇa-Bewußtsein körperlich krank werden?
Śrīla Prabhupāda: Der Körper ist immer physischen Leiden ausgesetzt. Wie sollte das zu vermeiden sein? Wenn ich mich aber mit meinem Körper nicht identifiziere, wird mich die Krankheit nicht stören. Nehmen wir als Beispiel zwei Männer, die in einem schönen Auto sitzen. Auf irgendeine Weise wird das Auto beschädigt. Der Mann, dem das Auto gehört, ist bedrückt, der andere aber nicht, obwohl beide im selben Wagen sitzen. Woher kommt das? Können Sie das psychologisch erklären? Der Besitzer ist bedrückt und bekümmert, sein Freund aber nicht. Was ist die Ursache für das Leid des Besitzers?

Dr. Frazer: Sein Besitz.

Śrīla Prabhupāda: Ja. Der Besitzer hängt sehr an seinem Besitz: „O weh, mein Auto ist beschädigt!“ Da sich der Freund aber nicht als Besitzer fühlt, ist er nicht betroffen. Genauso ist auch der Körper von der Seele verschieden, und wenn man sich bewußt wird, daß einem dieser Körper nicht gehört, gibt es keine Schwierigkeiten.

Dr. Frazer: Im Kṛṣṇa-Bewußtsein kann also jemand an einer körperlichen Krankheit leiden, spirituell wird er davon aber nicht beeinflußt?

Śrīla Prabhupāda: So ist es. Er wird nicht davon beeinflußt. Er ist wie ein Mensch, dessen Herz nicht an seinem Auto hängt: „Nun gut, der Wagen ist beschädigt. Ich verliere zwar etwas Geld, aber das ist nicht so tragisch.“ Ein anderer jedoch, der sehr an seinem Besitz haftet, denkt: „O weh, mein Auto ist beschädigt!“ Ebenso wird jemand, der sich ganz und gar mit seinem Körper identifiziert, mehr von einer Krankheit in Mitleidenschaft gezogen als jemand, der sich nicht mit seinem Körper identifiziert, weil er weiß, daß er gar nicht der Körper ist. Es ist eine Frage des Bewußtseins. Auch ein Kṛṣṇa-bewußter Mensch kann krank werden, aber er denkt einfach: „Das kommt und geht. Das macht nichts. Laß mich meine Pflicht erfüllen! Hare Kṛṣṇa.“ Das ist der Unterschied. Es ist eine Frage der Bewußtseinsentwicklung.

Dr. Frazer: Und was tun Sie, wenn jemand zu Ihnen kommt, der von schlechten Gedanken beherrscht wird?

Śrīla Prabhupāda: Wenn sich jemand in Gedanken an Kṛṣṇa vertieft, haben schlechte Gedanken keinen Platz mehr. Man kann nur an *eine* Sache zur gleichen Zeit denken. Wenn man also vierundzwanzig Stunden am Tag an Kṛṣṇa denkt, kommen schlechte Gedanken erst gar nicht auf.

Dr. Frazer: Wenn ich Sie richtig verstehe, werden Kṛṣṇa-bewußte Menschen von schlechten Gedanken geheilt, indem sie einfach von diesen Gedanken Abstand nehmen – nicht indem sie diesen Gedanken Ausdruck verleihen und dadurch Abstand von ihnen gewinnen, sondern indem sie diesen Gedanken *keinen* Ausdruck verleihen, um so von ihnen Abstand zu gewinnen.

Śrīla Prabhupāda: Der Vorgang ist wie folgt: Ein Mensch mit schlechten Gedanken schließt sich unserer Gemeinschaft an, aber durch stetiges Chanten wird er von diesen schlechten Gedanken befreit.

Dr. Frazer: Er spricht mit keinem über diese schlechten Gedanken?
Śrīla Prabhupāda: Er kann darüber sprechen oder auch nicht; das spielt gar keine Rolle. Die schlechten Gedanken werden so oder so verschwinden.
Dr. Frazer: Eine Sache kann ich nicht ganz verstehen. Sie und die Menschen um Sie herum bemühen sich oft, neue Leute zu bekehren. Warum eigentlich?
Śrīla Prabhupāda: *Sie* bekehren auch. Wenn ein Verrückter zu Ihnen kommt, machen Sie ihn zu einem gesunden Menschen. Ist das keine Bekehrung?
Dr. Frazer: Ja, aber er kommt zu mir. Ihre Leute gehen auf andere zu.
Śrīla Prabhupāda: Deshalb sind wir den leidenden Menschen bessere Freunde. *Sie* verlangen Geld, aber *wir* predigen, ohne uns persönlich zu bereichern. Deshalb sind wir bessere Freunde als Sie.
Dr. Frazer: Was passiert, wenn jemand „Nein" zu Ihnen sagt?
Śrīla Prabhupāda: Dann ist es ein Nein. Ein Obstverkäufer wirbt zum Beispiel für seine Früchte: „Hier gibt es schöne Mangos." Heißt das, daß sie jeder kaufen muß? Wenn nun jemand keine Mangos kauft, bedeutet das nicht, daß die Mangos schlecht sind. Es ist sein Fehler, daß er diese schönen Mangos nicht kauft.
Dr. Frazer: Ich dachte gerade darüber nach, was Sie über die Honorarforderung sagten. Wie sonst könnten Freiberufler ihren Lebensunterhalt verdienen?
Śrīla Prabhupāda: Natürlich. Sie machen das als Geschäft, wir aber nicht. Wir verteilen dieses Wissen, ohne ein Honorar dafür zu verlangen. Wir verteilen etwas so Erhabenes wie Kṛṣṇa-Bewußtsein, ohne dafür auch nur irgend etwas für uns selbst haben zu wollen.
Dr. Frazer: Mir scheint aber, daß jemand, der sich Ihnen anschließt, Ihnen seine Zeit und seine Energie opfert.
Śrīla Prabhupāda: Ja, er opfert alles. Nehmen Sie diese Gottgeweihten als Beispiel. Sie haben alles gegeben. Warum geben sie alles? Wir verlangen nichts. Denken Sie, diese Geweihten wären Dummköpfe, weil sie Kṛṣṇa alles gegeben haben? Was meinen Sie?
Dr. Frazer: Sie können tun, was sie wollen. Sie *möchten* alles geben.
Śrīla Prabhupāda: Ja. Und es ist natürlich, Kṛṣṇa alles hinzugeben. Das ist der normale Seinszustand. Kṛṣṇa irgend etwas vorzuenthalten

ist ein anormaler, krankhafter Seinszustand. Es ist so, wie wenn jemand etwas aus diesem Tempel stiehlt. Wenn jemand ohne mein Wissen diese Kiste hier wegnimmt, wird er ein schlechtes Gewissen bekommen: „Oh, ich habe dies ohne Swamijis Wissen genommen! Was wird er denken?“ Aber sobald er die Kiste zurückgibt, wird er von all seinen Gewissensbissen befreit.

Alles gehört Kṛṣṇa. Alles gehört Gott. Nichts gehört mir, nicht einmal dieser Körper. Alles Kṛṣṇa hinzugeben ist deshalb der natürliche Daseinszustand. Wenn nun jemand zum Kṛṣṇa-Bewußtsein kommt, gibt er alles, was er von Kṛṣṇa bekommen hat, Kṛṣṇa zurück. Das ist nur vernünftig. Jeder andere ist ein Dieb, da er fremdes Eigentum genießt und behauptet, es sei sein eigenes. Nehmen Sie als Beispiel Ihr Land, die Vereinigten Staaten von Amerika. Denken Sie tatsächlich, daß dies das Land der Amerikaner sei? Vor zweihundert Jahren hat es ihnen nicht gehört; es gehörte den Indianern. Jetzt behaupten sie, es sei ihr Land. Wie kommen sie dazu? In zweihundert Jahren gehört es vielleicht wieder anderen Leuten. Warum ist es also jetzt das Land der Amerikaner? Gott hat uns dieses Leben, diesen Körper, diesen Verstand, einfach alles gegeben. Deshalb gehört alles Gott, und diese Erkenntnis wird Kṛṣṇa-Bewußtsein genannt.

Dr. Frazer: Und was ist mit anderen philosophischen Studien?

Śrīla Prabhupāda: Philosophische Studien müssen uns zu der Erkenntnis führen, daß alles Gott gehört. Das ist die ursprüngliche Philosophie: *īśāvāsyam idaṁ sarvam.* „Alles gehört Gott.“ Sie, ich und alle anderen gehören Gott, und da wir alle Kinder Gottes sind, haben wir das Recht, Gottes Eigentum zu benutzen – aber nicht mehr, als wir zum Leben brauchen. Sie sind Gottes Sohn, ich bin Gottes Sohn, und alles ist Gottes Eigentum. Sie dürfen also das Eigentum Ihres Vaters genießen, und ich darf es genießen. Wenn Sie mich aber meines Eigentums berauben und ich hungern muß, ist das ungesetzlich. Wenn wir akzeptieren, daß alles Gott gehört und wir alle Söhne Gottes sind – jeder von uns, selbst die Tiere, die Insekten, die Vögel, die Bienen und die Bäume –, dann haben wir alle das Recht, Gottes Eigentum zu benutzen, aber wir dürfen uns nicht mehr nehmen, als wir benötigen.

Dr. Frazer: Nun, hierin stimme ich sicherlich mit Ihnen überein, aber, um nochmals darauf zurückzukommen, für mich persönlich stellt sich die Frage, ob Kṛṣṇa-Bewußtsein für jeden das einzig richtige Bewußtsein ist.

Śrīla Prabhupāda: Jedes andere Bewußtsein umfaßt nur einen Teil. Kṛṣṇa-Bewußtsein ist vollständig. Amerikanisches Nationalbewußtsein ist zum Beispiel ein Teilbewußtsein. Wenn man aber von Kṛṣṇa-Bewußtsein spricht, so bezieht sich dies auf das Ganze.

Dr. Frazer: In welcher Beziehung ist es umfassender als der Hinduismus?

Śrīla Prabhupāda: Wir sprechen von Gott, nicht von Hinduismus oder Christentum. Gott ist für jeden da. Gott ist weder Hindu noch Christ: Er ist für jeden da. Lieben Sie einfach Gott. Es ist ganz gleichgültig, ob Sie Hindu, Christ, Moslem oder sonstwer sind.

Dr. Frazer: Vielen Dank für Ihre Gastfreundschaft und das Gespräch!

Śrīla Prabhupāda: Ich danke Ihnen vielmals. Hare Kṛṣṇa.

Das Gesetz der Reinkarnation

Erinnerungen an vergangene Leben mögen zwar interessant sein, aber verhelfen sie uns dazu, uns aus dem leidvollen Kreislauf von Geburt und Tod zu befreien? – Diese Befreiung ist nur denjenigen möglich, die das Prinzip der Reinkarnation wirklich verstehen. In einem Vortrag, den Śrīla Prabhupāda am 19. August 1973 in London hielt, warnte er: „Sterben und wieder geboren werden ist nicht gerade angenehm... Wir wissen, daß wir nach dem Tode wieder in einen Mutterleib eingehen müssen – und heutzutage gibt es sogar Mütter, die ihre Kinder im eigenen Schoß töten.“

dehino 'smin yathā dehe
kaumāraṁ yauvanaṁ jarā
tathā dehāntara-prāptir
dhīras tatra na muhyati

„Ebenso wie die verkörperte Seele im gegenwärtigen Leben verschiedene Körperformen durchläuft – von der Kindheit zur Jugend und dann zum Alter –, wechselt die Seele nach dem Tode in einen anderen Körper über. Ein besonnener Mensch wird durch einen solchen Wechsel nicht verwirrt.“ (*Bhagavad-gītā* 2.13)

Für gewöhnlich können die Menschen diesen einfachen Vers nicht verstehen. Deshalb sagt Kṛṣṇa: *dhīras tatra na muhyati.* „Nur ein besonnener Mensch kann das verstehen.“ Aber wo liegt das Problem? Wie einfach Kṛṣṇa doch alles erklärt hat! Es gibt drei Lebensstufen. Die erste (*kaumāram*) dauert bis zum Ende des fünfzehnten Lebensjahres; dann, ab dem sechzehnten Lebensjahr, beginnt die Jugend (*yauvanam*), und nach dem vierzigsten oder fünfzigsten Lebensjahr wird man ein alter Mann (*jarā*). Wer nun *dhīra* (besonnen) ist, weiß: „Mein Körper hat seine Form gewechselt. Ich erinnere mich, wie ich als Junge spielte und umhersprang. Dann wurde ich zu einem jungen Mann und genoß mein Leben mit Freunden und Familie. Jetzt bin ich ein alter Mann, und wenn dieser Körper stirbt, wechsle ich in einen neuen Körper über.“

Im vorangegangenen Vers sagte Kṛṣṇa zu Arjuna: „Wir alle – du,

Ich und all die Könige und Soldaten, die hier versammelt sind – existierten in der Vergangenheit, existieren jetzt und werden auch in der Zukunft weiterexistieren.“ Das sind Kṛṣṇas Worte, aber dumme Menschen werden einwenden: „Warum soll ich schon früher gelebt haben? Ich wurde in dem und dem Jahr geboren, und vorher hat es mich nicht gegeben. Im Augenblick lebe ich – das ist richtig. Sobald ich aber sterbe, wird es mich nicht mehr geben.“ Doch Kṛṣṇa erklärt: „Du, Ich, wir alle existierten zuvor, wir existieren jetzt, und wir werden auch in Zukunft existieren.“ Ist das etwa ein Widerspruch? Nein, ganz im Gegenteil, es ist eine *Tatsache.* Vor unserer Geburt lebten wir in einem anderen Körper, und auch nach unserem Tod werden wir weiterleben – wieder in einem anderen Körper. Das muß man verstehen.

Ich zum Beispiel war vor siebzig Jahren ein Junge, dann wuchs ich zu einem jungen Mann heran, und nun bin ich ein alter Mann geworden. Mein Körper hat sich verändert, aber ich, der Besitzer des Körpers, bin der gleiche geblieben. Ist das so schwer zu verstehen? *Dehino 'smin yathā dehe. Dehinaḥ* bedeutet „der Besitzer des Körpers“, und *dehe* bedeutet „im Körper“. Der Körper verändert sich, die Seele jedoch, der Besitzer des Körpers, bleibt unverändert.

Jeder sieht ein, daß sein Körper seine Form wechselt. Und so werden wir auch im nächsten Leben einen anderen Körper annehmen. Wir mögen uns nicht daran erinnern, aber das ist ein anderes Problem. Wir erinnern uns nicht daran, was für einen Körper wir in unserem letzten Leben hatten, weil wir von Natur aus vergeßlich sind. Wenn wir jedoch etwas vergessen, heißt das noch lange nicht, daß es nicht stattgefunden hat. Nein. In meiner Kindheit habe ich so viele Dinge getan, an die ich mich jetzt nicht mehr erinnere, an die sich aber mein Vater und meine Mutter erinnern. Wir mögen vieles vergessen haben, aber dennoch ist es geschehen.

Auch der Tod bedeutet nur, daß ich vergessen habe, was ich im letzten Leben war. Das wird als Tod bezeichnet. Abgesehen davon bin ich, die spirituelle Seele, unsterblich. Im Laufe meines Lebens wechsle ich zum Beispiel meine Kleidung: In meiner Kindheit trug ich andere Kleider als in meiner Jugend. Und jetzt, im hohen Alter, trage ich als *sannyāsī* wieder andere Kleider. Die Kleider mögen zwar wechseln, aber das heißt nicht, daß der Besitzer dieser Kleider gestorben ist. So läßt sich die Seelenwanderung sehr einfach erklären.

Wir alle sind Individuen. Wir können niemals unsere Individualität aufgeben und alle „eins“ werden. Gott ist ein Individuum, und auch wir sind Individuen. *Nityo nityānāṁ cetanaś cetanānām.* „Von allen ewigen, bewußten Individuen ist eines das höchste.“ Gott unterscheidet Sich von uns dadurch, daß Er Seinen Körper niemals wechselt, wogegen wir dies in der materiellen Welt ständig tun. Wenn wir in die spirituelle Welt gelangen, hört auch für uns das Wechseln der Körper auf. Kṛṣṇas Körper ist *sac-cid-ānanda* – ewig, glückselig und voller Wissen –, und wenn wir zurück nach Hause, zurück zu Gott, gehen, erhalten wir einen Ihm ähnlichen Körper. Der Unterschied ist jedoch, daß Kṛṣṇa, selbst wenn Er in diese materielle Welt kommt, Seinen Körper nicht wechselt. Deshalb lautet einer Seiner Namen Acyuta, „derjenige, der niemals zu Fall kommt“.

Kṛṣṇa ist keinem Wandel unterworfen. Er kommt niemals zu Fall, denn Er ist es, der über *māyā,* die materielle Energie, herrscht. Wir werden von der materiellen Energie beherrscht, und Kṛṣṇa wiederum beherrscht die materielle Energie. Das ist der Unterschied zwischen Kṛṣṇa und uns. Er beherrscht nicht nur die materielle, sondern auch die spirituelle Energie – alle Energien. Alles, was wir sehen können, alles, was manifestiert ist, ist Kṛṣṇas Energie. So wie Hitze und Licht die Energien der Sonne sind, besteht alles, was existiert, aus Kṛṣṇas Energien.

Es gibt viele Energien, aber grundsätzlich lassen sich diese dreifach unterteilen: in die äußere Energie, die innere Energie und die marginale Energie. Wir, die Lebewesen, sind die marginale Energie. „Marginal“ bedeutet, daß wir uns unserem Wunsch entsprechend entweder unter dem Einfluß der äußeren oder der inneren Energie befinden. Wir haben also eine gewisse Unabhängigkeit. Nachdem Kṛṣṇa die *Bhagavad-gītā* gesprochen hatte, sprach Er zu Arjuna: *yathecchasi tathā kuru.* „Du kannst tun, was immer du möchtest.“ Kṛṣṇa gab Arjuna diese Freiheit. Er zwingt niemanden, sich Ihm zu ergeben. Das wäre nicht gut. Etwas Erzwungenes hat keinen Bestand. Wir raten zum Beispiel unseren Schülern, frühmorgens aufzustehen, aber wir zwingen niemanden dazu. Natürlich versuchen wir es vielleicht ein- oder zweimal; wenn der Schüler aber nicht will, ist Zwang sinnlos.

Genauso zwingt auch Kṛṣṇa niemanden, die materielle Welt zu verlassen. Alle bedingten Seelen befinden sich unter dem Einfluß der äußeren, materiellen Energie. Kṛṣṇa kommt hierher, um uns aus den Klauen der materiellen Energie zu befreien. Da wir alle Kṛṣṇas Teile sind, sind wir unmittelbar Seine Söhne. Und wenn der Sohn sich in Schwierigkeiten befindet, leidet indirekt auch der Vater. Nehmen wir einmal an, der Sohn sei verrückt oder, wie heutzutage üblich, ein Hippie geworden. Der Vater ist dann sehr besorgt: „Ach, meinem Sohn geht es so schlecht." Der Vater ist also unglücklich. Die bedingten Seelen in der materiellen Welt leiden, da sie in Sünde und Elend leben. Kṛṣṇa ist darüber nicht glücklich. Deswegen kommt Er persönlich, um uns zu lehren, wie wir zu Ihm zurückkehren können.

Wenn Kṛṣṇa erscheint, kommt Er in Seiner ursprünglichen Gestalt. Aber leider halten wir Kṛṣṇa für unseresgleichen. In gewissem Sinne ist das nicht falsch, denn schließlich ist Er unser Vater, und wir sind Seine Söhne. Gleichzeitig ist er jedoch das Oberhaupt: *nityo nityānāṁ cetanaś cetānānām.* Er ist mächtiger als wir, Er ist der Mächtigste, Er hat die höchste Macht. Unsere Macht ist gering, Kṛṣṇas Macht jedoch ist unbegrenzt. Das ist der Unterschied zwischen Kṛṣṇa und uns. Wir können Gott nicht ebenbürtig sein. Niemand kommt Kṛṣṇa gleich oder ist größer als Er. Jeder ist Kṛṣṇa untergeordnet. *Ekale īśvara kṛṣṇa, āra saba bhṛtya:* Jeder ist Kṛṣṇas Diener; Kṛṣṇa ist der alleinige Meister. *Bhoktāraṁ yajña-tapasāṁ sarva-loka-maheśvaram:* „Ich bin der alleinige Genießer, Ich bin der Besitzer." So lauten Kṛṣṇas Worte, und sie sind wahr.

Wir wechseln unseren Körper, Kṛṣṇa jedoch wechselt Seinen Körper nicht. Das müssen wir verstehen. Der Beweis ist, daß Kṛṣṇa Sich an die Vergangenheit erinnern kann und sowohl die Gegenwart als auch die Zukunft kennt. Im Vierten Kapitel der *Bhagavad-gītā* heißt es, daß Kṛṣṇa die Philosophie der *Bhagavad-gītā* vor rund 120.000.000 Jahren dem Sonnengott verkündete. Warum kann Sich Kṛṣṇa daran erinnern? Weil Er Seinen Körper nicht wechselt. Wir sind vergeßlich, weil wir unseren Körper jeden Augenblick wechseln. Das ist eine medizinische Tatsache. Jede Sekunde wird ein Teil unserer Blutkörperchen ausgewechselt, und unser Körper verändert sich, ohne daß wir es wahrnehmen. Deswegen bemerken die Eltern eines heranwachsenden Kindes nicht, wie sich sein Körper verändert. Ein Dritter, der das Kind nach längerer Zeit wiedersieht, wird aber erstaunt feststellen: „Oh, das Kind ist aber groß geworden!" Vater und Mutter haben sein Wachstum nicht bemerkt, weil sie ihr Kind während der ganzen Zeit gesehen haben und die Veränderungen jeden Augenblick auf unmerkliche Weise vor sich gegangen sind. Unser Körper unterliegt also einem ständigen Wandel, das *Ich* jedoch, die Seele, der Besitzer des Körpers, wandelt sich nicht. Das muß man verstehen.

Wir alle sind individuelle Seelen, und wir sind ewig. Da sich unser Körper jedoch ständig wandelt, erleiden wir Geburt, Tod, Alter und Krankheit. Die Bewegung für Kṛṣṇa-Bewußtsein hat ihre Bestimmung darin, uns aus diesem Zustand des ständigen Wandels zu befreien. Wir sollten uns fragen: „Wie kann ich, die unsterbliche Seele, meinen ewigen, wesensgemäßen Seinszustand wiedererlangen?“ Jeder möchte ewig leben, niemand möchte sterben. Wenn ich mit einem Revolver auf jemand ziele und sage: „Ich werde dich töten“, wird er sofort um Hilfe rufen, weil er nicht sterben will. Sterben und wiedergeboren werden ist nicht gerade angenehm; es ist leidvoll, und im Unterbewußtsein wissen wir das. Wir wissen, daß wir nach dem Tode wieder in einen Mutterleib eingehen müssen – und heutzutage gibt es sogar Mütter, die ihre Kinder im eigenen Schoß töten. Danach müssen wir wieder von einer anderen Mutter geboren werden. Immer wieder sterben und geboren werden ist mit großem Leid verbunden. Im Unterbewußtsein können wir uns an all dieses Leid erinnern, und deswegen möchten wir nicht sterben.

Unsere Frage sollte also lauten: „Warum bin ich, der ich doch ewig bin, in dieses vergängliche Leben hineingeboren worden?“ Dies ist eine intelligente Frage. Und hier stoßen wir auf unser wirkliches Problem, vor dem aber Schurken ihre Augen verschließen. Sie denken nur an Essen, Schlafen, Geschlechtsverkehr und Verteidigung. Selbst wenn wir gut essen und schlafen können, müssen wir letzten Endes sterben. Der Tod ist unser ständiger Begleiter. Schurken kümmern sich jedoch nicht um dieses wirkliche Problem, sondern sind nur darauf bedacht, jene zeitweiligen Probleme zu lösen, die im Grunde gar keine sind. Auch Vögel und andere Tiere essen, schlafen, haben Geschlechtsverkehr und verteidigen sich. Sie brauchen keine menschliche Bildung und sogenannte Zivilisation, um diese Bedürfnisse zu befriedigen. Das sind also nicht unsere wirklichen Probleme. Das wirkliche Problem ist, daß wir nicht sterben wollen und doch sterben müssen.

Niedriggesinnte Menschen wissen das aber nicht, denn sie beschäftigen sich immer nur mit zeitweiligen Problemen. Wenn es zum Beispiel sehr kalt wird, macht uns das zu schaffen. Wir müssen uns nach einem warmen Mantel oder einer Feuerstelle umsehen, und falls wir diese nicht finden, müssen wir leiden. Starke Kälte ist also ein Problem, aber es ist ein vorübergehendes Problem. Die Kälte im Winter kommt und wird auch wieder gehen. Dieses Problem ist nicht von Dauer. Von Dauer ist dagegen unsere Unwissenheit, wegen der wir geboren werden, krank werden, altern und sterben. Das sind unsere wahren Probleme. Daher sagt Kṛṣṇa: *janma-mṛtyu-jarā-vyādhi-duḥkha-doṣānudarśanam.* „Diejenigen, die tatsächlich über Wissen verfügen, sind sich dieser vier Probleme bewußt: Geburt, Tod, Alter und Krankheit."

Kṛṣṇa erklärt: *dhīras tatra na muhyati.* „Ein besonnener Mensch ist in der Stunde des Todes nicht verwirrt." Warum sollte man auch verwirrt sein, wenn man sich auf den Tod vorbereitet hat? Wenn zum Beispiel jemand in seiner Kindheit und Jugend eine gute Bildung erwirbt und sich so auf seine Zukunft vorbereitet, wird er eine gute Arbeitsstelle bekommen, angenehm leben und glücklich sein. Wenn man sich in gleicher Weise in diesem Leben darauf vorbereitet, zurück nach Hause, zurück zu Gott, zu gehen, wird man in der Stunde des Todes nicht verwirrt sein. Warum sollte man auch verwirrt sein? Es besteht kein Grund dazu. Man wird dann wissen: „Ich werde zu Kṛṣṇa gehen. Ich gehe zurück nach Hause, zurück zu Gott. Ich brauche nun nicht mehr einen materiellen Körper nach dem anderen anzunehmen; ich werde meinen spirituellen Körper bekommen. Ich werde jetzt mit Kṛṣṇa spielen, ich werde mit Kṛṣṇa tanzen, ich werde mit Kṛṣṇa essen." Kṛṣṇa-Bewußtsein heißt, sich auf das nächste Leben vorzubereiten.

Manchmal schreien Sterbende laut auf, denn ihrem *karma* entsprechend sehen sehr sündhafte Menschen zur Zeit des Todes furchtbare Szenen. Der Sünder weiß dann, daß er in irgendeinem abscheulichen Körper wiedergeboren wird. Die Frommen aber, die Gottgeweihten, sterben ohne jede Angst. Die Dummen sagen: „Ihr Gottgeweihten müßt sterben, und die Nichtgottgeweihten müssen sterben... Worin besteht der Unterschied?" Es gibt einen Unterschied. Eine Katze trägt ihr Junges im Maul, und sie trägt auch die Maus in ihrem Maul. Oberflächlich betrachtet trägt sie ihr Junges und die Maus auf die gleiche

Weise. In Wirklichkeit besteht jedoch ein großer Unterschied. Die jungen Kätzchen sind sehr glücklich darüber, von ihrer Mutter getragen zu werden, während die Maus den nahen Tod spürt und weiß: „O weh, jetzt muß ich sterben." Das ist der Unterschied. Obwohl also Gottgeweihte und Nichtgottgeweihte sterben, erfahren sie den Augenblick des Todes doch unterschiedlich – genau wie das junge Kätzchen und die Maus. Glaubt nicht, daß ein Gottgeweihter und ein Nichtgottgeweihter auf die gleiche Art und Weise sterben! Bei beiden stirbt der Körper, aber ihr Bewußtsein ist verschieden.

In der *Bhagavad-gītā* sagt Kṛṣṇa:

janma karma ca me divyam
evaṁ yo vetti tattvataḥ
tyaktvā dehaṁ punar janma
naiti mām eti so 'rjuna

Wenn man sich einfach nur bemüht, Kṛṣṇa zu verstehen, kann man zum Zeitpunkt des Todes zu Ihm gelangen. Alles an Kṛṣṇa ist göttlich, transzendental: Kṛṣṇas Tätigkeiten, Kṛṣṇas Erscheinen, Kṛṣṇas Herrlichkeit, die Verehrung Kṛṣṇas und der Tempel Kṛṣṇas. Wer dies versteht oder auch nur versucht, dies zu verstehen, wird Befreiung von Geburt und Tod erlangen. So lauten Kṛṣṇas Worte. Bemüht euch also, Kṛṣṇa zu verstehen, und bleibt im Kṛṣṇa-Bewußtsein! Dann werden diese Probleme – Geburt, Tod, Alter und Krankheit – wie von selbst gelöst.

Ein *dhīra*, d. h. ein besonnener Mensch, überlegt sich: „Ich möchte ewig leben. Warum muß ich sterben? Ich möchte ein gesundes Leben führen. Warum werde ich krank? Ich möchte nicht alt werden. Warum werde ich langsam alt?" Das sind die eigentlichen Probleme. Wir können diese Probleme lösen, indem wir einfach Kṛṣṇa-Bewußtsein praktizieren und verstehen, wer Kṛṣṇa ist. Um Kṛṣṇa zu verstehen, haben wir die *Bhagavad-gītā,* in der alles ausgezeichnet erklärt wird. Macht euer Leben also zu einem Erfolg! Erkennt, daß ihr nicht der Körper seid! Ihr seid zwar im Körper, aber ihr seid nicht der Körper. Ein Vogel zum Beispiel sitzt in einem Käfig, aber der Käfig ist nicht der Vogel. Narren kümmern sich um den Käfig und vernachlässigen den Vogel, so daß er verhungert. In ähnlicher Weise leiden wir spirituell gesehen

Hunger. Deshalb ist niemand in der materiellen Welt glücklich; jeder verhungert spirituell. Warum werden die Menschen in einem reichen Land wie Amerika, wo es genug Essen, genug Wohnungen und genug materiellen Genuß gibt, zu Hippies? Die jungen Menschen sind nicht zufrieden, da sie spirituell Hunger leiden. Es mag einem materiell sehr gut gehen, wenn man aber spirituell Hunger leidet, kann man nicht glücklich werden.

Es bedarf einer spirituellen Verjüngung. Ihr müßt begreifen: *ahaṁ brahmāsmi.* „Ich bin nicht dieser Körper, ich bin *brahman*, spirituelle Seele." Dann werdet ihr glücklich sein. *Brahma-bhūtaḥ prasannātmā na śocati na kāṅkṣati samaḥ sarveṣu bhūteṣu.* Und dann wird es Gleichheit, Einigkeit und Brüderlichkeit geben. Alles andere ist nur Betrug – nichts als hochgestochene Worte. Ohne Kṛṣṇa-Bewußtsein kann es keine Gleichheit und Einigkeit geben. Erhebt euch auf die spirituelle Ebene, und ihr werdet jeden mit gleichen Augen sehen. Sonst werdet ihr nur denken: „Ich bin ein Mensch mit Händen und Füßen, doch die Kuh hat keine Hände und Füße. Laßt uns also die Kuh töten und aufessen!" Warum? Woher nehmen sich die Menschen das Recht, ein Tier zu töten? Sie sehen nicht jedes Lebewesen mit gleichen Augen, weil es ihnen an Kṛṣṇa-Bewußtsein mangelt. Deshalb sind die sogenannte Bildung, Kultur und Brüderlichkeit in der materiellen Welt schlichtweg Humbug. Jeder vernünftige Mensch sollte Kṛṣṇa-Bewußtsein studieren, denn nur so wird die Gesellschaft glücklich werden. Vielen Dank für eure Aufmerksamkeit!

Das Selbst und seine Körper

„Wir leiden, weil wir uns im letzten Leben der Sinnenbefriedigung hingegeben und einen unserem karma *entsprechenden Körper erhalten haben", erklärte Śrīla Prabhupāda in einem Vortrag, den er am 15. Juni 1976 im Hare-Kṛṣṇa-Zentrum von Detroit hielt. Daraufhin offenbarte er seinen Zuhörern, wie man von* karma *frei wird und absolutes Glück genießen kann.*

yathājñes tamasā yukta
upāste vyaktam eva hi
na veda pūrvam aparaṁ
naṣṭa-janma-smṛtis tathā

„Ebenso wie sich ein Schlafender mit seinem Traumkörper und dessen Handlungen identifiziert, identifiziert man sich mit seinem gegenwärtigen Körper, den man infolge seiner vergangenen religiösen und irreligiösen Handlungen erhalten hat, und ist außerstande, seine früheren oder zukünftigen Leben zu kennen" (*Śrīmad-Bhāgavatam* 6.1.49).

Dies ist ein anschauliches Beispiel für die Unwissenheit, von der das Lebewesen in der materiellen Welt bedeckt ist. Wenn wir träumen, vergessen wir unsere eigene Identität – wir vergessen völlig, daß wir Herr Soundso sind, da und da wohnen und soundso viel Geld auf dem Konto haben. Nach dem Erwachen haben wir den Traum vergessen. Das können wir täglich erfahren. Ob wir träumen oder wachen, wir beobachten stets unsere eigenen Aktivitäten. Sowohl im Traum als auch im sogenannten Wachzustand sind wir die Beobachter. Wir, die beobachtenden spirituellen Seelen, bleiben die gleichen, aber die Umstände ändern sich, und wir vergessen, was geschehen ist.

Genausowenig können wir uns daran erinnern, was wir im letzten Leben waren, oder voraussagen, was uns im nächsten Leben bevorsteht. Es ist jedoch eine Tatsache, daß wir als spirituelle Seelen ewig leben. Wir haben in der Vergangenheit existiert, wir existieren in der Gegenwart, und wir werden auch in der Zukunft weiterexistieren. Śrī Kṛṣṇa erklärt diese Wahrheit in der *Bhagavad-gītā* (2.12): „O Arjuna, du, Ich sowie alle anderen, die hier auf dem Schlachtfeld versammelt sind, haben bereits zuvor existiert und werden auch in der Zukunft weiterexistieren." Das erste, was man im spirituellen Leben verstehen muß, ist: „Ich bin ewig."

Als spirituelle Seelen werden wir weder geboren, noch müssen wir sterben (*na jāyate mriyate vā kadācit*). Mit der Zerstörung des materiellen Körpers ist unser Dasein nicht beendet (*na hanyate hanyamāne śarīre*). Die Zerstörung des Körpers ist jetzt schon in vollem Gange. Unser Kindheitskörper ist bereits zerstört; dieser Körper ist nicht mehr vorhanden. Unser jugendlicher Körper ist ebenfalls zerstört; auch er existiert nicht mehr. Genauso wird auch unser gegenwärtiger Körper vergehen, und wir werden einen anderen erhalten (*tathā dehāntara-prāptiḥ*).

Wenn die Seele den Körper verläßt, verwest der grobstoffliche Körper. Der grobstoffliche Körper besteht aus Materie, und alles Materielle wird letztlich vergehen. Das ist die Natur der Materie. Die spirituelle Seele ist hingegen unvergänglich.

Wir durchwandern einen Körper nach dem anderen. Und warum gibt es verschiedene Arten von Körpern? Weil das Lebewesen, die spirituelle Seele, mit verschiedenen Erscheinungsweisen der materiellen Natur in Berührung kommt. Entsprechend den Erscheinungsweisen, die das Lebewesen beeinflussen, entwickelt es dann einen grobstofflichen Körper.

Aufgrund unserer vergangenen Handlungen haben wir unseren gegenwärtigen Körper erlangt. *Karmaṇā daiva-netreṇa jantur dehopapattaye:* Gemäß seinem vergangenen *karma*, d. h. gemäß seinen materiellen Aktivitäten, bekommt man eine bestimmte Art von Körper. Die Natur wirkt automatisch entsprechend unserem *karma.* Wenn man sich zum Beispiel mit einer Krankheit ansteckt, wird die Natur ihren Lauf nehmen; die Krankheit wird ausbrechen, und man wird darunter zu leiden haben. Genauso müssen wir, wenn wir dem Einfluß der drei Erscheinungsweisen der materiellen Natur ausgesetzt sind und karmische Handlungen ausführen, von einem Körper zum anderen wandern. Die Naturgesetze funktionieren auf vollkommene Weise.

Jetzt, da wir das zivilisierte menschliche Leben erreicht haben, sollten wir uns fragen: „Warum muß ich leiden?" Unser Problem ist, daß wir Leid für Genuß halten, weil wir dem Zauber *māyās,* der Illusion, verfallen sind. *Māyā* bedeutet „das, was nicht ist". Wir glauben zu genießen, aber eigentlich leiden wir. Im materiellen Körper *müssen* wir leiden. Wir leiden aufgrund des Körpers. Eisige Kälte oder glühende Hitze empfinden wir nur aufgrund des Körpers. Unter bestimmten Umständen empfinden wir auch Freude. In der *Bhagavad-gītā* (2.14) gibt uns Śrī Kṛṣṇa jedoch die Unterweisung:

mātrā-sparśās tu kaunteya
śītoṣṇa-sukha-duḥkha-dāḥ
āgamāpāyino 'nityās
tāṁs titikṣasva bhārata

„Materielles Glück und Leid werden durch den Körper verursacht. Sie kommen und gehen wie die Jahreszeiten. Laß dich also nicht verwirren, sondern versuche sie zu erdulden!"

Solange wir uns in der materiellen Welt befinden, werden sich Glück und Leid abwechseln. Wir sollten uns also von ihnen nicht verwirren lassen. Unsere wirkliche Aufgabe ist die Suche nach Selbsterkenntnis. Diese Suche müssen wir immer fortsetzen, und wir dürfen sie niemals aufgeben. Selbsterkenntnis ist das Ziel des menschlichen Lebens. Sogenanntes Glück und Leid wird es so lange geben, wie wir einen materiellen Körper haben. Wir müssen verstehen: „Ich bin nicht dieser Körper, ich bin spirituelle Seele. Wegen meiner vergangenen Handlungen habe ich diesen Körper erhalten." Das ist Wissen.

Ein vernünftiger Mensch sollte sich folgendes überlegen: „Ich bin spirituelle Seele, und mein Körper ist nur eine Hülle. Ist es demnach nicht möglich, diese Wanderung von Körper zu Körper zu beenden?" Menschliches Leben bedeutet, sich zu fragen, wie man sich von der Verunreinigung durch den materiellen Körper befreien kann.

Leider wird diese Frage von den Menschen der heutigen sogenannten Zivilisation nicht gestellt. Sie sind wie verrückt danach, die Sinne des Körpers zu befriedigen, und handeln dabei auf unverantwortliche Weise. Im *Śrīmad-Bhāgavatam* (5.5.4) wird erklärt:

nūnaṁ pramattaḥ kurute vikarma
yad indriya-prītaya āpṛṇoti
na sādhu manye yata ātmano 'yam
asann api kleśada āsa dehaḥ

„Menschen, die nur um der Sinnenbefriedigung willen handeln, sind zweifellos wahnsinnig, und sie begehen alle möglichen abscheulichen Handlungen. Als Folge dessen müssen sie von einem Körper zum anderen wandern und dabei alle möglichen Leiden erdulden."

Es ist uns nicht bewußt, daß der Körper immer *kleśada* ist: er bereitet uns stets Leid. Ab und zu empfinden wir etwas Freude; im Grunde jedoch ist der Körper eine Quelle des Leids. In diesem Zusammenhang gibt es eine treffende Analogie: Wenn die Gerichtsdiener früher einen Kriminellen bestrafen wollten, banden sie ihm die Hände zusammen, brachten ihn in die Mitte eines Flusses und tauchten ihn unter Wasser. Wenn er beinahe ertrunken war, zogen sie ihn an den Haaren aus dem Wasser und ließen ihn etwas Luft holen. Sodann wurde er wieder untergetaucht. Das war eine Methode der Bestrafung.

Jede kurze Freude, die wir in der materiellen Welt erfahren, gleicht der Freude jenes Kriminellen, der für kurze Zeit aus dem Wasser gezogen wird. Schweres Leid mit einigen Augenblicken der Erleichterung – so sieht das Leben in der materiellen Welt aus.

Deshalb suchte Sanātana Gosvāmī, ein wohlhabender Minister der mohammedanischen Regierung in Indien, dereinst Śrī Caitanya Mahāprabhu auf und fragte: *ke āmi, kene āmāya jāre tāpa-traya.* „Wer bin ich? Warum muß ich die dreifachen Leiden erdulden?" Solch eine Frage zeugt von Intelligenz. Ständig begegnen wir irgendwelchen Leiden, die von Körper und Geist verursacht werden, die andere Lebewesen uns zufügen oder die durch Natureinflüsse entstehen. Wir wollen diese Leiden nicht, aber sie werden uns aufgezwungen. Wenn man also einen spirituellen Meister annimmt, sollte die erste Frage lauten: „Warum leide ich?"

Wir sind jedoch so stumpfsinnig wie die Tiere geworden, so daß wir diese Frage niemals stellen. Die Tiere leiden – das weiß jeder –, aber sie können nicht fragen, warum. Wenn ein Tier zum Schlachthaus geführt wird, kann es nicht fragen: „Warum werde ich mit Gewalt zum Schlachthaus gebracht?" Wenn man aber versucht, einen Menschen zu töten, wird er laut protestieren: „Dieser Mann will mich umbringen! Warum soll ich getötet werden?" Ein wichtiger Unterschied zwischen menschlichem und tierischem Leben besteht also darin, daß nur der Mensch fragen kann: „Warum leide ich?"

Ob nun Präsident Nixon oder der Mann auf der Straße – jeder leidet. Daran besteht kein Zweifel. Man leidet aufgrund seines Körpers, und man handelt so, daß man einen weiteren materiellen Körper annehmen muß. Wir leiden, weil wir uns im letzten Leben der Sinnenbefriedigung hingegeben und einen unserem *karma* entsprechenden Körper erhalten haben. Wenn wir auch in diesem Leben nur unsere Sinne befriedigen wollen und nicht versuchen, uns zu erheben, werden wir wiedergeboren werden und leiden müssen. Entsprechend unserem Bewußtsein zum Zeitpunkt des Todes stellt uns die Natur einen anderen Körper zur Verfügung. Und sobald man diesen Körper hat, beginnt das Leid von neuem. Sogar im Mutterleib wird man leiden müssen. Viele Monate lang in einem solch engen Beutel leben zu müssen, Hände und Beine aneinandergepreßt, unfähig, sich zu bewegen – das ist Leid. Und wenn man auf die Welt kommt, erwartet einen nur noch mehr Leid. Heutzutage besteht darüber hinaus die Gefahr, schon im Mutterleib getötet zu werden. Wir sollten daher intelligent genug sein, um zu fragen: „Warum leide ich? Wie kann ich dieses Leid beenden?" Solange wir nicht fragen: „Warum leide ich?", hat unser menschliches Leben noch nicht begonnen, und wir sind noch Tiere.

Das Fragen nach der eigentlichen Ursache unseres Leidens wird *brahma-jijñāsā,* das Fragen nach der Absoluten Wahrheit, genannt. Am Anfang des *Vedānta-sūtra* heißt es: *athāto brahma-jijñāsā.* „Wenn man die menschliche Lebensform erlangt hat, sollte man nach Brahman, der Absoluten Wahrheit, fragen." Wir sollten also von der menschlichen Lebensform Gebrauch machen. Wir sollten nicht wie die Tiere leben, sondern Fragen über die Absolute Wahrheit stellen und herausfinden, wie wir unser leidvolles materielles Leben beenden können.

Unser harter Existenzkampf zeigt, daß wir bereits versuchen, unseren Leiden Abhilfe zu schaffen. Warum bemühen wir uns, Geld zu bekommen? Weil wir denken: „Wenn ich Geld habe, wird sich mein Leid lindern." So geht der Existenzkampf weiter, und jeder versucht, durch Sinnenbefriedigung glücklich zu werden. Sinnenbefriedigung ist jedoch kein wahres Glück. Das wahre Glück ist spirituelles Glück, das man in Kṛṣṇas Dienst erfährt. Materielles Glück ist nur ein verzerrtes Abbild.

Materielles Glück ist wie eine Luftspiegelung in der Wüste, die uns

Wasser vorgaukelt. In der Wüste gibt es eigentlich kein Wasser; wenn aber ein durstiges Tier eine solche Luftspiegelung in der Wüste sieht, läuft es ihr hinterher...und stirbt. Wir wissen, daß es in der Wüste kein Wasser gibt und daß dieses „Wasser" lediglich eine Luftspiegelung ist, doch die Tiere wissen dies nicht. Mit anderen Worten, menschliches Leben bedeutet, daß man aufhört, durch Sinnenbefriedigung nach einem Glück zu jagen, das einer Fata Morgana in der Wüste gleicht, und sich auf die Suche nach spirituellem Glück macht.

Einfach durch das Chanten des Hare-Kṛṣṇa-*mahā-mantra* – Hare Kṛṣṇa, Hare Kṛṣṇa, Kṛṣṇa Kṛṣṇa, Hare Hare / Hare Rāma, Hare Rāma, Rāma Rāma, Hare Hare – können wir dieses höhere Glück erfahren. Hare Kṛṣṇa zu chanten ist überhaupt nicht schwierig, und doch kann es uns von all unseren Leiden in der materiellen Welt befreien.

Unser Leid wird durch zahllose Unreinheiten im Herzen verursacht. Wir gleichen einem Kriminellen, dessen Herz voll unreiner Wünsche ist. Er denkt: „Wenn ich dieses und jenes bekommen könnte, wäre ich glücklich." Selbst wenn er sein Leben dabei aufs Spiel setzen muß, begeht er ein Verbrechen. Ein Dieb weiß, daß er bestraft wird, wenn ihn die Polizei faßt; doch das hält ihn nicht vom Stehlen ab. Warum? *Nūnaṁ pramattaḥ:* Er ist wie verrückt nach Sinnenbefriedigung. Das ist der ganze Grund.

Wir müssen also unser Herz von den schmutzigen Begierden reinigen, die uns dazu zwingen, um der Sinnenbefriedigung willen zu handeln und zu leiden. Im gegenwärtigen Zeitalter ist die Reinigung überhaupt kein Problem: Man chantet einfach Hare Kṛṣṇa. Mehr ist nicht nötig. Das ist das Geschenk Śrī Caitanya Mahāprabhus. *Ceto-darpaṇa mārjanaṁ bhava-mahā-dāvāgni-nirvāpaṇam.* Wenn wir den Hare-Kṛṣṇa-*mantra* chanten, werden wir befreit von dem Leid, das die unentwegte Wanderung von Körper zu Körper über uns bringt. Chanten ist etwas sehr Einfaches. Kaste, Religion, Nationalität, Hautfarbe und soziale Stellung spielen keine Rolle. Durch Gottes Barmherzigkeit hat jeder eine Zunge und zwei Ohren. Jeder kann also chanten: Hare Kṛṣṇa, Hare Kṛṣṇa, Kṛṣṇa Kṛṣṇa, Hare Hare / Hare Rāma, Hare Rāma, Rāma Rāma, Hare Hare. Chantet einfach Hare Kṛṣṇa und seid glücklich!

2

Verbindung mit dem Höchsten

Der unsichtbare Weltenlenker

„Selbst die modernsten Computer benötigen geschultes Bedienungspersonal. Deshalb sollten wir verstehen, daß auch die große Maschine, die wir als Kosmos bezeichnen, von einem höchsten spirituellen Wesen gelenkt wird. Das ist Kṛṣṇa." Folgender Ausschnitt aus Śrīla Prabhupādas Buch „Kṛṣṇa-Bewußtsein – das unvergleichliche Geschenk" vermittelt uns faszinierende Einblicke in die Art und Weise, wie Gott das Universum erschafft und lenkt.

Der Zweck der Hare-Kṛṣṇa-Bewegung besteht darin, den Menschen wieder zu seinem ursprünglichen, klaren Bewußtsein, dem Kṛṣṇa-Bewußtsein, zurückzubringen. Wenn das Regenwasser aus den Wolken fällt, ist es so rein wie destilliertes Wasser, doch sobald es den Boden berührt, wird es schlammig und verfärbt sich. In ähnlicher Weise sind wir ursprünglich reine spirituelle Seelen, Teilchen Kṛṣṇas, und wir sind daher unserem Wesen nach so rein wie Gott. In der *Bhagavad-gītā* (15.7) erklärt Kṛṣṇa:

mamaivāṁśo jīva-loke
jīva-bhūtaḥ sanātanaḥ
manaḥ ṣaṣṭhānīndriyāṇi
prakṛti-sthāni karṣati

„Die Lebewesen in der materiellen Welt sind Meine ewigen fragmentarischen Teile. Weil sie aber ein bedingtes Leben führen, müssen sie schwer mit den sechs Sinnen kämpfen, zu denen auch der Geist gehört."

Wir sind also Teil von Gottes Körper. Genau wie ein Körnchen Gold qualitativ die gleiche Beschaffenheit hat wie ein ganzer Goldschatz, haben wir, die winzigen Teilchen von Gottes Körper, die gleichen Eigenschaften wie Er. Gottes Körper hat dieselbe Zusammensetzung wie unser ewiger spiritueller Körper: beide sind spirituell. In unserem ursprünglichen, reinen Zustand besitzen wir einen Körper, der von der gleicher Natur ist wie der Körper Gottes, aber genauso wie Regen auf den Boden fällt, sind wir mit der materiellen Welt in Berührung gekommen, die von der äußeren Energie, der materiellen Natur, gelenkt wird.

Wenn wir von der äußeren Energie oder von der materiellen Natur sprechen, erhebt sich die Frage: „Wessen Energie? Wessen Natur?" Die materielle Natur handelt nicht unabhängig. Solch eine Vorstellung ist töricht. In der *Bhagavad-gītā* heißt es klar, daß die materielle Natur nicht selbständig tätig ist. Wenn ein Narr eine Maschine sieht, denkt er vielleicht, sie arbeite von selbst, was in Wirklichkeit jedoch nicht der Fall ist. Dahinter steht jemand, der sie bedient und kontrolliert, auch wenn wir diese Person aufgrund unserer begrenzten Sicht manchmal nicht sehen können. Hinter all den komplizierten elektronischen Geräten, die so wunderbar funktionieren, steht ein Wissenschaftler, der auf den Knopf drückt. Das ist sehr einfach zu verstehen: Da eine Maschine aus Materie ist, kann sie nicht selbständig arbeiten, sondern nur unter der Kontrolle der spirituellen Energie. Ein Tonbandgerät funktioniert, doch es funktioniert so, wie es ein Lebewesen, ein Mensch, plant und haben will. Die Maschine ist funktionstüchtig, aber solange sie nicht von einer spirituellen Seele in Betrieb genommen wird, kann sie nicht arbeiten. In ähnlicher Weise sollten wir verstehen, daß die kosmische Manifestation, die wir Natur nennen, eine große Maschine ist und daß hinter dieser Maschine Gott, Kṛṣṇa, steht. Das wird in der *Bhagavad-gītā* von Kṛṣṇa selbst bestätigt:

mayādhyakṣeṇa prakṛtiḥ
sūyate sa-carācaram
hetunānena kaunteya
jagad viparivartate

„Die materielle Natur handelt unter Meiner Führung, o Sohn Kuntīs, und bringt alle beweglichen und unbeweglichen Wesen hervor. Nach ihrem Gesetz wird die kosmische Manifestation immer wieder erschaffen und aufgelöst" (*Bhagavad-gītā* 9.10).

Kṛṣṇa sagt, daß die materielle Natur unter Seiner Führung handelt. Hinter allem befindet sich also ein höchster Lenker. In der modernen Zivilisation versteht man dies nicht, weil es an Wissen mangelt. Die Gesellschaft für Kṛṣṇa-Bewußtsein hat es sich deshalb zur Aufgabe gemacht, alle Menschen zu erleuchten, die aufgrund des Einflusses der drei Erscheinungsweisen der materiellen Natur verrückt geworden sind. Mit anderen Worten, unser Ziel ist es, die Menschen wieder normal zu machen.

Es gibt so viele Universitäten und Fakultäten, zumal hier in Amerika, aber diese Themen werden nicht behandelt. Wo ist die Fakultät, die sich mit dem Wissen beschäftigt, das Śrī Kṛṣṇa in der *Bhagavad-gītā* lehrt? Als ich am Massachusetts Institute of Technology vor Studenten und einigen Mitgliedern des Lehrkörpers einen Vortrag hielt, war die erste Frage, die ich aufwarf: „Wo ist an Ihrer Technischen Hochschule der Fachbereich, der untersucht, worin der Unterschied zwischen einem toten und einem lebenden Menschen besteht?“ Wenn ein Mensch stirbt, geht irgend etwas verloren. Wo ist die Technologie, die dieses fehlende Etwas ersetzen kann? Warum versuchen die Wissenschaftler nicht, dieses Problem zu lösen? Weil es ein sehr schwieriges Thema ist, schieben sie es beiseite und widmen sich eingehend der Technologie von Essen, Schlafen, Sexualität und Verteidigung. Aus den vedischen Schriften erfahren wir jedoch, daß sich diese Art von Technologie auf der tierischen Ebene befindet. Auch die Tiere versuchen nach besten Kräften, gut zu essen, Geschlechtsverkehr zu genießen, friedlich zu schlafen und sich zu verteidigen. Worin besteht also der Unterschied zwischen dem Wissen der Menschen und dem der Tiere? Eigentlich sollten die Menschen ihr Wissen weiterentwickeln, um den Unterschied zwischen einem lebendigen und einem toten Körper zu erforschen.

Dieses spirituelle Wissen offenbart Kṛṣṇa Seinem Geweihten Arjuna zu Beginn der *Bhagavad-gītā.* Arjuna war Kṛṣṇas Freund, und er war sehr intelligent, doch sein Wissen war – wie das aller Menschen – begrenzt. Die Themen, über die Kṛṣṇa sprach, gingen über die Grenzen von Arjunas Wissen hinaus, und sie werden als *adhokṣaja* bezeichnet, weil wir uns ihnen auf dem Wege unserer direkten Sinneswahrnehmung, mit der wir materielles Wissen erwerben, nicht nähern können. Wir haben zum Beispiel viele starke Mikroskope, mit denen wir Objekte betrachten können, die für unsere begrenzten Augen sonst nicht wahrnehmbar wären; aber es gibt kein Mikroskop, das uns die Seele im Körper zeigen kann. Trotzdem existiert sie.

Aus der *Bhagavad-gītā* erfahren wir, daß sich im Körper ein Besitzer des Körpers befindet: die Seele. Ich bin der Besitzer meines Körpers, und andere sind die Besitzer ihres Körpers. Ich sage „meine Hand", aber nicht „ich Hand". Da es „meine Hand" ist, bin ich von der Hand verschieden, denn ich bin ihr Besitzer. Genauso wie ich sage: „Das ist mein Tisch" oder „Das ist mein Buch", spreche ich von „meiner Hand", „meinem Auge", „meinem Bein". Wo aber bin ich, der Besitzer all dieser Dinge? Die Suche nach der Antwort auf diese Frage nennt man Meditation. In echter Meditation fragen wir uns: „Wo bin ich? Was bin ich?" Die Antwort auf diese Fragen können wir nicht mit Hilfe materieller Anstrengungen finden, und deswegen schieben alle Universitäten diese Fragen beiseite mit dem Kommentar: „Dieses Thema ist zu schwierig" oder „Das ist irrelevant."

Folglich richten die Ingenieure ihre Aufmerksamkeit auf die Herstellung und Perfektionierung des pferdelosen Wagens und des schwingenlosen Vogels. Früher wurden die Wagen von Pferden gezogen, und die Luft war sauber, aber jetzt gibt es Autos und Flugzeuge, und die Wissenschaftler brüsten sich: „Wir haben Wagen ohne Pferde und Vögel ohne Schwingen erfunden." Sie mögen zwar die Imitationsschwingen eines Flugzeugs erfinden, aber sie sind nicht imstande, einen Körper ohne Seele zu erfinden. Wenn ihnen das gelänge, verdienten sie tatsächlich unsere Anerkennung, aber dieser Versuch ist von vornherein zum Scheitern verurteilt, denn wir wissen, daß eine Maschine nur dann funktionieren kann, wenn sie von einer Person bedient wird. Selbst die modernsten Computer benötigen geschultes Bedienungspersonal. Deshalb sollten wir verstehen, daß auch die große Maschine, die wir als Kosmos bezeichnen, von einem höchsten spirituellen Wesen gelenkt wird. Das ist Kṛṣṇa. Die Wissenschaftler suchen zwar nach der letzten Ursache oder dem höchsten Ordnungsprinzip des materiellen Universums und stellen verschiedene Theorien und Thesen auf, aber die wirkliche Methode, Wissen zu erwerben, ist einfach und vollkommen: Wir brauchen lediglich der vollkommenen Person, Kṛṣṇa, Gehör zu schenken. Jedem, der sich die Lehren der *Bhagavad-gītā* zu eigen macht, wird sofort das Wissen zuteil, daß die große kosmische Maschine so wunderbar funktioniert, weil sie von einer Person gelenkt wird – von Kṛṣṇa.

Unsere Methode des Wissenserwerbs ist sehr einfach. Die *Bhagavad-gītā,* die Kṛṣṇas Lehren enthält, ist das wichtigste Buch des Wissens, das von Kṛṣṇa, der vollkommenen Person, stammt. Manche Leute bringen vielleicht den Einwand hervor: „Ihr mögt Ihn zwar als die vollkommene Person anerkennen, aber wir nicht." Wenn wir Kṛṣṇa als die vollkommene Person anerkennen, so geschieht das natürlich unter Berufung auf viele Autoritäten. Wir betrachten Kṛṣṇa nicht einfach auf der Grundlage unserer Launen und Gefühle als vollkommen. Nein, Kṛṣṇa wird von vielen vedischen Autoritäten, wie Vyāsadeva, dem Autor aller vedischen Schriften, als Gott anerkannt. Die Veden sind die Schatzkammer des Wissens, und ihr Verfasser, Vyāsadeva, erkennt Kṛṣṇa als die Höchste Persönlichkeit Gottes an, und auch Vyāsadevas spiritueller Meister, Nārada, erkennt Kṛṣṇa als Gott an. Nāradas spiritueller Meister, Brahmā, erkennt Kṛṣṇa als die Höchste Person und als den höchsten Lenker an – *īśvaraḥ paramaḥ kṛṣṇaḥ*: „Der höchste Lenker ist Kṛṣṇa."

Es gibt niemanden in der Schöpfung, der von sich behaupten kann, er werde nicht beherrscht. Jeder, gleichgültig wie wichtig oder mächtig er sein mag, untersteht der Herrschaft eines anderen. Kṛṣṇa jedoch ist niemandem untergeordnet; deshalb ist Er Gott. Er ist der Beherrscher eines jeden, und es gibt niemanden, der Ihm übergeordnet ist oder Ihm gleichkommt. Heutzutage gibt es so viele angebliche Götter. Götter sind heutzutage fürwahr etwas sehr Billiges geworden, da sie in großen Mengen importiert werden, besonders aus Indien. Die Menschen in anderen Ländern können sich glücklich schätzen, daß bei ihnen keine Götter hergestellt werden; doch in Indien werden praktisch jeden Tag neue Götter fabriziert. Oft hört man, daß Gott nach Los Angeles oder New York kommt und daß sich die Leute versammeln, um ihn zu empfangen. Aber Kṛṣṇa gehört nicht zu dieser Art von Göttern, die in einer mystischen Fabrik hergestellt werden. Er wurde nicht zum Gott *gemacht:* Er *ist* Gott.

Hinter der gigantischen materiellen Natur, der kosmischen Manifestation, befindet Sich also Kṛṣṇa, der von allen vedischen Autoritäten als Gott anerkannt wird. Daß wir einer Autorität Glauben schenken, ist für uns nichts Neues. Jeder vertraut auf die eine oder andere Weise einer Autorität. Wenn wir Wissen erwerben wollen, wenden wir uns an einen Lehrer oder besuchen eine Schule, oder wir lernen einfach von unserem Vater oder unserer Mutter. Sie alle sind Autoritäten, und es ist ganz natürlich für uns, von ihnen zu lernen. Als kleine Kinder haben wir gefragt: „Vater, was ist das?“ Und der Vater antwortete: „Das ist ein Füllhalter“, „Das ist eine Brille“ oder „Das ist ein Tisch.“ Auf diese Weise lernt man schon von frühester Kindheit an von seinem Vater und seiner Mutter. Gute Eltern lügen nie, wenn ihnen ihr Sohn Fragen stellt; sie geben ihm genaue und richtige Informationen. Wenn wir also spirituelles Wissen von einer Autorität empfangen und diese kein Lügner oder Betrüger ist, dann ist unser Wissen vollkommen. Wenn wir jedoch versuchen, durch unsere eigenen Spekulationen zu Schlußfolgerungen zu gelangen, laufen wir Gefahr, uns zu irren. Die induktive Methode, das heißt, von bestimmten Tatsachen oder Einzelfällen auf eine allgemeine Regel zu schließen, ist niemals vollkommen. Weil wir begrenzt sind und weil unsere Erfahrung begrenzt ist, wird diese Methode immer unvollkommen bleiben.

Wenn unser Wissen hingegen aus der vollkommenen Quelle, von Kṛṣṇa, stammt und wir dieses Wissen nur wiederholen, kann auch das, was wir sagen, als vollkommen angesehen werden. Das System der *paramparā* (Schülernachfolge) besteht darin, von Kṛṣṇa oder von Autoritäten zu hören, die Kṛṣṇa anerkannt haben, und genau das zu wiederholen, was sie gesagt haben. In der *Bhagavad-gītā* empfiehlt Kṛṣṇa diese Art des Wissenserwerbs: *evaṁ paramparā-prāptam imaṁ rājarṣayo viduḥ*. „Diese erhabene Wissenschaft wurde so durch die Kette der Schülernachfolge weitergereicht, und die heiligen Könige empfingen sie auf diese Weise“ (*Bhagavad-gītā* 4.2).

Früher waren große heilige Könige die Autoritäten, und durch sie wurde das Wissen überliefert. Allerdings waren diese Könige, die in längst vergangenen Zeiten lebten, *ṛṣis* (große Gelehrte und Gottgeweihte), und weil sie keine gewöhnlichen Menschen waren, erfüllten die Regierungen, an deren Spitze sie standen, ihre Aufgaben tadellos. Es wird von vielen Königen der vedischen Zivilisation berichtet, die als Geweihte Gottes die Vollkommenheit erlangten. Dhruva Mahārāja zum Beispiel ging mit nur fünf Jahren in den Wald, um Gott zu finden, was ihm durch strenge Bußübungen und harte Entsagung innerhalb von sechs Monaten auch gelang.

Um Kṛṣṇa-Bewußtsein zu entwickeln, müssen wir auch Entsagung auf uns nehmen, aber das ist nicht sehr schwierig. Wir müssen lediglich gewisse Vorschriften in bezug auf das Essen und das Geschlechtsleben einhalten: Wir dürfen nur *prasādam,* Speisen, die zuerst Kṛṣṇa geopfert wurden, essen, und wir beschränken den Geschlechtsverkehr auf die Ehe. Außerdem gibt es noch einige andere Regeln, die spirituelle Erkenntnis erleichtern und fördern. In unseren Tagen ist es nicht möglich, Dhruva Mahārāja zu imitieren, aber wenn wir bestimmte grundlegende vedische Prinzipien befolgen, können wir im spirituellen Bewußtsein, dem Kṛṣṇa-Bewußtsein, Fortschritt machen. Je mehr Fortschritte wir machen, desto vollkommener wird unser Wissen. Welchen Sinn hat es, wenn wir Wissenschaftler oder Philosophen werden, aber nicht wissen, wie unser nächstes Leben aussehen wird? Ein selbstverwirklichter Student des Kṛṣṇa-Bewußtseins ist sich darüber im klaren, was er im nächsten Leben sein wird, wer Gott ist, wer er, das Lebewesen, ist und was seine Beziehung zu Gott ist. Sein Wissen ist vollkommen, weil es aus vollkommenen Büchern des Wissens wie der *Bhagavad-gītā* und dem *Śrīmad-Bhāgavatam* stammt.

Kṛṣṇa-Bewußtsein ist sehr einfach, jeder kann es praktizieren und sein Leben zur Vollkommenheit führen. Auch wer überhaupt nicht gebildet ist und keine Bücher lesen kann, hat eine Chance. Er kann sein Leben trotzdem vervollkommnen, indem er einfach den *mahā-mantra* chantet: Hare Kṛṣṇa, Hare Kṛṣṇa, Kṛṣṇa Kṛṣṇa, Hare Hare / Hare Rāma, Hare Rāma, Rāma Rāma, Hare Hare. Kṛṣṇa hat uns eine Zunge und zwei Ohren gegeben, und es wird uns vielleicht überraschen zu erfahren, daß Kṛṣṇa zuerst durch die Ohren und durch die Zunge erkannt wird und nicht durch die Augen. Wenn wir Seinen heiligen Namen und Seine Botschaft hören, lernen wir, die Zunge zu beherrschen, und wenn die Zunge beherrscht ist, werden die anderen Sinne automatisch beherrscht. Die Zunge ist von allen Sinnesorganen das gierigste, und es ist sehr schwierig, sie zu beherrschen; wenn wir aber einfach Hare Kṛṣṇa chanten und Kṛṣṇa-*prasādam* kosten, sind wir in der Lage, über sie Herr zu werden. Wir können Kṛṣṇa nicht durch Sinneswahrnehmung oder Spekulation verstehen, denn Kṛṣṇa ist derart groß, daß Er Sich der Reichweite unserer Sinne entzieht. Durch Hingabe aber kann man Ihn verstehen, und deshalb empfiehlt Kṛṣṇa:

sarva-dharmān parityajya
māṁ ekaṁ śaraṇaṁ vraja
ahaṁ tvāṁ sarva-pāpebhyo
mokṣayiṣyāmi mā śucaḥ

„Gib alle Arten von Religion auf, und ergib dich einfach Mir! Ich werde dich dafür von allen sündhaften Reaktionen befreien! Fürchte dich nicht!" (*Bhagavad-gītā* 18.66).

Leider sind wir rebellisch – das ist unsere Krankheit: wir sträuben uns instinktiv gegen jede Art von Autorität. Aber obwohl wir von Autorität nichts wissen wollen, ist die Natur so unerbittlich, daß sie uns ihre Autorität aufzwingt. Wir sind gezwungen, die Autorität der Natur zu akzeptieren. Gibt es etwas Lächerlicheres als einen Menschen, der behauptet, er gehorche keiner Autorität, der aber gleichzeitig blindlings seinen Sinnen überallhin folgt? Die Behauptung, wir seien unabhängig, ist falsch und schlichtweg dumm. Wir unterstehen alle einer Autorität, aber wir sagen trotzdem, daß wir nicht bevormundet werden wollen. Das nennt man *māyā,* Illusion.

Wir haben allerdings ein gewisses Maß an Unabhängigkeit – wir können wählen, ob wir der Autorität unserer Sinne oder der Autorität Kṛṣṇas unterstehen wollen. Die beste und höchste Autorität ist Kṛṣṇa, denn Er ist unser ewiger Gönner und Freund, und Er ist immer auf unseren Vorteil bedacht. Da wir sowieso eine Autorität akzeptieren müssen – warum nicht Kṛṣṇa? Wenn wir einfach nur hören, was uns die *Bhagavad-gītā* und das *Śrīmad-Bhāgavatam* über Seine herrlichen Eigenschaften zu sagen haben, und Seinen heiligen Namen preisen, können wir unser Leben zur Vollkommenheit führen.

Jeder kann Gott sehen

Unter all den heiligen Schriften in der Welt nimmt die vedische Literatur eine einzigartige Stellung ein, denn sie zeigt uns eine praktische Methode, die uns hilft, unser Bewußtsein zu läutern und Gott von Angesicht zu Angesicht zu sehen. Im folgenden Vortrag (Los Angeles, 15. August 1972) erklärt Śrīla Prabhupāda: „Man sollte sehr begierig sein, Gott zu sehen... Man muß sehr ernsthaft sein und denken: ‚Ja, ich bin über Gott informiert worden. Wenn es also einen Gott gibt, dann muß ich Ihn sehen.'"

tac chraddadhānā munayo
jñāna-vairāgya-yuktayā
paśyanty ātmani cātmānaṁ
bhaktyā śruta-gṛhītayā

„Der aufrichtig suchende Schüler oder Weise, der über Wissen verfügt und von materiellen Dingen losgelöst ist, erkennt die Absolute Wahrheit, indem er nach den Anweisungen der vedischen Schriften, der *Vedānta-śruti,* hingebungsvollen Dienst leistet" (*Śrīmad-Bhāgavatam* 1.2.12).

Manchmal fragen die Menschen: „Hast du Gott gesehen?" oder „Kannst du mir Gott zeigen?" Wenn uns solche Fragen gestellt werden, geben wir zur Antwort: „Ja, ich sehe Gott, und du kannst Gott ebenfalls sehen; jeder kann Gott sehen. Du mußt dich jedoch dafür qualifizieren." Wenn zum Beispiel ein Auto einen Schaden hat und sich nicht mehr von der Stelle bewegt, kann das zwar jeder sehen, aber ein Mechaniker hat einen tieferen Einblick. Dank seiner Ausbildung ist er in der Lage, es mit einem größeren Verständnis zu sehen. Er repariert also das schadhafte Teil, und schon fährt das Auto wieder. Um eine Maschine zu verstehen, müssen wir also eine hohe Qualifikation mitbringen, aber Gott wollen wir ohne jegliche Qualifikation sehen und verstehen. So eine Torheit! Die Leute sind so anmaßend und dumm, daß sie mit ihrer eingebildeten Qualifikation Gott sehen wollen.

Kṛṣṇa sagt in der *Bhagavad-gītā: nāhaṁ prakāśaḥ sarvasya yogamāyā samāvṛtaḥ.* „Ich offenbare Mich nicht jedem. Meine Energie, *yoga-māyā,* verhüllt Mich vor ihren Augen." Wie sollten sie also Gott sehen können? Dennoch fragen diese Schurken: „Kannst du mir Gott zeigen?", „Hast du Gott gesehen?" Gott ist zu einer Billigware geworden, und Betrüger können einfach irgendeinen gewöhnlichen Menschen als Gott oder eine Inkarnation Gottes anpreisen.

Na māṁ duṣkṛtino mūḍhāḥ prapadyante narādhamāḥ. Sündhafte Schurken, Narren, die Niedrigsten der Menschheit stellen solche Fragen wie: „Kannst du mir Gott zeigen?" Welche Qualifikation haben sie denn, um Gott zu sehen? Die erforderliche Qualifikation ist: *tac chraddadhānā munayaḥ.* Man muß zuerst einmal Glauben und Vertrauen haben (*śraddadhāna*). Man muß sehr begierig sein, Gott zu sehen. Es wird nichts nützen, nur oberflächlich zu fragen: „Kannst du mir Gott zeigen?" Gott hat auch nichts mit Magie zu tun, wie die Leute manchmal denken. Nein. Man muß einfach sehr ernsthaft sein und denken: „Ja, ich bin über Gott informiert worden. Wenn es also einen Gott gibt, dann muß ich Ihn sehen."

In diesem Zusammenhang gibt es eine Geschichte. Sie ist sehr lehrreich, und ich bitte darum, gut zuzuhören. Ein berufsmäßiger Vortragskünstler rezitierte einmal öffentlich das *Śrīmad-Bhāgavatam,* und er erklärte, daß Kṛṣṇa mit unzähligen prachtvollen Juwelen geschmückt ist, wenn Er in den Wald geht, um die Kühe zu hüten. Unter den Zuhörern befand sich auch ein Dieb, und der dachte: „Warum gehe ich nicht einfach nach Vṛndāvana und raube diesen Jungen aus? Er läuft mit so vielen wertvollen Juwelen im Wald herum. Ich brauche nur dorthin zu gehen, das Kind zu fangen und die Juwelen an mich zu nehmen." Das war seine Absicht, und es war ihm wirklich ernst damit. „Ich muß diesen Jungen finden", dachte er, „dann werde ich über Nacht zum Millionär."

Die Qualifikation des Diebes war also seine Einstellung: „Ich *muß* Kṛṣṇa sehen! Ich *muß* Kṛṣṇa sehen!" Dieses starke Verlangen, diese Begierde hat es ihm ermöglicht, Kṛṣṇa in Vṛndāvana zu sehen. Kṛṣṇa erschien vor ihm genauso, wie es ihm der *Bhāgavatam*-Rezitator beschrieben hatte. Und der Dieb sprach: „O Kṛṣṇa, Du bist ein so lieber, netter Junge." Er begann, Ihm zu schmeicheln, weil er hoffte, Ihm auf diese Weise die Juwelen abnehmen zu können. Endlich offenbarte er sein eigentliches Vorhaben: „Kann ich ein paar von diesen Schmuckstückchen haben? Du bist doch so reich."

„Nein, nein, nein!" sagte Kṛṣṇa. „Meine Mutter wird böse sein. Ich kann sie nicht einfach so weggeben."

Kṛṣṇa verhielt Sich genau wie ein kleines Kind.

Der Dieb wurde immer versessener darauf, die Juwelen von Kṛṣṇa zu bekommen, doch durch die Gemeinschaft mit Kṛṣṇa wurde er gereinigt. Schließlich willigte Kṛṣṇa ein: „Nun gut, du kannst sie haben." Darauf wurde der Dieb sofort zu einem Gottgeweihten, denn durch die Gemeinschaft mit Kṛṣṇa war er vollständig geläutert worden. Irgendwie sollten wir also mit Kṛṣṇa in Kontakt kommen, denn dadurch werden wir geläutert.

Die *gopīs* sind ein weiteres Beispiel für die Begierde, Kṛṣṇa zu sehen. Die *gopīs* näherten sich Kṛṣṇa, weil sie von Seinem bezaubernden Aussehen hingerissen waren. Sie waren junge Mädchen, und Kṛṣṇa war so wunderschön. Als sie zu Kṛṣṇa kamen, hatten sie eigentlich lustvolle Wünsche; doch Kṛṣṇa ist so rein, daß sie zu erstklassigen Gottgeweihten wurden. Die Hingabe der *gopīs* hatte nicht ihresgleichen, denn sie liebten Kṛṣṇa mit Leib und Seele. Das war ihre Qualifikation. Sie liebten Kṛṣṇa so sehr, daß sie mitten in der Nacht zu Ihm eilten und sich nicht um ihre Familie oder ihren guten Ruf kümmerten. Kṛṣṇas Flöte erklang, und sie liefen alle von zu Hause fort. Ihre Väter, Brüder und Ehemänner fragten: „Wohin geht ihr? Wohin geht ihr mitten in der Nacht?" Doch das war den *gopīs* gleichgültig. Sie beachteten ihre Kinder, ihre Familie und alles andere nicht mehr. Ihr einziger Gedanke war nur noch: „Wir müssen zu Kṛṣṇa."

Diese Begierde ist notwendig. Wir müssen sehr, sehr begierig sein, Kṛṣṇa zu sehen. Viele *gopīs,* die mit Gewalt daran gehindert wurden, zu Kṛṣṇa zu gehen, starben an dem überwältigenden Trennungsschmerz. Diese Begierde ist also die Voraussetzung, um Gott zu sehen. Ob wir nun lustvolle Wünsche haben, ein Dieb oder ein Mörder oder was auch immer sind – irgendwie müssen wir dieses Verlangen, diese Begierde, entwickeln: „Ich muß Kṛṣṇa sehen." Dann werden wir tatsächlich Kṛṣṇa sehen können.

Als erstes schaut Kṛṣṇa darauf, wie stark der Wunsch in uns ist, Ihn zu sehen. Wenn wir wirklich begierig sind, Kṛṣṇa zu sehen, wird Er

Sich uns offenbaren, ganz gleich, ob wir nun lustvolle Wünsche haben, Seine Schmuckstücke stehlen wollen oder uns auf irgendeine andere Art und Weise zu Ihm hingezogen fühlen. Dann ist uns der Erfolg sicher.

In diesem Zusammenhang schrieb Rūpa Gosvāmī folgenden Vers:

smerāṁ bhaṅgī-traya-paricitāṁ sāci-vistīrṇa-dṛṣṭiṁ
vaṁśī-nyastādhara-kiśalayām ujjvalāṁ candrakeṇa
govindākhyāṁ hari-tanum itaḥ keśi-tīrthopakaṇṭhe
mā prekṣiṣṭhās tava yadi sakhe bandhu-saṅge 'sti raṅgaḥ

Eine *gopī* gibt ihrer Gefährtin hier den Rat: „Meine liebe Freundin, es gibt da einen Jungen namens Govinda. Er steht in der Nähe des Keśi-ghāṭa am Ufer der Yamunā und spielt auf einer Flöte. Er ist so wunderschön, besonders heute in der Vollmondnacht. Wenn du noch irgendwie vorhast, die materielle Welt mit deinen Kindern, deinem Gemahl und deinen anderen Familienmitgliedern zu genießen, dann gehe besser nicht dorthin!" Wenn Kṛṣṇa auf Seiner Flöte spielt, steht Er immer in einer dreifach geschwungenen Haltung (*bhaṅgī-traya*) da, die auch als *tribhaṅga* bezeichnet wird. Die eine *gopī* sagt also zu ihrer Freundin: „Wenn du denkst, du könntest in der materiellen Welt dein Leben besser genießen, dann gehe lieber nicht zu Kṛṣṇa! Bleib lieber hier!" Mit anderen Worten, wenn wir Kṛṣṇa einmal sehen, werden wir allen unsinnigen materialistischen Genuß vergessen. Das heißt Kṛṣṇa sehen.

Als Dhruva Mahārāja Kṛṣṇa sah, sagte er: *svāmin kṛtārtho 'smi varaṁ na yāce.* „Mein lieber Herr, alle meine Wünsche sind erfüllt." Dhruva Mahārāja suchte Kṛṣṇa, um das Königreich seines Vaters zu bekommen, und als er Kṛṣṇa sah, bot ihm dieser an: „Jede Segnung, die du dir wünschst, werde Ich dir jetzt gewähren." Dhruva jedoch erwiderte: „Mein lieber Herr, ich habe keinen Wunsch mehr." Das heißt Kṛṣṇa sehen.

Wenn wir Kṛṣṇa unbedingt sehen wollen, werden wir Ihn, ganz gleich welches Motiv wir haben, aufgrund unserer Begierde auch zu sehen bekommen. Das ist die einzige Qualifikation. In einem anderen Vers Rūpa Gosvāmīs heißt es: *kṛṣṇa-bhakta-rasa-bhāvitā matiḥ krīyatāṁ yadi kuto 'pi labhyate.* (Unser Wort „Kṛṣṇa-Bewußtsein" ist übrigens meine Übersetzung des Sanskritbegriffs *kṛṣṇa-bhakta-rasa-bhāvitā.*) In diesem Vers rät uns Rūpa Gosvāmī: „Wer die Möglichkeit hat, Kṛṣṇa-Bewußtsein zu erwerben, sollte nicht zögern, sondern sofort zugreifen. Es ist etwas sehr Schönes."

Ja, Kṛṣṇa-Bewußtsein kann man erwerben. Man kann es von der Bewegung für Kṛṣṇa-Bewußtsein kaufen. Und was ist der Preis? *Tatra laulyam api mūlyam ekalam* – einfach nur unsere Begierde. Das ist der Preis. Sobald wir ihn bezahlen, bekommen wir Kṛṣṇa. Kṛṣṇa ist nicht arm, und auch der Kṛṣṇa-Verkäufer, der Geweihte Kṛṣṇas, ist nicht arm. Er kann uns Kṛṣṇa umsonst geben. Und das tut er auch. Man kann Kṛṣṇa einfach mit seiner Begierde erwerben.

Jemand mag sagen: „Begierde? Ich bin schon begierig." Nein, nein, so einfach ist das nicht. *Janma-koṭi sukṛtair na labhyate.* Selbst dadurch, daß man über Millionen von Leben hinweg fromme Handlungen ausführt, kann man diese Begierde nicht erlangen. Wenn man lediglich damit fortfährt, fromm zu handeln, wird man diese Begierde noch lange nicht entwickeln. Diese Begierde ist also etwas sehr Wichtiges, sie kann jedoch nur in der Gemeinschaft mit Gottgeweihten erweckt werden. Deshalb geben wir allen Menschen die Möglichkeit, diese Begierde zu erwecken; dann werden sie Gott von Angesicht zu Angesicht sehen.

Das Ziel unseres Lebens ist es, Kṛṣṇa zu sehen, und nicht, Hunde und Schweine zu werden. Leider richtet die gesamte moderne Zivilisation die Menschen zu Hunden und Schweinen ab. Nur unsere Organisation, die Bewegung für Kṛṣṇa-Bewußtsein, unterweist die Menschen darin, wie sie Kṛṣṇa sehen können. Deshalb ist sie so wichtig.

Tac chraddadhānā munayo jñāna-vairāgya-yuktayā. Wenn man begierig ist, Kṛṣṇa zu sehen, erlangt man automatisch Wissen und Loslösung. Wissen bedeutet nicht: „Wir haben die Atombombe entdeckt." Das ist kein Wissen. Die Menschen sterben bereits, und sie haben etwas entdeckt, was ihren Tod nur noch beschleunigen wird. Wir vermitteln jedoch Wissen, um dem Tod Einhalt zu gebieten. Das ist Kṛṣṇa-Bewußtsein, das ist Wissen. *Jñāna-vairāgya-yuktayā.* Und sobald man dieses Wissen bekommt, wird man automatisch nicht mehr von all dem unsinnigen materialistischen Glück angezogen.

Vielen Dank. Hare Kṛṣṇa.

Im Dienste des vollkommenen Meisters

Während eines Vortrags am 27. September 1968 in Seattle fragte Śrīla Prabhupāda seine Zuhörer: „Kann irgend jemand in dieser Versammlung von sich sagen, er würde niemandem dienen? Nein, denn Dienen entspricht unserem Wesen." Hierauf stellte er einen Gedanken vor, der für die meisten seiner Zuhörer neu war: „Wenn wir bereit sind, Kṛṣṇa zu dienen, werden wir allmählich erkennen, daß Kṛṣṇa auch uns dient."

In der materiellen Welt versucht jeder, Glück zu erfahren und Leid zu vermeiden. Doch auf materiellem Wege ist es absolut unmöglich, glücklich zu werden. Keine materiellen Annehmlichkeiten und Freuden können uns das Glück verschaffen, nach dem wir uns sehnen. Das ist ausgeschlossen. Darüber hinaus bringt unser Leben in der materiellen Welt drei Arten von Leid mit sich: *ādhyātmika, ādhibautika* und *ādhidaivika. Ādhyātmika*-Leiden werden von Körper und Geist verursacht. Wenn unsere Körperfunktionen gestört sind, leiden wir zum Beispiel unter Fieber oder Schmerzen. *Ādhyātmika*-Leiden werden aber auch vom Geist verursacht. Wenn ich jemanden verliere, der mir sehr lieb ist, ist mein Geist aufgewühlt, und auch das bereitet mir Leid. Physische Krankheiten und psychische Störungen, dies sind die *ādhyātmika*-Leiden.

Die *ādhibautika*-Leiden werden von anderen Lebewesen verursacht. Die Menschen schicken zum Beispiel tagtäglich Millionen von armen Tieren in die Schlachthäuser. Die Tiere können ihrem Leid zwar nicht richtig Ausdruck verleihen, aber sie erdulden furchtbare Qualen. Und auch wir müssen Leiden ertragen, die uns von anderen Lebewesen zugefügt werden.

Schließlich gibt es noch die *ādhidaivika*-Leiden, die von höheren Mächten wie den Halbgöttern verursacht werden. Hungersnöte, Seuchen, Erdbeben, Überschwemmungen und andere Naturkatastrophen gehören zu dieser Art von Leiden.

Eine oder mehrere dieser Arten des Leids müssen wir ständig ertragen. Die materielle Natur ist so eingerichtet, daß wir leiden müssen. Das ist das Gesetz Gottes. Dennoch versuchen wir, die Leiden durch provisorische Heilmittel zu lindern. Niemand will leiden, und der ganze Kampf ums Dasein hat zum Ziel, sich von Leid zu befreien.

Um unser Leid zu lindern, wenden wir die verschiedensten Heilmittel an, die uns von den modernen Wissenschaftlern, den Philosophen, den Atheisten, den Theisten und den Materialisten angeboten werden. Es bestehen viele unterschiedliche Ansichten, aber nach der Philosophie des Kṛṣṇa-Bewußtseins kann man frei von Leiden werden, indem man einfach sein Bewußtsein in Kṛṣṇa-Bewußtsein verwandelt.

All unsere Leiden entspringen der Unwissenheit. Wir haben vergessen, daß wir ewige Diener Kṛṣṇas sind. In einem bengalischen Vers wird das treffend beschrieben:

kṛṣṇa-bahirmukha haiyā bhoga-vāñchā kare
nikaṭa-stha māyā tāre jāpatiyā dhare

Sobald unser ursprüngliches Kṛṣṇa-Bewußtsein durch den Gedanken an materiellen Genuß – d. h. durch den Wunsch, über die Materie zu herrschen – verunreinigt wird, fangen unsere Schwierigkeiten an. Sofort verfallen wir *māyā,* der Illusion. Jeder in der materiellen Welt denkt: „Ich kann diese Welt in vollen Zügen genießen." Von der winzigen Ameise bis hin zum höchsten Geschöpf, Brahmā, versucht jeder, ein Herr zu werden. In diesem Land gehen viele Politiker auf Stimmenfang, um Präsident zu werden. Warum? Sie möchten eine Art Herr werden, aber das ist Illusion.

In der Bewegung für Kṛṣṇa-Bewußtsein denken wir genau andersherum: Wir versuchen, der Diener des Dieners des Dieners von Kṛṣṇa zu werden (*gopī-bhartuḥ pada-kamalayor dāsa-dāsānudāsaḥ).* Wir wollen nicht der Meister werden, sondern Diener Kṛṣṇas.

Die Leute mögen das als eine Sklavenmentalität bezeichnen und protestieren: „Warum soll ich ein Sklave werden? Ich will der Herr sein." Aber sie sind sich nicht bewußt, daß diese Einstellung „Ich will der Herr werden" der Grund für all ihr Leid ist. Das muß man erkennen. Der Wunsch, der Herr der materiellen Natur zu werden, hat uns zu Dienern unserer Sinne gemacht.

Wir sind gezwungen zu dienen. Jeder einzelne, der hier unter uns sitzt, ist ein Diener. Diese Jungen und Mädchen, die sich dem Kṛṣṇa-Bewußtsein angeschlossen haben, wollen Kṛṣṇas Diener werden, und daher sind all ihre Probleme gelöst. Doch andere Leute begehren auf: „Warum soll ich ein Diener Gottes werden? Ich will lieber selbst der Meister sein." Eigentlich kann niemand der Meister werden, und jeder, der es versucht, wird lediglich der Diener seiner Sinne. Er dient seiner Begierde, seiner Habsucht, seinem Zorn, er dient so vielen Dingen.

Auf einer höheren Ebene werden wir Diener der Menschheit, Diener der Gesellschaft, Diener unseres Landes. Unser eigentliches Ziel dabei ist aber, der Herr zu werden. Das ist unsere Krankheit. Die Präsidentschaftskandidaten verkünden verschiedene Manifeste: „Ich werde dem Vaterland treu und zuverlässig dienen. Bitte geben Sie mir Ihre Stimme!" Ihr eigentlicher Hintergedanke ist aber, irgendwie der Herr des Landes zu werden. Darin besteht ihre Illusion.

Wir sollten also diesen wichtigen philosophischen Punkt verstehen: Unserem Wesen nach sind wir Diener. Niemand kann behaupten: „Ich bin frei, ich bin mein eigener Herr." Wer so denkt, befindet sich in Illusion. Kann irgend jemand in dieser Versammlung von sich sagen, er würde niemandem dienen? Nein, denn Dienen entspricht unserem Wesen.

Wir können Kṛṣṇa dienen oder unseren Sinnen. Aber das Problem ist, daß wir nur unser Leid vergrößern, wenn wir unseren Sinnen dienen. Vorübergehend können wir vielleicht durch Drogen und Alkohol Befriedigung erfahren und unter ihrem Einfluß glauben: „Ich brauche niemandem zu dienen; ich bin frei." Dieser Zustand ist aber künstlich, und sobald die Halluzination vorüber ist, erkennen wir wieder, daß wir Diener sind.

Mit anderen Worten, wir sind gezwungen zu dienen, aber wir wollen nicht dienen. Was aber ist die Lösung dieses Konflikts? Kṛṣṇa-Bewußtsein! Wenn wir Kṛṣṇas Diener werden, wird sogleich auch unser Wunsch erfüllt, Sein Meister zu sein. Hier sehen wir zum Beispiel ein Bild von Kṛṣṇa und Arjuna. [*Śrīla Prabhupāda deutet auf ein Gemälde, das Kṛṣṇa und Arjuna auf dem Schlachtfeld von Kurukṣetra darstellt.*] Kṛṣṇa ist die Höchste Persönlichkeit Gottes, Arjuna nur ein Mensch. Doch Arjuna empfindet für Kṛṣṇa freundschaftliche Liebe, und Kṛṣṇa erwidert Arjunas Gefühle, indem Er sein Wagenlenker, sein Diener, wird. So wird auch unser Wunsch, Meister zu werden, erfüllt, wenn wir unsere transzendentale liebevolle Beziehung zu Kṛṣṇa wiederaufnehmen. Wenn wir bereit sind, Kṛṣṇa zu dienen, werden wir allmählich erkennen, daß Kṛṣṇa auch uns dient. Das ist nur eine Frage der spirituellen Reife. Wenn wir nicht mehr der materiellen Welt und unseren Sinnen dienen wollen, müssen wir Kṛṣṇa dienen. Das ist Kṛṣṇa-Bewußtsein.

Im gleichen Zusammenhang zitiert Śrīla Rūpa Gosvāmī in seinem *Bhakti-rasāmṛta-sindhu* einen wunderbaren Vers: *kāmādīnāṁ kati na katidhā pālitā durnideśā.* Hier bekennt ein Gottgeweihter dem Herrn, daß er sehr lange seinen Sinnen gedient hat (*kāmādīnām kati na katidhā*). *Kāma* bedeutet „Lust". Er sagt: „Getrieben von meiner Lust, habe ich getan, was ich nicht hätte tun sollen." Wenn jemand ein Sklave ist, ist er gezwungen, Dinge zu tun, die er nicht tun will. Der Gottgeweihte gesteht also ein, unter dem Diktat seiner Lust Sünden begangen zu haben.

Jemand mag den Gottgeweihten beschwichtigen: „Ja, du hast deinen Sinnen gedient, aber jetzt bist du aus ihren Diensten entlassen, und alles ist in Ordnung." Doch der Gottgeweihte bekennt: *teṣāṁ jātā mayi na karuṇā na trapā nopaśāntiḥ.* „Ich habe zwar meinen Sinnen zur Genüge gedient, aber sie sind immer noch nicht zufrieden. Das ist mein Problem. Weder meine Sinne noch ich sind zufrieden. Meine Sinne sind so gnadenlos, daß sie mir keine Ruhepause gönnen. Das ist die Lage, in der ich mich befinde. Ich hoffte, meine Sinne zufriedenzustellen, indem ich ihnen viele Jahre lang diente – aber sie sind nicht zufrieden, sie beherrschen mich noch immer."

Einer meiner Schüler erzählte mir, daß seine betagte Mutter noch einmal heiraten wolle. Und auch ein anderer beklagte sich, daß seine Großmutter wieder geheiratet habe. Seht nur: Fünfzig Jahre alt, fünfundsiebzig Jahre alt, und die Sinne sind immer noch so stark, daß sie einem befehlen: „Du mußt heiraten." Versucht zu verstehen, wie stark die Sinne sind! Nicht nur junge Menschen sind Diener ihrer Sinne. Man mag fünfundsiebzig, achtzig Jahre alt sein oder sogar schon im Sterben liegen – immer noch ist man der Diener der Sinne. Die Sinne sind niemals zufrieden.

Das ist die Situation in der materiellen Welt: Wir sind die Diener unserer Sinne, aber weder wir noch unsere Sinne werden durch diesen Dienst zufriedengestellt. Durch nichts sind unsere Sinne gnädig zu stimmen. Es herrscht Chaos! Daher ist es das beste, ein Diener Kṛṣṇas zu werden. In der *Bhagavad-gītā* (18.66) erklärt Kṛṣṇa:

sarva-dharmān parityajya
māṁ ekaṁ śaraṇaṁ vraja
ahaṁ tvāṁ sarva-pāpebhyo
mokṣayiṣyāmi mā śucaḥ

„Gib alle Arten von Religion auf, und ergib dich einfach Mir! Ich werde dich von allen sündhaften Reaktionen befreien! Fürchte dich nicht!"

Leben für Leben haben wir in einer der 8.400.000 Lebensformen unseren Sinnen gedient. Die Tiere, die Menschen, die Halbgötter, sie alle dienen ihren Sinnen – jeder in der materiellen Welt sucht nach Sinnenbefriedigung. „Ergib dich einfach Mir!" sagt Kṛṣṇa. „Erkläre dich einfach bereit, Mir zu dienen, und Ich werde für dich sorgen. Du wirst von der Knechtschaft deiner Sinne befreit."

Unter dem Diktat der Sinne begehen wir Leben für Leben sündhafte Handlungen und erhalten auf diese Weise Körper in verschiedenen Lebensformen. Nicht jedes Lebewesen ist gleich. Entsprechend unseren Handlungen bekommen wir einen bestimmten Körper, und dieser Körper ermöglicht uns einen bestimmten Grad an Sinnenbefriedigung. Auch im Leben eines Schweines findet Sinnenbefriedigung statt, aber auf einer sehr niedrigen Stufe. Der Eber ist so lüstern, daß er sich nicht darum kümmert, ob er mit seiner Mutter, Schwester oder Tochter Geschlechtsverkehr hat. Selbst in der menschlichen Gesellschaft gibt es Leute, die sich nicht davor scheuen, mit ihrer Mutter oder Schwester Geschlechtsverkehr zu haben. So stark sind die Sinne.

Der Grund für all unser Leid besteht darin, daß wir dem Drang unserer Sinne gehorchen. Die dreifachen Leiden, die wir erdulden müssen und denen wir ein Ende bereiten wollen, entspringen dem Diktat der Sinne. Wenn wir uns aber dazu hingezogen fühlen, Kṛṣṇa zu dienen, werden wir nicht mehr gezwungen sein, diesem Diktat zu folgen.

Ein Name Kṛṣṇas ist Madana-mohana, „derjenige, der den Liebesgott, d. h. die Lust, bezwingt". Wenn wir unsere Liebe von unseren Sinnen auf Kṛṣṇa übertragen, werden wir auf der Stelle von allem Leid befreit.

Wir sollten den Anspruch aufgeben, der Meister von allem zu sein. Jeder ist seinem Wesen nach ein Diener. Zur Zeit dienen wir unseren Sinnen, aber wir sollten diesen Dienst Kṛṣṇa weihen. Je aufrichtiger wir Kṛṣṇa dienen, desto mehr offenbart Er Sich uns. Dann wird das gegenseitige Dienen Kṛṣṇa und uns auf wunderbare Weise verbinden. Kṛṣṇa kann unser Freund, Meister oder Geliebter sein – es gibt die verschiedensten Möglichkeiten, Kṛṣṇa zu lieben.

Wenn wir versuchen, Kṛṣṇa zu lieben, werden wir sehen, welch große Zufriedenheit wir dadurch erfahren. Nur so können wir völlig zufrieden werden. Geld und Reichtum werden uns nie glücklich machen. Ich kannte einst einen Herrn in Kalkutta, der sechstausend Dollar im Monat verdiente. Er beging Selbstmord. Warum? Sein Geld stellte ihn nicht zufrieden. Er suchte nach etwas anderem.

Meine demütige Bitte an euch alle ist daher, daß ihr euch bewußt werdet, welch große Segnung das Kṛṣṇa-Bewußtsein ist. Wenn ihr einfach Hare Kṛṣṇa chantet, wird allmählich eure transzendentale Liebe zu Kṛṣṇa erwachen. So werden sich all eure Probleme lösen, und ihr werdet vollkommen zufrieden sein.

Vielen Dank. Gibt es irgendwelche Fragen?

Frage: Was geschieht mit der materiellen Energie, wenn wir sie im Dienste Kṛṣṇas verwenden? Wird sie spiritualisiert?

Śrīla Prabhupāda: Ein Kupferdraht, der mit einem Stromkreis in Berührung kommt, wird mit elektrischer Energie aufgeladen. In ähnlicher Weise wird Energie, die in Kṛṣṇas Dienst eingesetzt wird, zu spiritueller Energie. Wer Kṛṣṇa dient, ist nicht mehr dem Diktat der materiellen Energie unterworfen. Kṛṣṇa erklärt in der *Bhagavad-gītā* (14.26):

māṁ ca yo 'vyabhicāreṇa
bhakti-yogena sevate
sa guṇān samatītyaitān
brahma-bhūyāya kalpate

„Wer Mir ernsthaft dient, überwindet sogleich die Erscheinungsweisen der materiellen Natur und erreicht die Ebene des Brahman."

Wenn wir unsere Energie in Kṛṣṇas Dienst verwenden, sollten wir nicht meinen, sie sei materiell. Alles, was in Kṛṣṇas Dienst benutzt wird, ist spirituell. Zum Beispiel verteilen wir täglich Früchte-*prasādam* [Kṛṣṇa geopferte Früchte]. Nun fragt man sich vielleicht, inwiefern diese Früchte anders sein sollen als gewöhnliche Früchte. Sie wurden auf dem Markt gekauft, und man könnte sie ebensogut auch zu Hause essen. Der Unterschied ist aber, daß wir die Früchte Kṛṣṇa weihen und daß sie daher nicht mehr materiell sind. Und wozu ist das gut? – Eßt nur weiter *kṛṣṇa-prasādam,* und ihr werdet feststellen, wie ihr im Kṛṣṇa-Bewußtsein Fortschritte macht. Die Wirkung einer Arznei kann man daran erkennen, daß man geheilt wird.

In diesem Zusammenhang gibt es ein treffendes Beispiel: Wenn man viel Milch trinkt, bekommt man Darmbeschwerden. Geht man nun zu einem Arzt, so verschreibt er einem (zumindest, wenn es sich um einen āyurvedischen Arzt handelt) Joghurt, dem ein wenig Medizin beigemischt ist. Dieser Joghurt mit der Medizin wird einen heilen. Joghurt ist nichts anderes als umgewandelte Milch. Unsere Krankheit wird also durch Milch verursacht, sie wird aber auch durch Milch geheilt, und zwar deswegen, weil wir die Medizin unter der Anleitung eines kundigen Arztes einnehmen. Wenn wir daher unter der Anleitung eines echten spirituellen Meisters die materielle Energie in Kṛṣṇas Dienst verwenden, wird dieselbe materielle Energie, die die Ursache unserer Fesselung gewesen ist, uns auf die transzendentale Ebene erheben, die jenseits allen Leids liegt.

Frage: Wie gelingt es dir, alles so einfach zu erklären?

Śrīla Prabhupāda: Die ganze Philosophie ist so einfach: Gott ist groß – wir sind nicht groß. Behauptet nicht, Gott zu sein! Behauptet nicht, daß es keinen Gott gibt! Gott ist unendlich, und wir sind unendlich klein. Was ist demnach unsere Position? Wir müssen Gott, Kṛṣṇa, dienen, und das ist die ganze Wahrheit. Die rebellische Haltung gegenüber Gott ist *māyā,* Illusion. Jeder, der erklärt „Ich bin Gott", „Du bist Gott", „Es gibt keinen Gott" oder „Gott ist tot", steht unter dem Banne *māyās.*

Wer von einem Geist besessen ist, spricht allerlei wirres Zeug, und wer von *māyā* besessen ist, erklärt: „Gott ist tot. Ich bin Gott. Warum sucht ihr nach Gott? Es treiben sich doch so viele Götter auf der Straße herum." Leute, die so etwas sagen, sind besessen und geistesgestört.

Solche Menschen müssen durch die transzendentale Klangschwingung des Hare-Kṛṣṇa-*mantra* geheilt werden. Einfach durch Zuhören werden sie allmählich geheilt. Wenn man jemandem, der tief und fest schläft, etwas laut ins Ohr ruft, weckt man ihn damit auf. Der Hare-Kṛṣṇa-*mantra* vermag die schlafende Menschheit aufzuwecken. In den Veden heißt es: *uttiṣṭhata jāgrata prāpya varān nibodhata.* „O Mensch, erwache! Schlafe nicht mehr! Du hast einen menschlichen Körper bekommen: Nutze ihn und befreie dich aus den Fängen *māyās*!" So lauten die Worte der Veden. Chantet daher weiter Hare-Kṛṣṇa! Erweckt eure Landsleute aus der Illusion, und helft ihnen, ihre Leiden zu beenden!

Das Geheimnis der Unsterblichkeit

Am 21. August 1973 versammelten sich im Bhaktivedanta Manor bei London mehrere tausend Gäste – darunter auch der indische Botschafter –, um den Erscheinungstag Śrī Kṛṣṇas, der Höchsten Persönlichkeit Gottes, zu feiern. Gott wird in den vedischen Schriften nicht als ein alter Mann mit langem, weißem Bart beschrieben, sondern als ein bezaubernder, ewiger Jüngling. In seiner Festrede offenbarte Śrīla Prabhupāda seinen Zuhörern, wie sie Unsterblichkeit erlangen können, indem sie einfach versuchen, die wahre Identität Gottes zu verstehen.

Eure Exzellenz Herr Botschafter, meine Damen und Herren, ich danke Ihnen ganz herzlich für Ihr Kommen und Ihre Teilnahme an dieser Feierlichkeit zu Ehren des Erscheinens Śrī Kṛṣṇas – Janmāṣṭamī. In der *Bhagavad-gītā* (4.9) sagt Kṛṣṇa:

janma karma ca me divyam
evaṁ yo vetti tattvataḥ
tyaktvā dehaṁ punar janma
naiti mām eti so 'rjuna

„Wer die transzendentale Natur Meines Erscheinens und Meiner Taten kennt, wird nach dem Verlassen des Körpers nicht wieder in der materiellen Welt geboren, sondern gelangt in Mein ewiges Reich, o Arjuna."

Es ist in der Tat möglich, den Kreislauf von Geburt und Tod zu beenden und Unsterblichkeit zu erlangen. Doch die großen Philosophen, Politiker und Wissenschaftler unserer modernen Zivilisation haben keine Ahnung, daß man tatsächlich *amṛtatvam,* Unsterblichkeit, erreichen kann. Wir sind alle *amṛta,* unsterblich. In der *Bhagavad-gītā* (2.20) heißt es: *na jāyate mriyate vā kadācit.* Wir Lebewesen sterben nie und werden nie geboren. *Ajo nityaḥ śāśvato 'yaṁ purāṇo na hanyate hanyamāne śarīre.* Wir alle sind ewig, ohne Anfang und Ende. Nach der Vernichtung des gegenwärtigen Körpers sterben wir nicht, sondern müssen einen anderen Körper annehmen.

dehino 'smin yathā dehe
kaumāraṁ yauvanaṁ jarā
tathā dehāntara-prāptir
dhīras tatra na muhyati

„So wie die verkörperte Seele im gegenwärtigen Leben verschiedene Körperformen durchläuft – von der Kindheit zur Jugend und dann zum Alter –, wechselt die Seele nach dem Tode in einen anderen Körper über. Ein besonnener Mensch wird durch einen solchen Wechsel nicht verwirrt" (*Bhagavad-gītā* 2.13).

Zur Zeit sind sich die wenigsten Menschen der einfachen Tatsache bewußt, daß wir alle Teile Śrī Kṛṣṇas sind und daher wie Er ewig, voller Glückseligkeit und Wissen sind. Kṛṣṇa wird wie folgt in den vedischen Schriften beschrieben:

īśvaraḥ paramaḥ kṛṣṇaḥ
sac-cid-ānanda-vigrahaḥ
anādir ādir govindaḥ
sarva-kāraṇa-kāraṇam

„Kṛṣṇa, der auch als Govinda bezeichnet wird, ist die Höchste Persönlichkeit Gottes. Er hat einen ewigen, glückseligen, spirituellen Körper. Er ist der Ursprung von allem, aber Er selbst ist ohne Ursprung, denn Er ist die erste Ursache aller Ursachen" (*Brahma-saṁhitā* 5.1).

Wenn ich von Kṛṣṇa spreche, meine ich Gott. Manchmal heißt es, Gott habe keinen Namen, und das ist richtig. Gott wird aber nach Seinen Aktivitäten benannt. Kṛṣṇa wurde zum Beispiel sowohl der Sohn Mahārāja Nandas und Yaśodāmāyīs als auch der Sohn Vasudevas und Devakīs. Natürlich ist eigentlich niemand Kṛṣṇas Vater oder Mutter, denn Kṛṣṇa ist der ursprüngliche Vater eines jeden. Doch wenn Kṛṣṇa herabkommt und auf der Erde erscheint, nimmt Er bestimmte Gottgeweihte als Vater und Mutter an.

Dennoch ist Kṛṣṇa immer *ādi-puruṣam,* die ursprüngliche Person. Muß Kṛṣṇa dann nicht schon sehr alt sein? Nein. *Nava-yauvanaṁ ca:*

Kṛṣṇa ist ewig ein Jüngling. Auf dem Schlachtfeld von Kurukṣetra sah Kṛṣṇa wie ein Jüngling von zwanzig, höchstens fünfundzwanzig Jahren aus, obwohl Er zu dieser Zeit bereits Urenkel hatte. Kṛṣṇa verliert also nie Seine Jugend. Das ist die Aussage der vedischen Schriften.

Wenn wir uns jedoch mit den vedischen Schriften nur rein äußerlich beschäftigen, wird es sehr schwierig sein, Kṛṣṇa zu verstehen, obwohl alle Veden diesem Ziel dienen. In der *Bhagavad-gītā* (15.15) erklärt Kṛṣṇa: *vedaiś ca sarvair aham eva vedyaḥ.* „Alle Veden dienen dazu, Mich zu erkennen." Welchen Wert hat es, die Veden zu studieren, wenn man Kṛṣṇa nicht versteht? Das höchste Ziel der Bildung ist es, den Höchsten Herrn, den höchsten Vater, die höchste Ursache zu verstehen. Im *Vedānta-sūtra* heißt es: *athāto brahma-jijñāsā.* „Jetzt, in der menschlichen Lebensform, ist es Zeit, über die Höchste Absolute Wahrheit, das Brahman, zu sprechen."

Und was ist dieses Brahman? *Janmādy asya yataḥ.* Das Brahman ist das, von dem alles ausgeht. Wissenschaft und Philosophie haben zum Ziel, die endgültige Ursache von allem ausfindig zu machen, und aus den vedischen Schriften erfahren wir, daß Kṛṣṇa *sarva-kāraṇa-kāraṇam* ist, die Ursache aller Ursachen.

Bitte versuchen Sie das anhand eines Beispiels zu verstehen: Ich bin von meinem Vater gezeugt worden; mein Vater ist von seinem Vater gezeugt worden, der wiederum von dessen Vater gezeugt wurde... Schließlich werden wir auf diese Weise zu jemandem gelangen, der selbst keine Ursache hat. *Anādir ādir govindaḥ:* Die Ursache, die keine Ursache hat, ist Govinda, Kṛṣṇa. Ich bin zwar die Ursache meines Sohnes, aber gleichzeitig bin ich das Ergebnis einer anderen Ursache, meines Vaters. Die vedischen Schriften jedoch erklären, daß Kṛṣṇa die ursprüngliche Person ist, die keine Ursache hat.

Deshalb sagt Kṛṣṇa: „Versuche einfach die transzendentale Natur Meines Erscheinens und Meiner Taten zu verstehen!" Das Erscheinen Kṛṣṇas ist ein sehr bedeutsames Ereignis. Wir sollten verstehen, wer Kṛṣṇa ist, warum Er erscheint und in diese materielle Welt herabsteigt, was Sein Anliegen ist und was Seine Taten sind. Wenn wir uns einfach nur bemühen, Kṛṣṇa zu verstehen, wird das Ergebnis sein: *tyaktvā dehaṁ punar janma naiti mām eti so 'rjuna.* Mit anderen Worten, wir erlangen Unsterblichkeit.

Das Ziel des Lebens ist *amṛtatvāya kalpate,* Unsterblichkeit zu erlangen. Heute, an Kṛṣṇas Erscheinungstag, wollen wir daher versuchen, Kṛṣṇas Philosophie zu verstehen.

Seine Exzellenz sprach von Frieden. Die Friedensformel finden wir in der *Bhagavad-gītā.* Kṛṣṇa sagt dort:

bhoktāraṁ yajña-tapasāṁ
sarva-loka-maheśvaram
suhṛdaṁ sarva-bhūtānāṁ
jñātvā māṁ śāntim ṛcchati

„Wer sich Meiner vollkommen bewußt ist und weiß, daß Ich letztlich der Empfänger aller Opfer und Entsagungen, der Höchste Herr aller Planeten und Halbgötter sowie der Wohltäter und wohlmeinende Freund aller Lebewesen bin, der erlangt Frieden von den Qualen des materiellen Daseins" (*Bhagavad-gītā* 5.29).

Die Politiker und Diplomaten bemühen sich um den Weltfrieden. Es gibt die Vereinten Nationen und viele andere Organisationen, die sich für den Frieden einsetzen und Mißverständnisse zwischen Menschen und Nationen beseitigen wollen. Aber der Erfolg bleibt aus, weil die Grundeinstellung falsch ist. Alle Menschen denken: „Das ist mein Land", „Das ist meine Familie", „Das ist meine Gesellschaft" und „Das ist mein Eigentum". Dieses „mein" ist Illusion. In den vedischen Schriften heißt es: *janasya moho 'yam ahaṁ mameti.* Die Philosophie des „Ich und mein" ist *māyā,* Illusion.

Wenn man sich von dieser Illusion befreien will, muß man Kṛṣṇas Maxime akzeptieren. *Mām eva ye prapadyante māyām etāṁ taranti te:* Jeder, der sich Kṛṣṇa ergibt, kann ohne große Mühe alle Illusion überwinden. Wir finden in der *Bhagavad-gītā* alles, was wir für unsere Führung benötigen. Wenn wir die Philosophie der *Bhagavad-gītā* so akzeptieren, wie sie ist, fehlt es uns an nichts, auch nicht an Frieden und Wohlstand.

Aber leider akzeptieren wir sie nicht oder legen sie falsch aus. Das ist unser Verhängnis. In der *Bhagavad-gītā* fordert Kṛṣṇa: *man-manā bhava mad-bhakto mad-yājī māṁ namaskuru.* „Denke immer an Mich, werde Mein Geweihter, verehre Mich und erweise Mir deine Ehrerbietung!" Ist das zuviel verlangt? Hier steht Kṛṣṇas Bildgestalt. Ist es so schwierig, an Sie zu denken? Sie besuchen einfach den Tempel und bringen, so wie die Gottgeweihten, der Bildgestalt Gottes Ihre Ehrerbietung dar. Versuchen Sie, so weit es Ihnen möglich ist, die Bildgestalt zu verehren.

Kṛṣṇa möchte Ihren Besitz nicht. Er erlaubt auch dem Ärmsten, Ihn zu verehren. Um was bittet Er? *Patraṁ puṣpaṁ phalaṁ toyaṁ yo me bhaktyā prayacchati:* „Wenn Mir jemand mit Hingabe ein Blatt, eine Frucht oder etwas Wasser opfert, nehme Ich es an" (*Bhagavad-gītā* 9.26). Kṛṣṇa ist nicht hungrig, sondern möchte Sie zu Seinen Geweihten machen. Darum geht es Ihm vor allem. *Yo me bhaktyā prayacchati:* „Opfere Mir etwas – mit Hingabe!" Das ist die Hauptsache. Opfern Sie Kṛṣṇa eine Kleinigkeit! Kṛṣṇa hat keinen Hunger; schließlich versorgt Er jeden mit Nahrung. Was Kṛṣṇa möchte, ist Ihre Liebe, Ihre Hingabe. Deshalb bittet Er um etwas Wasser, um eine Frucht oder um eine Blume. *Man-manā bhava mad-bhakta:* Auf diese Weise können Sie an Kṛṣṇa denken und Sein Geweihter werden.

Es ist nicht schwierig, Kṛṣṇa zu verstehen und Kṛṣṇa-Bewußtsein anzunehmen; aber unsere Krankheit ist, daß wir es nicht tun. Sonst wäre es überhaupt kein Problem. Sobald wir Kṛṣṇas Geweihte werden, verstehen wir die gesamte Weltordnung. Unsere *bhāgavata*-Philosophie, unsere gottesbewußte Philosophie, ist eine Art spiritueller Kommunismus, denn wir betrachten Kṛṣṇa als den höchsten Vater und alle Lebewesen als Seine Söhne. Kṛṣṇa selbst bestätigt: *sarva-loka-maheśvaram.* Er ist der Besitzer aller Planeten. Somit ist alles, was es gibt, sei es auf der Erde, im Wasser oder in der Luft, Kṛṣṇas Eigentum. Weil wir alle Kṛṣṇas Söhne sind, hat jeder von uns das Recht, das Eigentum des Vaters zu benutzen, solange es nicht auf Kosten anderer geht. Das ist die Friedensformel. *Īśāvāsyam idaṁ sarvam...mā gṛdhaḥ kasyasvid dhanam:* „Alles gehört Gott, und als Söhne Gottes haben wir das Recht, das Eigentum unseres Vaters zu nutzen. Aber wir dürfen nicht mehr nehmen, als wir brauchen. Das wäre strafbar" (*Īśopaniṣad* 1). Wer mehr nimmt, als er zum Leben braucht, ist ein Dieb. *Yajñārthāt karmaṇo 'nyatra loko 'yaṁ karma-bandhanaḥ (Bhagavad-gītā* 3.9): Wir sollten alles tun, um Kṛṣṇa zufriedenzustellen. Wir sollten in Kṛṣṇas Namen handeln und alles, was wir tun, Ihm weihen.

Das ist es, was wir hier lehren. In diesem Tempel leben wir alle glücklich zusammen: Amerikaner, Inder, Engländer, Kanadier, Afrikaner – Menschen aus den verschiedensten Erdteilen. Wie Sie vielleicht wissen, ist das nicht nur in diesem Tempel so, sondern überall auf der Erde, wo es Kṛṣṇa-bewußte Menschen gibt. Kṛṣṇa erscheint immer, um uns dies zu lehren.

Wenn wir diese Philosophie vergessen, nämlich daß Kṛṣṇa der höchste Vater ist, daß Er der höchste Besitzer, der höchste Genießer und der höchste Freund eines jeden ist – wenn wir das vergessen, geraten wir in die materielle Welt, in den Kampf ums Dasein, und begegnen einander mit Feindseligkeit. Das ist das materielle Leben.

Auch unsere Politiker, Diplomaten und Philosophen sind unfähig, uns zu helfen. So vieles haben sie schon versucht, aber alles ohne Erfolg. Nehmen wir die Vereinten Nationen als Beispiel. Sie wurden nach dem Zweiten Weltkrieg mit der Absicht gegründet, für alle internationalen Konflikte eine friedliche Lösung zu finden. Doch die Kämpfe toben weiter – zwischen Pakistan und Indien, Vietnam und Amerika, diesem und jenem Land. Weltliche Politik, Diplomatie und Philosophie führen nicht zum Ziel. Der richtige Weg ist Kṛṣṇa-Bewußtsein. Jeder muß diesen Kernpunkt verstehen: Wir sind nicht die Besitzer, der wirkliche Besitzer ist Kṛṣṇa. So sieht die Realität aus. Vor ungefähr zweihundert Jahren gehörte Amerika nicht den europäischen Einwanderern, sondern jemand anderem. Davor hatte das Land wieder andere Besitzer oder war nicht bevölkert. Aber der wirkliche Besitzer ist und bleibt immer Kṛṣṇa. Fälschlich erheben wir den Anspruch: „Das ist mein Eigentum." Doch dieser Anspruch beruht auf *māyā,* Illusion. Daher erscheint Kṛṣṇa von Zeit zu Zeit, um uns zu unterweisen. *Yadā yadā hi dharmasya glānir bhavati bhārata:* „Mein lieber Arjuna, Ich erscheine, wenn das religiöse Leben verfällt" (*Bhagavad-gītā* 4.7).

Was ist überhaupt wirklicher *dharma,* wirkliches religiöses Leben? Die einfache Definition von *dharma* ist: *dharmaṁ tu sākṣād bhagavat-praṇītam.* „Wirkliches religiöses Leben wird direkt von der Höchsten Persönlichkeit Gottes vorgeschrieben" (*Śrīmad-Bhāgavatam* 6.3.19). Was zum Beispiel ist ein „Gesetz"? Ein Gesetz wird vom Staat ausgesprochen. Es ist nicht möglich, die Gesetze bei sich zu Hause aufzustellen. Was immer die Regierung einem vorschreibt, das ist Gesetz. Genauso bedeutet *dharma,* religiöses Leben, die Anordnung, die von Gott ausgesprochen wird. So lautet die einfache Definition von *dharma.* Wenn Sie oder ich oder jemand anders irgendein *dharma* aufstellt, so ist das kein *dharma.*

Deshalb beschließt Kṛṣṇa Seine Erklärungen in der *Bhagavad-gītā* mit den Worten: *sarva-dharmān parityajya mam ekaṁ śaraṇaṁ vraja.* „Gib einfach alle deine falschen Vorstellungen von *dharma* auf, und ergib dich Mir!" (*Bhagavad-gītā* 18.66). Sich Kṛṣṇa zu ergeben ist echter *dharma.* Kein anderer *„dharma"* gilt als wirklicher *dharma.* Warum würde uns Kṛṣṇa sonst bitten: *sarva-dharmān parityajya* – „Gib sie alle auf!"? Er hat bereits zuvor in der *Bhagavad-gītā* gesagt: „In jedem Zeitalter erscheine Ich, um die Prinzipien der Religion wiedereinzuführen." Jetzt, am Ende der *Bhagavad-gītā,* fordert Er uns auf, alle selbstfabrizierten, sogenannten religiösen Prinzipien aufzugeben. Alle diese von Menschen erdachten Prinzipien haben mit wahren religiösen Prinzipien nichts zu tun. Echter *dharma,* echtes religiöses Leben, wird von Gott gegeben. Doch wir kennen Gott und Seine Worte nicht mehr; daran krankt die moderne Zivilisation.

Gottes Wort ist schon offenbart – wir wollen nur nicht auf Ihn hören. Wie soll es so aber Frieden geben? Kṛṣṇa erklärt in der *Bhagavad-gītā,* daß Er Bhagavān, die Höchste Persönlichkeit Gottes, ist. Das sollten wir akzeptieren. Vyāsadeva beginnt die Verse der *Bhagavad-gītā* mit den Worten *„śrī bhagavān uvāca* – die Höchste Persönlichkeit Gottes sprach", obwohl er auch einfach *„kṛṣṇa uvāca"* hätte sagen können. Doch weil er vermeiden wollte, daß man Kṛṣṇas wahre Position verkennt, schrieb er überall: *śrī-bhagavān uvāca.* Alle großen *ācāryas* (spirituelle Lehrer) wie Ramanujācārya, Madhvācārya, Viṣṇu Svāmī und Śrī Caitanya Mahāprabhu, ja selbst Śaṅkarācārya erkennen Kṛṣṇa als Bhagavān, die Höchste Persönlichkeit Gottes, an. Nicht nur die *ācāryas* der neueren Zeit, sondern auch alle *ācāryas* der Vergangenheit, wie Vyāsadeva, Nārada und Asita, sind sich darin einig, daß Kṛṣṇa die Höchste Persönlichkeit Gottes ist. Als Arjuna die *Bhagavad-gītā* von Kṛṣṇa vernahm und sie in ihrer ganzen Tragweite verstand, pries er Kṛṣṇa (*Bhagavad-gītā* 10.12):

paraṁ brahma paraṁ dhāma
pavitraṁ paramaṁ bhavān

puruṣaṁ śāśvataṁ divyam
ādi-devam ajaṁ vibhum

„Du bist die Höchste Persönlichkeit Gottes, das höchste Reich, der Reinste, die Absolute Wahrheit. Du bist die ewige, transzendentale, ursprüngliche Person, der Ungeborene, der Größte."

Mit anderen Worten, alles Wissen ist schon in vollkommener Form vorhanden, aber wir wollen es nicht annehmen. Was ist das Heilmittel für eine Krankheit wie diese? Wir suchen nach Frieden, aber akzeptieren nicht das, was uns tatsächlich Frieden bringt. Das ist unsere Krankheit. Deshalb versucht die Bewegung für Kṛṣṇa-Bewußtsein, das schlummernde Kṛṣṇa-Bewußtsein im Herzen aller Menschen zu erwecken. Bedenken Sie nur: Vor vier oder fünf Jahren hatten diese Europäer und Amerikaner noch nicht einmal von Kṛṣṇa gehört. Wie kommt es, daß sie das Kṛṣṇa-Bewußtsein jetzt so ernst nehmen? Kṛṣṇa-Bewußtsein schlummert bereits im Herzen eines jeden, es muß nur erweckt werden. Und wie es erweckt werden kann, wird im *Caitanya-caritāmṛta* (*Madhya* 22.107) beschrieben:

nitya siddha kṛṣṇa-prema 'sādhya' kabhu naya
śravaṇādi-śuddha-citte karaye udaya

Liebe zu Kṛṣṇa, Hingabe an Kṛṣṇa befindet sich im Herzen eines jeden, aber wir haben sie vergessen. Daher hat die Bewegung für Kṛṣṇa-Bewußtsein kein anderes Ziel, als diese schlummernde Liebe zu erwecken, indem sie jedem die Möglichkeit bietet, etwas über Kṛṣṇa zu erfahren.

Um zum Beispiel einen Schlafenden zu wecken, muß man laut rufen: „Herr Soundso! Stehen Sie auf! Es gibt etwas für Sie zu tun." Alle anderen Sinne außer dem Gehörsinn werden im Schlaf nicht reagieren. Heutzutage sind die Menschen so tief gesunken, daß sie auf nichts hören wollen; doch wenn wir den Hare-Kṛṣṇa-*mahā-mantra* chanten, werden sie zum Kṛṣṇa-Bewußtsein erweckt. Das ist ein praktischer Vorgang. Sind wir also wirklich um Ruhe und Frieden in der Gesellschaft besorgt, so müssen wir uns sehr ernsthaft bemühen, Kṛṣṇa zu verstehen. Daher meine Bitte: Nehmen Sie die Bewegung für Kṛṣṇa-Bewußtsein nicht auf die leichte Schulter!

Diese Bewegung vermag alle Probleme des Lebens, ja alle Probleme der Erde zu lösen. Ob soziale, politische, philosophische, religiöse oder ökonomische Probleme, sie alle lassen sich durch Kṛṣṇa-Bewußtsein lösen. Daher bitten wir all diejenigen, die Führungspositionen innehaben – wie Seine Exzellenz, die heute zugegen ist: Bitte versuchen Sie die Bewegung für Kṛṣṇa-Bewußtsein zu verstehen! Sie ist höchst wissenschaftlich und autorisiert, sie ist kein Hirngespinst, keine bloße Schwärmerei. Wir laden alle Staatsführer ein, sich näher mit ihr zu befassen. Wenn Sie wirklich klug sind, werden Sie einsehen, daß die Bewegung für Kṛṣṇa-Bewußtsein die großartigste Bewegung zum Wohl der ganzen Menschheit ist. Jeder kann kommen – wir sind immer zum Gespräch bereit.

Das höchste Ziel des menschlichen Lebens ist es, Unsterblichkeit zu erlangen. *Tyaktvā dehaṁ punar janma naiti.* Das ist unsere Mission, doch wir haben sie vergessen. Wir leben einfach wie Katzen und Hunde, ohne uns bewußt zu sein, daß wir die Vollkommenheit des Lebens erreichen können, die Befreiung von Geburt und Tod. Wir wissen nicht einmal, daß es *amṛtatvam,* Unsterblichkeit, gibt. Ja, wir können tatsächlich unsterblich werden. Niemand will sterben, niemand will alt werden, niemand will krank werden. Das entspricht unserem natürlichen Empfinden. Aber warum? Weil es ursprünglich, in unserem spirituellen Körper, weder Geburt noch Tod, weder Alter noch Krankheit gibt. Nachdem wir im Evolutionsprozeß die Lebensformen von Wassertieren, Pflanzen, Bäumen, Vögeln und Landtieren durchwandert und schließlich die menschliche Lebensform erreicht haben, sollten wir jetzt das Ziel des Lebens verstehen. Das Ziel des Lebens heißt *amṛtatvam,* Unsterblichkeit.

Unsterblich kann man einfach dadurch werden, daß man Kṛṣṇa-bewußt wird. Das sind Kṛṣṇas Worte, und sie sind wahr. Wir müssen sie uns nur zu Herzen nehmen. *Janma karma ca me divyam evaṁ yo vetti tattvataḥ.* Wenn Sie versuchen, Kṛṣṇa wirklich zu verstehen, dann – *tyaktvā dehaṁ punar janma naiti* – müssen Sie nach dem Verlassen dieses Körpers keinen weiteren materiellen Körper mehr annehmen. Und das bedeutet, daß Sie unsterblich geworden sind. Es ist in der Tat so, daß wir von Natur aus unsterblich sind, und Kṛṣṇa kommt nur in diese Welt, um uns das zu lehren:

mamaivāṁśo jīva-loke
jīva-bhūtaḥ sanātanaḥ
manaḥ ṣaṣṭānīndriyāṇi
prakṛti-sthāni karṣati

„Ihr, die spirituellen Seelen, seid Meine ewigen Teile. So wie Ich seid ihr von Natur aus unsterblich. Grundlos müht ihr euch in der materiellen Welt ab, um glücklich zu werden" (*Bhagavad-gītā* 15.7).

In wie vielen Körpern – als Katze, Hund oder Halbgott, als Baum, Pflanze oder Insekt – haben Sie schon versucht, Glück in einem Leben der Sinnlichkeit zu finden? Nun, da Sie einen menschlichen Körper haben, der über höhere Intelligenz verfügt, sollten Sie nicht wieder in die Gefangenschaft Ihrer Sinne geraten! Versuchen Sie einfach, Kṛṣṇa zu verstehen! So lautet das Urteil der vedischen Schriften. *Nāyaṁ deho deha-bhājāṁ nṛloke kaṣṭān kāmān arhate viḍ-bhujāṁ ye* (*Śrīmad-Bhāgavatam* 5.5.1): Es ist nicht das Ziel des menschlichen Lebens, sich wie die Hunde und Schweine mit aller Kraft um Sinnenbefriedigung zu bemühen; vielmehr ist das menschliche Leben zur Entsagung bestimmt. *Tapo divyaṁ putrakā yena sattvaṁ śuddhyet:* Wir müssen uns läutern, darin besteht die Mission des menschlichen Lebens. Und warum sollen wir uns läutern? *Brahma-saukyaṁ tv anantam:* Weil wir dann unbegrenzte Freude und endloses Glück erlangen.

ramante yogino 'nante
satyānanda-cid-ātmani
iti rāma-padenāsau
paraṁ brahmābhidhīyate

„Die Mystiker gewinnen aus der Absoluten Wahrheit grenzenlose transzendentale Freude, und daher wird die Höchste Absolute Wahrheit, die Persönlichkeit Gottes, auch Rāma genannt" (*Padma Purāṇa*).

Alle großen Heiligen Indiens verfügten über umfassendes spirituelles Wissen. Früher gingen die Menschen nach Indien, um etwas über spirituelles Leben zu erfahren; ja selbst Jesus Christus war dort. Und doch machen wir uns dieses Wissen nicht zunutze. Diese Schriften und Anweisungen sind nicht nur für Inder, Hindus oder *brāhmaṇas* bestimmt, sondern für jeden, denn Kṛṣṇa erklärt: *ahaṁ bīja-pradaḥ pitā.*

„Ich bin der Vater eines jeden." Deshalb ist Er bestrebt, uns Frieden und Glück zu schenken. So wie ein gewöhnlicher Vater seinen Sohn wohlauf und glücklich sehen möchte, will auch Kṛṣṇa uns alle wohlauf und glücklich sehen. Zu diesem Zweck kommt Kṛṣṇa von Zeit zu Zeit zu uns herab – das ist der Grund Seines Erscheinens. Haben Sie herzlichen Dank!

Die spirituelle Welt

„Alles in der spirituellen Welt ist wirklich und ursprünglich. Die materielle Welt ist lediglich eine Imitation...Sie gleicht einem Bild auf der Leinwand, das nur der Schatten der Wirklichkeit ist." Dieser Vortrag, den Śrīla Prabhupāda am 18. November 1966 in New York hielt, öffnet uns ein Fenster zur spirituellen Welt und weist uns den Weg, wie wir sie am Ende unserer gefährlichen Lebensreise erreichen können.

paras tasmāt tu bhāvo 'nyo
'vyakto 'vyaktāt sanātanaḥ
yaḥ sa sarveṣu bhūteṣu
naśyatsu na vinaśyati

„Es gibt jedoch noch eine andere, unmanifestierte Natur, die ewig ist und transzendental zur manifestierten und unmanifestierten Materie. Sie ist über alles erhaben und vergeht niemals. Auch wenn alles in der materiellen Welt vernichtet wird, bleibt dieser Teil, wie er ist" (*Bhagavad-gītā* 8.20).

Wir sind nicht einmal in der Lage, die Länge und Breite unseres eigenen Universums zu ermessen, aber es gibt in der materiellen Welt Millionen und Abermillionen von Universen wie das unsere. Und jenseits des materiellen Himmels gibt es noch einen anderen Himmel, der als spiritueller Himmel bezeichnet wird. In diesem Himmel sind alle Planeten unvergänglich, und das Leben ist dort ewig. Diese Dinge lassen sich mit Hilfe materieller Berechnungen nicht verstehen; wir müssen unser Wissen vielmehr aus der *Bhagavad-gītā* beziehen.

Die materielle Welt bildet nur ein Viertel der ganzen materiellen und spirituellen Existenz, das heißt, drei Viertel der gesamten Schöpfung befinden sich jenseits des bedeckten materiellen Himmels. Die materielle Bedeckung ist Abermillionen von Meilen dick, und erst nachdem man diese durchdrungen hat, kann man den offenen spirituellen Himmel erreichen. Kṛṣṇa gebraucht hier die Worte *bhavaḥ anyaḥ*, „eine andere Natur". Jenseits der materiellen Natur, die wir tagtäglich erleben, existiert also noch eine andere, eine spirituelle Natur.

Doch schon jetzt erleben wir sowohl die materielle als auch die spirituelle Natur, denn wir selbst sind eine Verbindung von beiden. Jeder von uns ist eine spirituelle Seele, und nur so lange, wie wir uns im materiellen Körper aufhalten, bewegt sich dieser. Sobald wir den Körper verlassen, ist er so leblos wie ein Stein. Da wir alle sowohl Spirituelles als auch Materielles wahrnehmen können, sollten wir uns nicht wundern, daß es auch eine spirituelle Welt gibt.

Im Siebten Kapitel der *Bhagavad-gītā* beschreibt Kṛṣṇa die spirituelle und die materielle Natur. Die spirituelle Natur steht über der materiellen Natur. In der materiellen Welt sind die materielle und die spirituelle Natur miteinander vermischt, doch wenn wir die niedere, materielle Natur vollständig hinter uns lassen, gelangen wir zur reinen, höheren, spirituellen Natur. Diese Information erhalten wir aus dem Achten Kapitel.

Es ist nicht möglich, diese Dinge mit Hilfe experimentellen Wissens zu verstehen. Obwohl die Wissenschaftler Millionen und Abermillionen von Sternen durch ihre Teleskope sehen können, sind sie nicht in der Lage, sich ihnen zu nähern. Ihre Mittel sind unzureichend; sie können noch nicht einmal den Mond erreichen, der der Erde am nächsten liegt, ganz zu schweigen von anderen Planeten. Wir sollten uns also unsere Unfähigkeit eingestehen, Gott und Sein Reich mit Hilfe experimentellen Wissens zu verstehen. Da wir auf diese Weise offensichtlich nicht zur Erkenntnis gelangen können, ist jeder dahingehende Versuch nur als töricht zu bezeichnen. Vielmehr müssen wir Gott zu verstehen suchen, indem wir auf Seine Worte in der *Bhagavad-gītā* hören. Eine andere Möglichkeit gibt es nicht. Niemand kann mit Hilfe experimentellen Wissens herausfinden, wer sein Vater ist. Man muß seiner Mutter glauben, wenn sie sagt: „Das ist dein Vater.“ In gleicher Weise muß man der *Bhagavad-gītā* Glauben schenken; dann wird einem alles Wissen zuteil.

Gott läßt Sich nicht mit Hilfe experimentellen Wissens verstehen, aber jemand, der im Kṛṣṇa-Bewußtsein fortgeschritten ist, kann Gott direkt erkennen. So bin ich zum Beispiel aufgrund von Erkenntnis fest von dem überzeugt, was ich hier über Kṛṣṇa sage. Ich spreche nicht blindlings, und jedem ist es möglich, Gott in gleicher Weise zu erkennen. *Svayam eva sphuraty adaḥ*: Direktes Wissen über Gott wird jedem offenbart, der am Kṛṣṇa-Bewußtsein festhält. Solch ein Mensch wird tatsächlich erkennen: „Ja, es gibt ein spirituelles Reich, in dem

Gott residiert. Dorthin muß ich gehen, und ich muß mich darauf vorbereiten." Man mag so viel über ein fremdes Land hören, bevor man dort war; doch wenn man es selbst bereist, bekommt man ein direktes Verständnis von den Dingen. So wird auch jemand, der sich dem Kṛṣṇa-Bewußtsein widmet, eines Tages Gott und Sein Reich unmittelbar erfahren. Damit werden alle Probleme seines Lebens gelöst sein.

Śrī Kṛṣṇa gebraucht das Wort *sanātanaḥ,* um dieses spirituelle Reich zu beschreiben. Die materielle Natur hat einen Anfang und ein Ende, wohingegen die spirituelle Natur ohne Anfang und Ende ist. Wie ist dies zu verstehen? Ein einfaches Beispiel wird es uns verdeutlichen: Wenn es schneit, können wir manchmal beobachten, daß der ganze Himmel von einer Wolke bedeckt ist. In Wirklichkeit bedeckt diese Wolke jedoch nur einen verschwindend kleinen Teil des Himmels. Da wir selbst winzig klein sind, sich die Wolke aber über einige hundert Kilometer am Himmel erstreckt, erscheint dieser für uns vollständig bedeckt. In gleicher Weise läßt sich die gesamte materielle Welt (das sogenannte *mahat-tattva*) mit einer Wolke vergleichen, die einen kleinen Teil des spirituellen Himmels bedeckt. Und genauso wie wir den klaren, strahlenden Himmel sehen können, sobald sich die Wolke auflöst, sind wir in der Lage, den ursprünglichen spirituellen Himmel zu erblicken, sobald wir uns von unseren materiellen Bedeckungen lösen.

So wie die Wolke einen Anfang und ein Ende hat, hat auch die materielle Natur und damit unser materieller Körper einen Anfang und ein Ende. Unser Körper existiert lediglich für eine gewisse Zeit. Er wird geboren, er wächst heran, er besteht für eine bestimmte Zeit, er schafft Nachkommen, er altert, und schließlich muß er vergehen. Dies sind die sechs Stufen der Wandlung, die alles Materielle durchläuft. So wird am Ende die gesamte materielle Welt vernichtet werden.

Doch Kṛṣṇa versichert uns: *paras tasmāt tu bhāvo 'nyo 'vyakto 'vyaktāt sanātanaḥ.* „Jenseits dieser zerstörbaren, wolkenähnlichen materiellen Natur befindet sich eine andere, höhere Natur, die ewig besteht. Sie ist ohne Anfang und ohne Ende." Er sagt weiter: *yaḥ sa sarveṣu bhūteṣu naśyatsu na vinaśyati.* „Zu dem Zeitpunkt, wo die gesamte materielle Welt zerstört wird, bleibt diese höhere Natur erhalten." Wenn sich eine Wolke am Himmel auflöst, bleibt der Himmel weiter bestehen. In gleicher Weise bleibt auch der spirituelle Himmel weiter bestehen, wenn die wolkenähnliche materielle Welt vernichtet wird. Dies nennt man *avyakto 'vyaktāt.*

Die vedischen Schriften enthalten zahlreiche Werke, die von der materiellen und der spirituellen Welt Zeugnis geben. Im Zweiten Canto des *Śrīmad-Bhāgavatam* finden wir eine genaue Darstellung der spirituellen Welt: welche Eigenschaften sie hat, welche Lebewesen dort wohnen, wie diese aussehen und vieles mehr. Wir erhalten sogar die Information, daß es in der spirituellen Welt spirituelle Flugzeuge gibt. Alle Lebewesen dort sind befreite Seelen, und wenn sie in ihren Flugzeugen umherfliegen, verbreiten sie einen herrlichen Glanz, so strahlend wie Blitze.

Alles in der spirituellen Welt ist wirklich und ursprünglich. Die materielle Welt ist lediglich eine Imitation. Was immer wir in der materiellen Welt finden, ist nichts als eine Imitation, ein Schatten; es gleicht einem Bild auf der Leinwand, das nur der Schatten der Wirklichkeit ist. Im *Śrīmad-Bhāgavatam* (1.1.1) heißt es: *yatra tri-sargo 'mṛṣā.* „Die materielle Welt ist eine Illusion." Wir alle kennen Schaufensterpuppen, die als Nachbildung schöner Frauen im Kaufhaus stehen. Jeder normale Mensch weiß, daß es sich um eine Imitation handelt. All die sogenannten schönen Dinge in der materiellen Welt sind wie die attraktiven „Frauen" im Schaufenster eines Kaufhauses. In der Tat ist alles Schöne, was wir in der materiellen Welt sehen, lediglich eine Imitation der wirklichen Schönheit in in der spirituellen Welt. Śrīdhara Svāmī sagt hierzu: *yat satyatayā mithyā sargo 'pi satyavat pratīyate.* „Die spirituelle Welt ist wirklich, und die unwirkliche, materielle Welt ist nur dem Anschein nach wirklich." Etwas ist nur dann wirklich, wenn es ewig existiert. Wirklichkeit kann nicht vernichtet werden. Auch wirkliche Freude muß demnach ewig sein. Da materielle Freude aber vergänglich ist, ist sie nicht wirklich, und diejenigen, die nach echter Freude streben, nehmen nicht an den schattenhaften Freuden dieser Welt teil. Sie streben nach der wirklichen, ewigen Freude des Kṛṣṇa-Bewußtseins.

Kṛṣṇa erklärt: *yaḥ sa sarveṣu bhūteṣu naśyatsu na vinaśyati.* „Während alles in der materiellen Welt letztlich vernichtet wird, bleibt die spirituelle Natur ewig bestehen." Das Ziel des menschlichen Lebens ist es, diese spirituelle Welt zu erreichen, aber die Menschen wissen nichts von der Existenz der spirituellen Welt. Im *Bhāgavatam* heißt es: *na te viduḥ svārtha-gatiṁ hi viṣṇum.* „Die Menschen wissen nicht, was für sie wirklich am besten ist. Sie sind sich nicht bewußt, daß das menschliche Leben dazu bestimmt ist, die spirituelle Wirklichkeit zu erkennen und sich auf den Eintritt in diese Wirklichkeit vorzubereiten, und daß es nicht dazu bestimmt ist, unseren Aufenthalt in der materiellen Welt zu verlängern." Das lehren uns alle vedischen Schriften. *Tamasi mā jyotir gamaḥ.* „Bleibe nicht im Dunkeln, gehe zum Licht!" Die materielle Welt ist voller Dunkelheit. Zwar mögen wir sie künstlich mit elektrischem Licht, Feuer und anderen Hilfsmitteln erleuchten, doch ist sie von Natur aus dunkel. Die spirituelle Welt dagegen ist nicht dunkel, sondern voller Licht. Genausowenig wie es auf der Sonne Dunkelheit geben kann, kann es in der spirituellen Welt Dunkelheit geben, denn jeder Himmelskörper leuchtet dort aus sich selbst heraus.

In der *Bhagavad-gītā* (15.6) gibt uns Kṛṣṇa folgende Beschreibung der spirituellen Welt:

na tad bhāsayate sūryo
na śaśāṅko na pāvakaḥ
yad gatvā na nivartante
tad dhāma paramaṁ mama

„Mein höchstes Reich wird weder von der Sonne noch vom Mond, noch von Feuer oder Elektrizität erleuchtet. Diejenigen, die es erreichen, kehren nie wieder in die materielle Welt zurück."

Wenn uns tatsächlich daran gelegen ist, dieses höchste Reich Kṛṣṇas zu erreichen, müssen wir *bhakti-yoga* praktizieren. Das Wort *bhakti* bedeutet „hingebungsvoller Dienst", „Ergebenheit gegenüber dem Höchsten Herrn". Kṛṣṇa sagt eindeutig: *puruṣaḥ sa paraḥ pārtha bhaktyā labhyas tv ananyayā.* Die Worte *tv ananyayā* bedeuten hier „ohne irgendeine andere Betätigung". Um also das spirituelle Reich des Herrn zu erreichen, müssen wir ausschließlich im hingebungsvollen Dienst für Kṛṣṇa tätig sein.

Eine Definition für *bhakti* wird in dem maßgeblichen Buch *Nārada-pañcarātra* gegeben:

sarvopādhi-vinirmuktaṁ
tat-paratvena nirmalam

hṛṣīkena hṛṣīkeśa-
sevanaṁ bhaktir ucyate

„*Bhakti,* hingebungsvoller Dienst, bedeutet, daß wir all unsere Sinne im Dienst des Herrn, der Höchsten Persönlichkeit Gottes, dem Meister aller Sinne, einsetzen. Der Dienst der spirituellen Seele für den Höchsten bewirkt zweierlei: Zum einen wird man von allen falschen materiellen Identifikationen befreit, und zum anderen werden die Sinne einfach durch die Betätigung im Dienst des Herrn gereinigt."

Gegenwärtig schleppen wir viele körperliche Identifikationen mit uns herum. „Inder", „Amerikaner", „Afrikaner", „Europäer" – das sind alles körperliche Identifikationen. Unser Körper ist nicht unser eigentliches Selbst, und dennoch identifizieren wir uns mit diesen falschen körperlichen Vorstellungen. Wer zum Beispiel einen akademischen Grad hat, identifiziert sich oft mit seinem Doktor- oder Professortitel, obwohl er selbst nicht dieser Titel ist. *Bhakti* bedeutet nun, daß man sich von diesen falschen Identifikationen befreit (*sarvopādhi-vinirmuktam*). *Upādhi* bedeutet „Identifikation". Wenn jemand geadelt wird, freut er sich: „Jetzt muß man mich mit ‚Sir' anreden." Er vergißt ganz, daß dieser Titel lediglich eine falsche Identifikation ist, die nur so lange existiert, wie er seinen Körper hat. Doch dem Körper ist der Tod gewiß, und mit ihm vergeht auch diese Identifikation. In diesem Leben ist jemand zum Beispiel ein Amerikaner, im nächsten Leben kann er aber schon den Körper eines Chinesen haben. Da wir immer andere körperliche Identifikationen annehmen, sollten wir besser damit aufhören, diese für unser eigentliches Selbst zu halten. Sobald jemand entschlossen ist, sich von all diesen unsinnigen Identifikationen zu befreien, ist er in der Lage, *bhakti* zu erlangen.

Im obengenannten Vers des *Nārada-pañcarātra* bedeutet das Wort *nirmalam* „vollständig rein". Worin besteht diese Reinheit? Man sollte der festen Überzeugung sein: „Ich bin spirituelle Seele (*ahaṁ brahmāsmi*); ich bin nicht der materielle Körper, der nur eine Hülle meiner selbst darstellt. Ich bin ein ewiger Diener Kṛṣṇas – das ist meine wahre Identität." Wer von allen falschen Identifikationen befreit und in seinem eigentlichen Wesen verankert ist, steht mit all seinen Sinnen ohne Unterlaß im Dienste Kṛṣṇas (*hṛṣīkena hṛṣīkeśa-sevanaṁ bhaktir ucyate*). Das Wort *hṛṣīka* bedeutet „die Sinne". Gegenwärtig identifizieren sich unsere Sinne mit materiellen Dingen; wenn sie jedoch von dieser falschen Identifikation befreit sind und wir in dieser Freiheit und Reinheit Kṛṣṇa dienen, ist das hingebungsvoller Dienst.

Śrīla Rūpa Gosvāmī erklärt das Wesen reinen hingebungsvollen Dienstes im folgenden Vers des *Bhakti-rasāmṛta-sindhu* (1.1.11):

anyābhilāṣitā-śūnyaṁ
jñāna-karmādy-anāvṛtam
ānukūlyena kṛṣṇānu-
śīlanaṁ bhaktir uttamā

„Man sollte dem Höchsten Herrn, Śrī Kṛṣṇa, transzendentalen liebevollen Dienst in einer positiven, hingebungsvollen Haltung darbringen, frei von dem Wunsch, durch karmische Tätigkeiten oder philosophische Spekulation materiellen Gewinn zu erlangen. Dies wird reiner hingebungsvoller Dienst genannt."

Wir müssen also Kṛṣṇa in einer positiven, bejahenden Haltung dienen, nicht in einer feindseligen Haltung. Auch sollten wir keinerlei materielle Wünsche hegen (*anyābhilāṣitā-śūnyam*). Gewöhnlich dienen die Menschen Gott aus irgendwelchen materiellen Gründen. Dagegen ist natürlich nichts einzuwenden. Wer sich mit materiellen Motiven an Gott wendet, ist weit besser als jemand, der sich gar nicht an Gott wendet. Das wird auch in der *Bhagavad-gītā* (7.16) bestätigt:

catur-vidhā bhajante māṁ
janāḥ sukṛtino 'rjuna
ārtho jijñāsur arthārthī
jñānī ca bharatarṣabha

„O Bester unter den Bharatas [Arjuna], vier Arten frommer Menschen beginnen Mir in Hingabe zu dienen – der Notleidende, derjenige, der Reichtum begehrt, der Neugierige und derjenige, der nach der Absoluten Wahrheit sucht." Aber am besten ist es, wenn wir uns nicht mit dem Wunsch nach materiellem Gewinn an Gott wenden. Von dieser Verunreinigung sollten wir frei sein (*anyābhilāṣitā-śūnyam*).

Die nächsten Worte, die Rūpa Gosvāmī gebraucht, um reine *bhakti* zu beschreiben, sind *jñāna-karmādy anāvṛtam.* Das Wort *jñāna* bezieht sich auf die Bemühung, Kṛṣṇa durch mentale Spekulation zu verstehen. Selbstverständlich sollten wir versuchen, Kṛṣṇa zu verstehen, doch sollten wir uns immer daran erinnern, daß Er unbegrenzt ist und wir Ihn niemals vollständig verstehen können. Das ist für uns nicht möglich. Deshalb müssen wir akzeptieren, was in den offenbarten Schriften geschrieben steht. Wir sollten versuchen, Kṛṣṇa einfach durch die Aussagen der vedischen Schriften wie der *Bhagavad-gītā* und des *Śrīmad-Bhāgavatam* zu verstehen. Das Wort *karma* bedeutet „Arbeit mit einem materiellen Ergebnis". Wenn wir reinen hingebungsvollen Dienst darbringen möchten, sollten wir selbstlos handeln und nicht irgendeinen Profit aus dem Kṛṣṇa-Bewußtsein ziehen wollen.

Als nächstes erklärt Śrīla Rūpa Gosvāmī, daß reiner hingebungsvoller Dienst Kṛṣṇa in einer bejahenden Haltung (*ānukūlyena*) dargebracht werden sollte. Wir sollten herausfinden, was Kṛṣṇa erfreut, und dann sollten wir in diesem Sinne handeln. Wie aber können wir wissen, was Kṛṣṇa erfreut? Durch die Worte der *Bhagavad-gītā* und durch die richtigen Erläuterungen von der richtigen Person. So werden wir erfahren, was Kṛṣṇa möchte, und können danach handeln. Zu diesem Zeitpunkt werden wir auf die Ebene erstklassigen hingebungsvollen Dienstes erhoben.

Bhakti-yoga ist eine große Wissenschaft, und es gibt einen unermeßlichen Schatz an Literatur, die uns hilft, sie zu verstehen. Wir sollten unser Leben dieser Wissenschaft widmen und uns so darauf vorbereiten, bei unserem Tod das größte Geschenk zu empfangen – nämlich die spirituellen Planeten zu erreichen, auf denen die Höchste Persönlichkeit Gottes residiert.

In unserem Universum gibt es Millionen von Sternen und Planeten, und doch ist es nur ein unbedeutender Teil der gesamten Schöpfung; es ist ein Universum unter vielen. Und alle Universen der materiellen Welt sind wiederum nur ein Viertel der gesamten Schöpfung, während der spirituelle Himmel drei Viertel ist.

Aus den vedischen Schriften erfahren wir, daß sich auf jedem Planeten im spirituellen Himmel eine Erweiterung Kṛṣṇas befindet. All diese Erweiterungen sind *puruṣas,* Personen; Sie sind nicht unpersönlich. In der *Bhagavad-gītā* erklärt Kṛṣṇa: *puruṣaḥ sa paraḥ pārtha bhaktyā labhyas tv ananyayā.* „Man kann sich der Höchsten Person nur durch hingebungsvollen Dienst nähern" – nicht durch eine herausfordernde Haltung, nicht durch philosophische Spekulation und nicht durch körperliche *yoga*-Übungen, sondern nur durch Ergebenheit und hingebungsvolles Dienen. Nur durch solchen reinen, unverfälschten hingebungsvollen Dienst sind wir in der Lage, die Höchste Person in der spirituellen Welt zu erreichen.

Die großartigen Eigenschaften dieser Höchsten Person werden in der *Bhagavad-gītā* beschrieben: *yasyāntaḥ-sthāni bhūtāni yena sarvam idaṁ tatam.* „Der Höchster Herr weilt in Seinem eigenen Reich, aber gleichzeitig ist Er überall gegenwärtig, und alles ruht in Ihm." Wie ist dies möglich? Die Sonne befindet sich nur an einem Ort, doch die Sonnenstrahlen verbreiten sich über das gesamte Universum. In gleicher Weise verbreiten sich die Energien Gottes überallhin, während Sich Gott selbst in Seinem eigenen Reich in der spirituellen Welt aufhält. Er ist von Seiner Energie nicht verschieden, genau wie die Sonne und der Sonnenschein nicht voneinander verschieden sind, weil sie aus der gleichen strahlenden Substanz bestehen. Überall im Stromnetz ist Strom vorhanden, und wir können eine Lampe zum Leuchten bringen, indem wir sie einfach mit dem Stromkreis verbinden. Genauso ist auch Kṛṣṇa in Form Seiner Energien überall gegenwärtig, und wenn wir im hingebungsvollen Dienst fortgeschritten sind, können wir Ihn überall wahrnehmen.

In seiner *Brahma-saṁhitā* beschreibt Brahmā, welche Qualifikation wir benötigen, um Gott überall sehen zu können: *premāñjana-cchurita-bhakti-vilocanena santaḥ sadaiva hṛdayeṣu vilokayanti.* „Diejenigen, deren Augen mit dem Balsam der Liebe zu Gott gesalbt sind, können Gott immer vor sich sehen, vierundzwanzig Stunden am Tag." Das Wort *sadaiva* bedeutet „ständig, rund um die Uhr". Jemand, der tatsächlich Gott erfahren hat, wird nicht sagen: „Gestern abend habe ich Gott gesehen, doch jetzt ist Er wieder verschwunden." Nein, Er ist *immer* sichtbar, denn Er ist überall.

Die Schlußfolgerung lautet also: Wir können Kṛṣṇa überall sehen, doch wir müssen die richtigen Augen dafür entwickeln, indem wir Kṛṣṇa-Bewußtsein praktizieren. Sobald wir Kṛṣṇa erblicken und zu Ihm in Sein spirituelles Reich gelangen, ist unser Leben ein Erfolg. Wir sind am Ziel unserer Wünsche und werden ewig glücklich sein.

3

Das Prinzip der Freude

Kṛṣṇa, die Quelle aller Freude

„Wir suchen Freude auf oberflächliche, künstliche Weise. Aber wie lange hält diese Freude an? Sie ist nicht von Bestand... Diese Art der Freude ist künstlich, aber es gibt auch wirkliche Freude, wirkliches Leben.“ Im folgenden Vortrag (San Francisco, 25. März 1967) zeigt uns Śrīla Prabhupāda, wie wir diese wirkliche Freude erreichen können.

Kṛṣṇa – dieser Klang ist transzendental. Kṛṣṇa bedeutet die höchste Freude. Jeder von uns, jedes Lebewesen strebt nach Freude, doch wir wissen nicht, wo vollkommene Freude zu finden ist. Gefangen in einer materialistischen Lebensauffassung, scheitern wir auf Schritt und Tritt auf unserer Suche nach dem Glück, denn wir haben keine Information über die Sphäre, in der man wirkliches Glück erfahren kann. Um wirkliches Glück erfahren zu können, müssen wir zunächst verstehen, daß wir nicht der Körper sind, sondern Bewußtsein. Genaugenommen sind wir auch nicht Bewußtsein, denn Bewußtsein ist nur ein Symptom unserer wirklichen Identität. Eigentlich sind wir die reine Seele, die sich jetzt in einem materiellen Körper befindet. Diesem Sachverhalt schenkt die moderne Wissenschaft keine Beachtung, und daher haben die Wissenschaftler oft ein falsches Verständnis von der spirituellen Seele. Nichtsdestoweniger ist die Existenz der Seele eine Realität, die jeder durch die Anwesenheit des Bewußtseins erfahren kann. Jedes Kind kann verstehen, daß Bewußtsein das Symptom der spirituellen Seele ist.

Aus der *Bhagavad-gītā* versuchen wir zu lernen, wie wir uns auf die Ebene des spirituellen Bewußtseins erheben können. Wenn wir auf dieser Bewußtseinsebene handeln, können wir nicht mehr auf die Ebene des körperlichen Bewußtseins zurückfallen und werden bereits im gegenwärtigen Leben von materieller Verunreinigung frei. Unser spirituelles Leben wird wiedererweckt, und als Folge davon werden wir nach dem Tod in ein vollkommenes, ewiges spirituelles Leben eintreten. Die Seele wird, wie bereits erklärt, als ewig beschrieben.

Nicht einmal nach der Zerstörung des gegenwärtigen Körpers wird das Bewußtsein vernichtet. Vielmehr geht es auf einen anderen Körper über und läßt uns zu einem neuen materiellen Leben erwachen. Dies wird auch in der *Bhagavad-gītā* beschrieben. Wenn unser Bewußtsein zum Zeitpunkt des Todes rein ist, wird unser nächstes Leben mit Sicherheit nicht materiell, sondern spirituell sein. Wenn unser Bewußtsein in der Stunde des Todes jedoch unrein ist, müssen wir, nachdem wir diesen Körper verlassen haben, einen weiteren materiellen Körper annehmen. Durch das Gesetz der Natur ist jeder diesem Prozeß unterworfen.

Wir haben einen feinstofflichen Körper und einen sichtbaren, grobstofflichen Körper. So wie wir uns mit einem Hemd und einem Mantel bekleiden, ist auch die reine Seele vom „Hemd und Mantel" des feinstofflichen und grobstofflichen Körpers bedeckt. Das „Hemd", der feinstoffliche Körper, setzt sich aus Geist, Intelligenz und falschem Ego zusammen. Das falsche Ego ist die irrige Auffassung, daß ich Materie bin, ein Produkt dieser materiellen Welt. Diese Fehlauffassung bindet mich an einen bestimmten Ort. Zum Beispiel halte ich mich, da ich in Indien geboren bin, für einen Inder. Oder ich halte mich, da ich in Amerika geboren bin, für einen Amerikaner. Als reine Seele bin ich aber weder Inder noch Amerikaner. Ich bin nur die Seele. Alles andere sind lediglich falsche, äußere Identifikationen. Amerikaner, Inder, Deutscher, Engländer, Katze oder Hund, Biene oder Fledermaus, Mann oder Frau, etc. – dies alles sind nur Identifikationen, von denen wir uns im spirituellen Bewußtsein frei machen. Diese Freiheit erreichen wir, wenn wir ständig mit dem höchsten spirituellen Bewußtsein, mit Kṛṣṇa, in Verbindung stehen.

Die Aufgabe der Internationalen Gesellschaft für Kṛṣṇa-Bewußtsein liegt einfach darin, uns ständig in Verbindung mit Kṛṣṇa zu halten. Kṛṣṇa kann unser ständiger Begleiter sein, denn Er ist allmächtig. Er kann durch Seine Worte immer mit uns in Verbindung bleiben. Seine Worte und Er selbst sind nicht voneinander verschieden. Das ist Seine Allmacht. Kṛṣṇas Allmacht zeigt sich darin, daß alles, was mit Ihm in Verbindung steht, dieselbe Eigenschaft und Macht hat. Wenn wir in der materiellen Welt zum Beispiel durstig sind und Wasser trinken möchten, wird unser wiederholtes Rufen „Wasser, Wasser, Wasser, Wasser" unseren Durst nicht stillen, da diese Worte nicht die gleiche Eigenschaft besitzen wie das Wasser selbst. Wir brauchen wirkliches Wasser, denn nur dadurch wird unser Durst gelöscht. In der transzendentalen, absoluten Welt besteht jedoch kein solcher Unterschied: Kṛṣṇas Name, Kṛṣṇas Eigenschaften, Kṛṣṇas Worte – das alles ist Kṛṣṇa.

Manche Menschen bringen folgenden Einwand vor: „Arjuna konnte mit Kṛṣṇa sprechen, weil dieser persönlich vor ihm stand, während Er für uns nicht mehr persönlich gegenwärtig ist. Wie kann ich also von Ihm Anweisungen erhalten?" Doch dieser Einwand ist nicht stichhaltig. Kṛṣṇa ist durch Seine Worte – durch die *Bhagavad-gītā* – gegenwärtig. In Indien verehren wir Bücher wie die *Bhagavad-gītā* oder das *Śrīmad-Bhāgavatam* mit Blumen oder anderen Dingen, die zur Verehrung geeignet sind. Auch in der Sikh-Religion, in der es keine Bildgestalten gibt, wird ein Buch verehrt, nämlich der *Granthasahib.* Vielleicht kennen einige von euch die Sikhs; sie verehren diese heilige Schrift. Genauso verehren die Moslems den Koran und die Christen die Bibel. Jesus Christus ist tatsächlich durch seine Worte gegenwärtig, und so ist auch Kṛṣṇa durch Seine Worte gegenwärtig.

Diese Persönlichkeiten, wie Gott oder der Sohn Gottes, die aus der transzendentalen Welt herabsteigen, wahren ihre transzendentale Identität und werden von der materiellen Welt nicht verunreinigt. Darin besteht ihre Allmacht. Wir sprechen oft davon, daß Gott allmächtig ist. Allmächtig bedeutet aber, daß Er von Seinem Namen, Seinen Eigenschaften, Seinen transzendentalen Aktivitäten und Seinen Anweisungen nicht verschieden ist. Über die *Bhagavad-gītā* zu sprechen ist daher ebenso wertvoll wie das persönliche Gespräch mit Kṛṣṇa.

Kṛṣṇa weilt in eurem Herzen und auch in meinem. *Īśvaraḥ sarvabhūtānāṁ hṛd-deśe 'rjuna tiṣṭhati.* „Gott befindet Sich im Herzen eines jeden." Gott ist uns niemals fern. Er ist uns so wohlgesinnt, daß Er bei uns bleibt, wenn wir Geburt für Geburt unseren Körper wechseln. Er wartet darauf, daß wir uns Ihm zuwenden; ja Er wirbt sogar um uns. Er ist so gütig, daß wir Ihn zwar vergessen mögen, Er uns aber niemals vergißt. Auch wenn der Sohn seinen Vater vergessen sollte, vergißt der Vater niemals seinen Sohn. Genauso wird uns Gott, der ursprüngliche Vater aller Lebewesen, niemals im Stich lassen. Wir mögen verschiedene Körper haben, aber sie sind nur unser „Hemd" und unser „Mantel". Sie haben mit unserer wahren Identität nichts zu tun. Unsere wahre Identität ist die reine Seele, die ein winziger Teil des Höchsten Herrn ist. Dieser Teil des Höchsten Herrn ist im materiellen Körper gefangen.

Es gibt 8.400.000 Lebensformen. Selbst die Biologen und Anthropologen sind nicht imstande, dies exakt zu berechnen, doch die maßgeblichen offenbarten Schriften geben uns diese Information. Neben 400.000 menschlichen Lebensformen gibt es 8.000.000 andere. Aber Kṛṣṇa, der Höchste Herr, betrachtet in Wirklichkeit alle Lebewesen als Seine Söhne – ganz gleich, ob es sich um Tiere, Menschen oder Halbgötter handelt. Der Vater gibt den Samen, die Mutter empfängt ihn, und im Mutterleib bildet sich ein neuer Körper heran. Nach der Vereinigung der Geschlechtszellen formt sich bereits in der ersten Nacht ein erbsenähnlicher Körper. Allmählich entwickelt sich dieser Körper weiter, und es entstehen neun Öffnungen: zwei Ohren, zwei Augen, zwei Nasenlöcher, der Mund, das Geschlechtsteil und der Anus. Sobald der Körper vollständig entwickelt ist, wird er geboren. Das ist der biologische Prozeß der Fortpflanzung, der gleichermaßen für Katze, Hund und Mensch gilt.

Entsprechend seinem vergangenen *karma*, d. h. entsprechend seinen Handlungen im letzten Leben, bekommt man einen Körper, in dem man genießt oder leidet. Nach Ablauf der Lebensfrist stirbt man und geht erneut in den Schoß einer Mutter ein. Und wieder werden wir in einer anderen Körperform geboren. Das ist der Kreislauf von Geburt und Tod, dem wir alle unterworfen sind.

Wir sollten darum bemüht sein, diesen Kreislauf von Geburt und Tod und den Körperwechsel zu beenden. Das ist das Vorrecht, das wir in der menschlichen Lebensform haben: Wir können der ständigen Wiederholung von Geburt und Tod ein Ende setzen. Wir können unsere eigentliche spirituelle Form wiedergewinnen und ein ewiges Leben voller Wissen und Glückseligkeit erlangen. Das ist der Sinn und Zweck der spirituellen Evolution. Wir sollten diese Gelegenheit nicht verpassen. Der Weg der Befreiung beginnt mit dem Chanten und Hören. Ich möchte betonen, daß dieses Anrufen von Gottes heiligen Namen (Hare Kṛṣṇa, Hare Kṛṣṇa, Kṛṣṇa Kṛṣṇa, Hare Hare / Hare Rāma, Hare Rāma, Rāma Rāma, Hare Hare) und das Hören von Kṛṣṇas Worten in der *Gītā* genauso gut ist wie die unmittelbare Gemeinschaft mit Kṛṣṇa. Dies ist im *Śrīmad-Bhāgavatam* verbürgt. Selbst wenn jemand die Sprache nicht versteht, gewinnt er durch das bloße Hören an Frömmigkeit. Allein das Hören führt zu einem frommen Lebenswandel, auch wenn man nichts versteht. Eine solche Macht geht davon aus.

Es gibt zwei Arten von Themenkreisen, die direkt mit Kṛṣṇa in Verbindung stehen. Zu der einen Art gehört die *Bhagavad-gītā,* die *von* Kṛṣṇa gesprochen wurde, und zu der anderen das *Śrīmad-Bhāgavatam,* in dem *über* Kṛṣṇa gesprochen wird. Diese zwei Arten von Kṛṣṇa-*kathā* (Themenkreise in bezug auf Kṛṣṇa) sind gleichermaßen wirkungsvoll, weil sie beide mit Kṛṣṇa verbunden sind.

Die *Bhagavad-gītā* wurde auf dem Schlachtfeld von Kurukṣetra gesprochen, und daher fragen uns manche Leute, was wir als Gottgeweihte eigentlich mit diesem Schlachtfeld zu tun haben. Wir haben nichts mit irgendeinem Schlachtfeld zu tun. Uns geht es um spirituelles Wissen. Dieses Schlachtfeld ist für uns nur deswegen interessant, weil Kṛṣṇa dort gegenwärtig war. Sonst bestünde keine Veranlassung, über das Schlachtfeld von Kurukṣetra zu sprechen. Durch Kṛṣṇas Anwesenheit wurde das ganze Schlachtfeld „Kṛṣṇa-isiert". Wenn man ein Stück Metall an einen Stromkreis anschließt, wird es elektrifiziert. In gleicher Weise wird alles, wofür Sich Kṛṣṇa interessiert, Kṛṣṇa-isiert. Das ist Kṛṣṇas Allmacht.

Es gibt viele Kṛṣṇa-*kathās.* Die vedischen Schriften sind voll davon. Die Veden sind also auch eine Art Kṛṣṇa-*kathā.* Die diversen vedischen Schriften mögen zwar Unterschiede aufweisen, doch weil sie alle zu dem Ziel hinführen, Kṛṣṇa zu verstehen, sind sie alle Kṛṣṇa-*kathā.*

Was geschieht, wenn wir Kṛṣṇa-*kathā* hören? Die Wirkung dieser reinen, transzendentalen Klangschwingung wird im *Śrīmad-Bhāgavatam* (1.2.17) wie folgt beschrieben:

śṛṇvatāṁ sva-kathāḥ kṛṣṇaḥ
puṇya-śravaṇa-kīrtanaḥ
hṛdy antaḥ stho hy abhadrāṇi
vidhunoti suhṛt satām

„Śrī Kṛṣṇa, die Höchste Persönlichkeit Gottes, die Überseele im Herzen eines jeden und der Wohltäter Seines aufrichtigen Geweihten, entfernt die Wünsche nach materiellem Genuß aus dem Herzen Seines Geweihten, der von dem innigen Verlangen beseelt ist, Seine Botschaften zu hören, die in sich tugendhaft sind, wenn sie richtig gehört und gechantet werden."

Im Verlauf zahlloser Geburten haben wir aufgrund der materiellen

Verunreinigung viele unglückverheißende Dinge in unserem Herzen angesammelt. Unzählige Geburten liegen hinter uns – nicht nur diese eine. Wenn wir nun unser Herz mit Kṛṣṇa-*kathā* erleuchten, werden die darin angesammelten Verunreinigungen weggewaschen. Unser Herz wird von allen Unreinheiten befreit; und sobald dieser ganze Unrat beseitigt ist, haben wir ein reines Bewußtsein.

Es ist sehr schwierig, sich von allen falschen Vorstellungen zu befreien. Ich bin zum Beispiel Inder. Es fällt mir nicht leicht, mich plötzlich nicht mehr als Inder zu sehen, sondern als spirituelle Seele. Zweifellos ist es für niemanden einfach, diese auf den Körper bezogenen Vorstellungen aufzugeben und sich nicht mehr mit ihnen zu identifizieren. Wenn wir jedoch weiter Kṛṣṇa-*kathā* hören, wird es kein Problem für uns sein. Macht die Probe aufs Exempel! Ihr werdet selbst feststellen, wie einfach ihr euch von diesen körperlichen Identifikationen befreien könnt. Natürlich ist es nicht möglich, den gesamten Unrat auf einmal aus dem Geist zu entfernen. Doch wenn wir Kṛṣṇa-*kathā* hören, können wir sofort wahrnehmen, wie der Einfluß der materiellen Natur nachläßt.

Die materielle Natur tritt in drei Erscheinungsweisen auf: in Tugend, Leidenschaft und Unwissenheit. Ein Leben in Unwissenheit ist aussichtslos und ein Leben in Leidenschaft materialistisch. Wer von der Erscheinungsweise der Leidenschaft beeinflußt wird, begehrt falschen, materiellen Lebensgenuß. Da er die Wahrheit nicht kennt, mißbraucht er die Energie seines Körpers, um die Materie zu genießen. Das ist die Erscheinungsweise der Leidenschaft. Menschen in der Erscheinungsweise der Unwissenheit verfügen weder über Leidenschaft noch über Tugend; sie befinden sich in den tiefsten, dunkelsten Abgründen des Lebens. In der Erscheinungsweise der Tugend kann man zumindest theoretisch verstehen, wer man ist, was diese Welt ist, wer Gott ist und welche Beziehung man zu Ihm hat. Das sind die Merkmale der Erscheinungsweise der Tugend.

Durch das Hören von Kṛṣṇa-*kathā* werden wir von Unwissenheit und Leidenschaft befreit und zur Erscheinungsweise der Tugend erhoben. Zumindest werden wir wirkliches Wissen erlangen – Wissen darüber, wer wir sind. Ein Leben in Unwissenheit gleicht dem Dasein der Tiere. Das Leben eines Tieres ist voller Leid, aber das Tier weiß nicht einmal, daß es leidet. Nehmen wir ein Schwein als Beispiel. Hier in der Stadt sind keine zu sehen, aber in Indien findet man sie überall in den Dörfern. Wie leidvoll doch ein solches Leben ist! Das Schwein lebt an einem schmutzigen Ort, frißt Kot und ist immer schrecklich unsauber. Dennoch ist es überglücklich, wenn es Kot frißt, ständig mit einer Sau Geschlechtsverkehr hat und immer fetter wird. Für das Schwein ist das alles Sinnengenuß – und da es völlig in diesem Genuß aufgeht, setzt es viel Speck an.

Wir sollten es nicht dem Schwein gleichtun und uns irrtümlicherweise für sehr glücklich halten. Den ganzen Tag über arbeiten wir hart, nachts haben wir noch ein wenig Geschlechtsverkehr – und so bilden wir uns ein, wir seien glücklich. Aber das ist kein Glück! Im *Śrīmad-Bhāgavatam* wird dies als das Glück eines Schweines definiert. Das Glück eines Menschen beginnt dann, wenn er sich in der Erscheinungsweise der Tugend befindet. Dann kann er verstehen, was wirkliches Glück ist.

Wenn wir während unseres täglichen Lebens Kṛṣṇa-*kathā* hören, werden wir von all den schmutzigen Dingen in unserem Herzen gereinigt, die wir Leben für Leben angesammelt haben. Wir können dann selbst wahrnehmen, daß wir uns nicht mehr im Zustand der Unwissenheit oder Leidenschaft befinden, sondern in der Erscheinungsweise der Tugend.

Und was ist das für ein Zustand? Wir werden in allen Lebenslagen glücklich und niemals betrübt sein. Die *Bhagavad-gītā* beschreibt dies als unseren *brahma-bhūta*-Zustand. Die Veden lehren uns, daß wir nicht Materie sind, sondern Brahman. *Ahaṁ brahmāsmi.* Śaṅkarācārya verkündete diese Botschaft der Welt. Wir sind keine Materie; wir sind Brahman, spirituelle Seele. Wenn wir uns spirituell vervollkommnen, werden wir uns verändern. Und wie wird sich das auswirken? In unserem ursprünglichen spirituellen Bewußtsein werden wir frei sein von Begehren und Klagen, vom Begehren nach Gewinn und dem Klagen über Verlorenes.

Diese zwei Krankheiten sind charakteristisch für die materielle Welt. Wir sehnen uns nach dem, was wir noch nicht haben: „Wenn ich diese Sache bekommen könnte, dann wäre ich zufrieden. Ich habe kein Geld; doch wenn ich eine Million hätte, wäre ich glücklich." Wenn wir dann tatsächlich eine Million haben und das Geld irgendwie verlieren, jammern wir: „O weh, ich habe es verloren!" Wenn wir nach Gewinn streben, dann leiden wir also, und wenn wir ihn verlieren, leiden wir ebenso. Befinden wir uns aber auf der *brahma-bhūta*-Stufe, so sind wir frei von Klagen und Begehren und ruhen in uns selbst. Selbst in größten Schwierigkeiten sind wir nicht beunruhigt. Wir befinden uns auf der Ebene der Transzendenz.

Bhāgavatam bedeutet „die Wissenschaft von Gott". Wenn wir uns entschlossen der Wissenschaft von Gott widmen, kommen wir auf die *brahma-bhūta*-Ebene. Auch auf dieser Ebene müssen wir arbeiten – so wird es in der *Bhagavad-gītā* empfohlen. Solange wir diesen materiellen Körper haben, ist Arbeit ein Muß. Es ist nicht möglich, sich seinen Pflichten einfach zu entziehen. Doch wenn wir die Prinzipien des *yoga* befolgen, wird es uns leichtfallen, unsere tagtägliche Arbeit zu verrichten, die uns durch die Vorsehung oder durch die Umstände auferlegt worden ist. Angenommen, jemand muß bei seiner Tätigkeit lügen, weil sonst sein Geschäft in ernsthafte Schwierigkeiten geriete. Da Lügen nicht gerade etwas Gutes sind, mag man schlußfolgern, daß ein solches Geschäft nicht auf sehr moralischen Prinzipien beruht und man es daher aufgeben sollte. In der *Bhagavad-gītā* finden wir jedoch die Anweisung, dies nicht zu tun. Selbst in einer Situation, in der wir ohne einige unfaire Taktiken unseren Lebensunterhalt nicht verdienen können, sollten wir unsere Tätigkeit nicht aufgeben, sondern versuchen, sie zu läutern. Und wie geschieht das? Wir sollten die Früchte unserer Tätigkeit nicht für uns beanspruchen, denn sie sind für Gott bestimmt.

Sukṛta bedeutet „fromme Handlungen" und *duṣkṛta* „lasterhafte Handlungen". Auf der materiellen Ebene sind unsere Handlungen entweder fromm, lasterhaft oder eine Mischung von beiden. Śrī Kṛṣṇa rät uns, mit Intelligenz und mit Hingabe an den Höchsten Herrn zu handeln. Intelligenz heißt, daß man sich als ein Teil des höchsten Bewußtseins erkennt und sich nicht für diesen Körper hält. Wenn ich denke, ich sei Amerikaner, Inder, dies oder jenes, befinde ich mich auf der materiellen Ebene. Wir sollten uns weder als Amerikaner noch als Inder, sondern als reines Bewußtsein verstehen. Ich bin ein untergeordnetes Bewußtsein des höchsten Bewußtseins, mit anderen Worten, ich bin ein Diener Gottes. Gott ist das höchste Bewußtsein, und ich bin Ihm untergeordnet. Untergeordnet sein bedeutet für uns Diener sein.

Gewöhnlich handeln wir nicht als Diener Gottes. Niemand möchte der Diener sein, jeder möchte der Meister sein; denn Diener zu sein ist nicht sehr angenehm. Doch ein Diener Gottes zu werden ist etwas ganz anderes. Gelegentlich kann der Diener Gottes sogar zu Gottes Meister werden. Die Stellung des Lebewesens ist es eigentlich, Diener Gottes zu sein. Aber aus der *Bhagavad-gītā* können wir entnehmen, daß der Meister, nämlich Kṛṣṇa, zu Arjunas Diener wurde. Arjuna saß auf dem Streitwagen, und Kṛṣṇa war sein Wagenlenker. Eine spirituelle Beziehung kann man nicht aus der Sicht materieller Beziehungen verstehen. Die Beziehungen, wie wir sie aus der materiellen Welt kennen, gibt es auch in der spirituellen Welt; dort sind sie jedoch nicht durch die Materie verunreinigt. Deshalb sind sie rein und transzendental, sie sind von anderer Natur. In dem Maße, wie wir eine spirituelle Lebensauffassung entwickeln, können wir das wirkliche Wesen der spirituellen, transzendentalen Welt verstehen.

In der *Bhagavad-gītā* unterweist uns Kṛṣṇa im *buddhi-yoga. Buddhi-yoga* bedeutet zu verstehen, daß wir nicht der Körper sind, sondern Bewußtsein. Wenn wir auf der Ebene des Bewußtseins handeln, sind wir nicht mehr den Ergebnissen guter und schlechter Handlungen unterworfen. Wir befinden uns auf der transzendentalen Ebene.

Auf dieser Ebene handeln wir für jemand anderen – für den Höchsten. Daher spielt für uns Verlust oder Gewinn keine Rolle mehr. Wenn uns ein Gewinn zufällt, sollten wir nicht überheblich werden, sondern uns daran erinnern, daß dieser für den Herrn bestimmt ist. Und erleiden wir einen Verlust, sollten wir wissen, daß wir dafür nicht verantwortlich sind, denn es ist Gottes Werk. So können wir glücklich sein. Alles sollten wir zur Ehre des Höchsten tun. Diese transzendentale Eigenschaft müssen wir entwickeln. Mit diesem Kunstgriff können wir selbst unter den widrigen Umständen in der materiellen Welt unsere Arbeit verrichten. Solange wir im körperlichen Bewußtsein handeln, sind wir durch die Reaktionen auf unsere Arbeit gebunden. Wenn wir jedoch im spirituellen Bewußtsein handeln, werden wir weder durch fromme noch durch lasterhafte Tätigkeiten gebunden. Das ist die richtige Methode.

karma-jaṁ buddhi-yuktā hi
phalaṁ tyaktvā manīṣiṇaḥ
janma-bandha-vinirmuktāḥ
padaṁ gacchanty anāmayam

„Indem sich die großen Weisen und Gottgeweihten im hingebungsvollen Dienst des Herrn betätigen, befreien sie sich von den Ergebnissen ihrer Tätigkeiten in der materiellen Welt. So werden sie vom Kreislauf von Geburt und Tod befreit und erreichen den Ort jenseits aller Leiden" (*Bhagavad-gītā* 2.51).

Manīṣiṇaḥ ist ein sehr bedeutsames Wort. *Manīṣi* heißt „nachdenklich". Nur wer sich Gedanken macht, kann verstehen, daß er nicht der Körper ist, sondern Bewußtsein. Wenn wir etwas Ruhe finden, können wir beobachten: „Das ist mein Finger, und das ist meine Hand. Das ist mein Ohr, und das ist meine Nase. All das ist *mein*, aber wer bin *ich*?" Ich denke, daß dies alles mein ist und daß ich existiere. Was ist dieses „Ich"? Dieses „Ich" ist das Bewußtsein, aufgrund dessen ich denken kann: „Das ist mein."

Wenn ich nun nicht dieser Körper bin, warum sollte ich dann für diesen Körper arbeiten? Ich sollte für mich selbst arbeiten. Und wie kann ich das tun? Wer bin ich? Ich bin Bewußtsein. Aber was für eine Art Bewußtsein? Ich bin untergeordnetes Bewußtsein – ein Teil des höchsten Bewußtseins. Und wie handle ich dann?

Mein Handeln wird unter der Führung des höchsten Bewußtseins stehen. In einem Büro zum Beispiel ist der leitende Direktor gleichsam das höchste Bewußtsein, und jeder arbeitet unter seiner Führung; daher tragen die Angestellten selbst keine Verantwortung, sondern müssen lediglich ihre Pflichten erfüllen, ganz gleich, ob diese sittlich einwandfrei sind oder nicht. Wenn beim Militär der Hauptmann oder Oberst einen Befehl erteilt, muß der Soldat ihn ausführen, ohne lang zu überlegen, ob er nun sittlich einwandfrei ist oder nicht. Das spielt keine Rolle. Er muß einfach nur tun, was ihm befohlen wurde, dann ist er ein echter Soldat und bekommt Rang und Namen. Wenn der Offizier sagt: „Geh und töte den Feind!", hat der Soldat keine Bedenken – er tut es einfach und erhält eine Auszeichnung. Glaubt ihr vielleicht, er bekommt diese Auszeichnung dafür, daß er tötet? Nein – dafür, daß er seine Pflicht erfüllt!

In der *Bhagavad-gītā* finden wir eine ähnliche Situation vor: Kṛṣṇa erteilt Arjuna Anweisungen. Kṛṣṇa ist das höchste Bewußtsein, und auch ich bin Bewußtsein, ein Teil des höchsten Bewußtseins. So ist es meine Pflicht, gemäß dem höchsten Bewußtsein zu handeln. Zum Beispiel betrachte ich meine Hand als einen Teil meines Körpers. Meine

Hand und meine Beine bewegen sich nach meinem Wunsch. Meine Augen öffnen sich, um das zu sehen, was ich will. Ich gebe den Befehl, worauf diese Körperteile arbeiten. Genauso sind auch wir Teile, Teile des Höchsten. Wenn wir uns darin üben, im Einklang mit dem höchsten Bewußtsein zu handeln, erheben wir uns über fromme und sündhafte Tätigkeiten. Das ist der Weg, der uns zur Befreiung von der Fessel der Geburt und des Todes führt.

Die modernen Wissenschaftler und Philosophen denken nicht über diese vier Probleme nach: Geburt, Tod, Krankheit und Alter. Sie schieben sie mit den Worten beiseite: „Dagegen kann man ohnehin nichts machen. Laßt uns einfach das Leben genießen!" Doch das menschliche Leben ist dafür bestimmt, einen Weg zu finden, sich von den Fesseln der Geburt, des Todes, der Krankheit und des Alters zu befreien. Eine Kultur, die keine Lösung für diese vier Probleme gefunden hat, ist keine menschliche Kultur. Das Ziel der menschlichen Zivilisation ist es, diese Probleme ein für allemal zu lösen.

Im obigen Vers der *Bhagavad-gītā* sagt der Herr: *karma-jaṁ buddhi-yuktāḥ. Karma-jaṁ* bedeutet, daß auf jede Handlung eine Reaktion folgt. Gute Taten führen zu guten Reaktionen und schlechte Taten zu schlechten Reaktionen. Aber letztlich sind alle Reaktionen, ob gut oder schlecht, mit Leid verbunden. Angenommen, ich bekomme durch die guten Taten meines vergangenen Lebens eine Geburt in einer guten Familie, Reichtum, schönes körperliches Aussehen und eine gute Erziehung. All diese Vorteile bedeuten aber nicht, daß ich frei bin von den materiellen Leiden – Geburt, Tod, Alter und Krankheit. Selbst wenn ich ein reicher, schöner und gebildeter Mensch bin und aus einer aristokratischen Familie stamme, kann ich dem Tod, dem Alter und der Krankheit nicht entgehen.

Wir sollten uns also nicht in fromme oder sündhafte Tätigkeiten verstricken, sondern uns nur um transzendentale Tätigkeiten bemühen. Das wird uns von den Fesseln der Geburt, des Todes, des Alters und der Krankheit befreien. Dies sollte unser Lebensziel sein und nicht das Streben nach guten oder schlechten Dingen. Wenn jemand an einer Krankheit leidet, ist er ans Bett gefesselt. Es bereitet ihm große Probleme, zu essen und sich zu entleeren. Darüber hinaus muß er bittere Medizin einnehmen und von den Krankenschwestern regelmäßig gewaschen werden, weil er andernfalls von einem widerlichen Geruch umgeben ist. Während er in diesem Zustand daliegt, kommen einige Freunde vorbei und erkundigen sich nach seinem Befinden. „Ja, es geht mir gut", lautet seine Antwort. Aber was bezeichnet er mit „gut"? Er liegt unbequem im Bett, nimmt bittere Medizin ein und kann sich nicht einmal bewegen. Trotz allem behauptet er: „Mir geht es gut." Die gleiche Dummheit ist es, in unserer materiellen Lebensauffassung zu denken: „Ich bin glücklich." Im materiellen Leben gibt es kein Glück. Glück können wir hier nicht finden. In unserem jetzigen, bedingten Zustand wissen wir nicht einmal, was Glück ist. Deshalb wird im obigen Vers das Wort *manīṣiṇaḥ* (nachdenklich) gebraucht.

Wir suchen Freude auf oberflächliche, künstliche Weise. Aber wie lange hält diese Freude an? Sie ist nicht von Bestand. Danach werden wir wieder leiden müssen. Manche Menschen glauben, sich durch Drogenkonsum Glück verschaffen zu können. Doch das ist kein wirkliches Glück. Wenn ich mit Chloroform behandelt werde und so die Schmerzen der Operation nicht fühle, bedeutet dies noch lange nicht, daß ich gerade nicht operiert werde. Diese Art der Freude ist künstlich, aber es gibt auch wirkliche Freude, wirkliches Leben.

Nachdenkliche, weise Menschen, die sich auf der Ebene reinen Bewußtseins befinden, lösen sich, so wie es Kṛṣṇa in der *Bhagavad-gītā* empfiehlt, von den Reaktionen auf ihre Arbeit. Auf diese Weise befreien sie sich von der Bindung an Geburt, Krankheit, Alter und Tod und erreichen die spirituelle Welt. Dort, in der Gemeinschaft mit Kṛṣṇa, der Quelle aller Freude, liegt das wahre Glück, auf das wir alle ein Anrecht haben.

Der größte Künstler

Im April 1972 wurde Śrīla Prabhupāda eingeladen, in einer Kunstgalerie in Auckland (Neuseeland) einen Vortrag zu halten. Er bat seine Zuhörer, über die Werke des größten Künstlers, Śrī Kṛṣṇa, zu meditieren: „Die Rose wird von den Energien des Höchsten Herrn erschaffen, und diese Energien wirken so subtil und künstlerisch, daß eine wunderschöne Blume über Nacht erblühen kann. Kṛṣṇa ist also der größte Künstler."

Meine sehr geehrten Damen und Herrn, ich danke Ihnen ganz herzlich, daß Sie hierhergekommen sind und mir die Möglichkeit geben, über den größten Künstler zu sprechen. Die Veden beschreiben, welch ein überragender Künstler Kṛṣṇa ist: *na tasya kāryaṁ karaṇaṁ ca vidyate na tat samaś cābhyadhikaś ca dṛśyate.* Es gibt niemanden, der über dem Höchsten Herrn steht oder Ihm gleichkommt. Obwohl Er der größte Künstler ist, ist Er nicht gezwungen, persönlich irgend etwas zu tun.

In der materiellen Welt kennt jeder von uns jemanden, der ihm unterlegen, jemanden, der ihm ebenbürtig, und jemanden, der ihm überlegen ist. Das wissen wir aus eigener Erfahrung. Wie bedeutend wir selbst auch sein mögen, wir werden immer jemanden finden, der uns ebenbürtig oder überlegen ist. Niemand aber kommt dem Höchsten Herrn gleich oder übertrifft Ihn gar. Das haben die Nachforschungen und Experimente der großen Weisen ergeben.

Gott ist so groß, daß Er nichts zu tun braucht. Es gibt keine Pflichten, die Er erfüllen müßte (*na tasya kāryaṁ karaṇaṁ ca vidyate*). Und warum? *Parāsya śaktir vividhaiva śrūyate.* Seine vielfältigen Energien wirken automatisch, ganz nach Seinem Wunsch (*svābhāvikī jñāna-bala-kriyā ca*). Stellen Sie sich vor, Sie seien ein Künstler. Um das Bild einer zarten Rose zu malen, müssen Sie einen Pinsel zur Hand nehmen, Farben auf der Palette mischen und darüber nachdenken, wie Sie das Bild schön gestalten können. Aber im Garten sehen wir nicht nur eine Rose, sondern Tausende von blühenden Rosen, die alle mit großer Kunstfertigkeit von der Hand der Natur „gemalt" worden sind.

Doch lassen Sie uns das Ganze noch etwas tiefer betrachten: Was ist die Natur? Die Natur ist ein Instrument, eine Energie. Wie könnte die Knospe ohne eine wirkende Energie auf so wunderbare Weise zu einer Rose erblühen? Irgendeine Energie muß dafür verantwortlich sein, und diese Energie ist Kṛṣṇas Energie. Sie arbeitet allerdings so subtil und schnell, daß wir ihre Wirkungsweise nicht verstehen können.

Die materiellen Energien scheinen automatisch zu arbeiten, aber eigentlich ist hinter ihnen ein Gehirn verborgen. Ebenso wie ein Gemälde von der Hand des Künstlers gestaltet wird, wird das „Gemälde" der wirklichen Rose von verschiedenen Energien gestaltet. Nichts entsteht automatisch. Die Rose wird von den Energien des Höchsten Herrn erschaffen, doch diese Energien wirken so subtil und künstlerisch, daß eine wunderschöne Blume über Nacht erblühen kann. Kṛṣṇa ist also der größte Künstler.

In der heutigen, technologischen Zeit braucht ein Wissenschaftler nur einen Knopf zu drücken, und seine Maschine funktioniert einwandfrei. Ein Pilot drückt einen Knopf, und ein riesiges Flugzeug, ja fast eine kleine Stadt, erhebt sich in die Lüfte. Wenn selbst gewöhnliche Menschen auf der Erde solche wunderbaren Taten vollbringen können, indem sie ein paar Knöpfe drücken, zu wieviel größeren Taten muß dann Gott fähig sein! Um wie viel genialer muß Sein Gehirn sein als das gewöhnlicher Künstler und Wissenschaftler! Durch Seinen bloßen Wunsch „Es werde!" entsteht augenblicklich die gesamte Schöpfung. Kṛṣṇa ist also der größte Künstler.

Kṛṣṇas künstlerische Gestaltungskraft kennt keine Grenzen, denn Kṛṣṇa ist der Same allen Lebens (*bījaṁ māṁ sarva-bhūtānām*). Sie haben vielleicht schon einen Banyanbaum gesehen. Wenn man den kleinen Samen eines Banyanbaums in fruchtbaren Boden legt und bewässert, hat dieser Same solch eine Kraft, daß er zu einem riesigen Banyanbaum heranwächst. Welche Kräfte, welche kunstvollen und wissenschaftlichen Mechanismen birgt der kleine Same nur in sich, die es ihm erlauben, zu einem großen Banyanbaum heranzuwachsen! An dem Banyanbaum hängen Tausende von Früchten, und in jeder Frucht befinden sich Tausende von Samen, und jeder Same ist potentiell ein neuer Baum. Wo ist der Wissenschaftler, der so etwas erschaffen kann? Wo ist in der materiellen Welt ein Künstler, der fähig ist, ein solch herrliches Kunstwerk wie einen Banyanbaum zu schaffen? Mit diesen Fragen sollte man sich auseinandersetzen.

Der erste Aphorismus des *Vedānta-sūtra* lautet: *athāto brahma-jijñāsā.* „In der menschlichen Lebensform sollte man Fragen über die Absolute Wahrheit stellen.“ Sie sind weder in der Lage, eine Maschine zu bauen, die automatisch zu einer Rose heranwächst, noch können Sie eine chemische Substanz oder eine Tablette herstellen, die in Samenform einen riesigen Banyanbaum enthält. Meinen Sie nicht auch, daß ein geniales Gehirn hinter der Natur verborgen sein muß – ein Gehirn mit großartigen künstlerischen und wissenschaftlichen Fähigkeiten? Wenn Sie nur „das Wirken der Natur“ für alles verantwortlich machen, so reicht das als Erklärung nicht aus.

Der zweite Aphorismus des *Vedānta-sūtra* lautet: *janmādy asya yataḥ.* „Die Absolute Wahrheit ist derjenige, von dem alles geschaffen wird.“ Wir müssen unseren Horizont erweitern. Uns versetzt schon ein kleiner Sputnik in Erstaunen, der zum Mond fliegt. Wir verehren dafür die Wissenschaftler, und diese brüsten sich: „Was bedeutet schon Gott? Die Wissenschaft ist alles.“ Wenn wir aber intelligent sind, vergleichen wir den einen Sputnik mit den Abermilliarden von Planeten und Sternen. Auf unserer kleinen Erde gibt es viele Ozeane, Gebirge und Wolkenkratzer, aber wenn wir die Erde aus einer Entfernung von ein paar Millionen Meilen betrachten, erscheint sie uns nur wie ein winziger Punkt im All. Und es gibt Millionen von ähnlichen Himmelskörpern, die wie Watteböllchen im All schweben. Wenn wir also schon soviel Anerkennung für die Wissenschaftler übrig haben, die einen Sputnik hergestellt haben, wieviel mehr sollten wir dann denjenigen ehren, der die ganze Weltordnung erschaffen hat! Kṛṣṇa-Bewußtsein heißt, den größten Künstler und Wissenschaftler zu ehren.

Wir mögen viele Künstler verehren, aber solange wir nicht den größten Künstler, Kṛṣṇa, verehren, ist unser Leben vergeudet. Ein Zeugnis dieser Verehrung ist die *Brahma-saṁhitā*, die Gebete Brahmās, des Schöpfers des Universums. Zur Verherrlichung Govindas, Kṛṣṇas, singt er:

yasya prabhā prabhavato jagad-aṇḍa-koṭi-
koṭiṣv aśeṣa-vasudhādi-vibhūti-bhinnam
tad brahma niṣkalam anantam aśeṣa-bhūtaṁ
govindam ādi-puruṣaṁ tam aham bhajāmi

Gegenwärtig versuchen wir unser Planetensystem wissenschaftlich zu erfassen, obwohl es uns noch nicht einmal gelungen ist, unseren direkten Nachbarn, den Mond, richtig zu untersuchen, ganz zu schweigen von den Millionen und Abermillionen anderer Himmelskörper. Das Wissen aber, wonach wir suchen, finden wir in der *Brahma-saṁhitā: yasya prabhā prabhavato jagad-aṇḍa-koṭi-koṭiṣu.* Durch die gleißende Ausstrahlung, die von Kṛṣṇas Körper ausgeht, werden unzählige Planeten erschaffen. Wir sind nicht einmal in der Lage, dieses eine Universum zu untersuchen, während uns die *Brahma-saṁhitā* Auskunft über unzählige Universen und unzählige Planeten in jedem dieser Universen gibt. *Jagad-aṇḍa* bedeutet „Universen" und *koṭi-koṭiṣu* „in unzähligen". Es gibt demnach unzählige Universen, unzählige Sonnen, unzählige Monde und unzählige Planeten, die alle von Kṛṣṇas Körperausstrahlung, dem sogenannten *brahmajyoti,* geschaffen werden.

Die *jñānīs,* die sich der Absoluten Wahrheit auf dem Wege der mentalen Spekulation nähern, können mit ihren geringen geistigen Fähigkeiten höchstens bis zum *brahmajyoti* vordringen. Doch dieses *brahmajyoti* ist nur der Abglanz von Kṛṣṇas körperlicher Ausstrahlung. So wie Licht von einer Lichtquelle ausgeht, geht das *brahmajyoti* von Kṛṣṇas Körper aus. Am besten läßt sich das anhand eines Beispiels verstehen: Das Sonnenlicht kommt von der Sonne. Die Sonne befindet sich an einem bestimmten Ort des Universums, während sich die Ausstrahlung der Sonne, das Sonnenlicht, über das gesamte Universum verbreitet. Genauso wie der Mond das Sonnenlicht reflektiert, reflektiert die Sonne das *brahmajyoti,* und das *brahmajyoti* ist wiederum der Abglanz von Kṛṣṇas körperlicher Ausstrahlung.

Die größte Kunst ist es, Kṛṣṇa zu verstehen. Wenn wir wirklich Künstler sein wollen, sollten wir versuchen, Kṛṣṇa, den größten Künstler, zu verstehen und mit Ihm eng verbunden zu sein. Zu diesem Zweck haben wir die Internationale Gesellschaft für Kṛṣṇa-Bewußtsein gegründet. Die Mitglieder dieser Gesellschaft werden darin geschult, alles als eine Manifestation von Kṛṣṇas Kunstsinn zu betrachten. Kṛṣṇa-Bewußtsein bedeutet, überall Kṛṣṇas künstlerische Hand zu sehen.

Ein weiterer Aphorismus im *Vedānta-sūtra* heißt: *ānandamayo 'bhyāsāt.* Ihrem Wesen nach ist die Höchste Absolute Person *ānandamaya,* voller Freude. Ein Künstler widmet sich der Malerei, weil es ihm

Freude bereitet. Wenn er ein Bild malt, genießt er dabei *rasa,* ein Gefühl der Wonne. Warum würde er sonst so hart arbeiten?

Kṛṣṇa ist *raso vai saḥ,* der Quell aller Wonnegefühle, und Er ist *sac-cid-ānanda-vigrahaḥ,* voller Ewigkeit, Wissen und Freude. *Ānanda* bedeutet „Freude". Kṛṣṇas Freudenenergie ist Śrīmatī Rādhārāṇī. Wie ich bereits erklärt habe, hat Kṛṣṇa unbegrenzt viele Energien, und eine davon ist Seine Freudenenergie, Rādhārāṇī.

Wer Gott liebt, genießt in jedem Augenblick transzendentale Freude, indem er überall Kṛṣṇas Kunstwerke bewundert. Das ist die Sicht eines Gottgeweihten. Wir bitten jeden, ein Geweihter Kṛṣṇas zu werden, damit er auf diese Weise überall Kṛṣṇas Kunstfertigkeit sehen kann.

Kṛṣṇa überall zu sehen ist nicht schwierig. Wenn man zum Beispiel durstig ist, trinkt man etwas Wasser. Dabei empfindet man große Freude, und da Kṛṣṇa die Quelle aller Freude ist (*raso vai saḥ*), ist diese Freude Kṛṣṇa. Kṛṣṇa verkündet in der *Bhagavad-gītā* (7.8): *raso 'ham apsu kaunteya.* „Ich bin der Geschmack des Wassers." Kṛṣṇa erklärt dem gewöhnlichen Menschen, der Ihn nicht in vollem Maße erkennen kann, daß Er der Geschmack des Wassers ist, das seinen Durst löscht. Wenn Sie lediglich verstehen, daß dieser Geschmack Kṛṣṇa, Gott, ist, werden Sie gottesbewußt, Kṛṣṇa-bewußt.

Mit anderen Worten, es ist nicht sonderlich schwer, Kṛṣṇa-bewußt zu werden. Sie brauchen nur ein wenig Übung. Lesen Sie einfach die *Bhagavad-gītā wie sie ist,* und lassen Sie sich nicht von irgendwelchen üblen Fehlinterpretationen irreleiten! So werden Sie Kṛṣṇa-bewußt. Sind Sie erst einmal Kṛṣṇa-bewußt, wird Ihr Leben ein Erfolg: Sie kehren zurück zu Kṛṣṇa (*tyaktvā dehaṁ punar janma naiti mām eti*).

Sie können nichts dabei verlieren, aber sehr viel gewinnen. Daher bitte ich jeden von Ihnen: Versuchen Sie Kṛṣṇa-bewußt zu werden! Lesen Sie die *Bhagavad-gītā wie sie ist,* und Sie werden all die Informationen finden, die Sie benötigen, um Kṛṣṇa-bewußt zu werden. Und wenn sie nicht die *Bhagavad-gītā* lesen wollen, chanten Sie einfach: Hare Kṛṣṇa, Hare Kṛṣṇa, Kṛṣṇa Kṛṣṇa, Hare Hare / Hare Rāma, Hare Rāma, Rāma Rāma, Hare Hare! Auch so werden Sie Kṛṣṇa-bewußt.

Herzlichen Dank!

Absolute Liebe

„Jeder ist unzufrieden – Ehemänner und Ehefrauen, Jungen und Mädchen, Völker und Staaten. Überall herrscht Unzufriedenheit, denn wir machen nicht den richtigen Gebrauch von unserer Neigung zu lieben. Warum? Weil wir es versäumen, die Höchste Person zu lieben." In diesem Vortrag vor Universitätsstudenten in Seattle (20. Oktober 1968) zeigt Śrīla Prabhupāda einen Ausweg aus der verhängnisvollen Entwicklung unserer modernen Zivilisation: den Weg der Gottesliebe und des selbstlosen Dienens.

oṁ ajñāna timirāndhasya
jñānāñjana-śalākayā
cakṣur unmīlitaṁ yena
tasmai śrī-gurave namaḥ

„Ich erweise meinem spirituellen Meister meine achtungsvolle Ehrerbietung, denn er hat mir meine Augen, die durch die Dunkelheit der Unwissenheit blind waren, mit der Fackel des Wissens geöffnet."

Jeder in der materiellen Welt wird in Unwissenheit oder Dunkelheit geboren. Von Natur aus ist die materielle Welt ein Ort der Dunkelheit. Sie mag von der Sonne, vom Mond, von Feuer oder von Elektrizität erleuchtet werden, von Natur aus ist sie jedoch dunkel. Das ist eine wissenschaftliche Tatsache. Jeder in der materiellen Welt – von Brahmā, der höchststehenden Persönlichkeit auf dem höchsten Planeten des Universums, bis hinunter zur Ameise – ist in das Dunkel der Unwissenheit hineingeboren worden.

Nun aber lautet die Anweisung der Veden: *tamasi mā jyotir gamaḥ.* „Bleibe nicht in der Dunkelheit, komme zum Licht!" Dazu ist ein spiritueller Meister notwendig. Die Pflicht des spirituellen Meisters ist es, die Augen dessen, der sich in der Dunkelheit befindet, mit der Fackel des Wissens zu öffnen, und solch einem spirituellen Meister sollte man seine achtungsvolle Ehrerbietung erweisen.

Die Menschen sollten nicht in der Dunkelheit gehalten, sondern zum Licht geführt werden. Deshalb gibt es in jeder Gesellschaft irgendeine

Art von Religion. Welches Ziel haben Hinduismus, Islam, Christentum und Buddhismus? Ihr Ziel ist es, wie das Ziel jeder Religion, die Menschen ans Licht zu führen. Und was für ein Licht ist gemeint? Dieses Licht ist die Höchste Persönlichkeit Gottes. Das *Śrīmad-Bhāgavatam* sagt: *dharmaṁ tu sākṣād bhagavat-praṇītam.* „Die religiösen Gesetze werden unmittelbar von der Höchsten Persönlichkeit Gottes erlassen."

In einem Staat gibt es Gesetze, die man befolgen muß. Das Staatsoberhaupt erläßt bestimmte Gesetze, und ein guter Bürger wird diese Gesetze befolgen und in Frieden leben. Diese Gesetze mögen je nach Zeit, Volk und Umständen verschieden sein – die Gesetze Indiens werden vermutlich nicht hundertprozentig mit denen der Vereinigten Staaten übereinstimmen –, doch in jedem Staat gibt es Gesetze, denen man gehorchen muß. Man muß sich dem Gesetz beugen, sonst wird man als Krimineller angesehen und bestraft. So sieht das allgemeine Prinzip aus.

Religion bedeutet nichts anderes, als den Gesetzen Gottes zu gehorchen. Wenn nun aber ein Mensch Gottes Gesetzen nicht gehorcht, gleicht er einem Tier. Alle Schriften, alle religiösen Prinzipien sind dafür bestimmt, die Menschen von der tierischen Ebene auf die menschliche Ebene zu erheben. Deswegen ist jemand ohne religiöse Prinzipien, ohne Gottesbewußtsein, nicht besser als ein Tier. Das ist das Urteil der vedischen Literatur:

āhāra-nidrā-bhaya-maithunaṁ ca
sāmānyam etad paśubhir narāṇām
dharmo hi teśām adhiko viśeṣo
dharmeṇa hināḥ paśubhiḥ samānāḥ

„Essen, Schlafen, Verteidigung und Sexualität – diese vier Prinzipien sind Menschen und Tieren gemein. Der Unterschied zwischen menschlichem und tierischem Leben besteht darin, daß der Mensch nach Gott suchen kann, wohingegen das Tier dazu nicht in der Lage ist. Deshalb ist ein Mensch ohne den Drang, nach Gott zu suchen, nicht besser als ein Tier" (*Hitopadeśa*).

Leider versuchen die Menschen heute allerorts, in jedem Staat, in jeder Gesellschaft, Gott zu vergessen. Manche von ihnen behaupten öffentlich, es gäbe keinen Gott; andere wiederum behaupten, Er wäre tot. Sie haben eine angeblich so fortschrittliche Zivilisation mit vielen Wolkenkratzern aufgebaut, doch sie vergessen dabei, daß ihr gesamter Fortschritt von Gott, von Kṛṣṇa, abhängig ist. Die Menschheit befindet sich dadurch in einer sehr prekären Lage.

Es gibt eine sehr schöne Geschichte, die beschreibt, was mit einer Gesellschaft passiert, in der man die Höchste Persönlichkeit Gottes vergißt.

Es war einmal eine Ratte, die von einer Katze geplagt wurde. Die Ratte ging daher zu einem Heiligen, der über mystische Kräfte verfügte, und sprach: „Mein lieber Herr, ich befinde mich in großen Schwierigkeiten."

„Was hast du für ein Problem?"

Die Ratte antwortete: „Die Katze ist immer hinter mir her und läßt mich nicht in Frieden."

„Was also möchtest du von mir?"

„Bitte verwandle mich in eine Katze!"

„Nun gut, so werde eine Katze!"

Nach einigen Tagen kam die Katze zum Heiligen und sagte: „Mein lieber Herr, ich bin wieder in Schwierigkeiten."

„Was plagt dich denn diesmal?"

„Die Hunde sind hinter mir her."

„Was also möchtest du?"

„Mach mich zu einem Hund!"

„Nun gut, so werde ein Hund!"

Nach einigen Tagen kam der Hund zurück und winselte: „Mein lieber Herr, ich bin wieder in Schwierigkeiten."

„Was ist das Problem?"

„Die Füchse sind hinter mir her. Ich möchte ein Fuchs werden."

„Nun gut, so werde ein Fuchs!"

Schließlich kam der Fuchs und klagte: „O weh, die Tiger sind hinter mir her."

„Was also möchtest du?"

„Ich möchte ein Tiger werden."

„Nun gut, so werde ein Tiger!"

Der Tiger begann sogleich, den Heiligen anzustarren.

„Jetzt freß' ich dich", knurrte er.

„Du willst mich fressen? Ich habe dich zum Tiger gemacht, und du willst mich fressen!"

„Ja, ich bin jetzt ein Tiger, und gleich werde ich dich verschlingen."

Da verfluchte ihn der Heilige: „Werde wieder zur Ratte!"

Und so wurde der Tiger wieder zur Ratte.

Unsere menschliche Zivilisation ist genauso. Neulich habe ich im Welt-Almanach gelesen, daß sich die Menschen im Laufe der nächsten hundert Jahre unter die Erde verkriechen müssen – wie Ratten. Der wissenschaftliche Fortschritt hat Atombomben zur Vernichtung der Menschheit hervorgebracht, und wenn diese zum Einsatz kommen, werden die Menschen sich unter die Erde zurückziehen und dort wie die Ratten vegetieren müssen. Vom Tiger zur Ratte. Es wird soweit kommen, denn so lautet das Gesetz der Natur.

Wer gegen die Gesetze des Staates verstößt, wird in Schwierigkeiten geraten. In gleicher Weise werden diejenigen, die sich der Autorität des Höchsten Herrn weiterhin widersetzen, die Konsequenzen zu tragen haben. Sie werden wieder zu Ratten. Sobald die Atombomben explodieren, wird die gesamte Zivilisation von der Erdoberfläche getilgt. Wir denken vielleicht nicht gerne an diese Dinge – sie sind zu unangenehm –, aber das sind die Tatsachen.

Satyaṁ gṛhyāt priyaṁ gṛhyān mā priyāḥ satyam apriyam. Eine Anstandsregel lautet, daß man die Wahrheit immer mit angenehmen Worten sagen sollte. Wir aber haben für solche Anstandsregeln nichts übrig. Wir sind Prediger, Diener Gottes, und wir müssen die ungeschminkte Wahrheit sagen, ob die Menschen sie nun mögen oder nicht.

Eine gottlose Zivilisation kann nicht glücklich sein. Das ist eine Tatsache. Wir haben die Bewegung für Kṛṣṇa-Bewußtsein gegründet, um diese gottlose Zivilisation aufzurütteln. Versuchen Sie, Gott zu lieben! Das ist unsere demütige Bitte. Sie tragen bereits Liebe in Ihrem Herzen – Sie möchten jemanden lieben. Ein Junge möchte ein Mädchen lieben, ein Mädchen möchte einen Jungen lieben. Das ist natürlich, denn in jedem steckt das Bedürfnis zu lieben.

Heutzutage haben wir jedoch Zustände geschaffen, in denen unsere Liebe enttäuscht wird. Jeder ist unzufrieden – Ehemänner und Ehefrauen, Jungen und Mädchen, Völker und Staaten. Überall herrscht Unzufriedenheit, denn wir machen nicht den richtigen Gebrauch von unserer Neigung zu lieben. Warum? Weil wir es versäumen, die Höchste Person zu lieben. Das ist unsere Krankheit.

Der Sinn der Religion besteht darin, die Menschen zu unterweisen, wie man Gott lieben kann. Das ist das Ziel aller Religionen. Ganz gleich, ob Sie nun Christ, Hindu oder Moslem sind, das Ziel Ihrer Religion ist es, in Ihnen Liebe zu Gott zu erwecken, denn das entspricht unserer wahren Natur.

Im *Śrīmad-Bhāgavatam* (1.2.6) heißt es: *sa vai puṁsāṁ paro dharmo yato bhaktir adhokṣaje.* Gewöhnlich wird das Wort *dharma* mit „Religion“, eine Art von Glauben, übersetzt; die eigentliche Bedeutung des Wortes *dharma* lautet jedoch „grundlegendes Wesensmerkmal“. Der *dharma,* d. h. das grundlegende Wesensmerkmal, des Zuckers ist es, süß zu schmecken. Wenn Sie etwas weißes Pulver bekommen und feststellen, daß es nicht süß schmeckt, werden Sie sofort sagen: „Das ist doch kein Zucker, das muß etwas anderes sein.“ Süße ist also der *dharma* des Zuckers, genauso wie ein salziger Geschmack der *dharma* des Salzes und ein scharfer Geschmack der *dharma* des Chilis ist.

Was ist nun *Ihr* grundlegendes Wesensmerkmal? Jeder ist ein Lebewesen, und jeder sollte dieses grundlegende Wesensmerkmal verstehen. Dieses Wesensmerkmal ist Ihr *dharma,* Ihre Religion – nicht die christliche Religion, die hinduistische Religion, diese oder jene Religion. Ihr ewiges, grundlegendes Wesensmerkmal, das ist Ihre wahre Religion.

Um welches Wesensmerkmal handelt es sich nun? Ihr grundlegendes Wesensmerkmal ist, daß Sie jemanden lieben und ihm deswegen auch dienen möchten. Sie lieben Ihre Familie, Sie lieben Ihre Gemeinde, Sie lieben Ihre Gesellschaft, Sie lieben Ihr Land. Und dem, was Sie lieben, möchten Sie auch dienen. Das ist Ihr grundlegendes Wesensmerkmal, Ihr *dharma.* Ganz gleich, ob Sie nun Christ, Moslem oder Hindu sind, dieses Merkmal ist immer dasselbe. Nehmen wir an, heute sind Sie Christ. Morgen werden Sie vielleicht Hindu sein. Die Neigung zu dienen, den Wunsch zu lieben, werden Sie jedoch nicht verlieren. Deshalb ist diese Neigung, andere zu lieben und ihnen zu dienen, Ihr *dharma,* Ihre Religion. Das ist die universale Form von Religion.

Nun sollten Sie von dieser natürlichen Neigung so Gebrauch machen, daß Sie völlig zufrieden werden. Da Sie Ihre Liebe jetzt noch den falschen Dingen zuwenden, sind Sie nicht glücklich, sondern unzufrieden und verwirrt. Aber das *Śrīmad-Bhāgavatam* (1.2.6) offenbart, wie Ihr Wunsch nach liebevoller Hingabe tatsächlich erfüllt werden kann:

sa vai puṁsāṁ paro dharmo
yato bhaktir adhokṣaje
ahaituky apratihatā
yayātmā suprasīdati

Diejenige Religion kann als erstklassig angesehen werden, die in uns Liebe zu Gott erweckt. Durch solch eine Religion wird man völlig zufrieden.

Wenn Sie Ihre Liebe zu Gott gänzlich entfalten, werden Sie vollkommen, und Sie werden diese Vollkommenheit auch in Ihrem Inneren erfahren. Jeder sehnt sich nach Zufriedenheit, nach völliger Zufriedenheit. Diese kann man jedoch nur dann erfahren, wenn man Gott liebt. Gott zu lieben ist das natürliche Wesensmerkmal eines jeden. Es spielt keine Rolle, ob Sie Christ, Hindu oder Moslem sind, prüfen Sie einfach, ob Ihre Religion in Ihnen Liebe zu Gott erweckt hat. Dann ist sie richtig, anderenfalls ist sie reine Zeitverschwendung (*śrama eva hi kevalam*). Wenn Sie Ihr ganzes Leben lang die Rituale einer bestimmten Religion ausgeübt, aber keine Liebe zu Gott erlangt haben, dann haben Sie nur Ihre Zeit verschwendet.

Die Bewegung für Kṛṣṇa-Bewußtsein ist die reifste Form der Religion. Wir laden jeden ein, ob Christ, Moslem oder Hindu: „Bitte kommt und versucht mit uns, Gott zu lieben! Das ist nicht schwierig. Chantet einfach Seine heiligen Namen – Hare Kṛṣṇa, Hare Kṛṣṇa, Kṛṣṇa Kṛṣṇa, Hare Hare / Hare Rāma, Hare Rāma, Rāma Rāma, Hare Hare!“

All meine Schüler hier sind Amerikaner, und sie stammen entweder aus christlichen oder jüdischen Familien. Keiner von ihnen wurde in einer Hindufamilie geboren. Die Methode, die ich sie gelehrt habe – das Chanten des Hare-Kṛṣṇa-*mantra* –, ist also universal, nicht etwa hinduistisch oder indisch.

Das Sanskritwort *mantra* ist eine Kombination von zwei Silben, *man* und *tra*. *Man* bedeutet „Geist“, und *tra* bedeutet „Befreiung“. Ein *mantra* ist also etwas, was einen von gedanklichen Spekulationen, von dem

Herumirren auf der mentalen Ebene, befreit. Unser Geist irrt hierhin und dorthin und kreiert die verschiedensten Vorstellungen vom Glücklichsein, aber ein *mantra* ist etwas, was uns von all diesen Hirngespinsten befreien und auf die transzendentale Ebene erheben kann. Wenn Sie diesen *mantra* chanten – Hare Kṛṣṇa, Hare Kṛṣṇa, Kṛṣṇa Kṛṣṇa, Hare Hare / Hare Rāma, Hare Rāma, Rāma Rāma, Hare Hare –, werden Sie sehr bald feststellen, daß Sie von der Dunkelheit zum Licht gelangen.

Ich möchte nicht zuviel von Ihrer Zeit in Anspruch nehmen, sondern Ihnen lediglich vor Augen führen, wie wunderbar das Chanten von Hare Kṛṣṇa ist. Machen Sie ein Experiment: Chanten Sie mindestens eine Woche lang Hare Kṛṣṇa, und beobachten Sie, wie viel spirituellen Fortschritt Sie dabei machen! Wir verlangen kein Geld, Sie haben also nichts zu verlieren, nur zu gewinnen. Dafür verbürgen wir uns. Bitte chanten Sie deshalb: Hare Kṛṣṇa, Hare Kṛṣṇa, Kṛṣṇa Kṛṣṇa, Hare Hare / Hare Rāma, Hare Rāma, Rāma Rāma, Hare Hare!

Ich danke Ihnen sehr.

Die Fessel der Lust

„Ein Mann fühlt sich zu einer Frau hingezogen und eine Frau zu einem Mann; durch ihre geschlechtliche Vereinigung wird ihre Fesselung an die materielle Welt immer stärker... Wir sollten uns aber nicht vom Glimmer der materiellen Welt anziehen lassen, sondern von Kṛṣṇa. Und wenn wir uns zur Schönheit Kṛṣṇas hingezogen fühlen, verlieren wir unsere Zuneigung zur falschen Schönheit der materiellen Welt." Folgender Text ist ein Auszug aus einer Vortragsreihe, die Śrīla Prabhupāda im November 1972 in Vṛndāvana (Indien) über den „Nektar der Hingabe", seine Übersetzung des Sanskritklassikers Bhakti-rasāmṛta-sindhu, *hielt.*

In der materiellen Welt fühlt sich jeder zur Sexualität hingezogen. Sie ist die Triebfeder des materiellen Daseins. Im *Śrīmad-Bhāgavatam* heißt es: *yan maithunādi-gṛhamedhi-sukhaṁ hi tuccham.* „Das Glück – oder besser das angebliche Glück – des Familienlebens beginnt mit *maithuna,* dem Geschlechtsverkehr."

Im allgemeinen heiraten die Menschen, um ihr sexuelles Verlangen zu befriedigen. Dann setzen sie Kinder in die Welt, und wenn diese erwachsen sind, heiratet die Tochter einen Jungen und der Sohn ein Mädchen. Der Zweck ist der gleiche: Geschlechtsverkehr. So kommen die Enkelkinder auf die Welt.

Auf diese Weise erweitert sich materielles Glück in Form von *śrī-aiśvarya-prajepsavaḥ. Śrī* bedeutet „Schönheit", *aiśvarya* „Reichtum" und *prajā* „Kinder". Die Leute lieben es, eine schöne Frau, ein volles Bankkonto, tüchtige Söhne und gute Töchter und Schwiegertöchter zu haben. Wer sich einer Familie mit einer schönen Frau, großem Reichtum und vielen Kindern rühmen kann, der gilt als außerordentlich erfolgreich.

Worin besteht dieser Erfolg? Die *śāstra* [heilige Schrift] erklärt, daß dieser Erfolg lediglich eine Erweiterung des Geschlechtsverkehrs ist. Wir mögen die geschlechtlichen Freuden auf verschiedene Weise aufpolieren, aber sie werden genauso auch von den Schweinen genossen. Die Schweine fressen den ganzen Tag und suchen überall nach Kot.

Anschließend haben sie wahllos Geschlechtsverkehr. Dem Schwein ist es einerlei, ob es sich mit seiner Mutter, Schwester oder Tochter paart.

In der *śāstra* heißt es, daß wir nur der Sexualität wegen in der materiellen Welt gefangen sind. Mit anderen Worten, wir sind Opfer des Liebesgottes. Der Liebesgott, Madana, ist der Gott der Sexualität. Ohne von Madana entflammt zu sein, können wir am Geschlechtsleben keine Freude finden. Einer der Namen Kṛṣṇas ist Madana-mohana, „derjenige, der den Liebesgott bezwingt". Wer sich zu Kṛṣṇa hingezogen fühlt, wird also die sexuellen Freuden vergessen. Daran läßt sich der Fortschritt im Kṛṣṇa-Bewußtsein messen.

Eine weitere Bedeutung von *madana* ist „berauschen" oder „verrückt machen". Jeder wird von der Gewalt sexueller Wünsche verrückt gemacht. Das *Śrīmad-Bhāgavatam* erkärt: *puṁsaḥ striyā mithunībhāvam etaṁ tayor mitho hṛdaya-granthim āhuḥ.* „Auf der Anziehung zwischen Mann und Frau beruht die Existenz der gesamten materiellen Welt." Ein Mann fühlt sich zu einer Frau hingezogen und eine Frau zu einem Mann; durch ihre geschlechtliche Vereinigung wird ihre Fesselung an die materielle Welt immer stärker. Nach der Heirat suchen sich Mann und Frau ein schönes Zuhause und eine Arbeitsstelle oder etwas Ackerland, denn sie müssen Geld verdienen, um sich Essen und andere Dinge kaufen zu können. Als nächstes folgen *suta* (Kinder), *āpta* (Freunde und Verwandte) und *vittaiḥ* (Wohlstand). Auf diese Weise wird die Fesselung an die materielle Welt immer fester, und dies alles beginnt damit, daß wir von *madana,* sexuellen Freuden, angezogen werden.

Wir sollten uns aber nicht vom Glimmer der materiellen Welt anziehen lassen, sondern von Kṛṣṇa. Und wenn wir uns zur Schönheit Kṛṣṇas hingezogen fühlen, verlieren wir unsere Zuneigung zur falschen Schönheit der materiellen Welt. Wie Śrī Yāmunācārya sagt:

yad-avadhi mama cetaḥ kṛṣṇa-pādāravinde
nava-nava-rasa-dhāmany udyataṁ rantum āsīt
tad-avadhi bata nārī-saṅgame smaryamāṇe
bhavati mukha-vikāraḥ suṣṭhu niṣṭhīvanaṁ ca

„Seitdem ich von Kṛṣṇas Schönheit angezogen bin und Seinen Lotosfüßen diene, erfahre ich immer neue Freude, und sobald ich nur an Geschlechtsverkehr denke, verzieht sich mein Mund, und ich spucke aus."

Kṛṣṇa ist Madana-mohana, der Bezwinger Madanas, des Liebesgottes. Madana zieht jeden zu sich hin, aber wenn wir von Kṛṣṇa angezogen sind, ist Madana bezwungen. Und sobald Madana bezwungen ist, können wir diese materielle Welt überwinden, was sonst kaum möglich ist. Kṛṣṇa erklärt in der *Bhagavad-gītā* (7.14):

daivī hy eṣā guṇa-mayī
mama māyā duratyayā
mām eva ye prapadyante
māyām etāṁ taranti te

„Diese Meine göttliche Energie, die aus den drei Erscheinungsweisen der materiellen Natur besteht, ist sehr schwer zu überwinden. Aber diejenigen, die sich Mir ergeben, können sie sehr leicht hinter sich lassen."

Die materielle Welt ist sehr schwer zu überwinden, aber wenn man sich Kṛṣṇa ergibt und sich an Seinen Lotosfüßen festhält – „Kṛṣṇa, rette mich!" –, dann verspricht Kṛṣṇa: „Ja, Ich werde dich retten. Sorge dich nicht, Ich werde dich retten!" *Kaunteya pratijānīhi na me bhaktaḥ praṇaśyati.* „Mein lieber Arjuna, verkünde der Welt, daß Ich Meinen Geweihten, der keinen anderen Wunsch hat, als Mir zu dienen, beschützen werde!"

Leider wissen die Menschen nicht, daß es ihre einzige Pflicht ist, bei den Lotosfüßen Kṛṣṇas Zuflucht zu suchen. Wir haben keine andere Bestimmung. Alles andere verstrickt uns lediglich weiter in die materielle Welt. Das Ziel des menschlichen Lebens ist es, sich aus der materiellen Welt zu befreien; aber wie es im *Bhāgavatam* heißt: *na te viduḥ svārtha-gatiṁ hi viṣṇum.* „Die Menschen wissen nicht, daß ihr höchstes Lebensziel darin besteht, Viṣṇu, d. h. Kṛṣṇa, zu erkennen."

Deshalb ist es im gegenwärtigen Zeitalter ein großes Problem, die Leute vom Kṛṣṇa-Bewußtsein zu überzeugen. Und doch hat uns Śrī Caitanya Mahāprabhu aufgetragen, dieses Wissen auf der ganzen Welt zu verbreiten. Wir bemühen uns, diese Anweisung zu erfüllen. Selbst wenn sich die Menschen unsere Lehren nicht zu Herzen nehmen, ist das keine Schande für uns. Wir können nur unser Bestes versuchen.

Māyā [Illusion] ist sehr stark, und daher ist es gar keine leichte Aufgabe, die Lebewesen aus den Fängen *māyās* zu befreien. Mein Guru Mahārāja hatte zahlreiche Tempel in ganz Indien, doch manchmal sagte er: „Wenn ich durch den Verkauf all dieser Tempel nur einen einzigen Menschen Kṛṣṇa-bewußt machen könnte, wäre meine Mission erfolgreich." Das waren seine Worte.

Unser Ziel ist es nicht, gewaltige Gebäude zu errichten, auch wenn das zuweilen erforderlich ist, um das Kṛṣṇa-Bewußtsein zu verbreiten und den Menschen eine Unterkunft zu bieten. Unsere Hauptaufgabe ist es vielmehr, den verwirrten bedingten Seelen zu helfen, ihren Blick wieder auf Kṛṣṇa zu richten. Wenn wir aber zu viele große Tempel bauen, kann unsere Aufmerksamkeit auf materielle Dinge gelenkt werden, und es besteht die Gefahr, daß wir Kṛṣṇa vergessen. Das ist der Grund, warum uns Bhaktivinoda Ṭhākura und andere Vaiṣṇavas davon abgeraten haben.

Natürlich ist letztlich nichts materiell. Wenn man etwas für materiell hält, beruht das auf Illusion. Es gibt eigentlich nichts außer spiritueller Energie. Wie kann es auch etwas Materielles geben? Der Höchste Herr ist das höchste spirituelle Wesen, und da alles von Ihm ausgeht, geht auch das, was wir als die materielle Energie bezeichnen, von Ihm aus und ist somit letzten Endes spirituell.

Das Problem ist allerdings, daß wir in der materiellen Welt, Kṛṣṇas niederer Energie, Kṛṣṇa vergessen können. Die Menschen verlieren sich in den verschiedensten Tätigkeiten, wie wir es sehr gut in den westlichen Ländern beobachten können, und erfinden unzählige technische Geräte, die ihrer Bequemlichkeit dienen sollen; doch das führt nur dazu, daß sie Kṛṣṇa vergessen. Wenn wir Kṛṣṇa vergessen, nimmt alles einen materiellen Charakter an.

Eigentlich existiert nichts außer Kṛṣṇa und Seinen Energien. Wie Nārada Muni sagt: *idaṁ hi viśvaṁ bhagavān ivetaraḥ*. „Diese Welt ist Kṛṣṇa, Bhagavān." Doch den Unwissenden erscheint sie so, als sei sie von Bhagavān verschieden. Einem *mahā-bhāgavata,* einem reinen Gottgeweihten, ist die Aufteilung in „materiell" und „spirituell" fremd, denn er sieht Kṛṣṇa überall. Sobald er etwas erblickt, was wir „materiell" nennen, betrachtet er es als eine Umwandlung von Kṛṣṇas Energie (*pariṇāma-vāda*). Śrī Caitanya gab folgendes Beispiel:

sthāvara-jaṅgama dekhe, nā dekhe tāra mūrti
sarvatra haya nija iṣṭa-deva-sphūrti

Wenn ein reiner Gottgeweihter einen Baum sieht, sieht er ihn nicht als Baum, sondern erblickt Kṛṣṇas Energie in ihm. Und sobald er Kṛṣṇas Energie sieht, sieht er Kṛṣṇa. Anstelle des Baumes sieht er daher Kṛṣṇa.

Als ein weiteres Beispiel können die Sonne und das Sonnenlicht dienen. Wenn man das Sonnenlicht sieht, denkt man augenblicklich an die Sonne. Sobald am Morgen die ersten Sonnenstrahlen durchs Fenster fallen, erinnert man sich sofort an die Sonne, und man ist zuversichtlich, daß die Sonne noch existiert, weil man weiß, daß es ohne Sonne keine Sonnenstrahlen geben kann. Genauso sollten wir uns bei allem, was wir sehen, sofort an Kṛṣṇa erinnern, denn es ist eine Schöpfung von Kṛṣṇas Energie. Und weil die Energie nicht verschieden vom Energieursprung ist, sehen diejenigen, die Kṛṣṇa und Seine Energien verstanden haben, nichts außer Kṛṣṇa. Daher existiert für sie keine materielle Welt. Für einen vollkommenen Gottgeweihten ist alles spirituell (*sarvaṁ khalv idaṁ brahma*).

Wir müssen unsere Augen darin schulen, Kṛṣṇa überall zu sehen. Und dies geschieht, indem wir im hingebungsvollen Dienst geläutert werden:

sarvopādhi-vinirmuktaṁ
tat-paratvena nirmalam
hṛṣīkeṇa hṛṣīkeśa-
sevanaṁ bhaktir ucyate

Im Kṛṣṇa-Bewußtsein wird unser Sehen, Fühlen, Riechen, werden all unsere Sinne gereinigt (*nirmala*). So sind wir augenblicklich in der Lage, Kṛṣṇa überall zu sehen. Solange unsere Augen nicht geläutert sind, können wir Kṛṣṇa nicht sehen, aber wenn sie durch den hingebungsvollen Dienst geläutert worden sind, werden wir nur noch Kṛṣṇa sehen.

Der Liebesgott ist einer der Beauftragten der illusionierenden, materiellen Energie, doch wenn wir vollkommen Kṛṣṇa-bewußt sind, kann er unser Herz nicht mit seinen Pfeilen durchbohren. Ein gutes Beispiel hierfür ist Haridāsa Ṭhākura. Als dieser ein junger Mann war, suchte ihn mitten in der Nacht eine wohlgekleidete, junge Prostituierte auf und verlangte danach, sich mit ihm zu vereinigen. Haridāsa Ṭhākura antwortete: „Bitte setz dich nieder! Ich werde dir deinen Wunsch erfüllen, aber laß mich erst zu Ende chanten!" Man stelle sich das vor: Es ist mitten in der Nacht, vor Haridāsa Ṭhākura steht eine bezaubernde junge Frau, die ihm einen Antrag macht, und sie sind allein. Doch trotzdem bleibt er standhaft und chantet: Hare Kṛṣṇa, Hare Kṛṣṇa, Kṛṣṇa Kṛṣṇa, Hare Hare / Hare Rāma, Hare Rāma, Rāma Rāma, Hare Hare. Er hörte nie auf zu chanten, und ihr Plan schlug fehl.

Der Liebesgott kann unser Herz nicht durchbohren, wenn wir ganz vom Kṛṣṇa-Bewußtsein erfüllt sind. Tausende von schönen Frauen können einen Gottgeweihten nicht erregen, denn er sieht sie als Kṛṣṇas Energien: „Sie gehören Kṛṣṇa und sind zu Seiner Freude bestimmt."

Die Pflicht eines Gottgeweihten ist es, alle schönen Frauen für Kṛṣṇas Dienst zu gewinnen und nicht zu versuchen, sie selbst zu genießen. Ein Gottgeweihter wird von den Pfeilen des Liebesgottes nicht getroffen, weil er alles in Beziehung zu Kṛṣṇa sieht. Das ist wahre Entsagung. Er nimmt nichts für seine eigene Sinnenbefriedigung an, sondern stellt alles und jeden in Kṛṣṇas Dienst. Das ist der Vorgang im Kṛṣṇa-Bewußtsein.

4

Der spirituelle Meister

Schurken, Scharlatane und Scheinheilige

Los Angeles, 30. Dezember 1968: Ein Journalist eines bekannten amerikanischen Magazins befragt Śrīla Prabhupāda über seine Meinung zu den in letzter Zeit immer häufiger auftauchenden „Gurus", die Macht, Einfluß oder Erlösung versprechen. In diesem Gespräch werden viele der aktuellen pseudoreligiösen Philosophien und Praktiken bloßgestellt. Śrīla Prabhupāda erklärt: „Wer von sich behauptet, Gott zu sein, ist der größte Schurke überhaupt."

Journalist: Ich glaube, viele unserer Leser und auch eine beträchtliche Anzahl von Menschen in den Vereinigten Staaten wissen nicht so recht, was sie von diesen Leuten halten sollen, die sich als Gurus oder Götter ausgeben, plötzlich einer nach dem anderen in diesem Land auftauchen und behaupten, daß...

Śrīla Prabhupāda: Ich kann Ihnen versichern, daß sie alle vollkommenen Unsinn von sich geben.

Journalist: Können Sie darauf vielleicht etwas näher eingehen?

Śrīla Prabhupāda: Ich kann außerdem sagen, daß sie alle Scharlatane sind.

Journalist: Zum Beispiel der berühmte Guru, der Meditationsmantras verkauft?

Śrīla Prabhupāda: Er ist der größte Scharlatan. Das verkünde ich in aller Öffentlichkeit.

Journalist: Könnten Sie das erklären und mir ein wenig Hintergrundwissen dazu vermitteln, denn unsere Leser...

Śrīla Prabhupāda: Aus seinem Verhalten kann ich entnehmen, daß er der größte Scharlatan ist. Ich will gar nichts von ihm wissen, aber seine Taten lassen keinen Zweifel daran. Und das Schönste ist, daß die Menschen in den westlichen Ländern, die als so fortschrittlich angesehen werden, sich von solchen Scharlatanen zum Narren halten lassen.

Journalist: Ich denke, die Menschen suchen nach etwas, und dann kommt einer...

Śrīla Prabhupāda: Ja, aber sie wollen etwas sehr Billiges. Das ist ihr Fehler. Unseren Schülern geben wir nichts Billiges. Unsere erste Bedingung ist Charakter – ein moralisch einwandfreier Charakter. Solange jemand nicht strikt moralischen Prinzipien folgt, weihen wir ihn nicht ein und dulden ihn nicht in dieser Institution. Dieser sogenannte Guru jedoch hat den Leuten eingeredet: „Macht einfach, was ihr wollt! Ihr bezahlt mir 35 Dollar, und ich gebe euch einen *mantra.*" Sehen Sie, die Menschen wollen betrogen werden, und deswegen wimmelt es von Betrügern. Die Menschen wollen sich keine Disziplin auferlegen. Sie haben Geld und glauben: „Wir werden bezahlen und dann sofort alles bekommen, was wir wollen."
Journalist: Sofort den Himmel.
Śrīla Prabhupāda: Ja, das ist ihre Dummheit.
Journalist: Ich habe zwar meine eigene Meinung dazu, aber ich würde Sie gerne fragen: Warum, meinen Sie, wenden sich junge Menschen heutzutage immer mehr den östlich orientierten Religionen zu?
Śrīla Prabhupāda: Weil die materialistische Lebensweise sie nicht mehr befriedigt. Ganz besonders in Amerika gibt es keinen Mangel an Genuß. Es gibt genug Essen, genug Frauen, genug Wein, genug Häuser: genug von allem. Aber dennoch gibt es Verwirrung und Unzufriedenheit – in Ihrem Land noch mehr als in Indien, das als arm gilt. Sie werden jedoch feststellen, daß in Indien die Menschen trotz ihrer Armut ihre alte spirituelle Kultur bewahren. Aus diesem Grund leiden sie nicht so sehr unter geistiger Verwirrung. Das zeigt, daß materieller Fortschritt allein uns nicht zufriedenstellen kann. Wer wahre Zufriedenheit sucht, muß sich dem spirituellen Leben zuwenden. Das wird ihn glücklich machen. All diese Menschen befinden sich in hoffnungsloser Dunkelheit. Sie wissen nicht, wohin sie gehen; sie haben kein Ziel. Aber auf der spirituellen Ebene weiß man, was man tut und wohin man geht. Alles ist klar.
Journalist: Mit anderen Worten, Sie haben den Eindruck, daß die westlich orientierten Religionen – sei es Judentum, Christentum oder was auch immer – darin versagt haben, ein Beispiel für echtes spirituelles Leben zu geben. Würden Sie sagen, daß ihre Botschaft nicht relevant ist? Oder haben sie es nicht fertiggebracht, ihre Botschaft richtig an den Mann zu bringen?
Śrīla Prabhupāda: Betrachten wir einmal die Bibel. Sie wurde vor lan-

ger, langer Zeit einfachen Menschen verkündet, die in der Wüste lebten. Diese Menschen waren nicht sehr fortgeschritten. Deshalb genügte es zur Zeit des Alten Testaments, zu sagen: „Es gibt einen Gott, und Gott erschuf die Welt.“ Das ist gewiß wahr, aber jetzt verfügen die Menschen über naturwissenschaftliche Erkenntnisse und möchten im Detail wissen, wie die Schöpfung vor sich ging. Eine solch detaillierte wissenschaftliche Erklärung finden wir aber nicht in der Bibel, und auch die Kirche kann uns keine geben. Deshalb sind die Menschen nicht zufrieden. Sie finden keinen Gefallen daran, einfach nur der Form halber in die Kirche zu gehen und zu beten.

Abgesehen davon folgen die sogenannten geistlichen Führer nicht einmal den grundlegendsten religiösen Prinzipien. Zum Beispiel stehen im Alten Testament die Zehn Gebote, und eines dieser Gebote lautet: „Du sollst nicht töten!“ Aber das Töten ist in der christlichen Welt gang und gäbe. Die christlichen Glaubensführer sanktionieren Schlachthäuser, und sie haben eine Theorie aufgestellt, der zufolge Tiere keine Seele haben. Sie sprechen ihnen die Seele ab und machen dann mit ihnen, was sie wollen.

Wenn wir nun fragen: „Warum begeht ihr diese Sünde des Tötens?“, lassen sich die Priester auf keine Diskussion ein; sie hüllen sich in Schweigen. Das heißt, sie mißachten die Zehn Gebote vorsätzlich. Wo bleiben da die religiösen Prinzipien? Es steht eindeutig geschrieben: „Du sollst nicht töten!“ Warum töten sie also? Haben Sie eine Antwort darauf?

Journalist: „Du sollst nicht töten!“ ist offensichtlich ein ethisches Gebot – zeitlos und immer gültig. Aber die Menschen haben kein wirkliches Interesse daran...

Śrīla Prabhupāda: Ja, das stimmt. Sie sind nicht wirklich an Religion interessiert. Es ist nur eine Schau. Wie kann man von Religion sprechen, wenn man nicht den regulierenden Prinzipien folgt?

Journalist: Ich widerspreche Ihnen nicht, ich kann Ihnen nur zustimmen. Ganz recht, es ergibt keinen Sinn. „Du sollst nicht töten!“ „Du sollst keine anderen Götter neben Mir haben!“ „Du sollst deinen Vater und deine Mutter ehren!“ Das sind großartige...

Śrīla Prabhupāda: „Du sollst nicht deines Nächsten Weib begehren!“ – Aber wer folgt diesen Geboten schon?

Journalist: Kaum einer.

Śrīla Prabhupāda: Wie können sie also von sich sagen, sie seien religiös? Und ohne Religion ist die menschliche Gesellschaft eine tierische Gesellschaft.

Journalist: Ich möchte Sie folgendes fragen: Inwiefern unterscheidet sich Ihre Lehre von der grundlegenden jüdisch-christlichen Ethik der Zehn Gebote?

Śrīla Prabhupāda: Es gibt keinen Unterschied. Aber wie ich bereits erklärt habe, hält niemand von ihnen die Zehn Gebote strikt ein. Deshalb sage ich einfach: Bitte befolgt Gottes Gebote! Das ist meine Botschaft.

Journalist: Mit anderen Worten: Sie fordern die Menschen dazu auf, diese Prinzipien einzuhalten.

Śrīla Prabhupāda: Ja. Ich sage nicht, daß aus Christen Hindus werden sollen. Ich sage nur: „Bitte befolgt eure Gebote!" Ich mache aus ihnen bessere Christen. Das ist meine Mission. Ich sage nicht: „Gott läßt sich in eurer Tradition nicht finden – Gott ist nur hier bei uns." Ich sage einfach: „Gehorcht Gott!" Ich sage nicht: „Ihr müßt akzeptieren, daß Gottes Name Kṛṣṇa ist und kein anderer." Nein, ich sage: „Bitte gehorcht Gott! Bitte versucht, Gott zu lieben!"

Journalist: Lassen Sie es mich so formulieren: Wenn Ihre Botschaft mit der westlichen, jüdisch-christlichen Ethik identisch ist, stellt sich mir die Frage, warum die jungen Menschen oder überhaupt die Menschen enttäuscht sind und versuchen, sich den östlich orientierten Religionen zuzuwenden? Warum der Trend zu östlichen Religionen, wenn beide die gleichen Ziele verfolgen?

Śrīla Prabhupāda: Weil Juden- und Christentum die Menschen nicht *praktisch* lehren. Ich lehre sie *praktisch.*

Journalist: Mit anderen Worten, Sie zeigen ihnen einen Ihrer Meinung nach praktischen, alltäglichen Weg zu innerer Erfüllung.

Śrīla Prabhupāda: Liebe zu Gott wird sowohl in der Bibel als auch in der *Bhagavad-gītā* gelehrt. Aber die religiösen Führer von heute lehren im Grunde nicht, wie man Gott lieben kann. Ich lehre die Menschen, wie man Gott lieben kann – das ist der Unterschied. Deshalb fühlen sich junge Menschen angezogen.

Journalist: Das Ziel ist also das gleiche, aber der Weg dorthin ist ein anderer?

Śrīla Prabhupāda: Nein – das Ziel ist das gleiche, und auch der Weg ist der gleiche. Doch diese sogenannten religiösen Führer lehren die Menschen nicht, diesem Weg zu folgen. Ich lehre sie praktisch, wie man ihm folgt.

Journalist: Lassen Sie mich eine Frage stellen, mit der wir in letzter Zeit häufig konfrontiert wurden. Das größte Problem, das Mann und Frau davon abhält, Gott zu lieben und die Zehn Gebote einzuhalten, ist das Problem – wie soll ich mich ausdrücken – nun, das Sexualproblem. In der westlichen Kultur oder Religion gibt es nichts, was junge Menschen lehrt oder ihnen hilft, dieses schwierige Problem zu bewältigen. Ich habe das am eigenen Leib erfahren. Gibt Ihre Botschaft den jungen Menschen etwas, woran sie sich festhalten können?

Śrīla Prabhupāda: Ich fordere meine Schüler auf zu heiraten. Ich erlaube diesen Unsinn nicht, daß Jungen mit ihren Freundinnen zusammenleben. Nein. „Du mußt heiraten und ein anständiges Leben führen."

Journalist: Was ist nun – um noch etwas weiterzugehen –, wenn jemand vierzehn, fünfzehn, sechzehn Jahre alt ist?

Śrīla Prabhupāda: Erst einmal lehren wir unsere Jungen, wie man ein *brahmacārī* wird, das heißt, wie man im Zölibat lebt und die Sinne beherrscht. In der vedischen Kultur kommt es im allgemeinen erst dann zu einer Heirat, wenn der Junge ungefähr vierundzwanzig oder fünfundzwanzig und das Mädchen ungefähr sechzehn oder siebzehn Jahre alt ist. Und weil sie die spirituelle Freude des Kṛṣṇa-Bewußtseins in sich erfahren, sind sie an mehr interessiert als nur Sexualität. Wir verbieten daher nicht von vornherein den Umgang mit Frauen und das Geschlechtsleben, sondern wir regulieren alles durch das höhere Prinzip des Kṛṣṇa-Bewußtseins. Auf diese Weise gibt es keine Schwierigkeiten.

Journalist: Ihre Schüler beißen sich also nicht einfach auf die Zunge und sagen: „Ich werde sie (oder ihn) nicht anfassen." Es gibt einen Ersatz?

Śrīla Prabhupāda: Ja, einen höheren Geschmack. Das ist Kṛṣṇa-Bewußtsein. Und es funktioniert: Ich lehre bereits Männer und Frauen aus dem Westen, wie sie ihren Sexualtrieb beherrschen können. Meine Schüler, die Sie hier sehen, sind alle Amerikaner. Sie sind nicht aus Indien importiert.

Journalist: Ich möchte eines wissen: Was denken Sie über Leute wie diesen bekannten *mantra*-verkaufenden Guru, von dem ich und so viele andere Leute inzwischen die Nase voll haben. Meine Tochter war eine Zeitlang in diese Sache hineingezogen. Sie ist jetzt fürchterlich ernüchtert.

Śrīla Prabhupāda: Der Psychologie der westlichen Menschen, insbesondere der jungen, entspricht es, ein spirituelles Leben anzustreben. Wenn nun jemand zu mir kommt und sagt: „Swamiji, weihe mich ein!" erwidere ich sofort: „Du mußt diese vier Prinzipien befolgen – kein Fleisch, kein Glücksspiel, keine Berauschung und keine unerlaubte Sexualität." Viele gehen wieder. Aber dieser *mantra*-Verkäufer stellt keinerlei Bedingungen. Er gleicht einem Arzt, der sagt: „Du kannst tun, was Dir gefällt. Nimm einfach meine Medizin, und du wirst geheilt." So ein Arzt macht sich äußerst beliebt.

Journalist: Ja, er wird viele Leute umbringen, aber er wird sehr beliebt sein.

Śrīla Prabhupāda: Ja. [*Lacht.*] Aber ein echter Arzt sagt: „Du darfst dies nicht tun. Du darfst jenes nicht tun. Du darfst dies nicht essen. Du darfst jenes nicht essen." Das ist lästig für die Leute. Sie möchten etwas sehr Billiges. Deshalb kommen die Betrüger und betrügen sie. Sie nutzen die Gelegenheit, weil die Menschen betrogen werden wollen.

„Ja, laßt uns unseren Vorteil daraus ziehen!" Sehen Sie, so legen die Schurken den Leuten nahe: „Ihr seid Gott – jeder ist Gott. Ihr habt das einfach vergessen – ihr müßt euch nur selbst erkennen. Nehmt diesen *mantra*, und ihr werdet Gott. Ihr werdet mächtig. Es ist nicht nötig, die Sinne zu beherrschen. Ihr könnt trinken, ihr könnt ein uneingeschränktes Sexualleben führen und tun, was immer ihr wollt."

Die Leute mögen das. „Oh, mit nur fünfzehn Minuten Meditation werde ich Gott und muß nur 35 Dollar bezahlen." Viele Millionen Menschen werden bereit sein, das zu tun. Für einen Amerikaner sind 35 Dollar nicht sehr viel. Aber multipliziert mit einer Million ergibt das 35 Millionen Dollar. [*Lacht.*]

Wir spielen kein falsches Spiel. Wir sagen, daß man gewisse Einschränkungen beachten muß, wenn man wirklich ein spirituelles Leben führen will. Das Gebot lautet: „Du sollst nicht töten!" Deshalb darf ich nicht sagen: „Ja, du kannst töten, denn das Tier fühlt es nicht, das Tier hat keine Seele." Wir wollen die Menschen nicht auf diese Weise täuschen.

Journalist: Derartige Dinge haben viele junge Menschen sehr ernüchtert.
Śrīla Prabhupāda: Versuchen Sie deshalb bitte, uns zu helfen! Unsere Bewegung ist sehr nützlich. Sie wird Ihrem Land helfen, sie wird der gesamten Menschheit helfen. Es ist eine authentische Bewegung. Wir täuschen oder betrügen nicht. Sie ist autorisiert.
Journalist: Von wem autorisiert?
Śrīla Prabhupāda: Autorisiert von Kṛṣṇa, Gott. In Indien hat diese Kṛṣṇa-bewußte Philosophie Abermillionen von Anhängern: achtzig Prozent der Bevölkerung. Wenn Sie irgendeinen Inder fragen, wird er Ihnen vieles über Kṛṣṇa-Bewußtsein erzählen können.
Journalist: Denken Sie wirklich, daß Ihre Bewegung eine reelle Chance hat, sich hier in Amerika zu behaupten?
Śrīla Prabhupāda: Soweit ich bisher gesehen habe, hat sie eine große Chance. Wir sagen nicht: „Gib deine Religion auf und komm zu uns!" Wir sagen: „Folge wenigstens den Prinzipien deiner eigenen Religion! Und wenn du möchtest, kannst du bei uns etwas lernen." Manchmal kommt es vor, daß Studenten, obwohl sie ihr Examen schon bestanden haben, an eine ausländische Universität gehen, um weiterzustudieren. Warum machen sie das? Sie wollen mehr wissen. In ähnlicher Weise wird jede religiöse Schrift, nach der man sich richtet, zur Erleuchtung führen. Aber wenn man in der Bewegung für Kṛṣṇa-Bewußtsein mehr Erleuchtung findet, was ist dagegen einzuwenden? Wenn es einem ernst ist mit Gott, warum sollte man sagen: „Ich bin Christ", „Ich bin Jude", „Ich kann nicht an Ihren Zusammenkünften teilnehmen"? Warum sollte man sagen: „Ich kann Ihnen nicht erlauben, in meiner Kirche zu sprechen"? Was ist dagegen einzuwenden, daß ich über Gott spreche?
Journalist: Ich kann Ihnen nur recht geben.
Śrīla Prabhupāda: Ich bin bereit, mit jedem gottesbewußten Menschen zu sprechen. Wir wollen ein Progamm aufstellen, um den Menschen zu helfen, doch sie wollen so weitermachen wie bisher. Wenn jemand Liebe zu Gott entwickelt, indem er einem bestimmten religösen Prinzip folgt, dann ist das eine erstklassige Religion. Aber um was für eine Art von Religion handelt es sich, wenn jemand nur seine Liebe zum Mammon entwickelt?

Journalist: Sie haben völlig recht.

Śrīla Prabhupāda: Das ist der Prüfstein: Man muß Gott lieben lernen. Wir verlangen nicht, daß man dem Christentum, dem Islam, dem Judentum oder dem Hinduismus folgen muß. Uns geht es nur darum, daß jemand seine Liebe zu Gott entwickelt. Aber die Leute sagen: „Wer ist Gott? Ich bin Gott." Heute wird jedem beigebracht, er sei Gott. Ist es nicht so?

Journalist: Haben Sie die Bilder von dem lächelnden Mann mit dem Schnurrbart und der eingeschlagenen Nase gesehen? Bevor er starb, sagte er, er sei Gott.

Śrīla Prabhupāda: Er sei Gott? Er war auch nur ein Scharlatan! Sehen Sie nur, so geht es zu. Er verkündete, er sei Gott. Das heißt, die Menschen wissen nicht, wer Gott ist. Angenommen, ich komme auf Sie zu und behaupte, der Präsident der Vereinigten Staaten zu sein. Würden Sie mir das abnehmen?

Journalist: [*Lacht.*] Nein, wohl kaum.

Śrīla Prabhupāda: Diese Schurken! Die Leute erkennen sie als Gott an, weil sie nicht wissen, wer Gott ist – das ist das Problem.

Journalist: Es ist einfach absurd, daß jemand daherkommt und behauptet, Gott zu sein.

Śrīla Prabhupāda: Aber wer ihn als Gott anerkennt, ist ebenfalls ein Schurke. Derjenige, der von sich behauptet, Gott zu sein, ist der größte Schurke überhaupt und ein Betrüger. Und derjenige, der sich betrügen läßt, ist auch ein Schurke. Er weiß nicht, wer Gott ist. Er denkt, Gott sei so billig, daß man Ihn auf dem Marktplatz kaufen könne.

Journalist: Natürlich wurde nach westlicher Auffassung der Mensch nach dem Ebenbild Gottes geschaffen. Demzufolge muß Gott auch irgendwie wie ein Mensch aussehen.

Śrīla Prabhupāda: Sie haben so viele Wissenschaftler. Finden Sie doch einfach heraus, wie Gott wirklich aussieht, welche Form Er nun tatsächlich hat! Sie haben so viele Fakultäten für Forschung und Technologie. Aber wo haben Sie die Fakultät, die Nachforschungen darüber anstellt, wer Gott ist? Gibt es einen solchen Fachbereich?

Journalist: Bislang gibt es ihn jedenfalls nicht – so viel kann ich Ihnen versichern.

Śrīla Prabhupāda: Das ist das Problem. Aber die Bewegung für Kṛṣṇa-

Bewußtsein ist der Fachbereich für Gotteserkenntnis. Wenn Sie mit uns studieren, werden Sie nicht einfach irgendeinen Scharlatan als Gott anerkennen. Sie werden nur Gott als Gott anerkennen. Wir lehren eine andere Natur, jenseits dieser materiellen Natur. Die materielle Natur wird erschaffen und löst sich wieder auf, doch Gott und Seine spirituelle Natur sind ewig. Auch wir Lebewesen sind ewig, ohne Anfang und Ende. Die Bewegung für Kṛṣṇa-Bewußtsein lehrt, wie wir zur ewigen, spirituellen Natur, dem Reich Gottes, gelangen können.

Journalist: Danach strebt die ganze Menschheit.

Śrīla Prabhupāda: Ja, danach strebt sie. Jeder versucht, glücklich zu sein, denn darauf hat das Lebewesen ein Anrecht. Es ist von Natur aus dazu bestimmt, glücklich zu sein, aber es weiß nicht, wo es glücklich sein kann. Es versucht, an einem Ort glücklich zu sein, an dem vier leidvolle Zustände vorherrschen, nämlich Geburt, Alter, Krankheit und Tod. Die Wissenschaftler versuchen, glücklich zu sein und andere glücklich zu machen. Aber ist es irgendeinem Wissenschaftler je gelungen, Alter, Krankheit, Tod und Wiedergeburt ein Ende zu setzen?

Journalist: Ich glaube kaum.

Śrīla Prabhupāda: Sehen Sie! Warum überlegen die Wissenschaftler nicht: „Wir sind so fortschrittlich, aber welchen Fortschritt haben wir auf diesen vier Gebieten erzielt?“ Sie haben überhaupt keinen erzielt, aber dennoch sind sie auf ihr angeblich so fortschrittliches Bildungswesen und ihre Technologie sehr stolz. Die vier primären Leiden jedoch bleiben immer noch die gleichen.

Die Wissenschaftler mögen auf dem Gebiet der Medizin Fortschritte erzielt haben, doch gibt es irgendein Heilmittel, das uns zu der Aussage berechtigen würde, daß jetzt alle Krankheiten besiegt seien? Existiert solch ein Heilmittel? Nein. Worin besteht dann der Fortschritt der Wissenschaftler? Im Gegenteil, es gibt immer mehr neue Krankheiten.

Sie haben die Atomwaffen erfunden. Was ist Gutes daran? Diese Erfindung ist nur zum Töten zu gebrauchen! Haben sie etwas gefunden, was die Menschen vor dem Tod bewahrt? Das könnte man ihnen zugute halten. Ständig sterben Menschen, und die Wissenschaftler haben nur etwas erfunden, um ihren Tod zu beschleunigen. Das ist alles. Macht ihnen das etwa Ehre? Es gibt immer noch keine Lösung für den Tod.

Sie versuchen auch, die Überbevölkerung aufzuhalten. Aber was ist ihre Lösung? Laut Statistik vermehrt sich die Bevölkerung jede Minute um einhundert Menschen.

Sie haben kein Mittel gegen die Geburt; sie haben kein Mittel gegen den Tod; sie haben kein Mittel gegen die Krankheit, und sie haben kein Mittel gegen das Alter. Sogar ein großer Wissenschaftler wie Professor Einstein mußte alt werden und sterben. Wieso konnte er das Alter nicht aufhalten? Jeder versucht, jung zu bleiben, aber wie sieht das praktisch aus? Die Wissenschaftler kümmern sich nicht darum, dieses Problem zu lösen, denn es liegt jenseits ihrer Möglichkeiten.

Sie machen der Bevölkerung nur etwas vor. Doch Kṛṣṇa-Bewußtsein ist die wahre Lösung, und es wird in der *Bhagavad-gītā* ausführlich beschrieben. Die Wissenschaftler sollten versuchen, es zu verstehen; zumindest sollten sie ein „Experiment" machen.

Der echte spirituelle Meister

„Der spirituelle Meister wird nie von sich behaupten: ‚Ich bin Gott.'... Der spirituelle Meister wird sagen: ‚Ich bin der Diener Gottes.'" *In einem Vortrag an der Universität Stockholm im September 1973 beschrieb Śrīla Prabhupāda die acht grundlegenden Eigenschaften, durch die sich den vedischen Schriften zufolge ein echter spiritueller Meister auszeichnet. Sie können uns als Anhaltspunkte dienen, zwischen einem Heiligen und einem Scharlatan zu unterscheiden.*

Um in das spirituelle Leben einzutreten, sind zwei Dinge notwendig. Wie Śrī Caitanya Mahāprabhu betont, braucht man die Barmherzigkeit des Höchsten Herrn und die Barmherzigkeit des spirituellen Meisters:

brahmāṇḍa bhramite kona bhāgyavān jīva
guru-kṛṣṇa-prasāde pāya bhakti-latā-bīja

Die Lebewesen wandern durch das Universum und wechseln ihren Körper; sie wandern von einem Körper zum anderen, von einem Ort zum anderen, von einem Planeten zum anderen. *Brahmāṇḍa bhramite:* Sie drehen sich in einem Kreislauf innerhalb des materiellen Universums. Diese Wissenschaft von der Seelenwanderung ist den modernen Gelehrten und Professoren unbekannt. Sie wissen nicht, wie die spirituelle Seele von einem Körper zum nächsten wandert und wie sie von einem Planeten zu einem anderen gebracht wird. Aber wir haben das in unserem Buch *Jenseits von Raum und Zeit* erklärt.

Der *guru* hift uns, von diesem Planeten unmittelbar in den spirituellen Himmel, nach Vaikuṇṭhaloka, zu gelangen, wo es unzählige spirituelle Planeten gibt. Der höchste Planet in diesem spirituellen Universum ist Kṛṣṇas Planet, Goloka Vṛndāvana. Die Bewegung für Kṛṣṇa-Bewußtsein gibt Auskunft darüber, wie man Goloka Vṛndāvana auf direktem Wege erreichen kann. Das ist unsere Aufgabe.

Was ist der Unterschied zwischen der materiellen Welt und der spirituellen Welt? Der Unterschied ist der, daß wir in der materiellen Welt den Körper wechseln müssen, obwohl wir eigentlich ewig sind. *Ajo nityaḥ śāśvato 'yaṁ purāṇo na hanyate hanyamāne śarīre.* Wir werden nicht vernichtet, wenn der materielle Körper vernichtet wird, sondern wir gehen in einen anderen Körper ein. Es gibt insgesamt 8.400.000 Lebensformen, davon 900.000 Lebensformen im Wasser, 2.000.000 pflanzliche Lebensformen, 1.100.000 Insektenarten, 1.000.000 Vogelarten und 3.000.000 Landtiere. Erst nachdem die Seele diese 8.000.000 Lebensformen durchwandert hat, erhält sie eine menschliche Lebensform. Als Mensch hat man die Wahl, ob man wieder im Kreislauf der Wiedergeburt die verschiedenen niederen Lebensformen durchwandern will oder in die spirituelle Welt gelangen möchte – zum höchsten spirituellen Planeten, Goloka Vṛndāvana. Das ist unsere freie Entscheidung. Diesen menschlichen Körper haben wir bekommen, um unsere eigene Wahl zu treffen. In den niederen Lebensformen befindet man sich völlig unter der Herrschaft der materiellen Natur, aber wenn einem die materielle Natur einen menschlichen Körper gibt, hat man die Gelegenheit, sich für das zu entscheiden, was man will.

Dies wird in der *Bhagavad-gītā* (9.25) bestätigt:

yānti deva-vratā devān
pitṝn yānti-pitṛ-vratāḥ
bhūtāni yānti bhūtejyā
yānti mad-yājino 'pi mām

„Wer die Halbgötter verehrt, wird unter den Halbgöttern geboren; wer die Vorfahren verehrt, geht zu den Vorfahren; wer die Geister und Gespenster verehrt, wird unter solchen Wesen geboren, und wer Mich verehrt, wird mit Mir leben."

Der nächste Körper hängt also davon ab, wie man in diesem Leben handelt. Es wird allerdings nicht empfohlen, in der materiellen Welt von einem Körper zum anderen und von einem Planeten zum anderen zu wandern, sondern sich vom Kreislauf des *saṁsāra* zu befreien. Materielles Dasein wird *saṁsāra* genannt. *Bhūtvā bhūtvā pralīyate:* Man wird in einer bestimmten Körperform geboren, lebt eine Zeitlang und muß schließlich den Körper wieder verlassen. Dann muß man einen neuen Körper annehmen, lebt wieder für einige Zeit, bis man ihn verläßt, um den nächsten Körper anzunehmen. Das nennt man *saṁsāra.*

Die materielle Welt wird mit einem Waldbrand (*dāvānala*) verglichen. Niemand geht in den Wald, um Feuer zu legen, aber dennoch brechen manchmal Brände aus. In ähnlicher Weise möchte in der materiellen Welt niemand unglücklich sein. So sehr wir uns auch bemühen, glücklich zu sein, so sind wir doch gezwungen, Leid zu ertragen. In der materiellen Welt hat es schon immer Kriege und Weltkriege gegeben, obwohl die Menschen mit allen möglichen Mitteln versucht haben, sie zu verhindern. In meiner Jugend gab es den Völkerbund. 1920, nach dem Ersten Weltkrieg, taten sich verschiedene Länder zusammen, um den Völkerbund zu gründen; er sollte den Frieden zwischen den Nationen gewährleisten. Niemand wollte Krieg, aber wieder brach ein Waldbrand aus: der Zweite Weltkrieg. Danach wurden die Vereinten Nationen gebildet, doch die Kriege hören nicht auf: der Vietnam-Krieg, der Pakistan-Krieg und viele andere. So versucht jeder sein Bestes, um friedlich zu leben, aber die Natur erlaubt es nicht. Es muß Krieg geben. Es kommt immer zu Feindseligkeiten, nicht nur zwischen Staaten, sondern auch zwischen einzelnen Menschen, zwischen Nachbarn, ja selbst zwischen Ehepartnern und zwischen Vater und Sohn. Auseinandersetzungen gehören zum Leben. Man nennt dies *dāvānala,* Waldbrand. Niemand geht in den Wald, um Feuer zu legen, aber weil sich die trockenen Bambuszweige aneinander reiben, entstehen automatisch Funken, und der Wald fängt Feuer. Wir wollen kein Leid und Unglück, aber wir schaffen uns durch unsere Handlungen Feinde, und so entstehen Kämpfe und Kriege. Das wird *saṁsāra-dāvānala* genannt.

Der Waldbrand der materiellen Existenz lodert ständig weiter, und nur der *guru,* der spirituelle Meister, ist in der Lage, uns aus den Flammen zu retten. Und wie tut er das? Was sind seine Mittel? Betrachten wir wieder das vorige Beispiel: Wenn ein Feuer im Wald ausgebrochen ist, reicht es nicht aus, die Feuerwehr dorthin zu schicken oder selbst zu versuchen, mit Wassereimern den Brand zu löschen. Das ist ein Ding der Unmöglichkeit. Wie soll der Brand dann aber gelöscht werden? Um Feuer zu löschen, ist Wasser nötig, aber wo soll das Wasser herkommen – etwa aus dem Eimer oder von der Feuerwehr? Nein, es muß vom Himmel kommen. Nur strömender Regen vermag den Waldbrand zu löschen. Der Regen fällt vom Himmel und ist nicht von irgendwelchen Behauptungen oder Manipulationen der Wissenschaftler abhängig, sondern nur von der Gnade des Herrn. In diesem Sinne wird der spirituelle Meister mit einer Wolke verglichen. Geradeso wie sich Ströme von Regen aus einer Wolke ergießen, überbringt der spirituelle Meister die Gnade der Höchsten Persönlichkeit Gottes. Eine Wolke nimmt ihr Wasser aus dem Meer – sie verfügt nicht über ihr eigenes Wasser. In gleicher Weise überbringt der spirituelle Meister die Gnade der Höchsten Persönlichkeit Gottes. Wie treffend dieser Vergleich doch ist! Der spirituelle Meister hat keine eigene Gnade, sondern er übermittelt die Gnade der Höchsten Persönlichkeit Gottes. Das ist seine Qualifikation.

Der spirituelle Meister wird nie von sich behaupten: „Ich bin Gott. Ich segne dich mit *meiner* Gnade." Das sind die Worte eines Schwindlers. Der spirituelle Meister wird sagen: „Ich bin der Diener Gottes, ich habe dir *Seine* Gnade überbracht. Bitte nimm sie und sei glücklich!" Das ist die Aufgabe des spirituellen Meisters. Er gleicht einem Postboten. Wenn ein Postbote einen hohen Geldbetrag überbringt, dann ist das nicht sein eigenes Geld. Das Geld stammt von jemand anderem, aber er liefert es auf ehrliche Weise ab: „Mein lieber Herr, hier ist Ihr Geld. Nehmen Sie es bitte!" Man ist sehr zufrieden mit ihm, obwohl es gar nicht sein Geld war, das er überbracht hat. Wenn man in Not ist und der Postbote bringt einem vom Vater oder von jemand anderem Geld, ist man sehr froh.

Wir leiden alle in dem lodernden Feuer des materiellen Daseins. Doch der spirituelle Meister überbringt uns die Botschaft des Höchsten Herrn, und wenn wir uns seine Worte zu Herzen nehmen, wird uns das glücklich machen. Das ist die Aufgabe des spirituellen Meisters.

saṁsāra-dāvānala-līḍha-loka-
trāṇāya kāruṇya-ghanāghanatvam
prāptasya kalyāṇa-guṇārṇavasya
vande guroḥ śrī-caraṇāravindam

Mit den Worten *vande guroḥ śrī-caraṇāravindam* bringt man dem spirituellen Meister seine Ehrerbietung dar: „Meister, du hast uns die Gnade des Höchsten Herrn überbracht, dafür sind wir dir sehr dankbar. Du bist gekommen, um uns zu retten, deshalb erweisen wir dir unsere achtungsvolle Ehrerbietung." Die gesamte Strophe beschreibt die wichtigste Qualifikation eines spirituellen Meisters oder *guru,* nämlich daß er einem die Botschaft überbringt, wie man das im Herzen wütende Feuer zum Erlöschen bringen kann. Das ist der Prüfstein.

Jeder trägt dieses wütende Feuer in seinem Herzen – das verschlingende Feuer der Angst. Das ist die Natur des materiellen Daseins: Jeder hat Angst. Niemand ist frei davon. Selbst ein kleiner Vogel ist voller Angst. Wenn man ihm einige Körner zu fressen gibt, pickt er sie auf, aber er hat keinen Frieden dabei. Er blickt ständig um sich: „Kommt auch niemand, der mich töten will?" Im materiellen Dasein ist jeder voller Ängste, selbst ein Präsident Nixon – von anderen ganz zu schweigen. Selbst Gandhi in Indien hatte große Angst. Allen Politikern ergeht es so. Sie mögen einen sehr hohen Posten innehaben, aber dennoch leiden sie an der materiellen Krankheit Angst.

Wenn man also frei von Angst werden will, muß man bei einem *guru,* einem spirituellen Meister, Zuflucht suchen. Und den echten *guru* kann man daran erkennen, ob man durch das Befolgen seiner Anweisungen von Angst frei wird. Man sollte sich nicht einen billigen Guru oder einen Modeguru aussuchen. Manche Leute halten sich einen Hund, weil es gerade Mode ist. Wenn man sich aber einen Guru hält, nur weil das Mode ist – „Schaut alle her, ich habe einen Guru!" –, wird einem das nicht weiterhelfen. Man muß einen *guru* annehmen, der in der Lage ist, das lodernde Feuer der Angst im Herzen zu löschen. Das ist der erste Prüfstein für einen *guru.*

Der zweite Prüfstein ist *mahāprabhoḥ kīrtana-nṛtya-gīta vāditra-mādyan-manaso rasena* – der spirituelle Meister ist ständig in das Chanten der heiligen Namen und in den Lobpreis Śrī Caitanya Mahāprabhus vertieft. Das ist seine Aufgabe. Er preist den heiligen Namen des Herrn und tanzt, denn das ist das Heilmittel für alle Probleme der materiellen Welt.

Gegenwärtig ist niemand imstande, richtig zu meditieren. Die heutzutage im Westen populär gewordene Pseudomeditation ist Humbug. Es ist äußerst schwierig, in diesem ruhelosen Zeitalter des Kali [dem gegenwärtigen Zeitalter der Streitsucht und Heuchelei] richtig zu meditieren. Deshalb sagen die *śāstras*: *kṛte yad dhyāyato viṣṇum.* Im Satya-yuga [dem Zeitalter der Wahrhaftigkeit], als die Menschen im Schnitt hunderttausend Jahre alt wurden, erreichte Vālmīki Muni die Vollkommenheit, indem er sechzigtausend Jahre lang meditierte. Aber heute haben wir nicht einmal die Garantie, daß wir sechzig Jahre lang leben, ja selbst sechzig Stunden sind uns nicht sicher. Deshalb ist Meditation in diesem Zeitalter nicht möglich. Im darauffolgenden Zeitalter [dem Tretā-yuga] führten die Menschen Opferzeremonien aus, wie sie in den vedischen *śāstras* beschrieben werden. *Tretāyāṁ yajato makhaiḥ. Makhaiḥ* bedeutet „gewaltige Opferzeremonien ausführen". Dies erfordert riesige Geldsummen. Im gegenwärtigen Zeitalter sind die Menschen sehr arm und können sich daher solche Zeremonien nicht leisten. *Dvāpare paricaryāyām.* Im Dvāpara-yuga [dem Zeitalter vor dem unsrigen] war es möglich, die Bildgestalten Gottes im Tempel mit großem Prunk zu verehren, aber heute ist auch das nicht mehr machbar. Aus diesem Grund gilt für jeden die Empfehlung: *kalau tad dhari-kīrtanāt.* „Im gegenwärtigen Zeitalter des Kali kann ein Mensch die höchste Vollkommenheit einfach durch das Chanten der heiligen Namen des Herrn erlangen." Die Bewegung für Kṛṣṇa-Bewußtsein hat es sich zur Aufgabe gemacht, dieses Chanten zu verbreiten. Śrī Caitanya Mahāprabhu gründete diese Bewegung des Chantens und Tanzens vor fünfhundert Jahren. In Indien gibt es sie also schon lange, und sie ist sehr populär, aber im Westen haben wir sie erst vor fünf oder sechs Jahren eingeführt. Jetzt schließen sich ihr immer mehr Menschen an und fühlen sich sehr glücklich dabei. Das ist in diesem Zeitalter der einzige spirituelle Weg, der zum Ziel führt.

Deshalb widmet sich der *guru* ständig dem Chanten. *Mahāprabhoḥ kīrtana-nṛtya-gīta* – Chanten und Tanzen. Wenn er es nicht selbst tut, wie kann er es dann seine Schüler lehren? Sein erstes Merkmal ist also, daß uns seine Unterweisungen sofort von allen Ängsten befreien, und sein zweites Merkmal ist, daß er ständig die heiligen Namen des Herrn singt und dabei tanzt. *Mahāprabhoḥ kīrtana-nṛtya-gīta vāditra-mādyan-manaso rasena.* „Wenn der spirituelle Meister singt und tanzt, genießt er im Innern transzendentale Glückseligkeit." Solange man nicht wirklich glücklich ist, kann man nicht tanzen. Es ist nicht möglich, künstlich zu tanzen. Wenn die Gottgeweihten tanzen, ist das nichts Künstliches. Sie tanzen, weil sie transzendentale Glückseligkeit erfahren; sie sind nicht wie tanzende Hunde – ihr Tanzen ist spirituell. *Romāñca-kampāśru-taraṅga-bhājaḥ.* Manchmal treten am Körper bestimmte spirituelle Symptome auf, wie zum Beispiel Weinen oder aufrecht stehende Haare. Diese natürlichen Symptome sollte man nicht imitieren. Sie treten automatisch auf, wenn jemand spirituell fortgeschritten ist.

Das dritte Merkmal des *guru* ist:

śrī-vigrahārādhana-nitya-nānā-
śṛṅgāra-tan-mandira-mārjanādau
yuktasya bhaktāṁś ca niyuñjato 'pi
vande guroḥ śrī-caraṇāravindam

Die Pflicht des spirituellen Meisters ist es, die Schüler in der Verehrung der Bildgestalten (*śrī-vigraha*) anzuleiten. In all unseren einhundert Tempeln verehren wir Bildgestalten. Hier in Stockholm hat sich diese Verehrung noch nicht völlig etabliert, aber wir verehren die Bilder Śrī Caitanyas und des *gurus.* In anderen Zentren jedoch, wie zum Beispiel in England und Amerika, gibt es bereits Bildgestaltenverehrung. *Śrī-vigrahārādhana-nitya-nānā śṛṅgāra-tan-mandira-mārjanādau:* Bildgestaltenverehrung bedeutet, die Bildgestalten sehr schön zu kleiden, den Tempel ganz gründlich zu reinigen, den Bildgestalten wohlschmeckende Speisen zu opfern und die Überreste Ihrer Speisen zu sich zu nehmen. Die Bildgestalten werden also nach einem bestimmten Ritual verehrt. Die Verehrung wird vom *guru* selbst ausgeführt, aber er beschäftigt auch seine Schüler mit diesem Dienst. Das ist das dritte Merkmal.

Das vierte Merkmal lautet:

catur-vidha-śrī-bhagavat-prasāda-
svādv-anna-tṛptān hari-bhakta-saṅghān
kṛtvaiva tṛptiṁ bhajataḥ sadaiva
vande guroḥ śrī-caraṇāravindam

Der spirituelle Meister sorgt dafür, daß *prasādam* (Kṛṣṇa dargebrachte Speise) an die Menschen verteilt wird. Kṛṣṇa-Bewußtsein ist keine trockene Philosophie – ein paar Worte und dann auf Wiedersehen. Nein, wir verteilen *prasādam,* sehr wohlschmeckendes, üppiges *prasādam.* In unseren Tempeln bieten wir jedem Besucher *prasādam* an. In den einzelnen Tempeln leben zwischen fünfzig und zweihundert Gottgeweihte, und es kommen häufig Leute und nehmen *prasādam* zu sich. Die *prasādam*-Verteilung ist ein weiteres Merkmal des echten spirituellen Meisters.

Wenn man *bhagavat-prasādam* ißt, wird man nach und nach spiritualisiert; *prasādam* hat diese Macht. Deshalb heißt es, daß Gotteserkenntnis mit der Zunge beginnt. *Sevonmukhe hi jihvādau:* Wenn man die Zunge in den Dienst des Herrn stellt, kann man Gott erkennen. Und was tut man mit der Zunge? Man chantet den heiligen Namen des Herrn, und man ißt *prasādam,* die Überreste der Ihm dargebrachten Speisen. Durch diese beiden Dinge erlangt man Selbsterkenntnis, Gotteserkenntnis. Man muß nicht hochgebildet sein, muß kein Philosoph, Wissenschaftler oder reicher Mann sein, um Gott zu erkennen. Wenn man nur aufrichtig seine Zunge in den Dienst des Herrn stellt, wird man Ihn ganz einfach erkennen können. Das ist gar kein Problem. Daher veranlaßt der *guru,* der spirituelle Meister, daß *prasādam* an die Menschen verteilt wird. *Svādv-anna-tṛptān hari-bhakta-saṅghān. Hari-bhakta-saṅghān* bedeutet „in der Gemeinschaft von Gottgeweihten". Ohne ihre Gemeinschaft und Mithilfe ist die *prasādam*-Verteilung nicht durchführbar. *Kṛtvaiva tṛptiṁ bhajataḥ sadaiva.* Wenn die *prasādam*-Verteilung ein Erfolg ist, freut sich der *guru* sehr, und er beginnt, mit großer Hingabe zu chanten und zu tanzen. Das ist das vierte Merkmal.

Das fünfte Merkmal lautet:

śrī-rādhikā-mādhavayor apāra-
mādhurya-līlā-guṇa-rūpa-nāmnām
pratikṣaṇāsvādana-lolupasya
vande guroḥ śrī-caraṇāravindam

Der spirituelle Meister denkt ständig an Kṛṣṇas Spiele mit Śrīmatī Rādhārāṇī und den *gopīs.* Manchmal denkt er auch an Kṛṣṇas Spiele mit den Kuhhirtenjungen. Mit anderen Worten, er meditiert unentwegt über Kṛṣṇa und Seine verschiedenen Spiele. *Pratikṣaṇāsvādana-lolupasya. Pratikṣaṇa* bedeutet, daß er vierundzwanzig Stunden am Tag in solche Gedanken versunken ist. Kṛṣṇa-Bewußtsein heißt, rund um die Uhr an Kṛṣṇa zu denken. Man sollte sich selbst ein solches Programm aufstellen. Wir zumindest haben das getan: Alle Mitglieder unserer Bewegung für Kṛṣṇa-Bewußtsein beschäftigen sich vierundzwanzig Stunden am Tag mit Kṛṣṇa. Es ist nicht so, daß sie nur der Form halber einmal in der Woche meditieren oder in einen Tempel gehen. Nein, sie engagieren sich rund um die Uhr.

Das nächste Merkmal lautet:

nikuñja-yūno rati-keli-siddhyai
yā yālibhir yuktir apekṣaṇīyā
tatrāti-dākṣyād ati-vallabhasya
vande guroḥ śrī-caraṇāravindam

Das höchste Ziel des spirituellen Meisters ist es, auf Kṛṣṇas Planeten zu gelangen, wo er sich den *gopīs* anschließen kann, um ihnen zu helfen, Kṛṣṇa zu dienen. Einige spirituelle Meister meditieren darüber, die Helfer der *gopīs* zu werden; einige meditieren darüber, die Helfer der Kuhhirtenjungen zu werden; einige meditieren darüber, die Helfer von Nanda und Mutter Yaśodā zu werden; einige meditieren darüber, die Diener Gottes zu werden; und einige meditieren darüber, Blumen, Obstbäume, Kühe oder Kälber in Vṛndāvana zu werden. Es gibt fünf Arten von Beziehungen zu Kṛṣṇa: *śānta* (Ehrfurcht), *dāsya* (Dienst), *sakhya* (Freundschaft), *vātsalya* (Elternschaft) und *mādhurya* (eheliche Liebe). Alles auf dem Planeten Kṛṣṇas ist vollkommen und spirituell. *Cintāmaṇi-prakara-sadmasu.* Im spirituellen Himmel ist selbst das Land spirituell. Die Bäume sind spirituell, die Früchte sind spirituell, die Blumen sind spirituell, das Wasser ist spirituell, die Diener sind spirituell, die Freunde sind spirituell, die Mütter sind spirituell, die Väter sind spirituell, der Herr ist spirituell, und Seine Gefährten sind spirituell. Dort ist alles eins und absolut, aber dennoch gibt es Vielfalt.

In der materiellen Welt existiert die Vielfalt der spirituellen Welt nur als Spiegelbild. Ein Baum am Flußufer spiegelt sich im Wasser, aber wie wird er widergespiegelt? Verkehrt herum. In gleicher Weise ist auch die materielle Welt ein verzerrtes Spiegelbild der spirituellen Welt. In der spirituellen Welt gibt es die Liebe zwischen Rādhā und Kṛṣṇa. Kṛṣṇa ist von ewiger Jugend (*nava-yauvana*) ebenso wie Rādhārāṇī, Kṛṣṇas Freudenenergie. *Śrī-rādhikā-mādhavayor apāra. Jaya rādhā-mādhava.* Wir verehren nicht Kṛṣṇa allein, sondern Kṛṣṇa zusammen mit Seiner ewigen Gefährtin, Śrīmatī Rādhārāṇī. Rādhārāṇī und Kṛṣṇa verbindet ein ewiges Band der Liebe. Im *Vedānta-sūtra* heißt es: *janmādy asya yataḥ.* „Die absolute Wahrheit ist das, wovon alles ausgeht." In dieser Welt gibt es Liebe zwischen Ehepartnern, zwischen Freunden, zwischen Mutter und Sohn, zwischen Herr und Diener sowie Liebe zwischen dem Menschen und dem Hund, der Katze oder der Kuh. Aber diese Beziehungen sind nur Spiegelbilder der spirituellen Welt. Auch Kṛṣṇa liegen die Tiere, die Kühe und Kälber, sehr am Herzen. Genau wie wir hier Hunde und Katzen lieben, liebt Kṛṣṇa dort Kühe und Kälber, wie auch auf den Bildern von Kṛṣṇa zu sehen ist. Tierliebe ist also sogar in der spirituellen Welt vorhanden. Wie könnte sie sonst hier widergespiegelt werden? Diese Welt ist nichts als ein Spiegelbild. Wenn es also Liebe nicht in Wirklichkeit gäbe, wie könnte sie dann hier als Spiegelbild erscheinen? Mit anderen Worten, alles hat seinen Ursprung in der spirituellen Welt, und um die ursprüngliche Form der Liebe zu verstehen, muß man Kṛṣṇa-Bewußtsein praktizieren.

Hier in der materiellen Welt erleben wir eine Enttäuschung nach der anderen. Wir suchen nach Liebe: ein Mann liebt eine Frau, eine Frau liebt einen Mann, aber die Ernüchterung bleibt nicht aus. Nach einiger Zeit lassen sie sich scheiden, weil ihre Liebe nur ein verzerrtes Spiegelbild der wirklichen Liebe ist. Es gibt in dieser Welt keine wirkliche Liebe, sondern nur Lust. Wirkliche Liebe gibt es in der spirituellen Welt zwischen Rādhā und Kṛṣṇa. Wirkliche Liebe gibt es zwischen Kṛṣṇa und den *gopīs.* Wirkliche Liebe gibt es in der Freundschaft zwischen Kṛṣṇa und Seinen Kuhhirtenfreunden. Wirkliche Liebe gibt es zwischen Kṛṣṇa und den Kühen und Kälbern. Wirkliche Liebe gibt es zwischen Kṛṣṇa und den Bäumen, den Blumen und den Gewässern. In der spirituellen Welt ist alles Liebe. Doch in der materiellen Welt geben wir uns mit dem bloßen schattenhaften Spiegelbild der Dinge in der spirituellen Welt zufrieden. Laßt uns also jetzt, da wir das Geschenk des menschlichen Lebens erhalten haben, Kṛṣṇa verstehen! Das ist es, was Kṛṣṇa-Bewußtsein bedeutet: Kṛṣṇa zu verstehen. In der *Bhagavad-gītā* (4.9) heißt es: *janma karma ca me divyam evaṁ yo vetti tattvataḥ:* Wir sollten Kṛṣṇa in Wahrheit verstehen, nicht nur oberflächlich. Erlernt die Wissenschaft von Kṛṣṇa! Versucht einfach, Kṛṣṇa zu lieben! Ihr braucht nur die Bildgestalt Gottes zu verehren, *prasādam* zu essen, die heiligen Namen zu chanten und den Anweisungen des spirituellen Meisters zu folgen. So werdet ihr darin geschult, Kṛṣṇa zu verstehen, und euer Leben wird von Erfolg gekrönt sein. Das ist unsere Bewegung für Kṛṣṇa-Bewußtsein. Vielen Dank. Hare Kṛṣṇa.

5

Yoga und Meditation

हरे कृष्ण हरे कृष्ण
कृष्ण कृष्ण हरे हरे
हरे राम हरे राम
राम राम हरे हरे

Meditation durch transzendentalen Klang

In einem Vortrag an der Northeastern University von Boston im Sommer 1969 stellte Śrīla Prabhupāda ein Meditationssystem vor, das wegen seiner außergewöhnlichen Wirksamkeit gerühmt wird und nahezu immer und überall praktiziert werden kann. „Wenn ihr diesen einfachen Vorgang des Chantens befolgt – Hare Kṛṣṇa, Hare Kṛṣṇa, Kṛṣṇa Kṛṣṇa, Hare Hare / Hare Rāma, Hare Rāma, Rāma Rāma, Hare Hare", versicherte Śrīla Prabhupāda seinen Zuhörern, „werdet ihr sofort auf die Ebene der Transzendenz gelangen."

Meine lieben Jungen und Mädchen, ich danke euch ganz herzlich für eure Teilnahme an dieser Zusammenkunft. Wir verbreiten die Bewegung für Kṛṣṇa-Bewußtsein, weil dieses Bewußtsein auf der ganzen Welt dringend notwendig ist. Das Gute daran ist, daß es eine einfache Methode gibt, um dieses Bewußtsein zu erlangen.

Zuerst müssen wir verstehen, was die Ebene der Transzendenz ist. Gegenwärtig befinden wir uns auf verschiedenen Ebenen. Wir müssen uns also erst einmal auf die transzendentale Ebene erheben, vorher kann von transzendentaler Meditation nicht die Rede sein.

Im Dritten Kapitel der *Bhagavad-gītā* finden wir eine Erklärung der verschiedenen Stufen des bedingten Lebens: Die erste Stufe ist die körperliche Lebensauffassung (*indriyāṇi parāṇy āhuḥ*), unter deren Bann jeder in der materiellen Welt steht. Ich denke: „Ich bin Inder", und ihr denkt: „Ich bin Amerikaner." Ein anderer denkt: „Ich bin Russe", und wieder ein anderer hält sich für dieses oder jenes. Mit anderen Worten, jeder denkt: „Ich bin der Körper."

Diese Ebene wird als die sinnliche Ebene bezeichnet, denn solange wir eine körperliche Lebensauffassung haben, glauben wir, Glück bedeute Sinnenbefriedigung und sonst nichts. Die körperliche Lebensauffassung ist heute sehr weit verbreitet – nicht nur heute, sondern seit Anbeginn der Schöpfung. Dieses „Ich bin der Körper" ist die Krankheit, an der wir leiden.

Das *Śrīmad-Bhāgavatam* erkärt: *yasyātma-buddhiḥ kuṇape tri-dhātuke.* Wenn wir uns für den Körper halten, heißt das, daß wir uns als einen Sack Haut und Knochen betrachten. Der Körper ist ein Sack aus Haut, Knochen, Blut, Urin, Kot und vielen anderen schönen Dingen. Wenn wir uns also für den Körper halten, denken wir eigentlich: „Ich bin ein Sack aus Haut und Knochen, Kot und Urin. Das ist meine ganze Schönheit, mein ein und alles." Somit ist die körperliche Lebensauffassung nicht sonderlich klug, und sie führt gewiß nicht zur Selbstverwirklichung.

Denjenigen, die zu sehr an der körperlichen Lebensauffassung haften, wird in der *Bhagavad-gītā* empfohlen, das *dhyāna-yoga*-System, den *yoga* der Meditation, zu praktizieren. Im Sechsten Kapitel, Vers 13 und 14, erklärt Kṛṣṇa: „Man sollte Körper, Hals und Kopf aufrecht in einer geraden Linie halten und ununterbrochen auf die Nasenspitze blicken. So sollte man mit ungestörtem, kontrolliertem Geist, ohne Furcht und völlig frei von sexuellem Verlangen über Mich meditieren und Mich zum höchsten Ziel des Lebens machen."

Zuvor gibt Śrī Kṛṣṇa erste Anweisungen, wie man transzendentale Meditation praktizieren sollte: Man muß seine Sinnenbefriedigung einschränken, vor allem die Sexualität. Man muß einen sehr einsamen und heiligen Ort aufsuchen und sich allein niederlassen. Diese Meditationsmethode läßt sich nicht an einem Ort praktizieren, wo wie hier, in der Großstadt, viele Menschen leben. Man muß einen entlegenen, heiligen Ort aufsuchen und ganz allein üben. Man muß sich seinen Sitzplatz sorgfältig auswählen und sich auf eine ganz bestimmte Weise hinsetzen. Viele verschiedene Dinge sind zu beachten, und natürlich lassen sie sich nicht alle in einigen wenigen Minuten erklären. Wenn ihr euch dafür interessiert, findet ihr eine vollständige Beschreibung in der *Bhagavad-gītā* in dem Kapitel *„Dhyāna-yoga"*.

Man muß die körperliche Lebensauffassung überwinden und zur spirituellen Ebene gelangen. Das ist das Ziel aller echten Wege zur Selbstverwirklichung. Wie eingangs erwähnt, halten wir uns am Anfang alle für den Körper. *Indriyāṇi parāṇy āhuḥ.* Wer dann die körperliche Lebensauffassung hinter sich läßt, gelangt auf die Ebene des Geistes. *Indriyebhyaḥ paraṁ manaḥ.* Das Wort *manaḥ* bedeutet „Geist". Die allermeisten Menschen befinden sich in der körperlichen Lebensauffassung; es gibt aber auch einige, die sich in der mentalen Lebensauffassung befinden und sich mit ihrem Geist identifizieren, und einige, die sich auf der intellektuellen Ebene befinden (*manasas tu parā buddhiḥ*). *Buddhiḥ* bedeutet „Intelligenz". Wenn man auch noch die intellektuelle Ebene hinter sich läßt, gelangt man auf die spirituelle Ebene. Diese Ebene muß man zunächst verstehen.

Bevor man transzendentale Meditation praktizieren kann, muß man erst die transzendentale Ebene erreichen. Die transzendentale Ebene wird auch als *brahma-bhūtaḥ*-Ebene bezeichnet. Vielleicht habt ihr das Wort *Brahman* schon gehört. Ein Transzendentalist denkt: „*Ahaṁ brahmāsmi* – ich bin nicht der Körper, nicht der Geist, nicht die Intelligenz, sondern die spirituelle Seele." Wenn wir also die körperliche, mentale und intellektuelle Lebensauffassung überwinden, erreichen wir die rein spirituelle Ebene, die als *brahma-bhūtaḥ*-Stufe bezeichnet wird. Man kann nicht einfach behaupten: „Jetzt habe ich das Brahman erkannt." Es gibt gewisse Wesensmerkmale, an denen man sehen kann, ob jemand die Transzendenz, das Brahman, erkannt hat. In der *Bhagavad-gītā* (18.54) heißt es: *brahma-bhūtaḥ prasannātmā*. Wer sich auf der transzendentalen Ebene, der *brahma-bhūtaḥ*-Stufe, befindet, ist immer voller Freude und kennt keinen Mißmut.

Und was bedeutet „voller Freude"? Das wird ebenso erklärt: *na śocati na kāṅkṣati*. Wer auf der transzendentalen Ebene ist, begehrt nichts und klagt niemals. Auf der materiellen Ebene sind für die Menschen zwei Merkmale charakteristisch: Begehren und Klagen. Wir begehren, was wir nicht haben, und beklagen, was wir verloren haben. An diesen Merkmalen läßt sich die körperliche Lebensauffassung erkennen.

Die ganze materielle Welt begehrt Sexualität. Das ist das Grundprinzip der Begierde. *Puṁsaḥ striyā mithunī-bhāvam etam. Mithunī-bhāvam* bedeutet „Sexualität". Ganz gleich, ob man die Gesellschaft der Menschen, der Tiere, der Vögel oder der Insekten betrachtet, überall spielt Sexualität eine maßgebliche Rolle. Im materialistischen Leben ist es ganz natürlich, daß ein Junge ein Mädchen und ein Mädchen einen Jungen begehrt und daß ein Mann eine Frau und eine Frau einen Mann begehrt.

Sobald Mann und Frau sich vereinen, wird der feste Knoten im Herzen zugezogen (*tayor mitho hṛdaya-granthim āhuḥ*), und sie denken: „Ich bin Materie, ich bin der Körper, und der Körper gehört mir. Diese

Frau bzw. dieser Mann gehört mir. Dieses Land gehört mir. Diese Welt gehört mir." Diese Denkweise ist der feste Knoten im Herzen, und anstatt die körperliche Lebensauffassung zu überwinden, ziehen sie diesen Knoten noch fester zu, so daß er kaum noch zu lösen ist. Daher empfiehlt Kṛṣṇa in der *Bhagavad-gītā* jedem, der irgendwie Interesse hat, *yoga* und Meditation zu praktizieren und sich auf die transzendentale Ebene zu erheben, sich der Sexualität zu enthalten.

Weil das im gegenwärtigen Zeitalter jedoch unmöglich ist, sagen wir im Kṛṣṇa-Bewußtsein nicht: „Schluß mit der Sexualität!", sondern: „Gehe keiner unzulässigen Sexualität nach!" Allein schon zivilisiertes Leben setzt voraus, daß man keinen unzulässigen Geschlechtsverkehr hat, ganz zu schweigen vom transzendentalen Leben. In jeder zivilisierten Gesellschaft, sei sie hinduistisch, mohammedanisch oder christlich, gibt es die Institution der Ehe. Außerehelicher Geschlechtsverkehr gilt als unzulässig und ist in keiner zivilisierten Gesellschaft erlaubt, also erst recht nicht im transzendentalen Leben. Transzendentales Leben muß völlig frei von der mentalen und körperlichen Lebensauffassung sein.

Aber in diesem Zeitalter des Kali, wo jeder stets voller Sorgen und Ängste ist und das Leben nur kurz währt, interessieren sich die Menschen im allgemeinen nicht für transzendentale Themen, sondern finden nur Interesse an der körperlichen Lebensauffassung. Wie kann man sich auf die Ebene transzendentaler Erkenntnis erheben, wenn man von einem Heer von Ängsten geplagt wird? In diesem Zeitalter ist das sehr schwierig, aber es war schon vor fünftausend Jahren nicht einfach, als Kṛṣṇa Arjuna in der Meditation unterwies. Arjuna war ein Prinz, der in vieler Hinsicht sehr erfahren und fortgeschritten war, doch auf dem Schlachtfeld von Kurukṣetra sagte er: „Mein lieber Kṛṣṇa, es ist mir nicht möglich, diese transzendentale Meditation, das System des *dhyāna-yoga,* zu praktizieren. Ich bin Familienvater; ich bin hierhergekommen, um für meine politischen Interessen zu kämpfen. Wie soll ich dieses System praktizieren, bei dem ich einen einsamen Ort aufsuchen, mich auf eine bestimmte Weise hinsetzen und mich der Sexualität enthalten muß? Das ist ausgeschlossen." Arjuna war um vieles qualifizierter, als wir es sind, und doch weigerte er sich, diese Meditation zu praktizieren.

Die transzendentale Ebene läßt sich in diesem Zeitalter durch das *haṭha-yoga-* oder *dhyāna-yoga*-System nicht erreichen; und wenn jemand diese sogenannte Meditation dennoch zu praktizieren versucht, übt er sich auf jeden Fall nicht wirklich in transzendentaler Meditation. Es ist nicht möglich, transzendentale Meditation in der Stadt auszuüben, wie die *Bhagavad-gītā* eindeutig zu verstehen gibt. Aber ihr lebt in der Stadt zusammen mit eurer Familie und euren Freunden. Ihr könnt nicht einfach in den Wald gehen und einen einsamen Ort aufsuchen.

Wenn ihr euch in diesem Zeitalter auf die transzendentale Ebene erheben wollt, müßt ihr den Empfehlungen der vedischen Schriften folgen: *kalau tad dhari-kīrtanāt.* Im gegenwärtigen Zeitalter vermag man einfach durch das Chanten der heiligen Namen Gottes alle Vollkommenheit zu erlangen. Wir verbreiten das Chanten nicht etwa, weil wir es uns ausgedacht haben, um die Dinge sehr einfach zu machen. Nein, dieses transzendentale Meditationssystem wurde schon vor fünfhundert Jahren von Śrī Caitanya Mahāprabhu eingeführt. Es wird nicht nur von den vedischen Schriften empfohlen, sondern es hat sich auch in der Praxis bewährt. Wie ihr gesehen habt, machen diese Jungen und Mädchen, meine Schüler, sofort eine transzendentale Erfahrung, wenn sie Hare Kṛṣṇa chanten, und wenn ihr es probiert, könnt ihr diese Erfahrung teilen. Somit ist das Chanten von Hare Kṛṣṇa, Hare Kṛṣṇa, Kṛṣṇa Kṛṣṇa, Hare Hare / Hare Rāma, Hare Rāma, Rāma Rāma, Hare Hare die leichteste Art und Weise, transzendentale Meditation durchzuführen.

Diese transzendentale Klangschwingung trägt euch umgehend auf die transzendentale Ebene, besonders wenn ihr so zu hören versucht, daß euer Geist völlig in den Klang vertieft ist. Die Klangschwingung *Kṛṣṇa* ist nicht von Kṛṣṇa verschieden, denn Kṛṣṇa ist absolut. Da Gott absolut ist, besteht zwischen Gottes Namen und Ihm selbst kein Unterschied. In der materiellen Welt gibt es einen Unterschied zwischen Wasser und dem Wort *Wasser,* zwischen einer Blume und dem Wort *Blume,* aber nicht in der spirituellen Welt, der absoluten Welt. Sobald ihr daher die transzendentale Klangschwingung Kṛṣṇa, Hare und Rāma chantet, habt ihr sofort mit dem Höchsten Herrn und Seiner Energie Gemeinschaft.

Das Wort *Hare* steht für die Energie des Höchsten Herrn. Alles wird von der Energie des Höchsten Herrn vollbracht. *Parasya brahmaṇaḥ śaktiḥ.* Ebenso wie die Planeten eine Schöpfung der Energie der Sonne sind, ist die gesamte materielle und spirituelle Welt eine Schöpfung der Energie des Höchsten Herrn. Wenn wir Hare Kṛṣṇa chanten, beten wir zur Energie des Höchsten Herrn und zum Höchsten Herrn selbst: „Bitte, rette mich! Bitte, rette mich! Ich befinde mich in der körperlichen Lebensauffassung, im materiellen Dasein. Ich leide; bitte, erhebe mich auf die spirituelle Ebene, damit ich glücklich werde!"

Eure Lebensumstände braucht ihr deswegen nicht zu verändern. Wer Student ist, kann Student bleiben. Wer Geschäftsmann ist, kann Geschäftsmann bleiben. Frau, Mann, Schwarzer, Weißer – wer immer möchte, kann Hare Kṛṣṇa chanten. Bitte hört nur diesen transzendentalen Klang! Es ist eine einfache Methode, und es wird keine Gebühr erhoben. Wir sagen nicht: „Gib mir soundso viele Dollars, und ich werde dir diesen Hare-Kṛṣṇa-*mantra* geben." Nein, wir verteilen ihn in aller Öffentlichkeit. Ihr müßt nur zugreifen und ihn ausprobieren – sehr schnell werdet ihr die transzendentale Ebene erreichen. Den *mantra* zu hören, das ist transzendentale Meditation.

Diese Methode der Meditation wird in allen vedischen Schriften empfohlen; sie wurde von Śrī Caitanya gelehrt und von der Schülernachfolge in den letzten fünfhundert Jahren fortgeführt. Heute profitieren die Leute nicht nur in Indien, sondern auch hierzulande davon. Wenn ihr euch näher mit der Bewegung für Kṛṣṇa-Bewußtsein befaßt, werdet ihr erfahren, wie transzendentale Meditation möglich ist. Wir sind keine sentimentalen Schwärmer; wir haben viele Bücher (*Bhagavad-gītā wie sie ist, Śrīmad-Bhāgavatam, Die Lehren Śrī Caitanyas, Īśopaniṣad*) und unser Magazin *Back to Godhead.* Wir sind keine Phantasten, sondern stützen uns auf hohes philosophisches Gedankengut. Wenn ihr diesen einfachen Vorgang des Chantens befolgt – Hare Kṛṣṇa, Hare Kṛṣṇa, Kṛṣṇa Kṛṣṇa, Hare Hare / Hare Rāma, Hare Rāma, Rāma Rāma, Hare Hare –, werdet ihr sofort auf die Ebene der Transzendenz gelangen, auch ohne viel philosophische Literatur gelesen zu haben. Wie in unseren Schriften geschrieben steht, ist der Hare-Kṛṣṇa-*mantra* Śrī Caitanya Mahāprabhus Geschenk für die bedingten Seelen des gegenwärtigen Zeitalters.

Macht einmal die Probe aufs Exempel: Chantet einfach zu Hause oder wo immer ihr wollt! Es gibt keine Regel, daß man den Hare-Kṛṣṇa-*mantra* nur an einem bestimmten Ort oder in einer bestimmten Situation chanten darf. *Niyamitaḥ smaraṇe na kālaḥ.* Das Chanten wird nicht durch die Zeit, die Umstände oder die Umgebung eingeschränkt: überall und jederzeit könnt ihr auf diese Weise meditieren. Auf der Straße oder bei der Arbeit läßt sich keine andere Art der Meditation praktizieren außer dieser. Ihr könnt immer Hare Kṛṣṇa chanten – es ist so wunderbar.

Kṛṣṇa ist der vollkommene Name für Gott. Das Sanskritwort *kṛṣṇa* bedeutet „allanziehend", und *rāma* bedeutet „die höchste Freude". Welche Bedeutung kommt Gott noch zu, wenn Er nicht allanziehend und voll höchster Freude ist? Gott muß die Quelle höchster Freude sein, denn wie könnten wir sonst durch Ihn glücklich werden? Unser Herz sehnt sich nach den verschiedensten Freuden. Wenn uns Gott nicht alle Freude schenkte, wie könnte Er Gott sein? Darüber hinaus muß Gott allanziehend sein, denn wie könnte Er Gott sein, wenn sich nicht jeder Mensch zu Ihm hingezogen fühlte? Kṛṣṇa ist tatsächlich allanziehend – Er ist Gott.

Der Hare-Kṛṣṇa-*mantra* ist nicht sektiererisch. Da wir diese drei Namen – *Hare, Kṛṣṇa* und *Rāma* – chanten, denkt man vielleicht: „Das sind Hindu-Namen. Warum sollen wir diese Hindu-Namen chanten?" Engstirnige Menschen mögen zwar so denken, aber Śrī Caitanya sagt: „Es spielt keine Rolle, welchen Namen Gottes ihr chantet. Wenn ihr einen anderen echten Namen Gottes kennt, so könnt ihr den chanten. Doch preist Gottes Namen!" Das lehrt die Bewegung für Kṛṣṇa-Bewußtsein. Glaubt also nicht, daß diese Bewegung versucht, euch von Christen zu Hindus zu bekehren. Bleibt Christen, Juden oder Moslems. Das ist nicht von Belang. Aber wenn ihr wirklich euer Leben vervollkommnen wollt, dann versucht eure schlummernde Liebe zu Gott zu erwecken! Das ist die Vollkommenheit des Lebens.

Sa vai puṁsāṁ para dharmo yato bhaktir adhokṣaje. Um herauszufinden, ob eure Religion vollkommen ist oder ob ihr vollkommen seid, müßt ihr – ganz gleich, welcher Religion ihr angehört – prüfen, ob ihr Liebe zu Gott entwickelt habt. Gegenwärtig gilt unsere Liebe den verschiedensten Dingen. Doch die Vollkommenheit der Liebe erreichen wir nur, wenn wir all unsere Liebe Gott schenken. Wir lieben zwar, aber weil wir unsere Beziehung zu Gott vergessen haben, schenken wir unsere Liebe den Hunden. Das ist unsere Krankheit. Die Vervollkommnung des Lebens aber besteht darin, unsere Liebe zu Hunden in Liebe zu Gott zu verwandeln.

Mit anderen Worten: wir lehren keine bestimmte Form von Religion. Wir lehren nur, daß ihr lernen sollt, Gott zu lieben. Und das ist möglich durch das Chanten des Hare-Kṛṣṇa-*mantra.*

Der Pfad des Yoga

Im allgemeinen denken die Menschen, yoga sei eine Form von gymnastischer Übung, die dem körperlichen und geistigen Wohlbefinden diene. Im folgenden Vortrag (New York, 15. November 1966) jedoch erklärt Śrīla Prabhupāda die ursprüngliche Bedeutung von yoga, *wie er seit Jahrtausenden in Indien gelehrt und praktiziert wird. Erfahrene* yogīs, *so erklärt Śrīla Prabhupāda, sind durch ihre Entsagung imstande, zu jedem beliebigen Planeten des Universums zu reisen. Doch im Moment des Todes begeben sich die erfolgreichsten* yogīs *„in die spirituelle Welt und betreten Kṛṣṇaloka, Kṛṣṇas eigenen Planeten, um in Kṛṣṇas Gemeinschaft glücklich zu sein."*

sarva-dvārāṇi saṁyamya
mano hṛdi nirudhya ca
mūrdhny ādhāyātmanaḥ prāṇam
āsthito yoga-dhāraṇām

„*Yoga* bedeutet, sich von allen Tätigkeiten der Sinne zu lösen. Indem man alle Tore der Sinne schließt, den Geist auf das Herz und die Lebensluft auf den höchsten Punkt des Kopfes richtet, versenkt man sich im *yoga*" (*Bhagavad-gītā* 8.12).

Es gibt verschiedene Arten von Transzendentalisten oder *yogīs:* den *jñāna-yogī*, den *dhyāna-yogī* und den *bhakti-yogī*. Sie alle können in die spirituelle Welt gelangen, denn das Ziel des *yoga*-Systems ist es, unsere Beziehung zum Höchsten Herrn wiederherzustellen. Wir sind ewig mit dem Höchsten Herrn verbunden, aber gegenwärtig sind wir in der materiellen Welt gefangen. Daher müssen wir zum Herrn zurückkehren, und die Methode, sich wieder mit Ihm zu verbinden, wird *yoga* genannt.

Die eigentliche Bedeutung des Wortes *yoga* ist „mit" – das Gegenteil von ohne. Zur Zeit sind wir *ohne* Gott, *ohne* den Höchsten. Doch sobald wir uns *mit* Gott verbinden, haben wir die Vollkommenheit der menschlichen Lebensform erreicht.

Bis zu unserem Tode müssen wir die Stufe der Vollkommenheit erreicht haben. Deshalb müssen wir uns während des Lebens darin üben, uns dieser Stufe so weit wie möglich zu nähern, denn so können wir zum Zeitpunkt des Todes, wenn wir unseren Körper aufgeben, die Vollkommenheit erlangen. Ein Student zum Beispiel bereitet sich zwei, drei oder vier Jahre auf seine Abschlußprüfung vor, und wenn er sie besteht, bekommt er sein Diplom. Wenn wir uns auf die Abschlußprüfung des Todes vorbereiten und sie bestehen, erreichen wir die spirituelle Welt. Alles, was wir in diesem Leben gelernt haben, wird im Moment des Todes geprüft. Hier in der *Bhagavad-gītā* beschreibt also Kṛṣṇa, was wir in der Stunde des Todes tun sollen, wenn wir den gegenwärtigen Körper aufgeben.

Für die *dhyāna-yogīs* lautet die Vorschrift: *sarva-dvārāṇi saṁyamya mano hṛdi nirudhya ca.* In der Fachsprache des *yoga* wird diese Methode als *pratyāhāra* bezeichnet, was „genau das Gegenteil" bedeutet. Unsere Augen erfreuen sich zum Beispiel an weltlicher Schönheit. *Pratyāhāra* heißt aber, daß wir uns des Genusses der äußeren Schönheit enthalten und uns in Meditation versenken sollten, um die innere Schönheit zu betrachten. Wir sollten *oṁkāra* hören, die klangliche Repräsentation des Herrn, die aus dem Inneren kommt. Ebenso müssen wir alle anderen Sinne von ihren äußeren Tätigkeiten zurückziehen und in die Meditation über Gott versenken. Die Vollkommenheit des *dhyāna-yoga* ist es, den Geist auf die *viṣṇu-murti,* die Form Gottes, die im Herzen weilt, zu konzentrieren. Der Geist ist leicht erregbar und muß daher auf das Herz gerichtet werden (*mano hṛdi nirudhya*). Das Wort *nirudhya* bedeutet: den Geist im Herzen einsperren. Wenn man hierauf die Lebensluft im höchsten Punkt des Kopfes sammelt (*mūrdhny ādhāyātmanaḥ prāṇam āsthito yoga-dhāraṇām*), hat man das Ziel des *yoga* erreicht.

Ein vollkommener *dhyāna-yogī* kann bestimmen, wohin er nach seinem Tod gehen möchte. Es gibt zahllose Planeten in der materiellen Welt, und jenseits der materiellen Welt gibt es noch die spirituelle Welt. Die *yogīs* erhalten aus den vedischen Schriften Auskunft über all diese verschiedenen Planeten. Bevor ich nach Amerika gekommen bin, habe ich in Büchern Beschreibungen über dieses Land gelesen, und so kann man auch in den vedischen Schriften Beschreibungen der höheren Planeten und der spirituellen Welt finden.

Der *yogī* weiß über all das Bescheid und kann sich zu jedem beliebigen Planeten begeben. Er braucht dazu kein Raumschiff. Schon seit vielen Jahren versuchen die Wissenschaftler, mit Raumschiffen zu anderen Planeten zu fliegen, doch sie werden gewiß nie Erfolg haben, auch nicht in hundert oder tausend Jahren, denn dies ist nicht das geeignete Mittel, um zu anderen Planeten zu gelangen. Durch den technischen Fortschritt sind vielleicht ein oder zwei Menschen in der Lage, einen anderen Planeten zu erreichen, aber das ist nicht der normale Weg. Der normale Weg, auf dem man zu den höheren Planeten gelangt, ist dieses System des *dhyāna-yoga* oder das System des *jñāna-yoga,* aber nicht das System des *bhakti-yoga.*

Bhakti-yoga ist nicht dazu bestimmt, irgendeinen materiellen Planeten zu erreichen. Die Geweihten Kṛṣṇas, des Höchsten Herrn, sind an keinem Planeten im materiellen Universum interessiert, denn sie wissen, daß auf allen Planeten die vier Grundprinzipien des materiellen Daseins gelten: Geburt, Tod, Krankheit und Alter. Obwohl man auf den höheren Planeten viel, viel länger lebt als auf der Erde, muß man auch dort letzten Endes sterben. Deswegen interessieren sich die Geweihten Kṛṣṇas nicht für das materielle Leben, das Geburt, Tod, Krankheit und Alter bedeutet, sondern für das spirituelle Leben, das einen von diesen Leiden befreien kann. Geburt, Tod, Unwissenheit und Elend – all diese Dinge hören im spirituellen Leben auf. Intelligente Menschen streben nicht danach, sich auf irgendeinen Planeten in der materiellen Welt zu erheben.

Zur Zeit versuchen die Wissenschaftler, den Mond zu erreichen, aber es ist sehr schwierig für sie, ihn zu betreten, da sie keinen geeigneten Körper haben. Wenn wir aber die höheren Planeten mit diesem *yoga*-System erreichen, werden wir einen passenden Körper bekommen. Für jeden Planeten gibt es einen passenden Körper, ohne den man sich dort nicht aufhalten kann. Wir können zum Beispiel mit unserem Körper nicht länger als 15 oder 16 Stunden im Wasser leben. Die Fische jedoch, die Wasserlebewesen sind, besitzen einen passenden Körper und verbringen ihr ganzes Leben im Wasser. Nimmt man aber einen Fisch aus dem Wasser, wird er sofort sterben. Selbst auf unserem Planeten braucht man also einen passenden Körper, um an einem bestimmten Ort leben zu können. Wenn man daher einen anderen Planeten betreten will, muß man sich auf diesen Aufenthalt vorbereiten, indem man einen geeigneten Körper annimmt.

Ein Jahr auf der Erde entspricht einem Tag und einer Nacht auf den höheren Planeten, und die Bewohner dieser Planeten leben zehntausend Jahre ihrer Zeitrechnung. So wird es in den vedischen Schriften geschildert. Auf diesen Planeten kann man ohne Zweifel sehr lange leben, aber am Ende muß man doch sterben. Ob nach zehntausend, zwanzigtausend oder Millionen von Jahren, das spielt keine Rolle. Die Tage sind gezählt, und schießlich kommt der Tod. Die spirituelle Seele ist jedoch nicht dem Tod unterworfen. Schon zu Anfang der *Bhagavad-gītā* erfahren wir: *na hanyate hanyamāne śarīre.* „Die Seele wird nicht getötet, wenn der Körper getötet wird."

Wir sind ewige spirituelle Seelen. Warum sollten wir uns selbst Geburt und Tod ausliefern? Solch eine Frage zeugt von wahrer Intelligenz. Kṛṣṇa-bewußte Menschen sind sehr klug; ihnen ist nichts daran gelegen, auf irgendeinen Planeten erhoben zu werden, wo sie erneut sterben müssen, auch wenn die Lebensdauer dort lang ist. Statt dessen wollen sie einen spirituellen Körper, der die gleiche Beschaffenheit wie der Körper Gottes hat. *Īśvaraḥ paramaḥ kṛṣṇaḥ sac-cid-ānanda-vigrahaḥ.* Gottes Körper ist *sac-cid-ānanda. Sat* bedeutet „ewig", *cit* „voller Wissen" und *ānanda* „voller Freude". Wenn wir nach dem Verlassen unseres Körpers die spirituelle Welt erreichen – Kṛṣṇas Planeten oder irgendeinen anderen spirituellen Planeten –, bekommen wir einen Körper, der ebenso voller *sac-cid-ānanda* (Ewigkeit, Wissen und Glückseligkeit) ist. Mit anderen Worten: wer versucht, im Kṛṣṇa-Bewußtsein Fortschritte zu machen, hat ein anderes Ziel im Leben als jemand, der danach strebt, sich auf einen der höheren Planeten in der materiellen Welt zu erheben.

Unsere Seele ist ein winzig kleines, unsichtbares Teilchen, das sich im Körper befindet. Das Ziel des *dhyāna-yoga*-Systems oder *ṣaṭ-cakra*-Systems besteht darin, die Seele vom Herzen allmählich zur höchsten Stelle des Kopfes zu befördern. Die Vollkommenheit hat man erreicht, wenn man von dort aus die Schädeldecke durchbricht und sich auf einen der höheren Planeten erhebt. Auf diese Weise kann ein *yogī* jeden beliebigen Planeten erreichen.

Ähnlich wie wir neugierig sind, was es auf dem Mond gibt, denkt sich der *yogī:* „Ich will einmal schauen, wie es auf dem Mond aussieht. Danach werde ich zu höheren Planeten aufsteigen." Mit Hilfe dieses *yoga*-Systems können wir im Universum von einem Planeten zum anderen gelangen, ebenso wie wir auf der Erde von New York nach Kalifornien und weiter nach Kanada reisen können. Überall besteht allerdings das gleiche System: Man braucht ein Visum und muß durch den Zoll. Ein Kṛṣṇa-bewußter Mensch freilich interessiert sich nicht für solche vergänglichen Planeten, auch wenn ihn dort ein langes Leben erwarten mag.

Wenn ein *yogī* seinen Körper aufgeben will, benutzt er folgende Methode:

oṁ ity ekākṣaraṁ brahma
vyāharan mām anusmaran
yaḥ prayāti tyajan dehaṁ
sa yāti paramāṁ gatim

„Wenn man in diesem *yoga*-System gefestigt ist und die heilige Silbe *oṁ,* die höchste Buchstabenkombination, chantet und wenn man beim Verlassen des Körpers an die Höchste Persönlichkeit Gottes denkt, wird man mit Sicherheit die spirituellen Planeten erreichen" (*Bhagavad-gītā* 8.13).

Oṁ oder *oṁkara* ist die Kurzform transzendentaler Klangschwingung. Der yogī sollte *oṁ* chanten und sich gleichzeitig an Kṛṣṇa, Viṣṇu, erinnern. Das Ziel des gesamten *yoga*-Systems ist es, den Geist auf Viṣṇu, den Herrn, zu richten (*mām anusmaran*). Die Unpersönlichkeitsanhänger stellen sich vor, daß dieses *oṁkāra* die Gestalt Viṣṇus, des Herrn, sei; doch die Persönlichkeitsanhänger stellen sich nichts vor – sie sehen die Gestalt des Höchsten Herrn tatsächlich. Ob man sich Viṣṇu nun vorstellt oder Ihn wirklich sieht, man muß auf jeden Fall seinen Geist auf Viṣṇus Gestalt konzentrieren. Das Wort *mām* bedeutet hier „an den Höchsten Herrn, Viṣṇu". Wenn es einem gelingt, sich beim Verlassen des Körpers an Viṣṇu zu erinnern, darf man in das spirituelle Königreich eintreten.

Wirkliche *yogīs* wollen keinen anderen Planeten in der materiellen Welt erreichen, denn sie wissen, daß das Leben dort vergänglich ist. Das ist ein Zeichen von Intelligenz. Wer sich mit zeitweiligem Glück, einem vergänglichen Leben und vorübergehenden Annehmlichkeiten zufriedengibt, ist nach den Worten der *Bhagavad-gītā* nicht intelligent:

Śrī Śrīmad
A.C. Bhaktivedanta Swami Prabhupāda
Gründer/Ācārya der Internationalen Gesellschaft für Krischna-Bewußtsein

Śrī Caitanya und Seine Gefährten verbreiten das gemeinsame Chanten der heiligen Namen des Herrn. Dies ist der einfachste Weg zur Selbsterkenntnis in unserer Zeit. Von links: Śrī Advaitācārya, Śrī Nityānanda, Śrī Caitanya, Śrī Gadādhara und Śrīvāsa Ṭhākura.

Jedes Jahr versammeln sich mehrere Millionen Pilger in Jagannātha Purī, um am Ratha-yātrā-Festival teilzunehmen.

Śrīla Prabhupāda hat das traditionelle Ratha-yātrā in den Westen gebracht. Unser Bild zeigt das Ratha-yātrā-Fest in San Francisco am 7. Juli 1974.

Auf dem spirituellen Planeten Goloka Vṛndāvana ist jeder Schritt ein Tanz und jedes Wort ein Gesang. Der Klang von Kṛṣṇas Flöte bezaubert die Herzen aller Lebewesen.

Vṛndāvana—jener heilige Ort, wo vor 5000 Jahren Śrī Kṛṣṇa, die Höchste Persönlichkeit Gottes, auf der Erde erschien und Seine transzendentalen Spiele offenbarte.

Śrīla Prabhupādas Wunsch war es, daß niemand Hunger leiden sollte. Seit 1972 wurden durch das Food-for-Life-Programm weltweit über 85 Millionen *prasādam*-Mahlzeiten an Bedürftige verteilt.

Nach vedischem Vorbild gründete Śrīla Prabhupāda *gurukula*-Schulen, die neben einer fundierten Allgemeinbildung auch spirituelles Wissen vermitteln.

Gottgeweihte am Erscheinungstag Śrī Caitanyas in Māyāpura, Indien.

Einmal pro Woche finden in den ISKCON-Tempeln spirituelle Feste statt. Śrīla Prabhupāda: „Jeder kann zu uns kommen, Hare Kṛṣṇa chanten, *prasādam* essen, die Philosophie der *Bhagavad-gītā* hören und versuchen, dem materiellen, bedingten Dasein ein Ende zu bereiten."

Śrī Kṛṣṇa befindet Sich immer in der Gemeinschaft Śrīmatī Rādhārāṇīs, Seiner ewigen Gefährtin und personifizierten Freudenenergie. Ihre Beziehung ist das Urbild reiner Liebe, deren verzerrtes Abbild die Liebe in der materiellen Welt ist.

antavat tu phalaṁ teṣāṁ tad bhavaty alpa-medhasām. Warum sollten wir uns für zeitweilige Dinge interessieren, wenn wir ewig sind? Wer wünscht sich schon ein vergängliches Dasein? Niemand.

Wenn wir in einer Wohnung leben und uns der Hauseigentümer kündigt, sind wir gezwungen, die Wohnung zu räumen, ob wir wollen oder nicht. Wir tun das nicht gerne, es sei denn, wir können in eine bessere Wohnung umziehen. Im allgemeinen sehnen wir uns nach einem Wohnsitz, wo wir für immer bleiben können, denn wir sind ewig. Das ist eine ganz natürliche Neigung. Weil wir ewig sind, wollen wir auch nicht sterben oder krank werden. Krankheit, Tod, Geburt und Leid sind künstliche, äußerliche Dinge.

Manchmal werden wir von Fieber befallen. Fieber zu haben ist für uns ein unnatürlicher Zustand, und um uns davon zu befreien, müssen wir bestimmte Maßnahmen ergreifen. In ähnlicher Weise müssen wir, um uns von den Leiden der Geburt, des Todes, der Krankheit und des Alters zu befreien, uns vom materiellen Körper lösen, denn diese Leiden kommen vom materiellen Körper.

Der *yogī,* der ein Unpersönlichkeitsanhänger ist, sollte beim Verlassen des materiellen Körpers den transzendentalen Klang *oṁ* chanten. Jeder, der im Moment des Todes den transzendentalen Klang *oṁ* chantet und völlig in Gedanken an den Höchsten Herrn versunken ist, wird ohne Zweifel in die spirituelle Welt gelangen. Die Unpersönlichkeitsanhänger jedoch können den spirituellen Planeten Śrī Kṛṣṇas nicht betreten, sondern bleiben außerhalb, in der *brahmajyoti*-Ausstrahlung. Genau wie der Sonnenschein mit der Sonne eins, aber doch von ihr verschieden ist, ist die Ausstrahlung des Höchsten Herrn, die *brahmajyoti* genannt wird, mit dem Höchsten Herrn eins und doch von Ihm verschieden. Die Unpersönlichkeitsanhänger, die die spirituelle Welt erreichen, gehen als winzige Teilchen in dieses *brahmajyoti* ein.

Wir alle sind winzige Teilchen, spirituelle Funken, und das *brahmajyoti* besteht aus unendlich vielen solcher spiritueller Funken. Als spirituelle Funken tauchen die Unpersönlichkeitsanhänger in das spirituelle Dasein ein. Sie behalten zwar ihre wesensgemäße Individualität bei, aber weil sie keine persönliche Form annehmen wollen, werden sie in das unpersönliche *brahmajyoti* versetzt und müssen dort bleiben. Vergleichbar mit den kleinen Partikeln, aus denen das Sonnenlicht besteht, ist die Seele ein winziges Teilchen, noch kleiner als ein

Atom – so groß wie der zehntausendste Teil einer Haarspitze. Dieses kleine Teilchen verweilt im *brahmajyoti,* und obwohl es mit ihm verschmolzen zu sein scheint, ist es immer noch ein Individuum.

Das Problem ist nur, daß wir als Lebewesen alle nach Freude suchen. Wir existieren nicht nur, sondern wir tragen in uns auch das Streben nach Glückseligkeit. Wir sind unserem Wesen nach *sac-cid-ānanda* – ewig, voller Wissen und Glückseligkeit. Diejenigen, die in das unpersönliche *brahmajyoti* eingehen, denken: „Ich bin mit dem Brahman verschmolzen. Das Brahman und ich sind eins." Sie haben zwar Ewigkeit und Wissen, aber keine ewige Glückseligkeit. Das ist es, was ihnen fehlt.

Wenn wir allein in einem Zimmer eingeschlossen sind, können wir zwar für einige Zeit ein Buch lesen oder über irgend etwas nachdenken, aber wir können nicht für den Rest unseres Lebens allein bleiben. Schließlich werden wir das Zimmer verlassen und Gemeinschaft suchen, denn das entspricht unserem Wesen. Wenn wir daher in die unpersönliche Ausstrahlung des Höchsten Herrn eingehen, besteht die Gefahr, daß wir wieder in die materielle Welt hinunterfallen. Das erfahren wir aus dem *Śrīmad-Bhāgavatam* (10.2.32):

ye 'nye 'ravindākṣa vimukta-māninas
tvayy asta-bhāvād aviśuddha-buddhayaḥ
āruhya kṛcchreṇa paraṁ padaṁ tataḥ
patanty adho 'nādṛta-yuṣmad-aṅghrayaḥ

Die Unpersönlichkeitsanhänger sind wie Astronauten, die immer höher und höher fliegen – 25.000, 30.000, 100.000 Meilen. Weil aber kein Planet ein geeigneter Aufenthaltsort für sie ist, müssen sie wieder zur Erde zurückkehren. Genausowenig ist das unpersönliche Brahman ein geeigneter oder sicherer Aufenthaltsort. Daher heißt es in diesem Vers: *āruhya kṛcchreṇa paraṁ padaṁ tataḥ.* Selbst nach größten Bemühungen besteht für den Unpersönlichkeitsanhänger, der die spirituelle Welt erreicht hat und sich im unpersönlichen Brahman aufhält, die Gefahr, wieder ins materielle Dasein zurückzufallen – *patanty adhaḥ.* Und warum? *Anādṛta-yuṣmad-aṅghrayaḥ* – weil er es versäumt hat, dem Höchsten Herrn mit Liebe und Hingabe zu dienen.

Solange wir auf der Erde sind, sollten wir uns darin üben, Kṛṣṇa, den Höchsten Herrn, zu lieben und Ihm zu dienen; dann wird es uns erlaubt sein, die spirituellen Planeten zu betreten. Wenn wir das nicht lernen, können wir als Unpersönlichkeitsanhänger zwar in die spirituelle Welt eingehen, aber die Gefahr ist sehr groß, daß wir wieder ins materielle Dasein zurückfallen. Weil wir die Einsamkeit nicht ertragen können, werden wir uns nach Gemeinschaft sehnen, und weil wir keine Gemeinschaft mit dem Höchsten Herrn haben, werden wir in die materielle Welt zurückkehren müssen, um dort Gemeinschaft zu finden.

Es ist für uns am besten, wenn wir unsere wesensgemäße Stellung klar erkennen. Was wir wirklich wollen, ist Ewigkeit, Allwissenheit und vor allem Freude. Wenn wir allein sind, fehlt uns diese Freude, und wir fühlen uns unzufrieden. Weil wir aber Freude brauchen, wird uns jede Art von Freude, auch materielle Freude, recht sein. Das ist die Gefahr, die dem Unpersönlichkeitsanhänger droht. Im Kṛṣṇa-Bewußtsein hingegen werden wir von wahrer Freude erfüllt.

Die höchste Freude, die man in der materiellen Welt genießen kann, ist Sexualität, aber diese Freude ist nur ein verzerrtes Abbild; sie ist krankhaft. Auch in der spirituellen Welt gibt es so etwas wie Sexualität, doch wir sollten nicht denken, daß dies irgendwie mit der Sexualität in der materiellen Welt vergleichbar sei. *Janmādy asya yataḥ:* Wenn es in der spirituellen Welt keine Sexualität gäbe, könnte sie nicht in der materiellen Welt widergespiegelt werden. Das Leben in der materiellen Welt ist nur ein verzerrtes Abbild – das wirkliche Leben ist das Leben in der spirituellen Welt.

Kṛṣṇa ist voller Freude, und wenn wir uns darin üben, Ihm im Kṛṣṇa-Bewußtsein zu dienen, können wir im Augenblick des Todes in die spirituelle Welt eingehen und Kṛṣṇaloka, Kṛṣṇas eigenen Planeten, betreten, um in Kṛṣṇas Gemeinschaft glücklich zu sein.

cintāmaṇi-prakara-sadmasu kalpa-vṛkṣa-
lakṣāvṛteṣu surabhīr abhipālayantam
lakṣmī-sahasra-śata-sambhrama-sevyamānaṁ
govindam ādi-puruṣam tam ahaṁ bhajāmi

So wird Kṛṣṇaloka beschrieben: Die Häuser dort bestehen aus dem Stein der Weisen (*cintāmaṇi-prakara-sadmasu*). Wenn man mit einem kleinen Stückchen dieses Steins eine Eisenstange berührt, wird sie sich sofort in Gold verwandeln. In der materiellen Welt haben wir natürlich solch einen Stein noch nie gesehen, doch der Beschreibung der *Brahma-saṁhitā* zufolge bestehen auf Kṛṣṇaloka alle Häuser aus diesem Stein der Weisen. Die Bäume dort sind Wunschbäume (*kalpa-vṛkṣa*), von denen man alles bekommen kann, was man will. Hier wachsen auf einem Mangobaum nur Mangos und auf einem Apfelbaum nur Äpfel, doch auf Kṛṣṇaloka kann man von jedem Baum alles bekommen, was man sich wünscht. So lauten einige der Beschreibungen Kṛṣṇalokas.

Am besten versuchen wir uns daher nicht auf irgendeinen materiellen Planeten zu erheben, denn auf ihnen werden uns die gleichen Prinzipien des unglückseligen Lebens begegnen, an die wir uns schon gewöhnt haben. Wir haben uns schon mit Geburt und Tod abgefunden. Obwohl die Wissenschaftler auf ihren wissenschaftlichen Fortschritt sehr stolz sind, gelingt es ihnen nicht, diese Probleme zu lösen und Alter, Krankheit und Tod aus der Welt zu schaffen. Sie können etwas herstellen, was den Tod beschleunigt, aber nichts, was den Tod aus der Welt schafft. Das steht nicht in ihrer Macht.

Wer also intelligent genug ist, bemüht sich, diese vier Probleme – *janma-mṛtyu-jarā-vyādhi* (Geburt, Tod, Alter und Krankheit) – zu lösen und ein spirituelles Leben voller Ewigkeit, Glückseligkeit und Wissen zu führen. Und das ist möglich, wenn man die spirituellen Planeten erreicht. In der *Bhagavad-gītā* (8.14) heißt es:

ananya-cetāḥ satataṁ
yo māṁ smarati nityaśaḥ
tasyāhaṁ sulabhaḥ pārtha
nitya-yuktasya yoginaḥ

Das Wort *nitya-mukta* bedeutet „ständig in Trance". Derjenige, der ständig an Kṛṣṇa denkt und sich ununterbrochen ins Kṛṣṇa-Bewußtsein vertieft, ist der höchste *yogī.* Seine Aufmerksamkeit wird nicht von *jñāna-yoga, dhyāna-yoga* oder irgendeinem anderen *yoga*-System abgelenkt. Für ihn gibt es nur ein System: Kṛṣṇa. *Ananya-cetāḥ* bedeutet „ohne abzuweichen". Er wird durch nichts aus der Ruhe gebracht, denn er denkt immer an Kṛṣṇa. Das Wort *satatam* bedeutet „immer und überall".

Meine Heimat ist Vṛndāvana, wo Kṛṣṇa erschien, als Er auf die Erde herabkam. Obwohl ich mich jetzt in Amerika aufhalte, bin ich dennoch in Vṛndāvana, denn ich denke immer an Kṛṣṇa. Ich befinde mich zwar in einer Wohnung in New York, aber mein Bewußtsein ist in Vṛndāvana. Kṛṣṇa-Bewußtsein bedeutet, daß wir jetzt schon zusammen mit Kṛṣṇa auf Seinem spirituellen Planeten leben. Wir brauchen nur noch zu warten, bis wir unseren gegenwärtigen Körper aufgeben.

Kṛṣṇa erklärt, daß man Ihn sehr leicht erreichen kann, wenn man sich ständig an Ihn erinnert (*ananya-cetāḥ satataṁ yo māṁ smarati nityaśaḥ*). Das ist der Vorgang, um Kṛṣṇa-Bewußtsein zu erlangen. Wer sich dem Kṛṣṇa-Bewußtsein zuwendet, kann das höchste und teuerste Gut sehr günstig erwerben. *Tasyāhaṁ sulabhaḥ pārtha nitya-yuktasya yoginaḥ*. „Wer immerfort im *bhakti-yoga* versunken ist – oh, für den koste Ich nicht viel, der kann Mich leicht erwerben."

Warum sollten wir also eine schwierige Methode versuchen? Wir chanten einfach: Hare Kṛṣṇa, Hare Kṛṣṇa, Kṛṣṇa Kṛṣṇa, Hare Hare / Hare Rāma, Hare Rāma, Rāma Rāma, Hare Hare. Wir können rund um die Uhr chanten, es gibt keine Regeln und Vorschriften. Wir können auf der Straße oder in der Untergrundbahn chanten, zu Hause oder im Büro. Es kostet nichts, und man braucht dafür keine Steuern zu bezahlen. Warum probiert ihr es nicht einmal aus?

Vielen Dank!

Der Geist – der größte Freund oder der größte Feind

Ist der Geist die endgültige Quelle all unseres Wissens? Oder gibt es noch eine Wissensquelle jenseits unseres Geistes? Im folgenden Vortrag (Los Angeles, Februar 1969) erklärt Śrīla Prabhupāda, warum man den Geist unter die Kontrolle der spirituellen Energie bringen muß. Als Leitmotiv dient ihm ein Vers aus der Bhagavad-gītā, *der meistgelesenen und renommiertesten Schrift Indiens:*

bandhur ātmātmanas tasya
yenātmaivātmanā jitaḥ
anātmanas tu śatrutve
vartetātmaiva śatru-vat

„Für den, der den Geist bezwungen hat, ist der Geist der beste Freund; doch für den, der dies versäumt hat, bleibt der Geist der größte Feind" (*Bhagavad-gītā* 6.6).

Der Zweck des *yoga* besteht darin, den Geist zu unserem Freund zu machen. Wenn der Geist mit Materie in Berührung kommt, wird er zu unserem Feind, genauso wie der Geist eines Betrunkenen. Im *Caitanya-caritāmṛta* (*Madhya* 20.117) heißt es: *kṛṣṇa bhuli' se jīva anādi-bahirmukha ataeva māyā tāre deya saṁsāra-duḥkha.* „Das Lebewesen hat Kṛṣṇa vergessen und wird seit unvordenklichen Zeiten vom äußeren Aspekt des Herrn in Bann gehalten. Das ist der Grund, warum ihm die illusionierende Energie (*māyā*) im materiellen Dasein die verschiedensten Leiden aufzwingt."

Wir sind spirituelle Seelen, untergeordnete Teile der Höchsten Persönlichkeit Gottes, aber sobald unser Geist verunreinigt wird, rebellieren wir; denn wir haben eine gewisse Unabhängigkeit. „Warum soll ich Kṛṣṇa oder Gott dienen? *Ich* bin Gott." Wenn uns der Geist diesen Gedanken aufdrängt, verändert sich unsere Situation grundlegend. Wir erliegen einer falschen Vorstellung, einer Illusion, und unser ganzes Leben ist ruiniert. Wir versuchen alles mögliche, ja ganze Reiche zu erobern; doch gelingt es uns nicht, den Geist zu bezwingen, so haben wir versagt, selbst wenn wir ein Kaiserreich erobern. Unser Geist wird unser größter Feind sein.

Das Ziel des achtfachen *yoga* besteht darin, den Geist zu beherrschen und ihn zu einem Freund zu machen, der uns hilft, den Sinn des menschlichen Lebens zu erfüllen. Wenn der Geist nicht beherrscht ist, ist das Praktizieren von *yoga* nichts als Zeitverschwendung, nur eine Show. Wer seinen Geist nicht beherrschen kann, lebt ständig mit seinem größten Feind zusammen, und so wird sein Leben ruiniert und verliert seinen Sinn. Es ist die wesensgemäße Stellung des Lebewesens, die Anordnungen eines Höheren auszuführen. Solange der Geist ein unbezwungener Feind bleibt, muß man dem Diktat von Lust, Zorn, Geiz, Illusion usw. gehorchen. Wenn aber der Geist bezwungen ist, folgt man freiwillig den Anweisungen der Persönlichkeit Gottes, die im Herzen eines jeden als die Überseele (Paramātmā) gegenwärtig ist. Echte *yoga*-Praxis läuft darauf hinaus, dem Paramātmā im Herzen zu begegnen und dann Seinen Anweisungen zu folgen. Derjenige jedoch, der sich direkt dem Kṛṣṇa-Bewußtsein zuwendet, wird sich automatisch auf vollkommene Weise den Anordnungen des Herrn ergeben.

jitātmanaḥ praśāntasya
paramātmā samāhitaḥ
śītoṣṇa-sukha-duḥkheṣu
tathā mānāpamānayoḥ

„Für jemanden, der den Geist bezwungen hat, ist die Überseele bereits erreicht, denn er hat Ruhe und Frieden erlangt. Für einen solchen Menschen sind Glück und Leid, Hitze und Kälte, Ehre und Schmach das gleiche“(*Bhagavad-gītā* 6.7).

Eigentlich wird von jedem Lebewesen erwartet, daß es den Anweisungen des Herrn, der Höchsten Persönlichkeit Gottes, folgt, der Sich als Paramātmā im Herzen eines jeden befindet. Wenn der Geist durch die äußere, illusionierende Energie irregeführt ist, wird man in materielle Tätigkeiten verstrickt. Wenn man aber den Geist durch eines der *yoga*-Systeme zu beherrschen vermag, hat man sein Ziel praktisch schon erreicht. Man muß in jedem Fall höheren Weisungen folgen. Wenn der Geist fest auf die höhere Natur gerichtet ist, hat er keine andere Möglichkeit, als den Weisungen des Höchsten zu folgen. Der Geist muß sich einer höheren Anweisung fügen und sie dann ausführen. Wenn man den Geist einmal beherrscht, folgt man von selbst den Anweisungen des Paramātmā, der Überseele. Durch Kṛṣṇa-Bewußtsein kann man diese transzendentale Ebene sogleich erreichen, weshalb der Geweihte Kṛṣṇas von der Dualität des materiellen Daseins – Glück und Leid, Hitze und Kälte usw. – nicht berührt wird. Dieser Zustand ist praktischer *samādhi,* Versenkung in den Höchsten.

jñāna-vijñāna-tṛptātmā
kūṭa-stho vijitendriyaḥ
yukta ity ucyate yogī
sama-loṣṭrāśma-kāñcanaḥ

„Ein Mensch gilt als selbstverwirklicht und wird als *yogī* (Mystiker) bezeichnet, wenn er dank erlernten und verwirklichten Wissens völlig zufrieden ist. Ein solcher Mensch ist in der Transzendenz verankert und selbstbeherrscht. Er sieht alles – ob Kies, Steine oder Gold – als gleich an" (*Bhagavad-gītā* 6.8).

Buchwissen ist nutzlos, solange es nicht zur Erkenntnis der Höchsten Wahrheit führt. Im *Padma Purāṇa* heißt es:

ataḥ śrī-kṛṣṇa-nāmādi
na bhaved grāhyam indriyaiḥ
sevonmukhe hi jihvādau
svayam eva sphuraty adaḥ

„Niemand kann das transzendentale Wesen des Namens, der Gestalt, der Eigenschaften und der Spiele Śrī Kṛṣṇas mit materiell verunreinigten Sinnen erfassen. Nur jemandem, der vom transzendentalen Dienst des Herrn spirituell durchdrungen ist, werden der Name, die Gestalt, die Eigenschaften und die Spiele des Herrn offenbart."

Die *Bhagavad-gītā* ist die Wissenschaft vom Kṛṣṇa-Bewußtsein. Niemand vermag einfach durch weltliche Gelehrsamkeit Kṛṣṇa-bewußt zu werden. Nur weil man einen Doktor- oder Professortitel hat, ist man noch lange nicht in der Lage, die *Bhagavad-gītā* zu verstehen. Die *Bhagavad-gītā* ist eine transzendentale Wissenschaft, und man benötigt andere Sinne, um sie zu verstehen. Daher muß man seine Sinne läutern, indem man dem Herrn dient. Ohne diese Voraussetzung unterliegt selbst ein großer Gelehrter, sei er nun ein Doktor oder Professor, Irrtümern, wenn er versucht, Kṛṣṇa zu verstehen. Er kann Ihn nicht verstehen – es ist unmöglich. Aus diesem Grund erscheint Kṛṣṇa in der materiellen Welt in Seiner wahren Gestalt. Obwohl Er ungeboren ist (*ajo 'pi sann avyayātmā*), kommt Er, um uns zu zeigen, wer Gott ist. Da Er aber zur Zeit nicht persönlich zugegen ist, kann man Ihn nur kennenlernen, wenn man das Glück hat, mit einem Menschen Gemeinschaft zu haben, der völlig Kṛṣṇa-bewußt ist. Ein Kṛṣṇa-bewußter Mensch hat durch Kṛṣṇas Gnade und nicht durch akademische Bildung verwirklichtes Wissen erlangt, denn er findet seine ganze Zufriedenheit im reinen hingebungsvollen Dienst. Daher müssen wir Kṛṣṇas Gnade erlangen. Dann können wir Kṛṣṇa verstehen, Kṛṣṇa sehen, mit Kṛṣṇa sprechen – dann ist uns nichts unmöglich.

Kṛṣṇa ist eine Person, ja Er ist die Höchste Person. So heißt es in den Veden: *nityo nityānāṁ cetanaś cetanānām.* „Wir sind alle ewige Personen, und Gott ist die höchste ewige Person." Gegenwärtig erfahren wir Geburt und Tod, weil wir im materiellen Körper gefangen sind. Aber eigentlich gibt es für uns, die wir ewige Seelen sind, weder Geburt noch Tod. Entsprechend unseren Handlungen und Wünschen wandern wir immerfort von einem Körper zum anderen. Doch in Wirklichkeit erleiden wir weder Geburt noch Tod, wie im Zweiten Kapitel der *Bhagavad-gītā* (2.20) erklärt wird: *na jāyate mriyate vā.* „Das Lebewesen wird niemals geboren, und es stirbt auch niemals." So wie wir ist auch Gott ewig, und wenn wir unsere ewige Beziehung zur höchsten, ewigen Person wiederaufnehmen, werden wir uns unserer eigenen Ewigkeit bewußt. *Nityo nityānāṁ cetanaś cetanānām.* „Gott ist das höchste Lebewesen unter allen Lebewesen, der höchste Ewige unter allen Ewigen." Wenn wir Kṛṣṇa-bewußt werden und unsere Sinne reinigen, wird diese Erkenntnis in uns erweckt, und wir werden Gott sehen.

Durch verwirklichtes Wissen erreicht man die Vollkommenheit. Aufgrund von transzendentalem Wissen bleibt man fest bei seinen Überzeugungen, wohingegen jemand, der bloß akademisches Wissen besitzt, durch vermeintliche Widersprüche leicht irregeführt und verwirrt werden kann. Nur ein selbstverwirklichter Mensch verfügt über wahre

Selbstbeherrschung, denn er hat sich Kṛṣṇa ergeben. Er ist transzendental, weil er nichts mit weltlicher Gelehrsamkeit zu tun hat. Für ihn sind weltliche Gelehrsamkeit und mentale Spekulation, die anderen so wertvoll wie Gold erscheinen, nicht mehr wert als eine Handvoll Kieselsteine.

suhṛn-mitrāry-udāsīna-
madhyastha-dveṣya-bandhuṣu
sādhuṣv api ca pāpeṣu
sama-buddhir viśiṣyate

„Man sagt, ein Mensch sei noch weiter fortgeschritten, wenn er aufrichtige Gönner, geneigte Wohltäter, Neutralgesinnte, Vermittler und Neider, Freunde und Feinde, Fromme und Sünder mit gleicher Geisteshaltung betrachtet" (*Bhagavad-gītā* 6.9).

Dies ist ein Zeichen wirklichen Fortschritts. Hier in der materiellen Welt entstammen unsere Maßstäbe für Freund und Feind der körperlichen Ebene, d. h. der Ebene der Sinnenbefriedigung. Aber wenn wir erst einmal Gott, die Absolute Wahrheit, erkannt haben, gibt es keine solchen materiellen Überlegungen mehr.

In der materiellen Welt befinden sich alle bedingten Seelen in Illusion. Aber ein Arzt zum Beispiel besucht auch einen Patienten, der im Fieberwahn Unsinn redet. Er weigert sich nicht, ihn zu behandeln, sondern begegnet ihm als Freund. Obwohl er von ihm beschimpft wird, verabreicht er ihm die Medizin. Jesus Christus sagte: „Hasse die Sünde, nicht den Sünder!" Das ist ein sehr schöner Satz, denn der Sünder steht unter dem Bann der Illusion, er ist verrückt. Wie können wir ihn retten, wenn wir ihn hassen? Daher hassen die Gottgeweihten, die wahren Diener Gottes, niemanden. Am Kreuz betete Jesus Christus: „O Herr, vergib ihnen, denn sie wissen nicht, was sie tun!" Das ist die Haltung eines Gottgeweihten. Man kann die Menschen nicht hassen, denn ihre materialistische Denkweise hat sie um ihren Verstand gebracht. Die Bewegung für Kṛṣṇa-Bewußtsein ist so großartig, daß Haß in ihr keinen Platz hat. Jeder ist willkommen: Bitte kommt, chantet Hare Kṛṣṇa, eßt *Kṛṣṇa-prasādam,* hört die Philosophie der *Bhagavad-gītā* und versucht, dem materiellen, bedingten Leben ein Ende zu bereiten! Das ist das Programm der Bewegung für Kṛṣṇa-Bewußtsein.

Die höchste Form des Yoga

Den uralten Lehren der vedischen Schriften zufolge gipfelt das yoga-*System, das mit* haṭha-yoga, prāṇāyāma *(Körperübungen und Atemkontrolle) und* karma-yoga *beginnt, im* bhakti-yoga, *dem* yoga *der Hingabe an die Höchste Persönlichkeit Gottes. Im folgenden Vortrag (Los Angeles, 21. Februar 1969) beschreibt Śrīla Prabhupāda diese höchste Form des* yoga. *„Wenn jemand das Glück hat, bis zur Stufe des* bhakti-yoga *zu kommen, kann man daraus schließen, daß er alle anderen* yoga-*Pfade hinter sich gelassen hat", erklärt Śrīla Prabhupāda. „Der Prüfstein ist nur, wie sehr er seine Liebe zu Gott entwickelt hat."*

yoginām api sarveṣāṁ
mad-gatenāntarātmanā
śraddhāvān bhajate yo māṁ
sa me yuktatamo mataḥ

„Von allen *yogīs* ist derjenige, der großen Glauben hat und immer in Mir weilt, immer an Mich denkt und Mir transzendentalen liebevollen Dienst darbringt, am engsten mit Mir im *yoga* vereint, und er ist der höchste von allen. Das ist Meine Meinung" (*Bhagavad-gītā* 6.47).

Hier wird klar gesagt, daß von allen verschiedenen Arten von *yogīs* (*aṣṭāṅga-yogī, haṭha-yogī, jñāna-yogī, karma-yogī* und *bhakti-yogī*) der *bhakti-yogī* sich auf der höchsten Ebene des *yoga* befindet. Kṛṣṇa sagt unmißverständlich: „Von allen *yogīs* ist derjenige, der großen Glauben hat und immer in Mir weilt,...am engsten mit Mir im *yoga* vereint, und er ist der höchste von allen." Da Kṛṣṇa spricht, bedeuten die Worte *in Mir* „in Kṛṣṇa". Wer also die höchste Stufe des *yoga* erreichen will, muß Kṛṣṇa-bewußt sein.

In diesem Vers ist besonders das Wort *bhajate* von Bedeutung. *Bhajate* hat seine Wurzel in dem Verb *bhaj,* das verwendet wird, um hingebungsvollen Dienst zu bezeichnen. Das Wort *verehren* ist nicht im gleichen Sinne wie *bhaja* zu gebrauchen. *Verehren* bedeutet „anbeten" oder „einer würdigen Person Achtung und Ehre erweisen". Dienst, der mit Liebe und Glauben dargebracht wird, ist jedoch in erster Linie für die Höchste Persönlichkeit Gottes bestimmt. Wenn man einen achtbaren Menschen oder einen Halbgott nicht verehrt, wird man vielleicht als unhöflich bezeichnet; den Dienst für den Höchsten Herrn kann man jedoch nicht umgehen, ohne sich selbst tief ins Verderben zu stürzen.

Verehrung unterscheidet sich somit grundsätzlich vom hingebungsvollen Dienst. Verehrung beinhaltet ein eigennütziges Motiv. Wir verehren einen einflußreichen Geschäftsmann, weil wir wissen, daß er uns ein gewinnträchtiges Geschäft vermitteln kann, wenn wir sein Wohlwollen erwecken. Genauso verhält es sich mit der Verehrung der Halbgötter. Die Leute verehren oft Halbgötter, um bestimmte Ziele zu erreichen, aber dies wird in der *Bhagavad-gītā* (7.20) verurteilt: *kāmais tais tair hṛta-jñānāḥ prapadyante 'nya-devatāḥ.* „Diejenigen, die ihren Verstand verloren haben und von Lust verwirrt worden sind, verehren die Halbgötter mit einem eigennützigen Motiv."

Daher sagen wir, daß bei Verehrung immer irgendein eigennütziges Motiv im Spiel ist; beim hingebungsvollen Dienst jedoch gibt es kein Motiv – außer dem Wunsch, den Geliebten zu erfreuen. Hingebungsvoller Dienst beruht auf Liebe. Wenn zum Beispiel eine Mutter ihrem Kind dient, hat sie kein persönliches Motiv; sie dient ihm aus Liebe. Jeder andere mag das Kind im Stich lassen, aber sie bringt das nicht übers Herz, weil sie es liebt. Genauso sollten wir kein persönliches Motiv verfolgen, wenn es um den Dienst für Gott geht. Solch eine Haltung ist die Vollkommenheit des Kṛṣṇa-Bewußtseins, und sie wird im *Śrīmad-Bhāgavatam* (1.2.6) bei der Beschreibung des erstklassigen Religionssystems empfohlen: *sa vai puṁsaṁ paro dharmo yato bhaktir adhokṣaje.* „Ein Religionssystem ist dann erstklassig, wenn es jemandem ermöglicht, sein Gottesbewußtsein zu entwickeln, d. h. Gott zu lieben." Wenn man seine Liebe zu Gott erwecken kann, spielt es keine Rolle, welcher Religion man folgt. Der Prüfstein ist nur, wie sehr man seine Liebe zu Gott entwickelt.

Hat man aber den Hintergedanken, daß man durch seine Religion seine materiellen Bedürfnisse befriedigen kann, dann ist das keine erstklassige Religion, sondern eine drittklassige. Eine Religion ist nur dann erstklassig, wenn sie bewirkt, daß man Liebe zu Gott entwickelt – eine Liebe, die frei von persönlichen Motiven ist und sich durch nichts beirren läßt (*ahaituky apratihatā*). Das ist erstklassige Religion, wie sie im *Śrīmad-Bhāgavatam* und in der *Bhagavad-gītā* empfohlen wird.

Kṛṣṇa-Bewußtsein ist der vollkommene *yoga*-Pfad, aber auch von einem religiösen Standpunkt aus betrachtet, ist es erstklassig, denn es wird ohne persönliches Motiv praktiziert. Die Gottgeweihen dienen Kṛṣṇa nicht, weil sie von Ihm dieses oder jenes bekommen wollen. Verschiedene Dinge mögen ihnen von selbst zukommen, doch darum geht es ihnen nicht. Ihnen mangelt es an nichts; sie bekommen alles, was sie brauchen. Wir sollten nicht denken, daß wir verarmen, wenn wir Kṛṣṇa-bewußt werden. Nein. In Kṛṣṇas Gegenwart ist alles vorhanden, denn Kṛṣṇa ist alles. Aber wir sollten nicht anfangen, mit Kṛṣṇa zu handeln: „Kṛṣṇa, gib mir dies, gib mir jenes!" Kṛṣṇa weiß besser als wir, was wir brauchen. Er ist wie ein Vater, der die Bedürfnisse seines Kindes kennt. Warum sollten wir also Gott um etwas bitten müssen? Da Gott allmächtig ist, kennt Er unsere Wünsche und Bedürfnisse. Das wird in den Veden bestätigt: *eko bahūnāṁ yo vidadhāti kāmān.* „Der eine Gott sorgt für all die Lebensnotwendigkeiten der unzähligen Lebewesen."

Wir sollten einfach versuchen, Gott zu lieben, ohne irgend etwas von Ihm zu fordern, denn für unsere Lebensnotwendigkeiten wird gesorgt sein. Selbst die Katzen und Hunde bekommen alles, was sie brauchen, auch ohne daß sie in die Kirche gehen und Gott darum bitten. Warum sollte also ein Gottgeweihter nicht das bekommen, was er braucht? Warum sollten wir von Gott verlangen: „Gib mit dies, gib mir jenes!", wenn selbst die Katzen und Hunde alles bekommen, was sie zum Leben brauchen, ohne irgend etwas von Gott zu fordern? Nein, wir sollten einfach versuchen, Ihn zu lieben. Dann werden wir alles Nötige bekommen und die höchste Ebene des *yoga* erreichen.

Gott zu dienen ist natürlich; da wir ein untergeordneter Teil Gottes sind, ist es unsere wesensgemäße Pflicht, Ihm zu dienen. Das Beispiel vom Finger und Körper ist sehr zutreffend. Der Finger ist ein Bestandteil des Körpers, und seine Pflicht besteht einzig und allein darin, dem ganzen Körper zu dienen. Wenn es uns irgendwo juckt, fangen die Finger sofort an zu kratzen. Wenn wir etwas betrachten wollen, schauen die Augen sofort dorthin. Und wenn wir irgendwohin gehen wollen, tragen uns die Beine sogleich an den gewünschten Ort. So wie die Körperglieder dem ganzen Körper dienen, sind alle Teile der Schöpfung nur dazu bestimmt, Gott zu dienen. Wenn die Glieder des Körpers dem ganzen Körper dienen, werden sie automatisch mit

Energie versorgt. Genauso bekommen auch wir automatisch alles, was wir brauchen, wenn wir Kṛṣṇa dienen. *Yathā taror mūla-niṣecanena.* Begießt man die Wurzel eines Baumes mit Wasser, werden die Blätter, Zweige und Äste sofort mit Energie versorgt. Einfach indem wir Kṛṣṇa, Gott, dienen, dienen wir allen anderen Teilen der Schöpfung. Es ist unmöglich, jedem Lebewesen einzeln zu dienen.

Darüber hinaus empfinden wir, wenn wir Gott dienen, automatisch für alle Lebewesen Mitgefühl, und zwar nicht nur für die Menschen, sondern auch für die Tiere. Deshalb ist Gottesbewußtsein, Kṛṣṇa-Bewußtsein, die Vollkommenheit der Religion. Ohne Kṛṣṇa-Bewußtsein ist unser Mitgefühl für andere Lebewesen sehr begrenzt, aber mit Kṛṣṇa-Bewußtsein kann es sich voll entfalten.

Da jedes Lebewesen ein Teil des Höchsten Herrn ist, ist es seine wesensgemäße Stellung, Ihm zu dienen. Unterläßt es dies, kommt es zu Fall. Dies wird im *Śrīmad-Bhāgavatam* (11.5.3) wie folgt bestätigt:

ya eṣāṁ puruṣaṁ sākṣād
ātma-prabhavam īśvaram
na bhajanty avajānanti
sthānād bhraṣṭāḥ patanty adhaḥ

„Jeder, der seine Pflicht vernachlässigt und nicht dem Herrn dient, der vor allen Lebewesen da war und ihre Quelle ist, wird gewiß von seiner wesensgemäßen Stellung herabfallen."

Wie fallen wir von unserer wesensgemäßen Stellung herab? Wiederum läßt sich das Beispiel von Finger und Körper anführen: Wenn der Finger krank wird und dem ganzen Körper nicht mehr richtig dienen kann, bereitet er einem nur Schmerzen; und wenn ein Mensch dem Höchsten Herrn keinen Dienst darbringt, bereitet er Ihm nur Kummer und Schmerz. Daher muß solch ein Mensch leiden, genauso wie ein Verbrecher leiden muß, der sich nicht an die Gesetze des Staates hält. Solch ein Verbrecher bereitet der Regierung nur Scherereien und muß bestraft werden. Er mag zwar denken: „Ich bin ein guter Mensch", aber weil er die Gesetze des Staates verletzt, ist er der Regierung ein Dorn im Auge.

Jedes Lebewesen, das Kṛṣṇa nicht dient, bereitet Ihm Schmerz. Und Kṛṣṇa leiden zu lassen ist sündhaft. Genauso wie die Regierung alle verbrecherischen Bürger ins Gefängnis steckt, damit sie nicht der Gesellschaft zur Last fallen, bringt Gott all die verbrecherischen Seelen, die Seine Gesetze gebrochen haben und Ihm nur Kummer und Schmerz bereiten, in die materielle Welt. *Sthānād bhraṣṭāḥ patanty adhaḥ:* Sie fallen von ihrer wesensgemäßen Stellung in der spirituellen Welt herab. Wieder läßt sich das Beispiel vom Finger anführen: Wenn ein Finger jemand große Schmerzen bereitet, mag der Arzt den Rat geben: „Herr Soundso, Ihr Finger muß amputiert werden. Sonst wird er Ihren ganzen Körper vergiften." *Sthānād bhraṣṭāḥ patanty adhaḥ:* Der Finger verliert dann seine wesensgemäße Stellung als Bestandteil des Körpers.

Da wir gegen die Prinzipien des Gottesbewußtseins rebelliert haben, sind wir in die materielle Welt herabgefallen. Wenn wir uns zu unserer ursprünglichen Stellung erheben wollen, müssen wir wieder eine dienende Haltung einnehmen. Das ist das einzig wahre Heilmittel. Anderenfalls werden wir leiden, und Gott wird unseretwegen leiden. Wenn ein Vater einen schlechten Sohn hat, muß er darunter leiden, und sein Sohn leidet ebenfalls. Wir sind alle Söhne Gottes, und wenn wir leiden, leidet auch Gott. Daher ist es am besten, wenn wir unser ursprüngliches Kṛṣṇa-Bewußtsein wiedererwecken und uns in den Dienst des Herrn stellen.

Das Wort *avajānanti,* das in diesem Vers des *Śrīmad-Bhāgavatam* vorkommt, verwendet Kṛṣṇa auch in der *Bhagavad-gītā* (9.11):

avajānanti māṁ mūḍhā
mānuṣīṁ tanum āśritam
paraṁ bhāvam ajānanto
mama bhūta-maheśvaram

„Narren verspotten Mich, wenn Ich in der menschlichen Gestalt herabsteige. Sie wissen nicht, daß Ich, als der Höchste Herr über alles Existierende, von transzendentalem Wesen bin."

Nur Narren und Schurken verspotten die Höchste Persönlichkeit Gottes, Śrī Kṛṣṇa. Das Wort *mūḍha* bedeutet „Narr" oder „Schurke". Nur Schurken kümmern sich nicht um Kṛṣṇa. Nicht ahnend, daß sie dafür leiden werden, wagen sie es, Ihn zu mißachten. Ohne sich der höchsten Stellung des Herrn bewußt zu sein, verehren sie einige billige

„Götter". Gott ist so billig geworden, daß viele Menschen behaupten: „Ich bin Gott, du bist Gott." Aber was bedeutet das Wort *Gott?* Welche Bedeutung hat Gott noch, wenn jeder Gott ist?

Das Wort *avajānanti* ist sehr zutreffend. *Avajānanti* bedeutet „mißachten", und es beschreibt vollkommen den Menschen, der sagt: „Wer ist Gott? Ich bin Gott. Warum soll ich Gott dienen?" Ein Verbrecher hat die gleiche Einstellung der Regierung gegenüber: „Ach, was hat mir die Regierung schon zu sagen! Ich kann machen, was ich will. Ich schere mich nicht um die Regierung." Das können wir zwar sagen, aber die Polizei wird bald zur Stelle sein und uns unserer gerechten Strafe zuführen. Genauso wird uns die materielle Natur mit Geburt, Alter, Krankheit und Tod bestrafen, wenn wir Gott mißachten. Um uns vor diesem Leid zu bewahren, müssen wir *yoga* praktizieren.

Alle *yoga*-Pfade gipfeln im *bhakti-yoga.* Alle anderen *yoga*-Pfade sind nichts weiter als Mittel, um zum *bhakti-yoga* zu gelangen. *Yoga* bedeutet eigentlich *bhakti-yoga,* denn alle anderen Formen von *yoga* sind nur Schritte auf dem Weg zu diesem Ziel. Zwischen der Anfangsstufe, dem *karma-yoga,* und dem Endziel, dem *bhakti-yoga,* liegt ein langer Weg der Selbstverwirklichung. Man beginnt diesen Pfad mit *karma-yoga,* wobei man auf karmische Ergebnisse verzichtet. (Karmische Handlungen schließen auch sündhafte Handlungen mit ein. *Karma-yoga* jedoch schließt keine sündhaften Handlungen mit ein, sondern nur gute, fromme, d. h. vorgeschriebene Handlungen.) Wenn *karma-yoga* an Wissen und Entsagung zunimmt, nennt man diese Stufe *jñāna-yoga.* Wenn sich *jñāna-yoga* durch verschiedene körperliche Übungen zur Meditation über die Überseele entwickelt und der Geist auf die Überseele gerichtet ist, wird dies *aṣṭāṅga-yoga* genannt. Und wenn man über *aṣṭāṅga-yoga* hinausgeht und sich direkt der Höchsten Persönlichkeit Gottes, Kṛṣṇa, zuwendet, hat man *bhakti-yoga,* die höchste Stufe, erreicht.

Eigentlich ist *bhakti-yoga* das endgültige Ziel, doch um *bhakti-yoga* genau zu analysieren, muß man diese anderen *yoga*-Pfade verstehen. Der *yogī,* der immer weiter fortschreitet, befindet sich daher auf dem Weg zum ewigen Glück. Wer aber an einem bestimmten Punkt stehenbleibt und keinen weiteren Fortschritt macht, wird dementsprechend *karma-yogī, jñāna-yogī, dhyāna-yogī, rāja-yogī, haṭha-yogī* usw.

genannt. Wenn jemand das Glück hat, bis zur Stufe des *bhakti-yoga* zu kommen, kann man daraus schließen, daß er alle anderen *yoga*-Pfade hinter sich gelassen hat. Kṛṣṇa-bewußt zu werden ist deshalb die höchste Stufe des *yoga,* so wie von den höchsten Bergen der Erde im Himalaya der allesüberragende Mount Everest als der höchste Gipfel bezeichnet wird.

Wenn jemand *jñāna-yoga* praktiziert und glaubt, er sei ans Ziel gelangt, irrt er sich; er muß weiteren Fortschritt machen. Wenn jemand zum Beispiel in einem Gebäude mit hundert Stockwerken die Treppen hinaufsteigt, um in den obersten Stock zu gelangen, kommt er erst am dreißigsten, fünfzigsten und achtzigsten Stock vorbei. Bleibt er aber im fünfzigsten oder achtzigsten Stock stehen und glaubt, sein Ziel erreicht zu haben, so irrt er sich. Um sein Ziel zu erreichen, muß er bis zum obersten Stockwerk gehen. Das ganze *yoga*-System läßt sich mit einer Treppe vergleichen, die uns mit Gott verbindet. Doch wir sollten uns nicht damit begnügen, bis zum fünfzigsten oder achtzigsten Stock zu gelangen, sondern wir sollten bis zum hundertsten Stock hinaufsteigen, bis zur höchsten Stufe: dem *bhakti-yoga.*

Warum sollen wir uns aber all diese Stufen hinaufkämpfen, wenn wir die Möglichkeit haben, einen Aufzug zu benutzen? Mit einem Aufzug können wir in ein paar Sekunden ganz nach oben gelangen. Wenn jemand den Einwand vorbringt: „Warum soll ich den Aufzug benutzen? Ich will die Treppe hinaufsteigen", kann er das natürlich tun, aber es besteht die Möglichkeit, daß er niemals oben ankommt. Nehmen wir jedoch den „Aufzug" des *bhakti-yoga,* können wir in wenigen Sekunden den hundertsten Stock erreichen – die Vollkommenheit des *yoga,* Kṛṣṇa-Bewußtsein.

Kṛṣṇa-Bewußtsein ist der direkte Weg. Wir können entweder Stufe für Stufe hinaufsteigen, indem wir den anderen *yoga*-Pfaden folgen, oder den direkten Weg wählen. Da die Menschen im Kali-yuga eine kurze Lebensdauer haben und immer verwirrt und voller Ängste sind, hat uns Śrī Caitanya diesen direkten Weg empfohlen. Aus Seiner Gnade, aus Seiner grundlosen Barmherzigkeit hat Er uns das Chanten des Hare-Kṛṣṇa-*mantra* gegeben – den Aufzug, der uns sofort auf die Stufe des *bhakti-yoga* befördert. Wir sollten nicht zögern, auf der Stelle das besondere Geschenk Śrī Caitanyas anzunehmen. Mit folgendem

Gebet erweist Śrīla Rūpa Gosvāmī Śrī Caitanya seine Ehrerbietung: *namo mahā-vadānyāya kṛṣṇa-prema-pradāya te.* „O Śrī Caitanya, Du bist die freigebigste Inkarnation, denn Du verschenkst direkt Liebe zu Kṛṣṇa." Um Liebe zu Kṛṣṇa zu erlangen, muß man sich gewöhnlich die vielen Stufen des *yoga* hinaufarbeiten, doch Śrī Caitanya verschenkt diese Liebe direkt. Daher ist Er die freigebigste Inkarnation.

Der einzige Weg, Gott wahrhaftig zu erkennen, ist *bhakti-yoga.* In der *Bhagavad-gītā* (18.55) wird dies von Śrī Kṛṣṇa bestätigt: *Bhaktyā māṁ abhijānāti yāvān yaś cāsmi tattvataḥ.* „Nur durch hingebungsvollen Dienst kann man die Höchste Persönlichkeit Gottes so verstehen, wie Sie ist." Den Veden zufolge ist nur durch *bhakti,* hingebungsvollen Dienst, die höchste Stufe der Vollkommenheit zu erlangen. Ohne *bhakti* kann man auch in den anderen *yoga*-Pfaden keinen Fortschritt machen. Weil die Menschen heutzutage nicht genügend Zeit haben, die Übungen irgendeines anderen *yoga*-Pfades durchzuführen, wird für das gegenwärtige Zeitalter der direkte Pfad des *bhakti-yoga* empfohlen. Nur wenn man sehr vom Glück begünstigt ist, kommt man zum Kṛṣṇa-Bewußtsein, dem Pfad des *bhakti-yoga,* und führt ein ideales Leben nach den Empfehlungen der vedischen Schriften.

Der vollkommene *yogī* richtet seinen Geist auf Kṛṣṇa, der als Śyāmasundara bezeichnet wird, dessen bezaubernde Körpertönung der Farbe einer Wolke gleicht, dessen lotosgleiches Antlitz wie die Sonne leuchtet, dessen Gewand mit funkelnden Juwelen besetzt und dessen Körper mit Blumengirlanden geschmückt ist. Seine prachtvolle Ausstrahlung, *brahmajyoti* genannt, erleuchtet alle Himmelsrichtungen. Er inkarniert Sich in verschiedenen Formen, wie Rāma, Nṛsiṁha, Varāha und Kṛṣṇa, die Höchste Persönlichkeit Gottes. Er steigt in einer menschlichen Gestalt hernieder, als der Sohn Mutter Yaśodās, und Er ist unter den Namen Kṛṣṇa, Govinda und Vāsudeva bekannt. Er ist das vollkommene Kind, der vollkommene Ehemann, der vollkommene Freund und Meister, und Er birgt alle Reichtümer und alle transzendentalen Eigenschaften in Sich. Wer sich dieser Merkmale des Herrn immer völlig bewußt ist, ist der höchste *yogī.* Wie in allen vedischen Schriften bestätigt wird, kann diese Stufe höchster Vollkommenheit im *yoga* nur durch *bhakti-yoga* erreicht werden.

6

Materielle Probleme – spirituelle Lösungen

Globale Einheit

28. Dezember 1969: Bei einer Rede vor dem Internationalen Studentenbund in Boston präsentiert Śrīla Prabhupāda einen praktischen und einfachen, doch umfassenden Weg zu Frieden und Harmonie in der Welt. Im Hinblick auf die zunehmende Zahl von Flaggen vor dem UN-Gebäude in New York stellt er fest, daß der Internationalismus zum Scheitern verurteilt sei, solange er auf falschen Voraussetzungen aufbaut. „Ihr internationales Gefühl und mein internationales Gefühl, Ihr Nationalgefühl und mein Nationalgefühl überschneiden sich und geraten miteinander in Konflikt. Wir müssen für unsere Gefühle der Liebe den richtigen Mittelpunkt finden... Dieser Mittelpunkt ist Kṛṣṇa.“

Haben Sie herzlichen Dank, daß Sie mit uns an dieser Bewegung für Kṛṣṇa-Bewußtsein teilnehmen! Ihre Organisation ist, wie ich weiß, als der Internationale Studentenbund bekannt. Es gibt viele andere internationale Organisationen, wie zum Beispiel die Vereinten Nationen. Nun ist der Gedanke einer internationalen Gemeinschaft gewiß sehr gut, aber wir müssen erst versuchen zu verstehen, was der Grundgedanke einer internationalen Gemeinschaft eigentlich sein sollte.

Wirft man einen Stein in die Mitte eines Teiches, so breiten sich kreisförmige Wellen bis hin zum Ufer aus. Ähnlich breiten sich auch Radiowellen aus, und wenn man die Wellen mit dem Radio empfängt, vermag man die Botschaft zu hören. In gleicher Weise können sich auch die Gefühle unserer Liebe erweitern.

Zu Beginn unseres Lebens möchten wir einfach nur essen. Alles, was ein kleines Kind in die Finger bekommt, will es aufessen. Es kennt nur seine eigenen Interessen. Dann wird das Kind etwas älter und sucht bei seinen Brüdern und Schwestern Anschluß: „Also gut, nehmt euch auch etwas!“ So nimmt das Gemeinsamkeitsgefühl zu. Wenn das Kind weiter heranwächst, empfindet es Liebe zu seinen Eltern, dann zur Stadt, dann zum Land und schließlich zu allen Nationen. Solange aber das Zentrum nicht stimmt, ist diese Gefühlserweiterung unvollkommen, selbst wenn sie sich auf den eigenen Staat oder die ganze Welt bezieht.

Das Wort Staatsangehöriger zum Beispiel bedeutet, daß jemand in einem bestimmten Staat geboren ist. Sie fühlen sich mit den anderen Amerikanern verbunden, weil Sie im selben Land geboren sind. Sie würden vielleicht sogar Ihr Leben für Ihre Landsleute hingeben. Doch die Frage ist: Warum werden die Tiere, die in Amerika geboren werden, nicht auch als Amerikaner angesehen, wo doch die Definition von Staatsangehöriger lautet „jemand, der in einem bestimmten Staat geboren ist"? Das Problem besteht darin, daß wir unsere Gefühle nicht über die Grenzen der menschlichen Gesellschaft hinaus erweitern. Weil wir Tiere nicht als unsere Landsleute betrachten, schicken wir sie ins Schlachthaus.

So ist also der Mittelpunkt unseres nationalen oder internationalen Gefühls nicht richtig gewählt. Wenn der Mittelpunkt richtig gewählt ist, kann man eine unbegrenzte Anzahl von Kreisen um ihn herum ziehen, ohne daß sie sich je überschneiden. Sie wachsen einfach immer weiter und weiter und weiter, und sie werden sich nicht überschneiden, solange der Mittelpunkt stimmt. Obwohl jeder national oder international fühlt und denkt, fehlt leider der gemeinsame Mittelpunkt. Daher überschneiden sich Ihr internationales Gefühl und mein internationales Gefühl, Ihr Nationalgefühl und mein Nationalgefühl und geraten miteinander in Konflikt. Wir müssen also für die Gefühle unserer Liebe den richtigen Mittelpunkt finden. Dann können Sie Ihren Gefühlskreis weiter ziehen, ohne daß er sich mit dem anderer überschneidet oder zusammenstößt. Dieser Mittelpunkt ist Kṛṣṇa.

Unsere Gemeinschaft, die Internationale Gesellschaft für Kṛṣṇa-Bewußtsein, lehrt die Menschen aller Länder, daß Kṛṣṇa im Mittelpunkt ihrer Liebe stehen sollte. Mit anderen Worten, wir lehren die Menschen, *mahātmās* zu sein. Sie haben sicher den Begriff *mahātmā* schon einmal gehört. Es handelt sich um ein Sanskritwort, das sich auf einen Menschen bezieht, dessen Geist offen und dessen Gefühlskreis sehr weit ist. Das ist ein *mahātmā. Mahā* bedeutet „groß", und *ātmā* bedeutet „Seele". Wer also seine Seele weit, weit geöffnet hat, wird *mahātmā* genannt.

Die *Bhagavad-gītā* (7. 19) beschreibt einen Menschen, der seine Gefühle sehr weit ausgedehnt hat, wie folgt:

bahūnāṁ janmanāṁ ante
jñānavān māṁ prapadyate

vāsudevaḥ sarvam iti
sa mahātmā su-durlabhaḥ

Der erste Gedanke in diesem Vers lautet, daß man erst nach unzähligen Geburten (*bahūnāṁ janmanām ante*) ein mahātmā werden kann. Die Seele durchwandert viele Körper, einen nach dem anderen. Es gibt 8.400.000 verschiedene Lebensformen, durch die wir uns hindurchentwickeln. Am Ende dieser Entwicklung erreichen wir die menschliche Lebensform. Erst dann können wir *mahātmās* werden. Deswegen sagt Kṛṣṇa: *bahūnāṁ janmanām ante.* „Erst nach vielen, vielen Geburten kann man ein *mahātmā* werden."

Im *Śrīmad-Bhāgavatam* finden wir einen ähnlichen Vers: *labdhvā sudurlabham idaṁ bahu-sambhavānte.* „Nach vielen, vielen Geburten hat man einen menschlichen Körper erhalten, der sehr schwer zu erlangen ist." Die menschliche Lebensform ist nicht billig. Der Körper eines Hundes, einer Katze oder eines anderen Tieres ist einfach zu erlangen, aber nicht der menschliche Körper. Nachdem wir in mindestens 8.000.000 verschiedenen Lebensformen geboren worden sind, bekommen wir einen menschlichen Körper. Das *Śrīmad-Bhāgavatam,* die *Bhagavad-gītā* und alle anderen vedischen Schriften treffen die gleiche Aussage, und wer sie versteht, findet keine Widersprüche darin.

Die menschliche Lebensform wird also erst nach vielen, vielen Geburten in nichtmenschlichen Lebensformen erlangt. Doch selbst in der menschlichen Lebensform benötigt man viele, viele Geburten, um den Kernpunkt des Daseins zu verstehen. Wer sich wirklich spirituelles Wissen aneignet – und zwar nicht in einem Leben, sondern in vielen, vielen Leben (*bahūnāṁ janmanām ante*) –, erreicht schließlich die höchste Wissensstufe und wird als *jñānavān,* „der Besitzer wahren Wissens", bezeichnet. Von solch einem Menschen erklärt Kṛṣṇa: *māṁ prapadyate.* „Er ergibt sich Mir", Kṛṣṇa, Gott. Mit „Kṛṣṇa" meine ich den Höchsten Herrn, die allanziehende Höchste Persönlichkeit Gottes.

Warum nun ergibt sich ein weiser Mensch Kṛṣṇa? *Vāsudevaḥ sarvam iti:* Weil er weiß, daß Vāsudeva, Kṛṣṇa, alles ist, daß Er der Mittelpunkt aller Gefühle der Liebe ist. Weiter heißt es: *sa mahātmā su-durlabhaḥ.* Hier wird das Wort *mahātmā* verwendet. Wer viele, viele Geburten lang Wissen erworben und sein Bewußtsein bis hin zur Gottesliebe entfaltet hat, der ist ein *mahātmā,* eine große Seele. Gott ist groß, und auch Sein Geweihter ist groß. Kṛṣṇa aber erklärt: *sa mahātmā su-durlabhaḥ*. „Solch eine große Seele ist sehr selten zu finden." So lautet die Beschreibung eines *mahātmā*, die uns die *Bhagavad-gītā* gibt.

Gegenwärtig haben wir die Gefühle unserer Liebe auf verschiedene Objekte hin erweitert. Wir lieben unser Land, wir lieben unsere Stadt, wir lieben unsere Familie, wir lieben unsere Katzen und Hunde. Auf jeden Fall empfinden wir Liebe, und wir entfalten sie gemäß unserem Wissen. Und wenn unser Wissen vollkommen ist, beginnen wir Kṛṣṇa zu lieben. Das ist die Vollkommenheit. Liebe zu Kṛṣṇa ist das Ziel aller Tätigkeiten, das Ziel des Lebens.

Dies wird im *Śrīmad-Bhāgavatam* (1.2.8) bestätigt:

dharmaḥ svanuṣṭitaḥ puṁsāṁ
viṣvaksena-kathāsu yaḥ
notpādayed yadi ratiṁ
śrama eva hi kevalam

Dharmaḥ svanuṣṭhitaḥ puṁsām bedeutet, daß jeder seine Pflicht seiner gesellschaftlichen Stellung gemäß erfüllt. Ein Haushälter hat seine Pflichten, ein *sannyāsī* hat seine Pflichten, und ein *brahmacārī* hat seine Pflichten. Verschiedene Beschäftigungen oder Berufe bringen verschiedene Pflichten mit sich. Wenn man aber, so sagt das *Bhāgavatam*, trotz der sorgsamen Erfüllung seiner Pflichten nicht Kṛṣṇa verstehen lernt, dann ist alles, was man getan hat, nur vergebliche Mühe gewesen (*śrama eva hi kevalam*). Wenn Sie also Vollkommenheit erreichen wollen, sollten Sie versuchen, Kṛṣṇa zu verstehen und Ihn zu lieben. Dann werden sich Ihre nationalen und internationalen Gefühle der Liebe tatsächlich bis zu den äußersten Grenzen hin erweitern.

Wenn jemand sagt: „Ja, ich habe meine Liebe sehr weit ausgedehnt", so hört sich das gut an, aber es muß auch an den Symptomen zu erkennen sein, daß dies tatsächlich auch der Fall ist. Wie Kṛṣṇa in der *Bhagavad-gītā* (5.18) erklärt:

vidyā-vinaya-sampanne
brāhmaṇe gavi hastini
śuni caiva śvapāke ca
paṇḍitāḥ sama-darśinaḥ

Ein wahrer *paṇḍita,* der auf der Stufe vollkommener Weisheit steht, muß jeden auf der gleichen Ebene sehen (*sama-darśinaḥ*). Weil er nicht mehr nur den materiellen Körper sieht, betrachtet er einen gelehrten *brāhmaṇa* als spirituelle Seele, betrachtet er einen Hund als spirituelle Seele, betrachtet er einen Elefanten als spirituelle Seele, und betrachtet er einen Menschen von niedriger Geburt als spirituelle Seele. Vom edlen *brāhmaṇa* bis hinab zum *caṇḍāla* [Kastenloser] gibt es viele soziale Klassen in der menschlichen Gesellschaft, doch ein wahrhaft wissender Mensch sieht jedes Lebewesen auf der gleichen Stufe. Das ist wahre Gelehrsamkeit.

Wir versuchen, unsere Gefühle in sozialer, kommunaler, nationaler, internationaler oder universaler Hinsicht zu erweitern. Diese Bewußtseinserweiterung gehört zu unserem natürlichen Wesen. Der springende Punkt aber ist, daß wir den wirklichen Mittelpunkt des Daseins ausfindig machen müssen, wenn wir unser Bewußtsein wirklich bis zum äußersten erweitern möchten. Dieser Mittelpunkt ist Kṛṣṇa, Gott. Woher wissen wir, daß Kṛṣṇa Gott ist? Kṛṣṇa offenbart Sich in der *Bhagavad-gītā* als Gott. Bitte denken Sie immer daran, daß die Bewegung für Kṛṣṇa-Bewußtsein sich auf die *Bhagavad-gītā wie sie ist* beruft. Alles, was ich sage, steht in der *Bhagavad-gītā.* Leider wurde die *Bhagavad-gītā* von vielen Kommentatoren falsch ausgelegt, so daß die Leute sie mißverstanden haben. Der wahre Sinn der *Bhagavad-gītā* aber ist es, Kṛṣṇa-Bewußtsein, Liebe zu Kṛṣṇa, in den Menschen zu erwecken, und das versuchen wir zu erreichen.

An verschiedenen Stellen in der *Bhagavad-gītā* hat Kṛṣṇa die Merkmale eines *mahātmā* beschrieben: *mahātmānas tu māṁ pārtha daivīṁ prakṛtim āśritāḥ.* „Ein *mahātmā* (jemand, der wirklich weise und großherzig ist) befindet sich unter dem Schutz Meiner spirituellen Energie.“ Er steht nicht mehr unter dem Bann der materiellen Energie.

Alles, was wir sehen, besteht aus den verschiedenen Energien Gottes. In den *Upaniṣaden* heißt es: *parāsya-śaktir vividhaiva śrūyate.* „Die Höchste Absolute Wahrheit verfügt über viele verschiedene Energien.“ Und diese Energien wirken so wunderbar, daß es den Anschein hat, sie wirkten automatisch (*svābhāvikī jñāna-bala-kriyā ca*). Wir wissen alle, wie eine blühende Blume aussieht. Wir denken vielleicht, sie sei von sich aus erblüht und so schön geworden. Aber nein: die materielle Energie Gottes ist am Werk.

In gleicher Weise hat Kṛṣṇa auch eine spirituelle Energie. Und ein großherziger *mahātmā* wird von dieser spirituellen Energie beschützt; er befindet sich nicht mehr im Bann der materiellen Energie. All dies wird in der *Bhagavad-gītā* erklärt. In der *Bhagavad-gītā* gibt es viele Verse, die beschreiben, wie Kṛṣṇas Energien wirken, und unsere Mission ist es, die *Bhagavad-gītā* so darzustellen, wie sie ist, ohne irgendwelche unsinnigen Kommentare. Solche Kommentare sind völlig überflüssig. Die *Bhagavad-gītā* ist so klar wie das Licht der Sonne. Genausowenig wie man eine Lampe braucht, um die Sonne zu sehen, braucht man den Kommentar eines unwissenden, gewöhnlichen Menschen, um die *Bhagavad-gītā* zu studieren. Sie sollten die *Bhagavad-gītā wie sie ist* studieren. Daraus werden Sie alles spirituelle Wissen schöpfen. Sie werden weise werden und Kṛṣṇa verstehen. Dann werden Sie sich Ihm ergeben und ein *mahātmā* werden.

Was kennzeichnet einen *mahātmā?* Ein *mahātmā* steht unter dem Schutz der spirituellen Energie, aber wodurch macht sich dieser Schutz bemerkbar? Kṛṣṇa sagt hierzu: *mām...bhajanty ananya-manasaḥ.* „Ein *mahātmā* betätigt sich immer in Meinem hingebungsvollen Dienst." Das wichtigste Merkmal eines *mahātmā* ist, daß er ständig Kṛṣṇa dient. Betätigt er sich blindlings in diesem hingebungsvollen Dienst? Nein. Kṛṣṇa sagt: *jñātvā bhūtādim avyayam.* „Er ist sich vollkommen bewußt, daß Ich die Quelle von allem bin."

All dies wird in der *Bhagavad-gītā* erklärt. Sinn und Zweck der Bewegung für Kṛṣṇa-Bewußtsein ist es, das Wissen, das in der *Bhagavad-gītā* enthalten ist, zu verbreiten, ohne irgendwelche unsinnigen Kommentare hinzuzufügen. Von diesem Wissen wird die Menschheit profitieren. Zur Zeit befindet sich die Gesellschaft in keiner guten Verfassung, aber wenn die Menschen die *Bhagavad-gītā* verstehen und tatsächlich ihr Blickfeld erweitern, werden sich sämtliche sozialen, nationalen und internationalen Probleme wie von selbst lösen. Aber wenn wir nicht den gemeinsamen Mittelpunkt allen Seins finden, sondern unsere eigenen Methoden fabrizieren, um unsere Gefühle der Liebe zu erweitern, wird es nur zu Konflikten kommen. Das gilt sowohl für die einzelnen Menschen als auch für die verschiedenen Völker der Erde. Die Nationen wollen vereint sein – in Ihrem Land gibt es die Vereinten Nationen. Statt daß die Nationen sich vereinen, nimmt aber leider die Zahl der Flaggen immer mehr zu. Einst war Indien *ein* Land, Hindustan. Jetzt gibt es auch noch Pakistan. Irgendwann wird es Sikhistan und dann irgendein anderes „stan“ geben.

Anstatt uns zu vereinen, trennen wir uns, weil uns der gemeinsame Mittelpunkt fehlt. Da Sie alle internationale Studenten sind, lautet daher meine Bitte: Versuchen Sie den wirklichen Mittelpunkt Ihrer internationalen Bewegung zu finden! Wirkliches internationales Gefühl wird dann möglich sein, wenn Sie verstehen, daß Kṛṣṇa der Mittelpunkt ist. Dann wird Ihre internationale Bewegung vollkommen sein.

Im Vierzehnten Kapitel der *Bhagavad-gītā* (14.4) erklärt Śrī Kṛṣṇa:

sarva-yoniṣu kaunteya
mūrtayaḥ sambhavanti yāḥ
tāsāṁ brahma mahad yonir
ahaṁ bīja-pradaḥ pitā

„Ich bin der Vater aller Lebensformen. Die materielle Natur ist die Mutter, und Ich bin der samengebende Vater.“ Ohne Vater und Mutter kann niemand geboren werden. Der Vater gibt den Samen und die Mutter den Körper. In der materiellen Welt ist die materielle Natur die Mutter eines jeden von uns – von Brahmā bis hinab zur Ameise. Unser Körper ist Materie; somit ist er ein Geschenk der materiellen Natur, unserer Mutter. Ich aber, die spirituelle Seele, bin Teil des höchsten Vaters, Kṛṣṇa. Kṛṣṇa erklärt: *mamaivāṁśo...jīva-bhūtaḥ.* „Alle Lebewesen sind Meine untergeordneten Teile.“

Wenn Sie also Ihr Gemeinsamkeitsgefühl aufs äußerste erweitern wollen, versuchen Sie bitte die *Bhagavad-gītā* zu verstehen. Sie werden Erleuchtung finden; Sie werden zu einem echten *mahātmā* werden. Sie werden selbst zu Hunden, Katzen und Reptilien Zuneigung empfinden. Im Siebten Canto des *Śrīmad-Bhāgavatam* sagt Nārada Muni, daß man selbst einer Schlange, die sich im Haus aufhält, etwas zu essen geben sollte. Sehen Sie nur, wie Ihre Gefühle sich erweitern können! Sie werden sich sogar um eine Schlange kümmern, ganz zu schweigen von anderen Tieren und von Menschen.

Wir können also nur erleuchtet werden, wenn wir Gott, Kṛṣṇa, verstehen. Daher predigen wir Kṛṣṇa-Bewußtsein auf der ganzen Welt. Die Bewegung für Kṛṣṇa-Bewußtsein ist nicht neu. Wie ich schon sagte, basiert sie auf den Prinzipien der *Bhagavad-gītā.* Geschichtlich gesehen, ist die *Bhagavad-gītā* fünftausend Jahre alt, und wenn man die Vorgeschichte mit einbezieht, ist sie Millionen von Jahren alt. Kṛṣṇa erklärt im Vierten Kapitel: *imaṁ visvasvate yogaṁ proktavān aham avyayam.* „Diese uralte Wissenschaft des *yoga* habe Ich zuerst dem Sonnengott offenbart." Das bedeutet, daß Kṛṣṇa die *Bhagavad-gītā* schon einmal vor einigen Millionen Jahren verkündet hat. Doch geschichtlich gesehen, wurde die *Bhagavad-gītā* vor 5000 Jahren auf dem Schlachtfeld von Kurukṣetra offenbart. Damit ist sie älter als jede andere heilige Schrift der Erde.

Versuchen Sie die *Bhagavad-gītā* so zu verstehen, wie sie ist, ohne jegliche unnötigen Kommentare! Die Worte der *Bhagavad-gītā* reichen aus, um uns zur Erleuchtung zu führen, aber leider haben sich manche Leute die Popularität der *Bhagavad-gītā* zunutze gemacht und versucht, unter dem Deckmantel der *Bhagavad-gītā* ihre eigene Philosophie zu verkünden. Das hat keinen Wert. Versuchen Sie die *Bhagavad-gītā* so zu verstehen, wie sie ist! Dann werden Sie Erleuchtung erlangen. Sie werden erkennen, daß Kṛṣṇa der Mittelpunkt all Ihrer Bemühungen sein sollte. Wenn Sie Kṛṣṇa-bewußt werden, wird alles sich zum Besten wenden, und sämtliche Probleme werden sich lösen.

Vielen Dank! Gibt es irgendwelche Fragen?

Indischer Student: Ich erinnere mich nicht mehr genau an den Sanskrittext aus der *Gītā,* aber irgendwo sagt Kṛṣṇa: „Alle Wege führen zu Mir. Ungeachtet dessen, was man tut, was man denkt oder womit man sich beschäftigt, gelangt man im Laufe seiner Entwicklung letztlich zu Mir." Ist Erleuchtung also die Folge eines natürlichen Entwicklungsprozesses?

Śrīla Prabhupāda: Nein, im Kṛṣṇa-Bewußtsein erleuchtet zu werden ist für die bedingte Seele nicht natürlich. Wir bedürfen der Anweisungen eines spirituellen Meisters. Warum hätte Kṛṣṇa Arjuna sonst unterwiesen? Wir müssen Wissen von einer höherstehenden Persönlichkeit empfangen und ihren Anweisungen folgen.

Arjuna war ratlos. Er wußte nicht, ob er kämpfen sollte oder nicht. In der gleichen Weise ist jeder in der materiellen Welt ratlos. Wir müssen also von Kṛṣṇa und Seinem bevollmächtigten Stellvertreter geleitet werden. Dann können wir Erleuchtung erlangen.

Der Evolutionsprozeß ist bei den tierischen Lebensformen von der Natur vorgegeben; wenn wir aber die menschliche Lebensform erreichen, sind wir in der Lage, eigene Entscheidungen zu fällen. Sie können frei wählen, welchen Pfad Sie einschlagen wollen. Wenn Sie Kṛṣṇa lieben, können Sie zu Kṛṣṇa gehen; wenn Sie etwas anderes lieben, können Sie dorthin gehen. Das hängt von Ihrer Entscheidung ab.

Jedem ist ein geringes Maß an Unabhängigkeit gegeben. Am Ende der *Bhagavad-gītā* (18.66) empfiehlt Kṛṣṇa: *sarva-dharmān parityajya mām ekaṁ śaraṇaṁ vraja.* „Gib einfach alles auf, und ergib dich Mir!" Warum würde Kṛṣṇa eigens dazu auffordern, sich Ihm zu ergeben, wenn dies etwas Natürliches wäre? Nein, sich Kṛṣṇa zu ergeben ist in unserem materiell bedingten Zustand nicht natürlich. Wir müssen es lernen. Deshalb müssen wir auf einen echten spirituellen Meister hören – auf Kṛṣṇa oder Seinen autorisierten Stellvertreter – und seinen Anweisungen folgen. Dies wird uns auf die Stufe vollkommener Erleuchtung erheben.

Natürlicher Wohlstand

Im Gegensatz zu einer weitverbreiteten Ansicht zeigen die Statistiken, daß die Erde genügend Nahrung bereitstellt, um die gesamte Weltbevölkerung problemlos zu ernähren. Doch infolge von Habgier und Ausbeutung leidet über ein Viertel der Menschheit an Hunger und Unterernährung. Śrīla Prabhupāda bezichtigt die unnötige Industrialisierung der Mitschuld an Hunger, Arbeitslosigkeit und Umweltverschmutzung sowie an einer Unzahl anderer Probleme. Im folgenden Vortrag (Los Angeles, 2. Mai 1973) tritt er für einen einfacheren und natürlicheren Lebensstil ein, der auf Gott hin ausgerichtet ist.

ime jana-padāḥ svṛddhāḥ
supakkauṣadhi-vīrudhaḥ
vanādri-nady-udanvanto
hy edhante tava vīkṣitaiḥ

[Königin Kuntī sprach:] „In allen Städten und Dörfern herrscht Wohlstand, denn Getreide und Kräuter gedeihen im Überfluß, die Bäume sind mit Früchten beladen, die Flüsse spenden reichlich Wasser, die Berge sind voller Mineralien und die Meere voller Reichtümer. All dies ist darauf zurückzuführen, daß Du Deinen Blick über sie schweifen läßt" (*Śrīmad-Bhāgavatam* 1.8.40).

Eine Zivilisation verdankt ihren Wohlstand den Gaben der Natur und nicht gigantischen Industrieunternehmen. Industrieanlagen sind Ausgeburten einer gottlosen Zivilisation, und sie führen zum Verfall der edlen Ziele des menschlichen Lebens. Diese unheilbringenden Fabriken entziehen dem Menschen alle Lebensenergie, und in dem Maße, wie sie gefördert werden, nehmen die Unrast und die Unzufriedenheit der Bevölkerung zu. Solche Formen der Ausbeutung und des Raubbaus ermöglichen nur einer kleinen Minderheit ein angenehmes Leben. Die Gaben der Natur – Getreide, Gemüse, Obst, Quellwasser, Berge voller Edelsteine und Erze und Meere voller Perlen – werden gemäß der Anweisung des Höchsten Herrn zur Verfügung gestellt, und nach Seinem Willen bringt die materielle Natur sie entweder im Überfluß hervor oder hält sie zurück. Gemäß dem Gesetz der Natur ist es dem Menschen erlaubt, diese Gaben Gottes zu benutzen und auf ihrer Grundlage ein zufriedenes, reichlich gesegnetes Leben zu führen, ohne von dem Verlangen besessen zu sein, die materielle Natur zu beherrschen und auszubeuten.

Je mehr wir versuchen, die materielle Natur nach Lust und Laune auszubeuten, desto mehr verfangen wir uns in den sich daraus ergebenden Folgen. Weshalb unterhält die Menschheit Schlachthöfe und tötet unschuldige Tiere, wenn sie genügend Getreide, Früchte, Gemüse und Kräuter haben könnte? Der Mensch braucht keine Tiere zu töten, um sich zu ernähren, wenn ihm genügend Getreide und Gemüse zur Verfügung stehen. Das Wasser der Flüsse macht die Felder fruchtbar, so daß wir mehr ernten, als wir brauchen. Von den Bergen bekommen wir Erze und Mineralien, und von den Meeren bekommen wir Perlen. Den Menschen könnten also genügend Vorräte an Getreide, Mineralien, Juwelen, Wasser, Milch und anderen Naturprodukten zur Verfügung stehen. Warum unterhalten sie dann höllische Fabriken auf Kosten des Schweißes der unglückseligen Arbeiter? Doch all diese Gaben der Natur sind von der Barmherzigkeit des Herrn abhängig. Wir müssen daher den Gesetzen des Herrn gehorchen und hingebungsvollen Dienst ausführen, um so die Vollkommenheit des menschlichen Lebens zu erreichen. Hierauf weisen Kuntīdevīs Worte hin. Sie wünscht sich, daß ihr und ihren Söhnen Gottes Barmherzigkeit zuteil werde, auf daß durch Seine Gnade der natürliche Wohlstand erhalten bleibe.

Kuntīdevī beschreibt, daß das Getreide gut gedeiht, daß die Bäume mit Früchten beladen sind, daß die Flüsse reichlich Wasser führen, daß die Berge voller Mineralien und die Meere voller Reichtümer sind, aber sie erwähnt mit keinem Wort, daß es Fabriken oder Schlachthöfe gibt. Diese Dinge sind ein unnützes Machwerk des Menschen und schaffen nur Probleme.

Wenn wir uns von Gottes Schöpfung abhängig machen, wird es keinen Mangel geben, sondern nur *ānanda*, Glückseligkeit. Gottes Schöpfung bringt genügend Getreide und Gras hervor. Wir essen das Getreide und die Früchte, die Kühe fressen das Gras, und selbst die Ochsen, die uns beim Bestellen der Felder helfen, sind schon mit ganz wenig zufrieden; sie fressen, was wir ohnehin nicht brauchen können. Wenn wir so leben – mit Kṛṣṇa im Zentrum –, gibt es zwischen den Bäumen, den Tieren, den Menschen und allen anderen Lebewesen eine vollkommene Zusammenarbeit. Das ist vedische Zivilisation, die Zivilisation des Kṛṣṇa-Bewußtseins.

Kuntīdevī betet: „Diesen Wohlstand verdanken wir Deinem transzendentalen Blick, o Herr." Wenn wir in Kṛṣṇas Tempel sitzen, blickt Kṛṣṇa auf uns, und alles ist sehr schön. Kṛṣṇa ist so gütig, daß Er vor aufrichtigen Seelen, die versuchen, Seine Geweihten zu werden, in Seiner ganzen Pracht erscheint und Seinen Blick über sie schweifen läßt, wodurch sie mit Glück und Schönheit gesegnet werden.

Die gesamte materielle Schöpfung entsteht aus Kṛṣṇas Blick (*sa aikṣata*). In den Veden heißt es, daß Er Seinen Blick über die Materie warf und sie so in Erregung versetzte. Wenn eine Frau mit einem Mann zusammenkommt, wird sie in Erregung versetzt; sie wird schwanger und bringt schließlich Kinder zur Welt. Der gesamte Schöpfungsvorgang verläuft ähnlich. Durch den bloßen Blick Kṛṣṇas wird die Materie in Erregung versetzt, wodurch sie schwanger wird und die Lebewesen hervorbringt. Sein bloßer Blick läßt die Pflanzen, Bäume, Tiere und alle anderen Lebewesen entstehen. Wie ist das möglich? Kein Mann kann von sich behaupten, daß er seine Frau nur anzuschauen braucht, um ein Kind zu zeugen. Für uns ist das ein Ding der Unmöglichkeit, aber für Kṛṣṇa nicht. In der *Brahma-saṁhitā* (5.32) heißt es: *aṅgāni yasya sakalendriya-vṛttimanti.* „Jeder Seiner Körperteile kann die Funktionen aller anderen Körperteile ausüben." Wir können mit unseren Augen nur sehen, aber Kṛṣṇa kann durch Seinen bloßen Blick Nachkommenschaft zeugen. Geschlechtsverkehr ist für Kṛṣṇa überflüssig.

In der *Bhagavad-gītā* (9.10) sagt Śrī Kṛṣṇa: *mayādhyakṣeṇa prakṛtiḥ sūyate sa-carācaram.* „Unter Meiner Aufsicht bringt die materielle Natur die sich bewegenden und die sich nicht bewegenden Wesen hervor." Das Wort *akṣa* bedeutet „Augen"; *akṣeṇa* weist also darauf hin, daß alle Lebewesen durch den Blick des Herrn geboren werden. Es gibt zwei Arten von Lebewesen – sich fortbewegende, wie Insekten, Tiere und Menschen, und unbewegliche, wie Bäume und Pflanzen. Im Sanskrit werden diese zwei Arten von Lebewesen *sthavara-jaṅgama* genannt, und sie werden beide von der materiellen Natur hervorgebracht.

Natürlich ist das, was aus der materiellen Natur entsteht, nicht das Leben, sondern nur der Körper. Die Lebewesen erhalten von der materiellen Natur verschiedenartige Körper, ebenso wie ein Kind seinen Körper von der Mutter bekommt. Neun Monate lang entwickelt sich der Körper des Kindes aus dem Blut und den Nährstoffen des Körpers der Mutter, aber das Kind selbst ist eine Seele, nicht Materie. Es ist das Lebewesen, das im Leib der Mutter Zuflucht gesucht hat, welche dann die Bestandteile für den Körper dieses Lebewesens zur Verfügung stellt. Das ist der Lauf der Natur. Die Mutter weiß nicht, wie aus ihrem Körper ein weiterer Körper entsteht, aber dennoch bringt sie Kinder zur Welt.

Das Lebewesen selbst wird nicht geboren. In der *Bhagavad-gītā* (2.20) heißt es: *na jāyate mriyate vā.* „Das Lebewesen wird nicht geboren, und es stirbt nicht." Das, was nicht geboren wird, stirbt auch nicht. Alles Erschaffene ist dem Tod unterworfen, wohingegen das Nichterschaffene keinen Tod kennt. *Na jāyate mriyate vā kadācit. Na kadācit* bedeutet „zu keiner Zeit". Das Lebewesen wird zu keinem Zeitpunkt geboren. *Nityaḥ śāśvato 'yaṁ purāṇaḥ.* Das Lebewesen ist ewig (*śāśvata*), immerwährend und sehr, sehr alt (*purāṇa*). *Na hanyate hanyamāne śarīre.* Man soll nicht denken, daß mit dem Tod des Körpers auch das Lebewesen stirbt. Nein, das Lebewesen lebt weiter.

Ein befreundeter Wissenschaftler fragte mich einmal: „Was ist der Beweis für die Ewigkeit?" Kṛṣṇa sagt: *na hanyate hanyamāne śarīre.* „Die Seele wird nicht getötet, wenn der Körper getötet wird." Diese Aussage an sich ist der Beweis. Solche Beweisführung wird *śruti* genannt, das heißt Beweisführung auf der Grundlage dessen, was man durch die Schülernachfolge vom Höchsten Herrn gehört hat. Eine andere Form des Beweises ist die Beweisführung durch Logik (*nyāya-prasthāna*). Die erste Art von Beweisführung ist also *śruti,* der Beweis, der sich auf die Aussagen von Autoritäten stützt, und die zweite Art von Beweisführung stützt sich auf Logik, Schlußfolgerung und philosophisches Forschen. Eine dritte Art des Beweises ist *smṛti.* Diese Beweisführung stützt sich auf Aussagen, die von der *śruti* abgeleitet wurden. Die *Bhagavad-gītā* und die *Purāṇas* sind *smṛti,* die *Upaniṣaden* sind *śruti,* und der *Vedānta* ist *nyāya.* Von diesen dreien ist der *śruti-prasthāna,* der Beweis durch die *śruti,* besonders wichtig.

Pratyakṣa, die Aneignung von Wissen durch direkte Sinneswahrnehmung, ist wertlos, da alle unsere Sinne unvollkommen sind. Wenn wir zum Beispiel die Sonne betrachten, erscheint sie uns als eine kleine Scheibe, in Wirklichkeit ist sie aber viel größer als die Erde. Welchen Wert hat also die direkte Wahrnehmung unserer Augen? Wir haben viele Sinnesorgane, durch die wir uns Wissen aneignen, wie zum Beispiel die Augen, die Ohren und die Nase, aber weil diese Sinne unvollkommene Werkzeuge sind, ist alles Wissen, das wir durch ihren Gebrauch erwerben, ebenfalls unvollkommen. Weil die Wissenschaftler versuchen, die Realität mit Hilfe ihrer unzulänglichen Sinne zu verstehen, sind ihre Schlußfolgerungen immer unvollkommen. Mein Schüler Svarūpa Dāmodara, der selbst Wissenschaftler ist, fragte einen seiner Kollegen, der behauptete, Leben entstehe aus Materie: „Könntest du Leben erschaffen, wenn ich dir die entsprechenden Chemikalien zur Verfügung stelle?“ Darauf antwortete der Wissenschaftler: „Ich weiß nicht.“ Das ist unvollkommenes Wissen. Wer die Antwort schuldig bleibt, besitzt nur unvollkommenes Wissen. Wie kann man sich dann als Lehrer ausgeben? Das ist Betrug. Was uns betrifft, so vertreten wir die Ansicht, daß man, um vollkommen zu werden, von einem vollkommenen Lehrer lernen muß.

Kṛṣṇa ist vollkommen, und daher ist Er unsere Wissensquelle. Kṛṣṇa sagt: *na hanyate hanyamāne śarīre.* „Die Seele stirbt nicht, wenn der Körper stirbt.“ Diese Aussage über die Ewigkeit der Seele stellt vollkommenes Wissen dar.

Kuntīdevī sagt: *ime jana-padāḥ svṛddāḥ supakkauṣadhi-vīrudhaḥ.* „Das Getreide gedeiht im Überfluß, die Bäume sind mit Früchten beladen, die Flüsse spenden reichlich Wasser, die Berge sind voller Mineralien und die Meere voller Reichtümer.“ Was will man mehr? Früher schmückten sich die Menschen mit Perlen und anderen wertvollen Dingen, wie Edelsteinen, Seide, Gold und Silber. Aber wo sind diese Dinge heute? Im „Zeitalter des Fortschritts“ tragen die Frauen nicht mehr Schmuck aus Gold, Perlen und Juwelen, sondern nur noch Armreife aus Plastik. Das ist es, was uns die Industrie gebracht hat.

Als ich vor kurzem durch Europa reiste, mußte ich feststellen, daß alle Flüsse dort sehr stark verschmutzt sind. In Deutschland, in Frankreich und auch in Rußland und Amerika – überall habe ich diese verseuchten Flüsse gesehen. Das Wasser der Meere ist von Natur aus kristallklar, und dasselbe Wasser wird zu salzlosem Regen und sammelt sich später in den Flüssen, von denen wir unser Trinkwasser beziehen. Das ist die Methode der Natur, und „Methode der Natur" bedeutet Kṛṣṇas Methode.

Die Natur hat uns schon alles gegeben. Wer sich Wohlstand wünscht, kann zum Beispiel Perlen sammeln gehen. Wir brauchen keine Fabriken, um reich zu werden. Mit diesen Industrieunternehmen haben wir uns nur Probleme geschaffen. Wir brauchen nur auf Kṛṣṇa und Kṛṣṇas Barmherzigkeit zu vertrauen, denn durch Kṛṣṇas bloßen Blick (*tava vīkṣitaiḥ*) werden alle Probleme gelöst. Wenn wir also einfach Kṛṣṇa inständig bitten, Er möge Seinen Blick auf uns richten, wird sich jede Not und jede Schwierigkeit verflüchtigen. Es wird uns an nichts fehlen. Die Bewegung für Kṛṣṇa-Bewußtsein lehrt deshalb, daß man sich von den Gaben der Natur und der Gnade Kṛṣṇas abhängig machen soll.

Die Leute sprechen heute von „Überbevölkerung" und wollen deshalb einem weiteren Zuwachs mit künstlichen Mitteln Einhalt gebieten. Warum? Die Vögel und Bienen vermehren sich und verwenden keine Verhütungsmittel, aber mangelt es ihnen an Nahrung? Sehen wir jemals, daß Vögel oder Tiere verhungern? Das kommt in den Großstädten vielleicht ab und zu vor, aber wenn wir in den Dschungel gehen, werden wir sehen, daß die Elefanten, Löwen, Tiger und alle anderen Tiere gesund und kräftig sind. Einige von ihnen sind Vegetarier und andere nicht, aber es gibt kein Tier, das unter Nahrungsmangel leidet. Wer versorgt sie mit Nahrung?

Gemäß der Vorkehrung der Natur findet der Tiger – als Nichtvegetarier – allerdings nicht jeden Tag etwas zu fressen. Schließlich stellt sich niemand freiwillig dem Tiger, um von ihm verzehrt zu werden. Niemand kommt zum Tiger und sagt: „Verehrter Tiger, ich bin ein Altruist, und ich möchte dir als Nahrung dienen. Bitte, bediene dich! Hier ist mein Körper." So etwas tut niemand, und deshalb hat der Tiger Schwierigkeiten, Nahrung zu finden. Wenn er jagen geht, folgt ihm ein Vogel und schreit: „*Fayo, fayo*", und dann wissen die anderen Tiere: „Der Tiger ist wieder unterwegs." Durch die Vorkehrung der

Natur hat es der Tiger also schwer, aber dennoch versorgt ihn Kṛṣṇa mit Nahrung. Vielleicht einmal pro Woche gelingt es ihm, ein Tier zu reißen, und weil er nicht täglich frische Nahrung bekommt, muß er den Kadaver in einem Gebüsch verstecken und sparsam mit seinem Vorrat umgehen. Der Tiger ist sehr stark, und daher wären manche Menschen gerne Tiger oder Löwen. Aber das ist nicht wirklich ratsam, denn als Tiger wird man nicht jeden Tag etwas zu fressen bekommen. Man wird seine Nahrung mühsam erlegen müssen. Der Vegetarier dagegen hat jeden Tag etwas zu essen, denn die Nahrung des Vegetariers ist überall erhältlich.

Gegenwärtig gibt es in jeder Stadt Schlachthäuser, aber können sie so viel Fleisch liefern, daß jedermann ausschließlich von Fleisch leben könnte? Nein, so viel kann nicht produziert werden. Selbst Fleischesser müssen neben ihrem Stück Fleisch auch noch Getreide, Früchte und Gemüse essen. Und für dieses eine Stück Fleisch müssen täglich unzählige unschuldige Tiere ihr Leben lassen. Wie sündhaft die Menschen doch sind! Wenn die Menschen solche Sünden begehen, haben sie keine Aussicht, jemals Glück und Frieden zu finden. Dieses Töten ist abscheulich, und deshalb leiden die Menschen. Aber wenn wir Kṛṣṇa-bewußt werden und einfach auf Kṛṣṇas Blick (*tava vīkṣitaiḥ*) vertrauen, wird uns Kṛṣṇa mit allem versorgen, was wir brauchen, und wir werden keinen Mangel leiden.

Manchmal herrscht scheinbar Knappheit, und dann wieder gibt es Getreide und Früchte im Überfluß. Über all das entscheidet Kṛṣṇas Blick. Wenn Kṛṣṇa will, kann Er Getreide, Früchte und Gemüse in unbegrenzten Mengen erzeugen. Aber was geschieht, wenn es Ihm beliebt, die Versorgung einzuschränken? Dann wird uns auch das Fleisch nicht mehr helfen können. Wir können vielleicht noch versuchen, uns gegenseitig aufzuessen, aber das wird das Problem auch nicht lösen.

Um wahres Glück und wahren Frieden zu finden und mit Lebensnotwendigkeiten wie Milch und Wasser versorgt zu werden, müssen wir uns einfach von Kṛṣṇa abhängig machen. Das lehrt uns Bhaktivinoda Ṭhākura mit seinem Vers: *mārabi rākhabi – yo icchā tohārā.* „Mein lieber Herr, ich ergebe mich Dir und vertraue auf Dich. Nun kannst Du mich töten oder beschützen, ganz wie es Dir beliebt." Und Kṛṣṇa antwortet: *sarva dharmān parityajya mām ekaṁ śaraṇaṁ vraja.* „Ergib dich einfach Mir!" Er sagt nicht: „Vertraue auf Mich und die Schlachthäuser und Fabriken!" Nein. Er sagt: „Vertraue nur auf Mich!" *Ahaṁ tvāṁ sarva-pāpebhyo mokṣayiṣyāmi.* „Ich werde dich von den Auswirkungen deiner sündhaften Handlungen befreien."

Ohne Kṛṣṇa-Bewußtsein haben wir in der Vergangenheit ein ausschließlich sündhaftes Leben geführt, aber wenn wir uns Kṛṣṇa ergeben, wird Kṛṣṇa, wie Er selbst versichert, sofort alle Rechnungen begleichen und allen sündhaften Handlungen ein Ende bereiten, damit wir ein neues Leben beginnen können. Wenn wir Schüler einweihen, sagen wir ihnen ebenfalls: „Jetzt bist du frei von Schuld. Begehe von nun an keine sündhaften Handlungen mehr!"

Der heilige Name Kṛṣṇas hat die Kraft, sündhafte Reaktionen aufzuheben, aber man darf deshalb nicht denken, man könne eine kleine sündhafte Handlung begehen und dann Hare Kṛṣṇa chanten, um sie aufzuheben. Das ist das größte Vergehen (*nāmno balād yasya hi pāpa-buddhiḥ*). Es gibt Religionen, deren Mitglieder zur Kirche gehen, um ihre Sünden zu beichten, dann aber die gleichen Sünden wieder begehen. Welchen Wert hat eine solche Beichte? Man mag bekennen: „Mein Herr, in meiner Unwissenheit habe ich diese Sünde begangen", aber man sollte nicht kalkulieren: „Ich werde sündhafte Handlungen begehen, und dann werde ich zur Kirche gehen und sie beichten, damit sie mir verziehen werden. Danach kann ich ein neues Kapitel sündhaften Lebens beginnen." Ebensowenig sollte man denken, man könne wissentlich sündhafte Handlungen begehen und dann die Reaktionen durch das Chanten des Hare-Kṛṣṇa-*mantra* aufheben. Man sollte immer sehr vorsichtig sein. Bei der Einweihung verspricht man, unzulässige Sexualität, Berauschung, Glücksspiel und Fleischessen aufzugeben, und man sollte dieses Gelübde strikt einhalten, um ein reines Leben zu führen. Wenn man sich auf diese Weise von Sünden fernhält und sich immer im hingebungsvollen Dienst beschäftigt, wird das Leben ein Erfolg sein, und es wird in keiner Weise Mangel herrschen.

Alte Prophezeiungen gehen in Erfüllung

Nur wenige wissen, daß ein Buch, das vor über fünftausend Jahren geschrieben wurde – das Śrīmad-Bhāgavatam –, *viele gegenwärtige Entwicklungen und Ereignisse mit erstaunlicher Genauigkeit prophezeit hat. Aus diesem Sanskrittext zitierte Śrīla Prabhupāda ausführlich während eines Vortrags, den er am 24. Dezember 1973 im Hare-Kṛṣṇa-Tempel von Los Angeles hielt. Über die heutige Gesellschaft sagt der Zwölfte Canto des* Śrīmad-Bhāgavatam *voraus: „Machtdemonstration entscheidet über religiöse Prinzipien und Gerechtigkeit." Und: „Denjenigen, die kein Geld besitzen, wird keine Gerechtigkeit widerfahren, und jeder, der geschickt mit Worten umgehen kann, wird als ein Gelehrter gelten."*

tataś cānudinaṁ dharmaḥ
satyaṁ śaucam kṣamā dayā
kālena balinā rājan
naṅkṣyaty āyur balaṁ smṛtiḥ

„Mein lieber König, mit jedem Tag werden Religion, Wahrhaftigkeit, Sauberkeit, Nachsicht, Barmherzigkeit, Lebensdauer, Körperkraft und Erinnerungsvermögen durch die gewaltige Macht der Zeit immer mehr abnehmen" (*Śrīmad-Bhāgavatam* 12.2.1).

Diese Beschreibung des Kali-yuga [des gegenwärtigen Zeitalters des Streites und der Heuchelei] findet sich im Zwölften Canto des *Śrīmad-Bhāgavatam.* Das *Śrīmad-Bhāgavatam* wurde vor fünftausend Jahren niedergeschrieben, als das Kali-yuga gerade begann. Vieles, was in der Zukunft geschehen sollte, wird darin vorhergesagt. Deshalb akzeptieren wir das *Śrīmad-Bhāgavatam* als *śāstra* [offenbarte Schrift]. Der Verfasser der *śāstra* (der *śāstra-kāra*) muß eine befreite Persönlichkeit sein, um Vergangenheit, Gegenwart und Zukunft beschreiben zu können.

Im *Śrīmad-Bhāgavatam* finden sich viele Prophezeiungen. Obwohl das *Śrīmad-Bhāgavatam* vor fünftausend Jahren geschrieben wurde, werden Buddhas und Kalkis Erscheinen ebenso vorhergesagt wie das Erscheinen Śrī Caitanyas. Der Verfasser war *tri-kāla-jña:* er kannte Vergangenheit, Gegenwart und Zukunft.

Im Zwölften Canto beschreibt Śukadeva Gosvāmī die wichtigsten Merkmale dieses Zeitalters, des Kali-yuga. In seinem Verlauf werden acht Dinge immer mehr abnehmen, bis sie letztlich fast ganz verschwunden sind: *dharma* (religiöse Prinzipien), *satyam* (Wahrhaftigkeit), *śaucam* (Sauberkeit), *kṣamā* (Nachsicht), *dayā* (Barmherzigkeit), *āyuḥ* (Lebensdauer), *balam* (Körperkraft), *smṛti* (Erinnerungsvermögen).

Allerdings gibt es außer dem Kali-yuga noch andere Zeitalter: Während des Satya-yuga, das eine Million achthunderttausend Jahre dauerte, lebte der einzelne Mensch hunderttausend Jahre. Die Dauer des nächsten Zeitalters, des Tretā-yuga, betrug eine Million zweihunderttausend Jahre, und die Menschen dieses Zeitalters wurden zehntausend Jahre alt. Mit anderen Worten, die Lebensdauer hatte sich auf ein Zehntel verringert. Im darauffolgenden Zeitalter, dem Dvāpara-yuga, verringerte sich die Lebensdauer nochmals auf ein Zehntel, die Menschen lebten im Schnitt tausend Jahre, und das Zeitalter dauerte achthunderttausend Jahre. Im nächsten Zeitalter, dem gegenwärtigen Kali-yuga, können wir höchstens einhundert Jahre alt werden. Zwar leben die meisten Menschen nicht mehr so lange, aber das ist die oberste Grenze. Seht nur, wie sich mittlerweile die durchschnittliche Lebenserwartung in Indien auf fünfunddreißig Jahre und in eurem Land auf siebzig Jahre verkürzt hat. Schließlich wird sie sich so weit verkürzen, daß ein Mensch als sehr alt gelten wird, wenn er ein Alter von zwanzig oder dreißig Jahren erreicht.

Ein weiteres Merkmal des Kali-yuga, welches das *Śrīmad-Bhāgavatam* voraussagt, ist das Nachlassen des Erinnerungsvermögens (*smṛti*). Wir können beobachten, daß die Menschen heutzutage kein sehr gutes Gedächtnis haben – sie sind vergeßlich. Selbst wenn sie etwas täglich hören, vergessen sie es. Ebenso ist Körperkraft (*balam*) im Schwinden begriffen. Ihr könnt das alle gut nachvollziehen, weil ihr wißt, daß euer Vater oder Großvater körperlich stärker war als ihr. Mit anderen Worten, die Körperkraft nimmt ab, das Gedächtnis nimmt ab, die Lebensdauer nimmt ab, und all das wird im *Śrīmad-Bhāgavatam* prophezeit.

Typisch für das Kali-yuga ist außerdem der Rückgang der Religiosität. Von Religiosität kann in diesem Zeitalter praktisch keine Rede mehr sein; sie ist fast völlig verschwunden. Niemand interessiert sich für Religion. Die Kirchen und Tempel werden geschlossen, verriegelt. Das Gebäude, in dem wir uns befinden, war früher eine Kirche, doch sie wurde verkauft, weil niemand sie besucht hat. Gegenwärtig sind wir dabei, auch eine große Kirche in Australien zu erwerben, die zum Verkauf steht. In London habe ich Hunderte von leeren Kirchen gesehen – niemand besucht sie. Und nicht nur die Kirchen werden geschlossen, sondern auch die einfachen, kleinen Tempel in Indien, mit Ausnahme der wenigen wichtigen Tempel. Nur noch die Hunde treiben sich dort herum. So ist *dharma,* Religion, im Schwinden begriffen.

Auch Wahrhaftigkeit, Sauberkeit und Nachsicht schwinden dahin. Wenn jemand in früheren Zeiten etwas Falsches getan hatte, wurde ihm verziehen. Arjuna zum Beispiel wurde von seinen Feinden mißhandelt, und dennoch sagte er auf dem Schlachtfeld von Kurukṣetra: „Kṛṣṇa, laß mich das Schlachtfeld verlassen! Ich möchte sie nicht töten." Das ist Nachsicht. Aber heutzutage sind die Menschen wegen der kleinsten Schmähung bereit zu töten. So sieht die Wirklichkeit aus. Auch die Barmherzigkeit (*dayā*) ist heute verlorengegangen. Selbst wenn jemand vor unseren Augen ermordet wird, interessiert uns das nicht. Das ist jetzt bereits Realität. Religion, Wahrhaftigkeit, Sauberkeit, Nachsicht, Barmherzigkeit, Lebensdauer, Körperkraft und Erinnerungsvermögen – diese acht Dinge werden immer mehr abnehmen. An diesen Symptomen läßt sich das Fortschreiten des Kali-yuga erkennen.

Ein weiteres Merkmal ist: *vittam eva kalau nṝṇāṁ janmācāra-guṇodayaḥ.* „Im Kali-yuga werden die Fähigkeiten und die soziale Stellung eines Menschen nach seinem Reichtum bemessen" (*Śrīmad-Bhāgavatam* 12.2.2). Früher wurde die gesellschaftliche Stellung eines Menschen an seinem spirituellen Wissen gemessen. Ein *brāhmaṇa* wurde beispielsweise geehrt, weil er das Brahman kannte – er war sich der Höchsten Wahrheit bewußt. Aber heute, im Kali-yuga, gibt es eigentlich keine *brāhmaṇas* mehr, denn die Menschen beanspruchen den Titel *brāhmaṇa* einfach aus Gründen des Geburtsrechts (*janma*). Vormals gab es auch ein Geburtsrecht, aber tatsächlich ausschlaggebend war das Verhalten. Wenn jemand in einer *brāhmaṇa*-Familie oder in einer *kṣatriya*-Familie geboren wurde, mußte er sich wie ein *brāh-*

maṇa oder *kṣatriya* verhalten. Es war die Pflicht des Königs, darauf zu achten, daß sich niemand falsch verhielt. Mit anderen Worten, geehrt und geachtet wurde man wegen seiner Erziehung und Kultur. Aber heute kann man alles bekommen, wenn man nur Geld hat (*vittam eva kalau nṛṇām*). Man mag ein drittklassiger, viertklassiger oder gar zehntklassiger Mensch sein, aber wenn man auf irgendeine Weise zu Geld gekommen ist, genießt man großen Respekt. Niemand kümmert sich um kultiviertes Verhalten, Erziehung oder Wissen. Das ist das Kali-yuga.

Weiter wird vorausgesagt: *dharma-nyāya-vyavasthāyāṁ kāraṇaṁ balam eva hi.* „Machtdemonstration entscheidet über religiöse Prinzipien und Gerechtigkeit" (*Śrīmad-Bhāgavatam* 12.2.2). Wer Einfluß hat, kann sich alle erdenklichen Vorteile verschaffen. Man kann die gottloseste Person sein, aber wenn man einen Priester besticht, wird er bestätigen: „Sie sind ein frommer Mensch." Was also zählt, ist das Geld, nicht die tatsächliche Qualifikation.

Als nächstes heißt es im *Śrīmad-Bhāgavatam: dām-patye 'bhirucir hetur māyaiva vyāvahārike.* „Ehen werden aus vorübergehender Zuneigung geschlossen, und um ein erfolgreicher Geschäftsmann zu sein, muß man betrügen" (*Śrīmad-Bhāgavatam* 12.2.3). Die Beziehung zwischen den Ehepartnern wird von *abhiruci,* gegenseitiger Zuneigung, abhängen. Wenn ein Mädchen und ein Junge aneinander Gefallen finden, denken sie: „Auf, laß uns heiraten!" Niemand weiß, was die Zukunft der beiden bringen wird. Deshalb wird jeder unglücklich. Sechs Monate nach der Heirat kommt es zur Scheidung, denn die Ehe war nur aus oberflächlicher Zuneigung geschlossen worden und nicht aus einem tiefen Verständnis füreinander.

Früher – zumindest zu meiner Zeit in Indien – wurde eine Ehe nicht geschlossen, nur weil ein Junge und ein Mädchen einander mochten. Nein, die Ehe wurde von den Eltern gestiftet. Ich heiratete, als ich Student war, aber ich wußte vorher nicht, wer meine Frau sein würde; meine Eltern leiteten alles in die Wege. Ich kann euch noch ein weiteres ausgezeichnetes Beispiel geben: Dr. Rajendra Prasada, der erste Staatspräsident Indiens. In seiner Biographie schreibt er, daß er im Alter von acht Jahren verheiratet wurde. Mein Schwiegervater wurde mit elf Jahren und meine Schwiegermutter mit sieben Jahren verheiratet.

Der springende Punkt ist, daß vor einer Heirat zunächst sorgfältig erwogen wurde, ob das Paar in seinem gemeinsamen Leben glücklich sein würde. Diese Überlegung, die sich auf astrologische und andere Gesichtspunkte stützte, bildete die Grundlage einer Ehe. Nicht daß eine junge Frau und ein junger Mann zusammenkommen und aneinander Gefallen finden, er sie dann aber wieder verläßt oder sie ihn. Diese Art der Ehe war nicht sanktioniert. Von diesem Kali-yuga heißt es: *dām-patye 'bhirucih.* Was einzig und allein zählt, ist *abhirucih,* oberflächliche Anziehung. Jungen und Mädchen haben freizügig miteinander Umgang, und wenn sie will, nun gut... An die Zukunft denken sie nicht. Das ist typisch für das Kali-yuga. Es wird nicht in Betracht gezogen, ob die zukünftige Ehe eine geheiligte Lebensgemeinschaft ist und Mann und Frau ein friedliches, spirituelles Leben führen können, ob der eine dem anderen hilft und so beide glücklich sind und Fortschritte im spirituellen Leben machen, so daß sie am Ende nach Hause, zu Gott, zurückkehren können. Heute, im Kali-yuga, ist nur wichtig, daß man füreinander Zuneigung empfindet. Zuneigung jedoch schlägt im nächsten Moment in Abneigung um. Das läßt sich nicht leugnen. Alles, was nur auf gegenseitiger Zuneigung basiert, ist wertlos, denn bald wird man Abneigung dafür empfinden.

Strītve puṁstve ca hi ratir vipratve sūtram eva hi. „Ehemann und Ehefrau werden nur so lange zusammenbleiben, wie eine sexuelle Anziehung zwischen ihnen besteht, und *brāhmaṇas* werden nur an ihrer heiligen Schnur zu erkennen sein" (*Śrīmad-Bhāgavatam* 12.2.3). *Brāhmaṇas* erhalten eine heilige Schnur, und viele von ihnen denken heute: „Jetzt habe ich eine heilige Schnur; damit bin ich ein *brāhmaṇa* geworden. Ich mag mich zwar wie ein *caṇḍāla* [Hundeesser] verhalten, aber das spielt keine Rolle." Sie wissen nicht, daß ein *brāhmaṇa* eine große Verantwortung hat. Nur weil sie eine heilige Schnur tragen, die ganze zwei Groschen kostet, halten sie sich nun für *brāhmaṇas.* Und: *strītve puṁstve ca hi ratiḥ.* Ehepartner werden zusammenbleiben, weil sie aneinander Gefallen finden, aber sobald in ihrem Sexualleben Schwierigkeiten auftauchen, werden sie einander nicht mehr mögen.

Auch folgende Prophezeiung trifft auf das Kali-yuga zu: *avṛttyā nyāya-daurbalyaṁ pāṇḍitye cāpalaṁ vacaḥ.* „Denjenigen, die kein Geld haben, wird keine Gerechtigkeit widerfahren, und jeder, der geschickt mit Worten umgehen kann, wird als ein Gelehrter gelten" (*Śrīmad-*

Bhāgavatam 12.2.4). Wer kein Geld hat, wird vor Gericht kein Recht bekommen. Das ist das Kali-yuga. Heutzutage nehmen selbst die Richter des Obersten Gerichtshofes Bestechungsgelder entgegen und verhelfen dem Geber zu einem vorteilhaften Urteil. Man kann sich einen Urteilsspruch erkaufen, aber wenn man kein Geld hat, sollte man erst gar nicht vor Gericht gehen. *Pāṇḍitye cāpalaṁ vacaḥ:* Wer sehr gekonnt redet – es spielt keine Rolle, was er sagt oder ob ihn jemand versteht –, ist ein *paṇḍita,* ein Gelehrter. [*Kauderwelsch imitierend:*] „*Aban gulakslena bugavad tugalad kulela gundulas,* durch den Latrizismus der Frau..." Wenn man so spricht, wird einen niemand verstehen. Doch die Leute werden sagen: „Ach, sieh nur, wie gelehrt er ist!" Das gibt es wirklich. Viele solcher Schurken schreiben Bücher, aber wenn man einen von ihnen bittet zu erklären, was er damit meine, wird er sagen: „Nun, das kann man nicht erklären."

Weiter heißt es im *Śrīmad-Bhāgavatam:*

anāḍhyataivāsādhutve
sādhutve dambha eva tu
svīkāra eva codvāhe
snānam eva prasādhanam

„Armut wird als unehrenhaft angesehen werden, wohingegen man einen Heuchler, der sich in Szene zu setzen weiß, für fromm halten wird. Die Ehe wird auf einer willkürlichen Übereinkunft beruhen, und ein einfaches Bad wird man für ausreichend halten, den Körper zu reinigen und zu verschönern" (*Śrīmad-Bhāgavatam* 12.2.5).

Der Vers beginnt also mit der Feststellung: *anāḍhyataivāsādhutve.* Wer ein armer Mann ist, gilt als unehrenhaft. Die Leute denken, daß ein Mann nicht ehrbar sei, wenn er nicht weiß, wie man auf jede nur erdenkliche Weise Geld verdienen kann. Und dann heißt es: *svīkāra eva codvāhe.* „Ehen werden durch Übereinkunft geschlossen." Das ist heute nicht nur in eurem Land so, sondern auch in Indien, wo ich herkomme. Die Regierung ernennt einen Standesbeamten, und alle jungen Leute können einfach zu ihm gehen und heiraten, wann immer sie möchten. Sie müssen höchstens eine Gebühr entrichten. Sie geben sich das Jawort, und er bescheinigt, daß sie verheiratet sind. Früher war es üblich, daß Vater und Mutter Braut oder Bräutigam auswählten, indem sie einen Astrologen zu Rate zogen, der die Zukunft bestimmen konnte. Heutzutage aber werden die Ehen nur auf Grund von *svīkāra*, gegenseitiger Übereinkunft, geschlossen.

Im nächsten Vers wird erklärt: *dūre vāry-ayanaṁ tīrthaṁ lāvaṇyaṁ keśa-dhāraṇam.* „Einfach einen weit entfernten Fluß aufzusuchen wird als eine echte Pilgerreise gelten, und ein Mann wird glauben, er sei schön, wenn er lange Haare trägt" (*Śrīmad-Bhāgavatam* 12.2.6). Seht nur, wie vollkommen das *Śrīmad-Bhāgavatam* die Zukunft vorhersagt! „Im Kali-yuga wird ein Mann sich für schön halten, weil er lange Haare trägt." Damit habt ihr in eurem Land schon hinreichend Erfahrungen gemacht. Wer hätte wissen können, daß die Leute ein Interesse daran finden würden, lange Haare zu tragen. Doch genau das wird im *Śrīmad-Bhāgavatam* prophezeit: *keśa-dhāraṇam. Keśa* bedeutet „langes Haar", und *dhāraṇam* bedeutet „tragen". Ein weiteres Symptom des Kali-yuga ist: *dūre vāry-ayamaṁ tīrtham.* Die Menschen werden glauben, daß ein Pilgerort weit entfernt liegen müsse. Zum Beispiel fließt der Ganges durch Kalkutta, aber niemand denkt daran, in Kalkutta ein Bad im Ganges zu nehmen; die Leute gehen statt dessen nach Hardwar. Es ist derselbe Ganges. Der Ganges fließt von Hardwar hinab in den Golf von Bengalen. Aber sie nehmen große Mühen auf sich, um nach Hardwar zu kommen und dort ein Bad zu nehmen, weil es zu einem *tīrtha,* einem Pilgerort, geworden ist. Jede Religion hat ihre Pilgerorte. Die Moslems haben Mekka und Medina, die Christen haben Golgatha. Und auch die Hindus denken, sie müßten sehr weit reisen, um einen *tīrtha* zu finden. Eigentlich heißt es aber: *tīrthī-kurvanti tīrthāni.* Ein *tīrtha* ist ein Ort, wo Heilige leben. Eine Pilgerreise zu einem *tīrtha* bedeutet also nicht, daß man zehntausend Kilometer zurücklegt, nur um ein Bad im Fluß zu nehmen, und dann gleich wieder nach Hause geht.

Eine weitere Prophezeiung lautet:

udaraṁ-bharatā svārthaḥ
satyatve dhārṣṭyam eva hi
dākṣyaṁ kuṭumba-bharaṇaṁ
yaśo-'rthe dharma-sevanam

„Der Sinn des Lebens wird nur darin bestehen, seinen Magen zu füllen, und Dreistigkeit wird mit schlüssiger Wahrheit gleichgesetzt werden. Wenn ein Mann in der Lage ist, seine eigenen Familienmitglieder zu versorgen, wird er als ein großer Könner geachtet werden, und die Frömmigkeit eines Menschen wird an seinen materiellen Errungenschaften gemessen werden" (*Śrīmad-Bhāgavatam* 12.2.6).

Wenn sich also jemand tüchtig den Magen vollschlagen kann, wird er denken, am Ziel seiner Wünsche zu sein. Die Menschen werden im allgemeinen großen Hunger leiden und nichts zu essen haben. Bekommen sie daher einmal gut zu essen, so werden sie glauben, all ihre Bedürfnisse seien befriedigt. Als nächstes heißt es in diesem Vers: *satyatve dhārṣṭyam eva hi.* Jeder, der raffiniert mit Worten umzugehen weiß, wird als höchst wahrhaftig gelten. Und: *dākṣyaṁ kuṭumba-bharaṇam.* Man wird als sehr geschickt betrachtet werden, wenn man in der Lage ist, für seine Familie, für seine Frau und seine Kinder, zu sorgen. Mit anderen Worten, dies wird ein großes Problem werden. In der Tat, es ist bereits ein großes Problem. Eine Frau und zwei Kinder zu unterhalten ist heutzutage eine große Bürde. Darum möchte niemand heiraten.

Der nächste Vers sagt voraus, was geschehen wird, wenn alle Menschen vom Gift des Kali-yuga infiziert sind.

evaṁ prajābhir duṣṭābhir
ākīrṇe kṣiti-maṇḍale
brahma-viṭ-kṣatra-śūdrāṇāṁ
yo balī bhavitā nṛpaḥ

Es wird keine Rolle spielen, ob man ein *brāhmaṇa* [ein Intellektueller], ein *kṣatriya* [ein Verwalter oder Soldat], ein *vaiśya* [ein Händler oder Bauer], ein *śūdra* [ein Arbeiter] oder ein *caṇḍāla* [ein Hundeesser] ist – wenn man sich darauf versteht, Wählerstimmen zu gewinnen, wird man das Amt des Präsidenten oder Königs einnehmen. Früher, als das vedische Gesellschaftssystem noch blühte, konnte nur ein *kṣatriya* den Königsthron besteigen, nicht ein *brāhmaṇa, vaiśya* oder *śūdra.* Aber heute, im Kali-yuga, gibt es so etwas wie *kṣatriyas* oder *brāhmaṇas* nicht mehr. Jetzt haben wir die Demokratie. Jeder, der sich darauf versteht, auf irgendeine Weise Wählerstimmen zu bekommen, kann das Amt des Staatsoberhauptes bekleiden. Er mag der größte

Schurke sein, aber ihm wird das ehrenvolle, erhabene Amt des Präsidenten übertragen. Das *Śrīmad-Bhāgavatam* beschreibt diese Art von Staatsführern im nächsten Vers:

prajā hi lubdhai rājanyair
nirghṛṇair dasyu-dharmabhiḥ
ācchinna-dāra-draviṇā
yāsyanti giri-kānanam

„Gnadenlose Banditen in der Verkleidung von Herrschern werden die Bürger so unterdrücken, daß diese ihre Ehepartner und ihren Besitz verlassen und in die Berge und Wälder fliehen" (*Śrīmad-Bhāgavatam* 12.2.8). Diejenigen, die in Regierungsämter gewählt werden, sind zum Großteil *lubdhai rājanyaiḥ,* geld- und machtgierige Politiker. *Nirghṛṇair dasyu:* Sie sind nur daran interessiert, die Öffentlichkeit auszuplündern. Tatsächlich sehen wir, daß die Politiker jedes Jahr hohe Steuern erheben und alles Geld untereinander aufteilen, während sich an der Lage der Bürger nichts verändert. Allmählich werden alle Menschen sich so bedrängt fühlen, daß – *ācchinna-dāra-draviṇāḥ* – sie ihr Familienleben (ihre Ehefrau und ihr Geld) aufgeben und in die Wälder ziehen. Das haben wir auch schon beobachtet.

Kaler doṣa-nidhe rājan: Die Fehler des gegenwärtigen Zeitalters sind wie ein Ozean. Wer sich mitten im Pazifischen Ozean befindet, weiß nicht, wie er sein Leben retten kann. Selbst ein erfahrener Schwimmer ist nicht in der Lage, den Ozean zu überqueren. In ähnlicher Weise wird das Kali-yuga im *Śrīmad-Bhāgavatam* als ein Ozean von Fehlern beschrieben. Es ist von so vielen Fehlern infiziert, daß es keine Rettung zu geben scheint. Und doch gibt es ein Heilmittel: *kīrtanād eva kṛṣṇasya mukta-saṅgaḥ paraṁ vrajet.* Das *Śrīmad-Bhāgavatam* erklärt, daß wir von der Infektion des Kali-yuga befreit werden, wenn wir den Namen Kṛṣṇas chanten – den Hare-Kṛṣṇa-*mantra.*

Vielen Dank.

Schlachthaus-Zivilisation

Am 11. Juni 1974 fand in Paris folgendes Gespräch zwischen Śrīla Prabhupāda und einigen seiner vertrauten Schüler statt. Śrīla Prabhupāda erklärt, daß der gewaltige Fleischkonsum der modernen Zivilisation und die unzähligen Schlachthäuser, wo Abermillionen von unschuldigen Tieren auf abscheuliche Weise getötet werden, Berge karmischer Schuld aufhäufen, die in Form von Weltkriegen auf die Menschheit herniederstürzen. Solche Kriege nennt Śrīla Prabhupāda „ein Massenschlachthaus für die Menschheit".

Yogeśvara dāsa: Śrīla Prabhupāda, gestern sagtest du, daß es in Indien bis vor kurzem verboten war, das Fleisch von Kühen zu essen, und daß diejenigen, die Fleisch essen wollten, sich auf Hunde und Ziegen beschränkten.

Śrīla Prabhupāda: Ja. Den Fleischessern wird in der vedischen Kultur empfohlen, Hunde zu essen. In Korea ißt man Hunde – warum sollte das hier nicht auch gehen? Die Leute sollten jedenfalls keine Kühe essen, zumindest nicht vor deren natürlichem Tod. Wir sagen nicht: „Verzichtet darauf!" Die Menschen hier wollen unbedingt Kühe essen. Nun gut, sollen sie es tun, denn die toten Kühe muß man ohnehin jemandem geben, irgendeinem Lebewesen. Im allgemeinen werden tote Kühe den Geiern vorgeworfen. Aber warum nur den Geiern? Warum nicht auch den „zivilisierten" Menschen von heute, die wie Geier sind?

Diese sogenannten zivilisierten Menschen – wo ist denn überhaupt der Unterschied zwischen diesen Schurken und Geiern? So wie die Geier es genießen, tote Körper zu fressen, genießen es auch diese Menschen, die Körper geschlachteter Tiere zu essen. Die Menschen sind zu Geiern geworden, und ihre Zivilisation ist eine Geier-Zivilisation. Menschen, die Tiere essen, sind wie Schakale, Geier und Hunde, denn Fleisch ist keine Nahrung für den Menschen. In unserer vedischen Kultur besteht die Nahrung für den zivilisierten Menschen aus Milch, Früchten, Gemüse, Nüssen und Getreide. Diese Ernährungsweise sollten sie übernehmen. Barbarische Banditen, Geier, *rākṣasas* [Dämonen] – und solche Menschen sind heute die Führer der Gesellschaft.

Die heutigen Führer sind Menschen vierter Klasse, und aus diesem Grund befindet sich die ganze Welt in einem chaotischen Zustand. Die Menschheit braucht erfahrene spirituelle Lehrer, Menschen erster Klasse, die ihr den Weg weisen. Daher lehren wir unsere Schüler, erstklassige Menschen zu werden. Wenn die Leute unsere Ratschläge annehmen, wird sich alles zum Guten wenden. Was hat es für einen Nutzen, wenn viertklassige Menschen an der Spitze einer ziellosen, chaotischen Gesellschaft stehen?

Die Leute werden sehr verärgert sein, wenn sie mich so offen sprechen hören. Aber ihre Anführer sind nun einmal allesamt viertklassig. Menschen erster Klasse sind große Geweihte des Herrn, die fähig sind, den Staatsdienern und den Bürgern des Landes durch ihre Worte *und* durch ihr praktisches Beispiel den Weg zu weisen. Die Männer der Verwaltung und des Militärs gehören zur zweiten Klasse. Sie sorgen für den ungestörten Ablauf der Regierungsangelegenheiten und für die Sicherheit der Bürger. Die Bauern, die Getreide anbauen und die Kühe beschützen, gehören zur dritten Klasse. Aber wer beschützt heutzutage die Kühe? Dies ist eigentlich die Aufgabe der dritten Klasse. Weil sich heute aber niemand um den Kuhschutz kümmert, gehört jeder der vierten Klasse an, oder er steht sogar noch niedriger.

śva-viḍ-varāhoṣṭra-kharaiḥ
saṁstutaḥ puruṣaḥ paśuḥ
na yat-karṇa-pathopeto
jātu nāma gadāgrajaḥ

„Menschen, die Hunden, Schweinen, Kamelen und Eseln gleichen, preisen solche Menschen, die niemals den Erzählungen über die transzendentalen Taten Śrī Kṛṣṇas, des Erlösers von allem Übel, Gehör schenken" (*Śrīmad-Bhāgavatam* 2.3.19).

Die Menschen leben genau wie Tiere – ohne regulierende, spirituelle Prinzipien –, und die größten Tiere aus ihrer Mitte wählen sie zu ihren Führern. Jeder kann tun, was er will und was er für richtig hält. Niemand hält sich an regulierende Prinzipien.

Das menschliche Leben ist aber dafür bestimmt, regulierende Prinzipien zu befolgen. Wir bestehen darauf, daß unsere Schüler regulierende Prinzipien einhalten – kein Fleisch, keine unzulässige Sexualität, keine Berauschung, kein Glücksspiel –, so daß sie zu wirklichen

Menschen werden. Menschen ohne regulierende Prinzipien befinden sich auf der Stufe von Tieren.

Nach einer Wanderung durch Millionen von Pflanzen- und Tierleben erhält die Seele im menschlichen Leben die Möglichkeit, sich mit *yoga* zu befassen, und *yoga* bedeutet: strikte regulierende Prinzipien oder mit anderen Worten *indriya saṁyamaḥ* (Sinneskontrolle). Darin besteht das wirkliche *yoga*-System. Aber heutzutage wird *yoga* von den meisten Menschen mißbraucht, und sie geben nur vor, *yoga* zu praktizieren. Sie sind ebensowenig in der Lage, die Sinne zu kontrollieren, wie die Tiere. Als Menschen haben sie eine höhere Intelligenz; sie sollten also lernen, wie man die Sinne kontrolliert. Das bedeutet menschliches Leben. *Na yat-karṇa-pathopetaḥ:* Wer noch nie die Botschaft Kṛṣṇas, der Höchsten Persönlichkeit Gottes, gehört hat – und sei es nur für einen Augenblick –, gleicht einem Tier. Im großen und ganzen sind die Menschen, solange sie noch nicht in spirituellen Werten unterwiesen worden sind und dadurch eine höhere Daseinsebene erreicht haben, nicht besser als Tiere. Sie befinden sich auf der Ebene von Hunden, Schweinen, Kamelen und Eseln.

Die heutige Ausbildung an den Universitäten bereitet die Menschen mehr oder weniger darauf vor, eine Hundementalität anzunehmen, die sie dazu befähigt, später einem höhergestellten Meister zu dienen. Nach Beendigung ihres sogenannten Studiums laufen diese sogenannten Studierten wie die Hunde von Tür zu Tür, mit der Bitte um irgendeine Anstellung. In Indien ist das gang und gäbe. Viele Akademiker sind dort arbeitslos, weil sie an der Hochschule wie Hunde ausgebildet worden sind. Sie müssen einen Meister finden, denn sie haben nicht die Kraft, selbständig zu arbeiten. Solange ein Hund kein Herrchen hat, bleibt er ein herumstreunender Straßenköter.

Bhagavān dāsa Goswami: Es kommen heutzutage so viele Doktoren von den Universitäten, daß es gar nicht genügend Stellen für sie gibt. Deshalb müssen sie als Lastwagen- oder Taxifahrer arbeiten.

Yogeśvara dāsa: Und sie sollten eigentlich die intellektuelle Schicht der Bevölkerung bilden – die *brāhmaṇas.*

Śrīla Prabhupāda: Nein, sie sind keine *brāhmaṇas.* Wer Wissen und Bildung im Austausch für Geld anbietet, der ist kein *brāhmaṇa.* Wir zum Beispiel halten Vorträge und vermitteln den Menschen Bildung, aber wir sagen nicht: „Gib uns ein Gehalt!" Wir laden sie einfach ein: „Bitte kommt!" Deshalb kochen wir Essen und veranstalten so viele Feste, bei denen alles umsonst ist. „Wir geben euch Essen, wir geben euch einen bequemen Sitzplatz. Bitte kommt und hört, was wir über Selbstverwirklichung und Gottesbewußtsein zu sagen haben!" Wir verlangen kein Geld. „Erst einmal zahlen Sie die Gebühr; dann können Sie kommen und etwas über die *Bhagavad-gītā* erfahren." – So etwas würden wir niemals sagen. Aber diese sogenannten Lehrer handeln zuallererst ihre eigene Bezahlung aus: „Wieviel bekomme ich?" So denkt ein Hund, nicht ein *brāhmaṇa.* Ein *brāhmaṇa* fragt niemals nach einem Gehalt. Ein *brāhmaṇa* möchte, daß alle Menschen eine gute Ausbildung erhalten. „Nimm die kostenlose Ausbildung, und wende sie an; sei ein wirklicher Mensch!" *Das* ist das Anliegen eines *brāhmaṇa.* Versteht ihr? Ich bin nicht des Geldes wegen hierhergekommen, sondern um zu lehren.

Bhagavān dāsa Goswami: Heutzutage haben die Priester Angst, zu scharfe Worte zu verwenden, denn sonst wird ihnen gekündigt, und sie bekommen kein Gehalt mehr.

Śrīla Prabhupāda: Ja, sie sind nur hinter dem Geld her. Sie sind nicht erstklassig; sie sind Männer mit niedrigen Eigenschaften. Aus diesem Grund ist das Christentum so tief gesunken. Die Priester können nicht mehr offen sprechen. Da gibt es ein ganz einfaches Gebot: „Du sollst nicht töten!" Aber weil die Menschen bereits töten, haben die Priester Angst, dieses Gebot offen zu vertreten. Jetzt erlauben sie schon die Heirat zwischen Männern, von anderen Dingen sprechen wir lieber erst gar nicht. Die Priester gehen sogar so weit, daß sie diese Idee der Männerehe öffentlich predigen. Seht nur, wie entartet sie sind! Hat es denn so etwas früher schon gegeben? Höchstens in Amerika. Sonst hätte niemand daran gedacht, daß Männer miteinander verheiratet werden könnten. Was soll das nur? Und die Priester unterstützen es sogar. Habt ihr das gewußt? Was haben sie bloß für Maßstäbe?

Jyotirmayī-devī dāsī: Dieser Pfarrer, der uns besucht hat, sagte, er habe alle seine Gemeindemitglieder gebeten, Gottes Gebote zu befolgen. Dann fragte ich ihn, ob er sie denn dazu anhalte, das Fünfte Gebot „Du sollst nicht töten!" zu befolgen, das sich auch auf das Töten von Tieren und insbesondere auf das Schlachten von Kühen bezieht.

Śrīla Prabhupāda: Ja, so lautet unser Vorschlag: „Warum tötet ihr die Kühe? Beschützt sie! Nehmt euch ihre Milch und bereitet daraus viele schmackhafte, nahrhafte Speisen! Und was das Fleischessen betrifft, jede Kuh wird einmal sterben – ihr müßt nur eine Weile warten, und es wird genügend tote Kühe geben. Dann könnt ihr sie alle essen. Ist das kein guter Vorschlag?" Wenn sie sagen: „Ihr hindert uns am Fleischessen", antworten wir: „Nein, wir hindern euch nicht daran. Wir bitten euch einfach nur: ‚Tötet die Kühe nicht! Wenn sie gestorben sind, könnt ihr sie essen.'"
Yogeśvara dāsa: Du hast gesagt, die Kuh sei wie eine Mutter.
Śrīla Prabhupāda: Ja, sie gibt uns ihre Milch.
Yogeśvara dāsa: Aber im Westen werden die alten Menschen heutzutage von ihren Kindern in Altersheime gesteckt. Wie können wir also den Leuten beibringen, die Kuh zu beschützen, wenn sie nicht einmal mit ihren eigenen Eltern Mitleid haben?
Śrīla Prabhupāda: Sie brauchen die Kühe nicht zu beschützen. Das werden wir tun. Wir bitten sie einfach nur: „Kauft kein Fleisch aus dem Schlachthaus! Wir geben euch die Kuh, wenn sie gestorben ist." Wo ist das Problem?
Satsvarūpa dāsa Goswami: Das Fleisch wird nicht ausreichen – sie essen so viel davon.
Śrīla Prabhupāda: „Nicht ausreichen?" Warum sollte man durch das Töten der Kühe mehr Fleisch bekommen? Die Gesamtzahl der Kühe wird dieselbe bleiben. Sie sollen nur deren natürlichen Tod abwarten. Das ist die einzige Einschränkung. Es gibt eine begrenzte Anzahl von Kühen. Ob man nun wartet, bis sie eines natürlichen Todes gestorben sind, oder ob man sie sofort tötet, die Menge der Kühe bleibt die gleiche. Deshalb bitten wir die Leute einfach: „Tötet sie nicht! Wartet auf ihren natürlichen Tod und nehmt dann das Fleisch!" Was ist daran so schwierig? Und wir bitten sie einfach: „Solange die Kühe leben, laßt uns ihre Milch nehmen und daraus für alle Menschen schmackhafte Speisen zubereiten!"
Yogeśvara dāsa: Wenn die Menschen die Kühe nicht schlachten, werden sie sogar noch mehr Fleisch haben, denn die Kühe haben mehr Zeit, sich zu vermehren. Wenn sie die Kühe nicht gleich töten, wird es nur noch mehr Kühe geben.

Śrīla Prabhupāda: Ja, ganz genau. Sie werden noch mehr Kühe haben. Wir bitten sie schlicht und einfach: „Tötet nicht! Unterhaltet keine Schlachthäuser!“ Das ist sehr sündhaft. Es verursacht ganz gravierende karmische Reaktionen für die Gesellschaft. „Hört auf mit diesen Schlachthäusern!“ Wir fordern nicht einmal: „Hört auf, Fleisch zu essen!“ Sollen sie Fleisch essen, aber nicht aus dem Schlachthaus, nicht durch Töten. Sie sollen einfach warten, und sie werden die toten Tiere bekommen.

Wie lange leben denn im allgemeinen die Kühe? Maximal werden sie etwa zwanzig Jahre alt, und es gibt viele, die nur achtzehn, sechzehn oder zehn Jahre alt werden. Solange sollen sie warten; dann können sie regelmäßig tote Kühe bekommen und sie essen. Was ist dabei so schwierig?

In den ersten paar Jahren mag es vielleicht nicht so viel Fleisch geben wie jetzt. Aber während dieser Zeit können sie ja Hunde und Katzen essen. In Korea essen sie Hunde. Was ist der Unterschied zwischen hier und Korea? Für einige Zeit können sie auch Hunde essen – oder Schweine. Wir hindern niemanden daran, diese weniger wichtigen Tiere zu töten. Wir heißen es zwar nicht gut, aber wir verbieten es auch nicht. Doch für den Schutz der Kühe setzen wir uns ganz besonders ein, da dies eine persönliche Anweisung Śrī Kṛṣṇas ist. *Go-rakṣya:* „Beschützt die Kühe!“ Weil wir Geweihte Kṛṣṇas sind, ist das unsere Pflicht.

Und das bringt auch einen großen wirtschaftlichen Nutzen. Es ist nicht so, daß Kṛṣṇa uns diesen Rat ohne Grund gegeben hat. Kṛṣṇas Anweisung hat einen Sinn. Die Kühe auf unseren Hare-Kṛṣṇa-Bauernhöfen geben mehr Milch als andere Kühe, denn sie wissen: „Hier werden wir nicht getötet.“ Es stimmt nicht, was diese Schurken, diese Pseudo-Christen sagen: „Sie haben keine Seele. Sie haben keine Intelligenz.“ Sie *haben* Intelligenz. Woanders geben sie nicht so viel Milch. Aber auf unseren Bauernhöfen sind sie sehr glücklich. Sobald sie von den Gottgeweihten gerufen werden, kommen sie herbeigelaufen. Ja – wie Freunde. Und sie wissen genau: „Wir werden nicht geschlachtet.“ So sind sie voller Freude und geben viel Milch.

In Europa und Amerika gibt es sehr gute Kühe, aber die Schlachtindustrie ist auch sehr gut entwickelt. Ihr müßt das beenden. Sagt den

Menschen: „Ihr werdet Kuhfleisch bekommen. Sobald eine Kuh tot ist, werden wir euch das Fleisch umsonst geben. Ihr braucht dann nicht mehr so viel Geld auszugeben. Das Fleisch geben wir euch umsonst, und dann könnt ihr es essen. Warum tötet ihr die Tiere? Hört auf mit diesen Schlachthäusern!"

Ist das kein guter Vorschlag? Wir wollen weder die Produktion von Getreide, Gemüse und Früchten noch den Handel mit diesen Erzeugnissen unterbinden. Nein. Aber wir wollen diese Schlachthäuser stillegen. Sie sind so sündhaft! Wegen dieser Schlachthäuser gibt es auf der ganzen Welt so viele Kriege. Alle zehn bis fünfzehn Jahre gibt es einen großen Krieg – ein Massenschlachthaus für die Menschheit. Doch diese Schurken wollen das nicht wahrhaben; sie begreifen nicht, daß durch das Gesetz des *karma* auf jede Aktion eine Reaktion folgen muß.

Sie töten unschuldige Kühe und andere Tiere, doch die Natur wird sich rächen. Sie brauchen nur noch ein wenig zu warten. Sobald die Zeit reif ist, wird die Natur all diese Schurken zusammenbringen und sie abschlachten. Fertig. Sie werden gegeneinander kämpfen: Protestanten gegen Katholiken, Russen gegen Amerikaner, einer gegen den anderen. Das geschieht ständig. Warum? Weil es ein Naturgesetz ist. Wie du mir, so ich dir. „Ihr habt getötet, jetzt tötet euch gegenseitig."

Sie schicken die Tiere zum Schlachthaus, und gleichzeitig sind sie dabei, ihr eigenes Schlachthaus zu schaffen. Peng! Peng! Tot! Tot! Versteht ihr den Zusammenhang? Nehmt nur Belfast als Beispiel. Die Katholiken töten die Protestanten, und die Protestanten töten die Katholiken. Das ist das Gesetz der Natur. Es ist nicht notwendig, daß man sie in ein Schlachthaus führt. Sie werden aus ihren Wohnungen Schlachthäuser machen. Sie werden das eigene Kind töten – Abtreibung. Das ist das Gesetz der Natur. Wer sind die Kinder, die da abgetrieben werden? Sie sind ebendiese Fleischesser. Sie haben sich am Tod so vieler Tiere ergötzt, dafür werden sie jetzt von ihrer eigenen Mutter umgebracht. Die Menschen wissen nicht, wie die Natur arbeitet. *Wenn du tötest, mußt du getötet werden.* Wenn du die Kuh, die deine Mutter ist, tötest, wirst du in deinem zukünftigen Leben von deiner Mutter getötet werden. Die Mutter wird das Kind werden, und das Kind wird die Mutter werden.

Māṁ sa khādatīti māṁsaḥ. Das Sanskritwort für Fleisch ist *māṁsa.*

Mām bedeutet „mich“, und *sa* bedeutet „er, sie, es“. Mit anderen Worten, wenn ich dieses Tier töte und esse, wird es *mich* in meinem nächsten Leben töten und essen. Wenn ein Tier der Göttin Kālī geopfert wird, spricht man den oben zitierten *mantra* in das Ohr des Schlachttieres. „Du gibst dein Leben hin, und dafür wirst du in deinem nächsten Leben die Gelegenheit bekommen, ein Mensch zu werden. Ich aber, der ich dich jetzt töte, werde ein Tier, und du wirst mich töten.“
Bhagavān dāsa Goswami: Viele Menschen sprechen heutzutage über Wiedergeburt, aber sie verstehen nicht ihre ganze Tragweite...
Śrīla Prabhupāda: Wie können sie auch, diese bornierten Narren und Schurken, die wie vornehme Herren gekleidet sind! *Tāvac ca śobhate mūrkho yāvat kiñcin na bhāṣate.* Ein Schuft, ein Narr, genießt so lange Ansehen, bis er den Mund aufmacht. Sobald er zu sprechen beginnt, kann jeder erkennen, wer er wirklich ist. Deshalb blieb der Priester, der uns besucht hat, auch nicht lange; er wollte sich nicht bloßstellen.
Bhagavān dāsa Goswami: Er war nicht gerade klug.
Śrīla Prabhupāda: Jetzt müssen wir damit anfangen, Landwirtschaft zu betreiben; wir müssen selbst Nahrung erzeugen und uns um den Schutz der Kühe kümmern. Wenn wir einen Überschuß haben, können wir auch Handel treiben. Was wir tun müssen, ist sehr einfach. Unsere Mitglieder sollen friedlich in Farmgemeinschaften zusammenleben, Getreide, Früchte und Gemüse anbauen, die Kühe beschützen und hart arbeiten. Wenn wir dann einen Überschuß erwirtschaften, können wir Restaurants eröffnen. Kṛṣṇa-bewußte Menschen werden nie die Verlierer sein, wenn sie Kṛṣṇas Anweisungen befolgen. Sie werden ohne materiellen Mangel angenehm leben, und: *tyaktvā dehaṁ punar janma naiti* (*Bhagavad-gītā* 4.9) – nach dem Verlassen des Körpers werden sie direkt zu Gott gelangen. Das ist unsere Lebensweise.

In jeder Stadt sollten wir Restaurants eröffnen und dort wunderbare *kacaurīs, śrīkhaṇḍa, purīs, halavā* und viele andere Köstlichkeiten zubereiten. Die Leute werden sie kaufen. Sie werden kommen und sich hinsetzen. Das soll unsere Richtlinie sein: „Das Essen ist schon fertig – ihr könnt Platz nehmen. Wir haben einen Einheitspreis. Nehmt, soviel ihr wollt! Ihr könnt eine Portion nehmen oder zwei oder drei oder vier – soviel ihr wollt. Aber vergeudet nichts! Seid nicht verschwenderisch!“ Wenn nun jemand nur eine Portion ißt und ein anderer vier, so heißt das nicht, daß wir von dem zweiten mehr verlangen. Er zahlt denselben Preis. Gleiche Preise. Jeder kann Platz nehmen und sich nach Herzenslust satt essen. Laßt sie alle satt werden und sich wohl fühlen! „Wir stellen alles zur Verfügung. Aber ihr dürft nichts verschwenden." So sieht unser Programm aus. Nicht, daß wie im Hotel mit jedem Teller gleich eine Rechnung kommt. Nein. „Ihr könnt Platz nehmen und nach Herzenslust essen. Der Preis bleibt der gleiche."

Bhagavān dāsa Goswami: Ich glaube, die Leute werden das Restaurant mit vollgestopften Taschen wieder verlassen. [*Lachen.*]

Śrīla Prabhupāda: Das werden wir nicht erlauben.

Bhagavān dāsa Goswami: Du hast einmal erzählt, daß man in Indien einfach in eine Mangoplantage hineingehen und sich satt essen kann, wenn man hungrig ist – aber man darf nichts mitnehmen.

Śrīla Prabhupāda: Ja. Wenn man einen Garten hat und jemand kommt und sagt: „Ich möchte ein paar Früchte essen", sollte man ihn einladen: „Ja, komm herein! Nimm so viele Früchte, wie du möchtest!" Natürlich sollte er nicht mehr Früchte nehmen, als er essen kann, und sie dann wegtragen. Beliebig viele Menschen können kommen und sich satt essen. Die Bauern vertreiben nicht einmal die Affen – „Nun gut, sollen sie halt kommen. Im Grunde ist alles Gottes Eigentum." So sieht das Prinzip im Kṛṣṇa-Bewußtsein aus: Wenn ein Tier, sagen wir ein Affe, in deinen Garten kommt, um zu fressen, hindere es nicht daran! Es ist auch ein Teil Kṛṣṇas. Wenn du es ihm verbietest, wo wird es dann etwas zu fressen finden?

Ich kann euch eine Geschichte erzählen, die ich von meinem Vater gehört habe. Der ältere Bruder meines Vaters hatte ein Tuchgeschäft. Bevor er abends seinen Laden schloß, stellte er für gewöhnlich eine große Schale Reis auf den Boden. Natürlich gab es dort Ratten, wie in jedem Dorf. Aber die Ratten machten sich immer über den Reis her und nagten kein einziges Tuch an. Hätten sie nur *ein* Tuch angefressen, wäre dies schon ein enormer Verlust gewesen. So ersparte sich mein Onkel mit ein bißchen Reis den Verlust von wertvollen Stoffen. Die Kṛṣṇa-bewußte Kultur ist praktisch: „Sie sind auch Teil Gottes. Gebt ihnen Nahrung! Dann werden sie keine Probleme machen. Gebt ihnen etwas zu fressen!"

Jeder hat die Pflicht, einem Hungernden zu essen zu geben, selbst wenn es ein Tiger ist. Es gab einmal einen spirituellen Meister, der mit seinen Schülern im Dschungel lebte. Seine Schüler wußten: „Die Tiger werden uns nie stören, denn unser Lehrer stellt in einiger Entfernung vom *āśrama* immer etwas Milch bereit, und die Tiger kommen, trinken und gehen wieder fort."

Der Lehrer pflegte zu rufen: „Ihr Tiger! Kommt her und trinkt eure Milch!" Und sie kamen herbei, tranken die Milch und gingen wieder weg. Sie fielen niemals die Mitglieder des *āśrama* an. Der Lehrer erklärte ihnen: „Das sind meine Leute – tut ihnen nichts!"

Ich kann mich daran erinnern, wie ich auf der Weltausstellung einen Mann mit einem dressierten Löwen gesehen habe. Der Mann spielte mit seinem Löwen genauso, wie ein anderer mit seinem Hund spielt. Diese Tiere wissen: „Der Mann mag mich. Er gibt mir zu fressen; er ist mein Freund." Sie sind auch dankbar.

Als Haridāsa Ṭhākura in einer Höhle lebte und Hare Kṛṣṇa chantete, entschloß sich eine große Schlange, die auch dort wohnte, den Platz zu verlassen. Die Schlange erkannte: „Er ist ein Heiliger, ich sollte ihn in Ruhe lassen. Besser, ich verlasse diesen Ort." Aus der *Bhagavad-gītā* erfahren wir: *īśvaraḥ sarva-bhūtānāṁ hṛd-deśe* – Kṛṣṇa befindet Sich im Herzen eines jeden und erteilt Anweisungen. Also kann Kṛṣṇa die Tiere, die Schlangen, ein jedes Lebewesen anweisen, friedfertig zu sein. [*Śrīla Prabhupāda hält nachdenklich inne.*]

Die vedische Kultur bietet so viele schmackhafte Speisen an, und meistens sind sie aus Milchprodukten hergestellt. Aber diese sogenannten zivilisierten Menschen haben keine Ahnung davon. Sie töten die Kühe und verfüttern die Milch an die Schweine, und dann sind sie noch stolz auf ihre Zivilisation – wie Schakale und Geier. Die Bewegung für Kṛṣṇa-Bewußtsein wird bei diesen unzivilisierten Menschen einen Bewußtseinswandel herbeiführen und sie lehren, wie man ein zivilisiertes Leben führt.

Die Friedensformel

Dieser Artikel wurde von Śrīla Prabhupāda erstmals 1956 in Indien veröffentlicht. Inmitten des Kalten Krieges appellierte er an seine Leser: „Wir sollten alles in den transzendentalen Dienst des Höchsten Herrn stellen. Dies allein kann uns den ersehnten Frieden schenken." Und er warnte: „Solange noch die geringste Begierde nach Sinnenbefriedigung existiert, ist Friede in weiter Ferne... Der Drang nach Sinnenbefriedigung führt dazu, daß man seine Energie vergeudet, um Geld zu verdienen, das dann wiederum für die Zerstörung der Menschheit ausgegeben wird."

Die offenbarten Schriften beschreiben den Höchsten Herrn als *sac-cid-ānanda-vigraha. Sat* bedeutet „ewig", *cit* bedeutet „voller Wissen", *ānanda* bedeutet „voller Freude", und *vigraha* bringt zum Ausdruck, daß er eine Person ist. Demnach ist der Höchste Herr, dem niemand ebenbürtig ist, eine ewige, allglückselige Persönlichkeit, die Sich Ihrer eigenen Identität vollkommen bewußt ist. Niemand kommt Ihm gleich oder steht über Ihm. Das ist eine genaue Beschreibung des Höchsten Herrn.

Die Lebewesen (*jīvas*) sind winzige Abbilder des Höchsten Herrn, und daher zeigt sich in ihren Tätigkeiten der Wunsch nach ewigem Dasein, nach Allwissenheit und nach Glück. Diese drei Eigenschaften des Lebewesens treten in der menschlichen Gesellschaft nur in sehr begrenztem Maße auf, und sie werden hundertmal mehr von den Wesen genossen, die auf den höheren Planeten residieren, wie Bhūrloka, Svarloka, Janaloka, Tapoloka, Maharloka oder Brahmaloka.

Selbst wenn das Ausmaß des Genusses auf dem höchsten Planeten der materiellen Welt all das, was wir auf der Erde genießen können, viele tausend Male übertrifft, wird es im Vergleich zu der spirituellen Glückseligkeit, die wir in der Gemeinschaft mit dem Höchsten Herrn erfahren, als unbedeutend beschrieben. Der liebevolle Dienst in einer der ewigen Beziehungen, die man mit dem Höchsten Herrn haben kann, läßt selbst das Glücksgefühl, mit der unpersönlichen spirituellen Ausstrahlung zu verschmelzen, als unbedeutend erscheinen – so unbedeutend wie einen Tropfen Wasser im Vergleich zum Ozean.

Jedes Lebewesen wünscht sich, in der materiellen Welt ein Höchstmaß an Genuß zu erfahren, und dennoch ist man hier immerfort unglücklich. Dieses Unglück gibt es auch auf all den höheren Planeten, trotz langer Lebensdauer und vieler Annehmlichkeiten. Das ist das Gesetz der materiellen Natur.

Man kann die Lebensdauer und den Lebensstandard maximal erhöhen, und doch wird man nach dem Gesetz der materiellen Natur unglücklich sein. Denn die Qualität des Glücks, das unserem Wesen entspricht, unterscheidet sich von dem Glück, das wir aus materiellen Tätigkeiten erlangen. Das Lebewesen ist ein winziges Teilchen der *sac-cid-ānanda-vigraha,* und daher sucht es zwangsläufig nach einer Freude, die ihrer Eigenschaft nach spirituell ist. Aber es versucht vergebens, seine spirituelle Freude in der fremden Atmosphäre der materiellen Natur zu finden.

Ein Fisch, den man aus dem Wasser nimmt, kann nicht glücklich sein, wie sehr man auf dem Lande auch um sein Wohlergehen bemüht sein mag; denn sein Lebensraum ist das Wasser. Genauso kann auch das winzige *sac-cid-ānanda*-Lebewesen durch all die materiellen Pläne, die seinem getäuschten Gehirn entspringen, nicht wirklich glücklich werden. Daher muß das Lebewesen eine andere Art Glück erfahren, ein transzendentales Glück, das auch spirituelle Glückseligkeit genannt wird. Mit anderen Worten, unser Ziel sollte es sein, spirituelle Glückseligkeit zu genießen und nicht materielle Freuden.

Es ist gut, nach spiritueller Glückseligkeit zu streben, aber man vermag sie nicht allein dadurch zu erreichen, daß man materielles Glück verneint. Die theoretische Verneinung materieller Tätigkeiten, wie sie von Śrīpāda Śaṅkarācārya gelehrt wurde, mag vielleicht für einen verschwindend kleinen Teil der Menschheit ein gangbarer Weg sein, aber der beste und sicherste Weg zu spiritueller Glückseligkeit – so lehrte Caitanya Mahāprabhu – sind hingebungsvolle Tätigkeiten. Fürwahr, sie verwandeln die gesamte materielle Natur.

Das Streben nach materiellem Glück wird als Lust bezeichnet, und auf lange Sicht wirken sich lüsterne Tätigkeiten mit Sicherheit zum eigenen Schaden aus. Der Körper einer Giftschlange ist sehr kühlend, aber wenn jemand die Kühle des Schlangenkörpers genießen möchte und sich daher die Schlange um den Hals hängt, wird er gewiß durch ihren Biß getötet. Die materiellen Sinne werden mit Schlangen verglichen, und mit ihrer Hilfe sogenanntes materielles Glück zu begehren wird ohne Zweifel unser spirituelles Bewußtsein töten. Daher sollte ein vernünftiger Mensch danach streben, die wirkliche Quelle des Glücks zu finden.

Ein Dummkopf, der nicht wußte, wie Zuckerrohr schmeckt, bekam von einem Freund den Rat, er solle doch den süßen Geschmack des Zuckerrohrs einmal probieren. Als der Mann fragte, wie Zuckerrohr denn aussehe, gab ihm der Freund die ungenaue Auskunft, daß es einem Bambusrohr ähnle. Der Narr versuchte hierauf, Zuckerrohrsaft aus einem Bambusrohr zu gewinnen, aber natürlich vergeblich.

Dieses Beispiel veranschaulicht die Situation eines Lebewesens, das sich in Illusion befindet und nach ewigem Glück in der materiellen Welt sucht – einer Welt, die nicht nur voller Leid, sondern auch flüchtig und vergänglich ist. In der *Bhagavad-gītā* wird die materielle Welt als ein Ort des Elends bezeichnet. Das Streben nach Glück ist an sich etwas Gutes, aber der Versuch, es mittels sogenannter wissenschaftlicher Errungenschaften aus toter Materie zu gewinnen, ist eine Illusion. Törichte Menschen können dies nicht begreifen. Die *Gīta* (16.13) beschreibt die Denkweise eines Menschen, der von der Begierde nach materiellem Glück getrieben wird, wie folgt: „So viel Reichtum besitze ich heute, und nach meinen Plänen werde ich noch mehr dazugewinnen. So viel gehört mir jetzt, und es wird in Zukunft noch mehr werden."

In einer atheistischen, gottlosen Gesellschaft dreht sich alles um Sinnenbefriedigung, und jeder ist verrückt nach Geld, um eine hohle Fassade aufrechtzuerhalten. Jeder möchte Geld, weil es das Tauschmittel für die Objekte seiner Sinnenbefriedigung ist. In dieser Hölle des Goldfiebers Frieden zu erwarten ist ein utopischer Traum. Solange noch die geringste Begierde nach Sinnesbefriedigung existiert, ist Friede in weiter Ferne. Von Natur aus ist nämlich jeder ein ewiger Diener des Höchsten Herrn, und daher sollten wir nichts für unsere eigenen, egoistischen Interessen beanspruchen. Wir sollten alles in den transzendentalen Dienst des Höchsten Herrn stellen. Dies allein kann uns den ersehnten Frieden schenken. Ein einzelner Körperteil kann nicht für sich allein zufrieden sein; nur wenn er dem ganzen Körper dient, kann er Zufriedenheit erfahren. Aber heutzutage ist jeder mit seinen egozentrischen Interessen beschäftigt, und niemand ist bereit, dem Herrn zu dienen. Das ist der eigentliche Grund für unsere Gefangenschaft in der materiellen Welt.

Vom höchsten Regierungsbeamten bis zum niedrigsten Straßenkehrer arbeitet jeder, um Geld zu verdienen, sei es auf legalem oder illegalem Wege. Doch aus bloßem Eigennutz zu arbeiten ist unrechtmäßig und zerstörerisch; ja selbst das Streben nach spiritueller Erkenntnis ist unrechtmäßig und zerstörerisch, wenn es aus reinem Eigennutz geschieht.

Diese unrechtmäßige Geldgier hat dazu geführt, daß es heute auf der Welt keinen Mangel an Geld gibt, dafür aber einen Mangel an Frieden. Da unsere gesamte Energie der Geldmacherei geopfert wird, haben sich zwar die finanziellen Möglichkeiten der Gesamtbevölkerung verbessert, doch gleichzeitig hat diese unbegrenzte und unrechtmäßige Geldvermehrung eine marode Wirtschaft hervorgebracht und uns befähigt, gewaltige, kostspielige Waffen herzustellen, die alles wieder zu zerstören drohen, was wir mit unserem ganzen Geld aufgebaut haben.

Anstatt den Frieden zu genießen, schmieden jetzt die Führer der großen Industrienationen viele Pläne, wie sie sich vor den modernen Vernichtungswaffen retten können, und riesige Geldsummen werden für die Experimente mit solchen schrecklichen Nuklearwaffen buchstäblich ins Meer geworfen. Solche Experimente sind nicht nur sündhaft teuer, sondern kosten auch viele arme Menschen und Tieren das Leben. Auf diese Weise werden die Nationen durch die Gesetze des *karma* zur Rechenschaft gezogen. Das ist die Illusion der materiellen Natur: Der Drang nach Sinnenbefriedigung führt dazu, daß man seine Energie vergeudet, um Geld zu verdienen, das dann wiederum für die Zerstörung der Menschheit ausgegeben wird. So wird die Energie der Menschheit nach dem Gesetz der Natur verschwendet, denn diese Energie wird dem Dienst des Herrn entzogen, welcher der eigentliche Besitzer aller Energien ist.

Wie die vedischen Schriften erklären, kommt Reichtum von Mutter Lakṣmī, der Glücksgöttin. Die Bestimmung der Glücksgöttin ist es, Śrī Nārāyaṇa zu dienen, dem Quell aller *naras* (Lebewesen). Auch die *naras* sind dafür bestimmt, Nārāyaṇa zu dienen, und zwar unter der Führung der Glücksgöttin. Die Lebewesen können sich nicht der Gunst der Glücksgöttin erfreuen, ohne Nārāyaṇa, Kṛṣṇa, zu dienen, und daher wird jeder, der sich an Ihr vergreift, durch die Gesetze der Natur bestraft, und das Geld wird nicht zu Frieden und Wohlstand führen, sondern zum Untergang.

Solchermaßen unrechtmäßig angesammeltes Geld wird nun durch verschiedene staatliche Steuern den geizigen Bürgern abgeknöpft und in diverse nationale und internationale Kriegskassen überführt, von wo aus es in verschwenderischer Weise ausgegeben wird. Die Bürger geben sich nicht mehr damit zufrieden, genug Geld zu haben, um ihre Familie gut versorgen und spirituelles Wissen erwerben zu können, was beides für das menschliche Leben unbedingt erforderlich ist. Sie möchten heutzutage vielmehr unbegrenzte Geldmengen, um ihre unersättlichen Wünsche zu erfüllen. Je mehr aber ihre Wünsche gegen die Gesetze der Natur verstoßen, desto eher wird ihnen ihr angehäuftes Geld durch die Vertreter der illusionierenden Natur wieder abgenommen – durch Ärzte, Rechtsanwälte, Steuern, staatliche Institutionen, Vereine und sogenannte religiöse Heilsbringer sowie durch Hungersnöte, Erdbeben und viele andere ähnliche Katastrophen.

Ein Geizhals, der unter dem Diktat der materiellen Natur zögerte, eine Ausgabe des *Back to Godhead* zu kaufen, gab zweitausendfünfhundert Dollar für einen Wochenvorrat an Medizin aus und starb kurz darauf. Ein anderer Mann, der sich weigerte, einen Cent für den Dienst des Herrn auszugeben, verschwendete dreitausendfünfhundert Dollar für einen Prozeß mit seinen eigenen Familienmitgliedern. So lautet das Gesetz der Natur: Wenn Geld nicht dem Dienst des Herrn geweiht wird, ist es verschwendete Energie und muß für Rechtsstreitigkeiten, Krankheiten und ähnliches ausgegeben werden. Törichte Menschen verschließen ihre Augen vor dieser Tatsache, und daher halten die Gesetze des Herrn sie gezwungenermaßen zum Narren.

Die Gesetze der Natur lassen es nicht zu, daß man über mehr Geld verfügt, als man für seinen Lebensunterhalt benötigt. Gott hat die Gesetze der Natur so eingerichtet, daß jedes Lebewesen mit einem gerechten Anteil an Essen und Unterkunft versorgt wird, aber die unersättliche Lust des Menschen hat die gesamte Ordnung des allmächtigen Vaters gestört.

Der Höchste Herr hat für ein Meer aus Salzwasser gesorgt, weil das Lebewesen Salz benötigt, und Er hat für genügend Luft und Licht gesorgt, weil auch sie für das Lebewesen unentbehrlich sind. Man kann sich aus der Vorratskammer der Natur so viel Salz holen, wie man möchte, aber man darf nicht mehr Salz essen, als man braucht. Nimmt man zuviel Salz, versalzt man die Suppe, und nimmt man zuwenig, hat das Essen keinen Geschmack. Wenn man dagegen nur so viel nimmt, wie man gerade braucht, wird die Suppe schmackhaft, und man bleibt gesund. Mit anderen Worten: nach mehr Reichtum zu streben, als wir benötigen, ist schädlich, genauso wie es schädlich ist, mehr Salz zu essen, als unser Körper wirklich braucht. Das ist das Gesetz der Natur.

7

Die Botschaft Gottes

Einleitung

Gegenwärtig kümmern wir uns hauptsächlich um zwei Dinge: zum einen um uns selbst und zum anderen um den Ort, an dem wir leben. Mit anderen Worten, wir sorgen uns um alles, was unseren grob- und feinstofflichen Körper betrifft, und um die Welt mit allem, was dazugehört. Aber es gibt auch andere, die über uns stehen: die Transzendentalisten, die sich nicht nur um ihren Körper und ihren Geist und um die übrige Welt kümmern, sondern auch um die Transzendenz, die dem Körper, dem Geist und der ganzen Welt übergeordnet ist. Den Transzendentalisten ist viel mehr an der Absoluten Wahrheit gelegen als an relativen Wahrheiten.

Diese Transzendentalisten, die gewöhlich als Heilige, Philosophen, Reformatoren, Boten Gottes und dergleichen bezeichnet werden, erscheinen auf der Welt an verschiedenen Orten und zu verschiedenen Zeiten. Sie dienen der Absoluten Wahrheit und der Menschheit, indem sie die Botschaft der transzendentalen Welt verkünden. Diesen Transzendentalisten zufolge sollten die Menschen höhere Anliegen haben als die niederen Tiere wie Hunde und Katzen, die sich vorwiegend um zwei Dinge kümmern, nämlich um sich selbst und um die übrige Welt. Kein Lebewesen außer dem Menschen hat die Fähigkeit, transzendentale Themen zu begreifen. Der Mensch gilt daher als die Krone der Schöpfung, und wir müssen die Bedeutung dieser Sonderstellung erkennen.

Wenn der Mensch, das höchste aller Geschöpfe, sein Bewußtsein völlig entwickelt hat, kümmert er sich nicht nur um sich selbst und um die Welt, in der er lebt; vielmehr versucht er, die Absolute Wahrheit zu verstehen. Die Absolute Wahrheit lenkt und leitet den Menschen und die Welt, und da der Transzendentalist dies weiß, ist er in seinem Tun stets darauf bedacht, den rechten Pfad zu beschreiten. Diese geregelte, besonnene Handlungsweise ist das Merkmal aller Glaubenssysteme und Religionen. Überall in der zivilisierten Welt finden wir irgendeine Form der Religion. In der Tat ist ein Mensch ohne jegliche Religion nichts weiter als ein Tier. Die Religion mag je nach Land,

Zeit und Volk verschiedene Formen annehmen, aber sie hat – mehr oder weniger – immer die Absolute Wahrheit zum Ziel.

Es gibt nur eine einzige Absolute Wahrheit, aber verschiedene Religionsanhänger oder Transzendentalisten betrachten Sie aufgrund unterschiedlicher Umstände aus unterschiedlichen Blickwinkeln. Einige Transzendentalisten halten die Absolute Wahrheit für eine unpersönliche Kraft, die gewöhnlich als das gestaltlose Brahman bezeichnet wird, während andere in Ihr den allgegenwärtigen Aspekt Gottes sehen, der in allen Lebewesen weilt und gewöhnlich als der Paramātmā, die Überseele, bezeichnet wird. Aber es gibt noch eine weitere wichtige Gruppe von Transzendentalisten, die unter der Absoluten Wahrheit die Absolute Persönlichkeit Gottes verstehen, die sowohl den persönlichen Aspekt als auch den allgegenwärtigen und den unpersönlichen Aspekt der Absoluten Wahrheit in Sich vereint.

Gegenwärtig wird das Wort *Religion* auf dem Altar materialistischer Neigungen geopfert. Die Menschen kümmern sich heute vor allem – ähnlich wie die Tiere – um Themen wie Essen, Schlafen, Verteidigung und Sinnenbefriedigung. Im allgemeinen versucht man, transzendentale Themen möglichst zu vermeiden oder zumindest nicht näher auf sie einzugehen. Selbst die größten Politiker hat man sagen hören, daß ein hungernder Mensch Gott und der Religion keine Bedeutung beimißt. Unter der Führung solcher Materialisten sinken die Menschen allmählich auf die Stufe der niederen Tiere herab, da sie, bar jedweder transzendentaler Erkenntnis, nichts als ihren eigenen materiellen Körper und die materielle Welt kennen.

So hat sich die Menschheit auf die Stufe der Hunde hinabbegeben, die es gewohnt sind zu bellen, sobald sie auf ein Rudel Hunde treffen, das aus einem anderen Revier stammt. Es ist keine größere Erniedrigung des Menschen vorstellbar, als wenn er ein großes Geschrei erhebt, sobald er einen anderen Menschen erblickt, der zufällig nicht aus seiner Heimat stammt oder seiner Religion angehört. Er gebärdet sich, als stehe er einem Tiger oder einem Wolf gegenüber. Ohne transzendentales Wissen ist die Menschheit fürwahr den Tigern und Wölfen gleich geworden.

Daher müssen wir uns jetzt mit absolutem Wissen befassen, wenn wir die Menschheit wieder zur Vernunft bringen wollen. Intelligente

Führer sollten also ihre Energie nicht nur zur materiellen Verbesserung von Essen, Schlafen, Verteidigung und Sinnenbefriedigung einsetzen. Machthabern, die glauben, ein Hungernder brauche keinen Gott und keine Religion, sei mit Nachdruck gesagt, daß jeder auf der Welt spirituell hungert und daß ebendiese spirituell Hungernden die Bedeutung von Gott und Religion verstehen müssen – jetzt mehr denn je.

In diesem Zusammenhang möchten wir den Hauptgedanken einer Rede Dr. Radhakrishnans [ehemaliger Staatspräsident Indiens] anführen, die er jüngst bei einer Tagung der UNESCO in Paris hielt. Darin sagte er: „Wenn eine Nation sich stolz von Gott abwendet und ihre ganze Aufmerksamkeit auf weltlichen Erfolg und Wohlstand richtet, ist sie dem Untergang geweiht. Was heute unbedingt erforderlich ist, ist nicht so sehr die Wiederherstellung von Schulen und Bibliotheken oder von Geschäften und Fabriken, sondern die Wiederherstellung des Menschen. Wir müssen den Menschen neu schaffen, wenn wir eine neue Weltgemeinschaft schaffen wollen."

Wenn uns also überhaupt daran gelegen ist, der Menschheit zu helfen, die jetzt mehr denn je zerrüttet ist, ist es nötiger denn je, die überaus wichtige Beziehung des Menschen zu Gott zu erkennen.

Empirische Philosophen und Logiker haben mit verschiedenen Konzepten und Methoden versucht, die inhärente Beziehung der Lebewesen zur Absoluten Wahrheit mittels ihrer weltlichen Bildung und akademischen Forschung zu verstehen; doch die Absolute Wahrheit bleibt für die Philosophen und ihr erworbenes Wissen unerreichbar. Die Absolute Wahrheit läßt Sich durch den aufsteigenden Erkenntnisprozeß, der auf unseren unvollkommenen materiellen Sinnen gründet, nicht voll erfassen. Die empirischen Philosophen und Logiker sind außerstande, ihre eigene Unzulänglichkeit zu erkennen, da sie von ihrem materiellen Wissen geblendet sind, und somit ist ihre endgültige Schlußfolgerung der Atheismus. Sie leugnen die Existenz Gottes, der Höchsten Person, die Sich von allen anderen Personen unterscheidet. Der vagen Vorstellung des Atheismus verhaftet, tappen solche materialistischen Philosophen weiter im dunkeln. Sie geben sich mit einer selbsterfundenen Auffassung von der Absoluten Wahrheit zufrieden, während sie unsere wirkliche Beziehung zu Gott nicht kennen.

Ein solches unklares Verständnis wird von wahren Transzendentalisten nicht anerkannt; sie übergehen die unmittelbare Sinneswahrnehmung, um wirkliches Wissen in seinen verschiedenen Stufen von Autoritäten zu empfangen, denen echtes transzendentales Wissen offenbart wurde. Diese Offenbarung wird durch die tiefere Dimension der menschlichen Persönlichkeit ermöglicht. Das wirkliche Wissen über die Höchste Persönlichkeit Gottes und Ihre Beziehung zu uns kann nur durch diesen transzendentalen Vorgang offenbart werden. Da der Höchste Herr absolut ist, behält Er Sich das Recht vor, weltlich gesinnten Menschen verborgen zu bleiben. Er ist nur durch den einen absoluten Vorgang zu erkennen, und niemals führt der relative Weg der Sinneswahrnehmung zu Ihm. Wäre Gott unserer relativen Sinneswahrnehmung unterworfen, so wäre unsere Sinneswahrnehmung absolut und nicht Gott. Folglich trügt die Sinneswahrnehmung auf all ihren verschiedenen Ebenen, wenn es darum geht, Wissen über Gott zu erwerben.

Wir können uns der Absoluten Wahrheit mit unserem armseligen Wissen nicht nähern; vielmehr offenbart Sich die Absolute Wahrheit durch Ihre eigene Gnade, indem Sie vor uns erscheint. In der Dunkelheit der Nacht kann die Sonne nicht einmal durch unsere beste Technologie dazu gezwungen werden aufzugehen. Am Morgen jedoch erscheint sie aus freien Stücken, ohne die Hilfe unserer materialistischen Vorkehrungen. Wenn die Sonne aufgeht, weicht die Finsternis der Nacht von allein. Auf diese Weise erscheinen auch die Höchste Persönlichkeit Gottes und Ihre vertrauten Diener aus eigener Kraft und ohne jegliche Hilfe seitens der materiellen Welt. Sie steigen aus ihrer grundlosen Barmherzigkeit herab, nur um die gefallenen Seelen zu segnen, die dem illusionierenden Einfluß der materiellen Energie Gottes, den sogenannten Erscheinungsweisen der Natur, unterworfen sind.

Wenn wir aber beim morgendlichen Sonnenaufgang die Türen und Fenster verschließen, können die Strahlen der Sonne unmöglich in unser dunkles Zimmer gelangen. So dürfen wir auch nicht die Türen und Fenster unseres Körpers und Geistes verschließen, wenn die Höchste Persönlichkeit Gottes und Ihre vertrauten Diener vor uns erscheinen, um die Botschaft Gottes zu verkünden; denn sonst wird das Licht, das vom Herrn und Seinen Dienern ausgeht, nicht in uns eintreten. Das Licht, das solchen transzendentalen Quellen entströmt, empfangen wir für gewöhnlich durch unsere Ohren. Daher können wir Gott und unsere Beziehung zu Ihm nur dann wahrhaft erkennen, wenn wir bereit sind, demütig Seine Botschaft zu hören. In diesem transzendentalen Geist stellen wir hiermit die *Botschaft Gottes* vor – zum Wohle aller Menschen und insbesondere zum Wohle all derer, die ernsthaft nach der Wahrheit suchen. Wir wissen nicht, inwieweit unser unbedeutender Versuch von Erfolg gekrönt sein wird, und möchten uns hiermit für alle diesbezüglichen Mängel entschuldigen.

— Der Autor

Transzendentales Wissen

Wir erweisen unserem allbarmherzigen spirituellen Meister, His Divine Grace Bhaktisiddhānta Sarasvatī Gosvāmī Prabhupāda, dem Retter der Gefallenen, unsere aufrichtige und demütige Ehrerbietung. Er vertrieb das Dunkel der Unwissenheit, indem er die Blindheit unserer Augen mit dem Balsam transzendentalen Wissens heilte, das er zum Wohle aller Menschen offenbart.

Für gewöhnlich sind wir sehr stolz auf unsere zwei kleinen Augen, und in unserer Überheblichkeit verlassen wir uns ohne Zögern auf ihre Wahrnehmungskraft. Doch wir merken gar nicht, daß alles, was wir gegenwärtig sehen, vom Dunkel der Unwissenheit verhüllt ist und daher entweder nicht richtig oder nur teilweise wahrgenommen werden kann. Einfach dadurch, daß wir von unseren Augen Gebrauch machen, sehen wir noch lange nicht alles so, wie es ist. Jeden Morgen beim Aufgang der Sonne erscheint uns dieser gigantische Himmelskörper wie eine kleine Scheibe. Natürlich ist die Sonne viel größer als die Erde, auf der wir leben, und somit wird unser hochgeschätzter Sehsinn täglich auf die Probe gestellt und ad absurdum geführt. Unsere Augen sind nur unter bestimmten günstigen Voraussetzungen in der Lage, Wissen zu erwerben. Sie können weder die Dunkelheit durchdringen noch Dinge wahrnehmen, die zu weit entfernt oder zu nahe gelegen sind, wie etwa unsere eigenen Augenlider. Wir können also auf unsere Augen nur dann stolz sein, wenn bestimmte günstige Voraussetzungen erfüllt sind, die von der materiellen Natur geschaffen werden. Sonst sind wir – trotz unserer großartigen Augen – außerstande, die Dinge in der richtigen Perspektive zu sehen. Was für unsere Augen gilt, gilt auch für alle anderen Sinne, die wir zum Wissenserwerb benutzen.

Folglich sind alle Erfahrungen, die wir unter den gegebenen Umständen machen, völlig relativ und begrenzt und somit unvollkommen und oft irreführend. Solche fehlerhaften Sinneseindrücke können weder vom getäuschten Wahrnehmer selbst korrigiert werden noch von jemand anderem, der mit ähnlichen Mängeln behaftet ist.

Wenn wir in der Dunkelheit einen Gegenstand wahrnehmen wollen, reichen unsere Augen allein nicht aus; wir müssen auf zusätzliche Hilfsmittel zurückgreifen. Im Dunkeln ist also ein Gegenstand für uns nicht völlig erkennbar, und selbst wenn wir durch Berührung oder auf andere Weise etwas über den Gegenstand erfahren, ist unser Wissen entweder fehlerhaft oder unvollständig. Es ist wie mit einer Gruppe von Blinden, die auf einen Elefanten treffen und das seltsame, unbekannte Geschöpf einander zu beschreiben versuchen. Einer tastet den Rüssel ab und stellt fest: „Es ist eine riesige Schlange." Ein anderer bekommt ein Bein zu fassen und verkündet: „Nein, es ist eine große Säule." Und so weiter.

In tiefer Dunkelheit gibt es nur eine Möglichkeit, etwas richtig zu erkennen: Nur wenn jemand ein Licht in die Dunkelheit hereinträgt, vermag man die Dinge so zu erkennen, wie sie sind. Dementsprechend wird das Licht des Wissens von unseren Lehrmeistern entflammt, und nur durch ihre Gnade können wir die Dinge richtig erkennen. Von Geburt an sind wir es gewohnt, Wissen durch die Gnade unserer Lehrmeister – ob Vater, Mutter oder Schullehrer – zu erwerben. Wir können den Pfad fortschreitender Erkenntnis nur mit Hilfe solcher Lehrer beschreiten, bei denen wir durch ergebenes Zuhören Erfahrungen sammeln.

Durch die Gnade unserer Lehrer schreiten wir auf dem Pfad des Wissens voran – vom Erlernen des Alphabets bis hin zum Universitätsabschluß. Und wenn wir noch weiter gehen und uns transzendentales Wissen aneignen wollen, müssen wir uns zuerst qualifizierte transzendentale Lehrer suchen, die uns auf diesem Pfad führen können. Das Wissen, das wir durch unsere Schul- und Universitätsbildung erwerben, hilft uns vielleicht eine Zeitlang bei der Untersuchung eines bestimmten Problems im gegenwärtigen Leben, aber diese Bildung vermag nicht unser ewiges Bedürfnis nach transzendentalem Wissen zu stillen, nach dem wir uns sehnen – Leben für Leben, Tag für Tag, Stunde für Stunde.

Wer in einem Fach Erfolg haben will, muß eine Beziehung zu einem Meister dieses Faches aufnehmen und sich aufrichtig auf diesem bestimmten Gebiet bemühen. Um einen Universitätsabschluß zu bekommen, müssen wir zuerst eine Beziehung zur Universität aufnehmen. Wir müssen den Richtlinien der Universitätsleitung Folge leisten und nach den Anweisungen unserer Professoren handeln. Das ist unbedingt erforderlich, um den erwünschten Erfolg zu erzielen. Genauso müssen wir, wenn uns tatsächlich daran gelegen ist, die Prinzipien des ewigen Lebens zu verstehen und die Dinge im richtigen Licht zu sehen, eine Beziehung zu einem Lehrer aufnehmen, der tatsächlich imstande ist, uns die Augen zu öffnen und uns aus den Klauen der Unwissenheit zu befreien. Das Annehmen eines spirituellen Meisters ist eine ewige Wahrheit. Niemand kann diesen ewigen Grundsatz umgehen.

Die Einweihung beginnt zu dem Zeitpunkt, wo wir unsere ewige, transzendentale Beziehung zum spirituellen Meister aufnehmen. Die *Upaniṣaden* und verwandte Schriften schreiben vor, daß man sich mit Ehrfurcht und Hochachtung den Füßen eines spirituellen Meisters nähern muß, der in allen Schriften wohlbewandert ist und die Vollkommenheit im transzendentalen Wissen erlangt hat. Um im transzendentalen Wissen Vollkommenheit zu erlangen, muß man sich der Schülernachfolge anschließen, indem man sich die kulturellen, ethischen und geistigen Grundsätze dieser spirituellen Tradition zu eigen macht. Den offiziellen Führern spiritueller Gesellschaften und Vereinigungen mangelt es häufig an dieser spirituellen Vollkommenheit, und daher sind sie nicht zum spirituellen Meister geeignet. Es hat also keinen Zweck, sich nur der Form halber oder weil es so Brauch ist, an solche berufsmäßigen spirituellen Meister zu wenden. Spirituelle Vollkommenheit ist ohne spirituelle Disziplin unmöglich zu erreichen.

Śrī Kṛṣṇa, die Höchste Persönlichkeit Gottes und der vollkommene spirituelle Meister, erklärte die Philosophie der *Bhagavad-gītā* Seinem Schüler, dem Heerführer Arjuna. Hier finden wir ein perfektes Beispiel der Beziehung zwischen spirituellem Meister und Schüler. Arjuna war der innigste Freund Śrī Kṛṣṇas, und daher offenbarte ihm Śrī Kṛṣṇa die Essenz aller heiligen Schriften, die *Bhagavad-gītā*.

Weil wir immer sehr mit unseren weltlichen Pflichten beschäftigt sind, möchten wir uns im allgemeinen mit keiner Philosophie befassen – außer mit der weltlichen Philosophie unseres Bauches und ähnlichen Themen. Unsere Philosophie des Bauches hat sich in die verschiedensten Richtungen verzweigt, und deshalb finden wir kaum Zeit, die Philosophie zu verstehen, die uns lehrt, das ewige Leben zu erlangen, um das wir uns ununterbrochen, Leben für Leben, bemühen.

Nachdem Kṛṣṇa auf dem Schlachtfeld von Kurukṣetra auf Arjunas

Geheiß den Streitwagen zwischen die beiden feindlichen Armeen gelenkt hatte, weigerte sich dieser zu kämpfen. Er gab vor, wie ein gewöhnlicher Mensch von philosophischer Unwissenheit und Schwäche überwältigt zu sein. Da erleuchtete ihn Kṛṣṇa mit dem Wissen der *Bhagavad-gītā*.

So erweisen in jedem Zeitalter die Höchste Persönlichkeit Gottes und Ihre geliebten, vertrauten Geweihten den Menschen auf der Erde ihre grenzenlose Barmherzigkeit, indem sie sie aus der Dunkelheit ihrer Unwissenheit erlösen. Ohne ihre Gnade wäre es uns niemals möglich, transzendentales Wissen zu erlangen.

Manchmal steigt der Höchste Herr persönlich herab und lehrt transzendentales Wissen, und manchmal sendet Er auch Seine vertrauten Diener, um diesen Akt der Güte zu vollbringen. Alle Heilbringer – Heilige, die in der Vergangenheit gekommen sind oder die in der Zukunft noch kommen werden, um die transzendentale Botschaft vom Reich Gottes zu verkünden – sind als die vertrautesten Diener der Persönlichkeit Gottes anzusehen. Jesus Christus erschien als der Sohn Gottes, Mohammed bezeichnete sich als der Diener Gottes, und Śrī Caitanya trat als der Geweihte Gottes auf. Wer auch immer sie waren, diese Heilbringer waren sich alle in einem einig: In dieser vergänglichen Welt kann es keinen dauerhaften Frieden und Wohlstand geben. Sie alle teilten die Meinung, daß wir uns zu einer anderen Welt begeben müssen, wo wirklicher Friede und Wohlstand herrschen. Wir müssen unseren ewigen Frieden und Wohlstand im Reich Gottes suchen, das sich jenseits dieser vergänglichen Welt befindet. Selbst solche Heilbringer und Reformatoren wie Buddha und Śaṅkarācārya, die beide die Existenz der Persönlichkeit Gottes leugneten, verkündeten niemals, daß es möglich sei, in der materiellen Welt ewigen Frieden und Wohlstand zu erlangen.

Zur Zeit aber reden die intellektuellen Führer der Gesellschaft den Menschen mit Erfolg ein, daß es nur die Welt gebe, in der wir leben, und daß aller Friede und Wohlstand hier zu finden seien. Solchen Führern zufolge ist der materielle Körper das wirkliche Selbst; sie behaupten, Selbstverwirklichung bedeute, alles zu verstehen, was sich auf den Körper bezieht, und wir hätten keine höhere Pflicht, als die Sinne des Körpers zufriedenzustellen und ihn unter allen Umständen am Leben zu erhalten. Gott und die philosophische Beschäftigung mit Ihm seien bloße Freizeitvergnügen oder Gesellschaftsspiele, um das Gehirn zu üben. Solche Auffassungen verschaffen der Welt allerdings keinen greifbaren Gewinn.

So also gab Arjuna Schwäche vor und reihte sich in die Kategorie gewöhnlicher Menschen ein, die sich in der materiellen Welt unter dem Bann der Illusion befinden. Und durch seine Handlungsweise trug Arjuna dazu bei, daß die *Bhagavad-gītā* von den transzendentalen Lippen der Persönlichkeit Gottes offenbart wurde. Wann immer der Höchste Herr in diese vergängliche Welt herabsteigt, wird Er von Seinen vertrauten Dienern begleitet. Arjuna ist einer dieser ewigen, vertrauten Diener der Persönlichkeit Gottes, Śrī Kṛṣṇa, und daher wurde er zum Wohl der Allgemeinheit in der Philosophie der *Bhagavad-gītā* unterwiesen.

Da Arjuna ein reiner Geweihter der Höchsten Persönlichkeit Gottes war, konnte er die transzendentale Philosophie der *Bhagavad-gītā* sogar auf dem Schlachtfeld von Kurukṣetra erörtern. Wir modernen Menschen haben angeblich keine Zeit, uns inmitten unserer Alltagspflichten näher mit der Philosophie der *Bhagavad-gītā* zu beschäftigen. Doch um uns ein Beispiel zu geben, erwog Arjuna die Philosophie der *Bhagavad-gītā* zu einer Zeit, wo selbst ein Augenblick zu erübrigen unmöglich erschien. Dies alles tat er zum Wohl von Menschen, wie wir es sind, und als er die Philosophie der *Bhagavad-gītā* verstanden hatte, kämpfte er in der Schlacht mit ganzer Kraft.

Die Bindung durch Familienbeziehungen, die Arjuna – gleich einem typischen modernen Menschen – zu überwältigen schien, zeugt von einem Mangel an transzendentalem Wissen. Freilich setzt das Erlangen transzendentalen Wissens nicht unbedingt voraus, daß man den Pflichten des gewöhnlichen Lebens entsagt. Nachdem Arjuna die Philosophie der *Bhagavad-gītā* verstanden hatte, riet ihm die Persönlichkeit Gottes, Śrī Kṛṣṇa, keineswegs, seine scheinbar gewöhnlichen Pflichten aufzugeben. Ganz im Gegenteil: Arjuna kämpfte mit noch größerer Tatkraft in der Schlacht, nachdem er das transzendentale Wissen von Kṛṣṇa empfangen hatte. Durch transzendentales Wissen erlangen wir den Geist der Hingabe und die Entschlossenheit, der Persönlichkeit Gottes zu dienen. Darum und um nichts anderes geht es in der *Bhagavad-gītā*.

Als Arjuna das Problem, vor das ihn die bevorstehende Schlacht von

Kurukṣetra stellte, nicht lösen konnte, ergab er sich in aller Demut Śrī Kṛṣṇa als dessen Schüler, um von Ihm die Lösung seines Problems zu vernehmen. Anfangs sprach die Persönlichkeit Gottes mit Arjuna, so wie Freunde miteinander sprechen. Doch solche freundschaftlichen Gespräche enden für gewöhnlich in fruchtlosen Debatten. Daher ergab sich Arjuna Śrī Kṛṣṇa als dessen Schüler, denn ein Schüler muß den Anweisungen seines spirituellen Meisters gehorchen. Das macht die Beziehung zwischen einem Schüler und seinem Meister aus.

Śrī Kṛṣṇa, die Persönlichkeit Gottes, verkündete Arjuna die essentiellen Lehren der *Bhagavad-gītā* erst, als Er sah, daß Arjuna sich Ihm uneingeschränkt ergab, ohne sich auf seine eigene Gelehrsamkeit etwas einzubilden. So wie Arjuna – bevor er sich ergab – versuchen auch wir im allgemeinen, unsere Probleme mit unseren eigenen Mitteln zu lösen, die unseren weltlichen Erfahrungen entnommen sind. Der Versuch, unsere täglichen körperlichen und geistigen Probleme mit materiellen Mitteln zu beheben, erweist sich jedoch immer als Fehlschlag.

Wenn man sich nicht bemüht, das Problem zu lösen, wie man sein ewiges Leben wiedergewinnen kann, gibt es weder im jetzigen Leben noch im Leben nach dem Tode Frieden. So lautet die höchste Lehre der *Bhagavad-gītā*.

Wir haben es zutiefst nötig, jene Thematik zu verstehen, die von Tätigkeiten handelt, welche über die Bedürfnisse des materiellen Körpers und Geistes hinausgehen. Nur wenn wir diese transzendentale Tätigkeitsebene erreichen, können wir wirklichen Frieden finden. Die spirituelle, transzendentale Ebene ist die Ebene des ewigen Lebens, ohne das der materielle Körper und der materielle Geist nicht existieren würden. Doch zur Zeit haben wir keinerlei Informationen über dieses ewige Leben, wenngleich wir uns auf unser materielles Wissen sehr viel einbilden mögen.

Wir alle identifizieren uns mehr oder weniger mit den äußerlichen, materiellen Bedeckungen der ewigen Seele, und aus diesem Grund müssen wir so sehr leiden und kämpfen. Wenn wir von dieser falschen Identifikation frei sind, wenn also unsere wirkliche Natur enthüllt ist, dann – und nur dann – wird unser Traum von wahrem Glück und wahrem Frieden in Erfüllung gehen. Unsere gegenwärtigen Versuche, die

Schwierigkeiten der materiellen Welt durch die Ambitionen gelehrter Wissenschaftler, großer Staatsmänner und sogenannter *mahātmās* zu lösen, erreichen nicht die spirituelle, transzendentale Ebene, sondern kleiden die Seele lediglich in verschiedene bunte Gewänder körperlicher und geistiger Identifikation. In der *Bhagavad-gītā* erklärt Kṛṣṇa, daß solche Versuche immer zum Scheitern verurteilt sind.

Als Arjuna sich Śrī Kṛṣṇa als Schüler ergab, tadelte ihn dieser mit den Worten: „Arjuna, Ich höre, daß du wie ein Gelehrter sprichst, aber in Wahrheit weißt du nur sehr wenig, da du um etwas klagst, um das kein wirklich gelehrter Mensch klagen würde."

Ein gelehrter Mensch klagt niemals um etwas, was erscheint und ebenso selbstverständlich wieder vergeht. Der materielle Körper, den wir vom Schoße unserer Mutter bekommen, wird nach einiger Zeit den Umständen entsprechend in Asche, Erde oder Kot verwandelt. Und auch der feinstoffliche materielle Körper, der aus falschem Ego, Intelligenz und Geist besteht, vergeht, wenn die Seele befreit wird. Daher messen wahrhaft gelehrte Menschen Körper und Geist sowie Glück und Leid, die sich nur auf den Körper und den Geist beziehen, keine große Bedeutung bei.

Große Bedeutung hingegen messen solche gelehrten Menschen dem Glück und Leid der eigentlichen Seele bei, die als spirituelles Wesen Körper und Geist transzendiert. Das Wissen über dieses Thema wird als transzendentales Wissen bezeichnet. Arjuna gab sich als einen materialistischen Narren, bar jeglichen transzendentalen Wissens, aus, nur um uns, die wir hundertprozentige materialistische Narren sind, zu belehren. Der Höchste Herr Seinerseits vermittelte Arjuna das transzendentale Wissen der *Bhagavad-gītā,* weil Er ihn für denjenigen hielt, der es am meisten zu hören verdiente.

So wie Arjuna bezeichnete sich auch der Premierminister des Nawab Hussein Shah von Bengalen (Sākara Mallika, der später als einer der bedeutendsten Schüler Śrī Caitanyas unter dem Namen Sanātana Gosvāmī bekannt wurde) als ein materialistischer Narr, als er Śrī Caitanya in Benares begegnete. Er sprach wie folgt zu Śrī Caitanya: „Gewöhnliche Menschen, die kein Wissen von der Transzendenz haben, nennen mich einen großen Führer, einen großen Gelehrten, einen *mahātmā,* einen *paramahaṁsa* und dergleichen. Aber ich bezweifle, daß ich das wirklich bin. Eigentlich beleidigen sie mich indirekt, indem sie mich als etwas bezeichnen, was ich nicht bin. Ich weiß, daß ich nichts über mich selbst weiß, aber dennoch nennen mich materialistische Narren einen Gelehrten. Das ist zweifellos ein Witz und eine Beleidigung."

Mit diesen Worten schilderte Śrīla Sanātana Gosvāmī seine Situation. Freilich war er zu jener Zeit im transzendentalen Wissen wohlbewandert, doch gab er vor, ein materialistischer Narr wie wir zu sein. Śrīla Sanātana Gosvāmī tadelte sich dafür, daß er anderen erlaubt hatte, ihn einen großen Führer und Gelehrten zu nennen, obwohl er kein transzendentales Wissen besaß. Indirekt stellte er fest, daß es keinen größeren materialistischen Narren gebe als jemanden, der sich selbst anpreist und auf die billige Bewunderung ähnlicher Narren aus ist, um als ein großer Gelehrter, großer Führer, großer Philosoph, großer *mahātmā* oder großer *paramahaṁsa* berühmt zu werden. Solch ein Mensch hat nicht einmal Wissen über sein wahres Selbst, die spirituelle Seele, und tut nichts zu ihrem wirklichen Wohl, sondern er vergeudet nur seine Zeit mit dem Glück und Leid des vergänglichen materiellen Körpers und Geistes. *Sanātana* bedeutet „ewig". Somit war Sanātana Gosvāmī am ewigen Glück der Lebewesen interessiert – nicht bloß am vergänglichen Glück ihres Körpers und Geistes. Wenn einem am ewigen Glück der ewigen Seele gelegen ist, wird man ein Schüler Sanātana Gosvāmīs, ein wirklicher „Sanātanist", das heißt ein Transzendentalist.

Heutzutage sind nahezu alle Führer, Gelehrten und „*mahātmās*" mehr oder weniger Materialisten, die nicht den geringsten Geschmack an transzendentalem Wissen finden. Śrī Kṛṣṇa, die Persönlichkeit Gottes, wies daher Arjuna zunächst zurecht und weigerte Sich, ihn als einen *paṇḍita* oder Gelehrten anzuerkennen, weil Er auf diese Weise den sogenannten Gelehrten und Führern, die tatsächlich materialistische Narren sind, eine Lehre erteilen wollte.

Fast alle Führer unserer Tage propagieren Formen der Religiosität, die sich nur mit dem materiellen Körper und dem materiellen Geist beschäftigen. Aber die wenigsten von ihnen wissen, daß Körper und Geist nur der äußere Mantel und das äußere Hemd der eigentlichen Seele sind. Indem man nur für Mantel und Hemd sorgt, kann man dem wirklichen Selbst, der Seele, nichts Gutes tun. In Wirklichkeit gebührt der Seele das Hauptinteresse. Kein normaler Mensch kümmert sich nur um das äußere Beiwerk und läßt sein Hauptinteresse, sein eigenes

Selbst, außer acht. Dadurch, daß er sich um sein Hauptinteresse kümmert, ist für seine untergeordneten Interessen – den materiellen Körper und den materiellen Geist – automatisch gesorgt. Niemand kann dem Chef dienen, indem er bloß dessen Untergebenen dient. Mit anderen Worten, es ist nicht möglich, seinen inneren Hunger einfach dadurch zu stillen, daß man sein äußeres Gewand sorgfältig pflegt.

Wenn wir also vom Lebewesen sprechen, müssen wir Körper und Geist als zwei äußere Umkleidungen, zwei Hüllen von Beiwerk, betrachten, während die Lebenskraft, die spirituelle Seele, als die entscheidende, zentrale Figur zu sehen ist. Die äußeren Hüllen sind vergängliche Gebilde, und daher ist alles, was mit der äußeren Hülle zusammenhängt, ebenso vergänglich. Glück und Leid, die in Verbindung mit dem vergänglichen Körper und Geist erfahren werden, sind also auch vergänglich. Daher sagt die Persönlichkeit Gottes, Śrī Kṛṣṇa, in der *Bhagavad-gītā:* „O Sohn Kuntīs! Alle Formen von Glück und Leid, wie die Kälte des Winters und die Hitze des Sommers, sind nur auf materielle Sinneswahrnehmung zurückzuführen. Sie kommen und gehen im Einklang mit den Naturgesetzen, und deshalb muß man sie tolerieren, ohne sich von ihnen stören zu lassen. Nur wer vom Kommen und Gehen vergänglichen Glücks und Leids nicht gestört wird, ist geeignet, ewiges Leben zu erlangen."

Doch auf unserer jetzigen Daseinsstufe ist es schwierig, vom vergänglichen Glück und Leid des Körpers und Geistes unberührt zu bleiben. Wir müssen zugeben, daß wir uns zur Zeit sehr wohl mit Körper und Geist identifizieren. Transzendentales Wissen zu erwerben heißt daher nicht, daß wir gegenüber unserer gegenwärtigen Situation gleichgültig werden; es heißt vielmehr, daß wir uns nicht mehr vom Kommen und Gehen des Glücks und Leids überwältigen lassen.

Wir müssen das Wesen dieser zeitweiligen Zustände materiellen Glücks und Leids verstehen. Es wäre schiere Dummheit, sie zu ignorieren, genauso wie es schiere Dummheit wäre, den Anliegen der spirituellen Seele, aufgrund derer der materielle Körper und der materielle Geist existieren, mit Gleichgültigkeit zu begegnen. Wer aber das Glück hat, die spirituelle Seele zu verstehen und Geschmack an transzendentalem Wissen zu finden, der wird selbst inmitten von weltlichem körperlichem und geistigem Glück und Leid gleichmütig bleiben und transzendentalen Frieden genießen. Wahren Frieden kann man nur auf dieser transzendentalen Daseinsstufe erlangen. Das ist die Stufe wirklicher Zufriedenheit. Wenn sich jemand nach einer langen Zeit in der Fremde auf die Heimreise begibt, verringert seine Freude über die Heimreise die damit verbundene Mühsal. Die Beschwernisse der Reise verblassen gegenüber der Freude über die Heimkehr. Gleichermaßen sind für denjenigen, der kraft transzendentalen Wissens zurück nach Hause, zurück zu Gott, geht, die Leiden von Körper und Geist ohne Bedeutung.

Sinneswahrnehmung ist die Ursache dafür, daß man Glück und Leid empfindet. Durch die Wahrnehmung von Form, Geschmack, Geruch, Klang und Berührung erfahren wir unter dem Einfluß des Geistes entweder Glück oder Leid. Im Winter ist ein kaltes Bad eine Qual, aber im Sommer bereitet uns das gleiche kalte Wasser Vergnügen. Im Winter schenkt uns Feuer Freude und Wärme, aber im Sommer bereitet uns das gleiche Feuer Leid. Somit haben weder Feuer noch Wasser irgendeine inhärente Kraft, uns Glück oder Leid zu bereiten, sondern sie werden von unseren Sinnen unter verschiedenen Umständen als Vermittler von Glück oder Leid wahrgenommen. Nichts in dieser Welt ist also die Ursache von Glück oder Leid; vielmehr sind Glück und Leid nur subjektiv, das heißt, sie hängen von unserer Sinneswahrnehmung in Verbindung mit den inneren Vorgängen unseres Denkens, Fühlens und Wollens ab.

Aber solche vorübergehenden Empfindungen von Glück und Leid, die zu den Vorgängen des Denkens, Fühlens und Wollens unter dem Einfluß des falschen Egos gehören, sind ewig von der spirituellen Seele verschieden und somit eine „unwirkliche Wirklichkeit". Ohne Bezug zur ewigen spirituellen Seele ist folglich jeglicher Wissensfortschritt der weltlichen Gelehrten, sei es in Kunst oder Wissenschaft, nur eine Manifestation der illusionierenden Erscheinungsweisen der Natur, die den materiellen Körper und den materiellen Geist umgeben und begrenzen.

Wirklicher Friede und wirkliches Glück sind nicht durch einen solchen Fortschritt an materialistischem Wissen zu erlangen. Vielmehr betont Śrī Kṛṣṇa, die Persönlichkeit Gottes, in der *Bhagavad-gītā,* daß nur diejenigen den grausamen Fängen von Geburt, Tod, Alter und Krankheit entkommen können, die sich transzendentales Wissen über die ewige spirituelle Seele aneignen und sich bei diesem Bemühen nicht von vorübergehendem Glück und Leid stören lassen. Sie werden wahrhaft glücklich werden, indem sie ihr ewiges, spirituelles Leben wiedergewinnen.

Daher empfehlen wir all denen, die ihr Äußerstes versucht haben, anderen Gutes zu tun, aber trotz aller ehrlichen Bemühung dabei gescheitert sind, sich an Śrī Kṛṣṇa oder Seine echten Diener zu wenden und in die Fußstapfen Arjunas zu treten. Man sollte versuchen, anderen Gutes zu tun, aber erst dann, wenn man genau weiß, *wie* man anderen Gutes tun kann. Nimmt man sich nämlich aus falschem Altruismus der Interessen anderer an, so erfährt man für sich nur einen zeitweiligen Nutzen in Form von etwas Gewinn, Bewunderung und Ehre.

Ein Hitler, ein Mussolini oder irgendein anderer politischer Führer mit ähnlichen materialistischen Anschauungen ersinnt manchmal politische Programme, sei es mit oder ohne Gewaltanwendung, die für die sogenannte Wohlfahrt des Volkes bestimmt sind. Für solche Programme erntet er vielleicht sogar für einige Zeit die Anerkennung seiner Anhänger; aber die Anhänger, denen dieser Politiker etwas Gutes tun wollte, werden niemals einen bleibenden Gewinn aus solchen vergänglichen Wohlfahrtsprogrammen ziehen. Im Laufe der Zeit werden sie bei all dieser „Wohlfahrt“ eine Leere empfinden. Tatsächlich werden die Anhänger in immer größeres Leid gestürzt, wenn sie dem Pfad folgen, der von einem solchen Pseudoführer vorgezeichnet worden ist. Tut ein Blinder so, als helfe er einem anderen Blinden über die Straße, dann werden sowohl der blinde Führer als auch der Blinde, der ihm folgt, in irgendeinen dunklen Graben stürzen. Wer kein transzendentales Wissen hat, gleicht einem Blinden; solch ein Blinder muß erst seine eigene Blindheit beheben, bevor er versuchen kann, andere zum Licht zu führen.

Jeder, der in Indien geboren wird, ist ein potentieller Wohltäter anderer Menschen, denn auf indischem Boden ist von alters her die Kultur transzendentalen Wissens zur höchsten Blüte gelangt. Die Heiligen und Weisen Bhāratavarṣas (der traditionelle Name Indiens) versuchten nie, ausschließlich die Bedürfnisse von Körper und Geist zu befriedigen; sie eigneten sich immer schon Wissen über die spirituelle Seele an, die transzendental zum materiellen Körper und Geist ist. Selbst heute noch halten die Heiligen und Weisen trotz aller Widrigkeiten daran fest. Doch es wäre schiere Dummheit, wenn Inder versuchten, anderen Gutes zu tun, ohne selbst erst transzendentales Wissen zu erlangen.

Wenn wir nun transzendentales Wissen erwerben wollen, ist es unsere erste Pflicht zu verstehen, daß die spirituelle Seele eine ewige Wahrheit ist. Das äußere Beiwerk – der Körper und der Geist, die die Seele umgeben – sind samt und sonders relative Wahrheiten oder Teilwahrheiten. Im Zweiten Kapitel der *Bhagavad-gītā* erklärt die Persönlichkeit Gottes diesen Sachverhalt ausführlich:

„Die spirituelle Seele, die den Körper durchdringt, ist ewig, und daher sollte man verstehen, daß niemand die ewig existente Seele zu töten vermag. Wenn auch der materielle Körper der Vernichtung unterworfen ist, so ist doch der Besitzer des Körpers, die Seele, ewig. Deshalb kämpfe, o Sproß Bharatas, der du diese ewige Wahrheit kennst.

Weder derjenige, der denkt, die spirituelle Seele töte, noch derjenige, der denkt, sie werde getötet, ist sich der Tatsache bewußt, daß die spirituelle Seele weder tötet noch getötet wird. Niemals wird die spirituelle Seele geboren, und niemals stirbt sie. Und weil sie ewig ist, gibt es für sie weder Vergangenheit noch Gegenwart, noch Zukunft. Obwohl sie sehr alt ist, bleibt sie immer frisch, und sie wird niemals vernichtet, nicht einmal nach der Vernichtung des Körpers. Wie kann jemand, der versteht, daß die Seele ewig und unzerstörbar ist, irgend jemanden verletzen oder töten? Es sind nur die äußeren Hüllen – der Körper und der Geist –, die zerstört werden.

Körper und Geist gleichen der Kleidung eines Menschen. Wenn Kleider alt und abgetragen sind, wirft man sie fort und zieht sich neue an. Genauso nimmt die Seele einen neuen Körper an, wenn sie zum Zeitpunkt des Todes ihren alten Körper aufgibt.

Die spirituelle Seele kann weder von einem scharfen Schwert zerschnitten noch von Feuer verbrannt werden; Wasser oder Luft können ihr nichts anhaben. Somit ist die spirituelle Seele ewig unzerstörbar. Sie kann weder in Flammen oder Dampf aufgehen noch sich auflösen. Sie ist immerwährend, alldurchdringend und ewig. Sie läßt sich weder durch die menschliche Sprache erklären noch vom menschlichen Geist vollkommen verstehen. Sie bleibt stets unwandelbar. Wenn man all diese Tatsachen weiß, sollte man über den Tod des Körpers nicht klagen."

In der *Bhagavad-gītā* wird die spirituelle Seele als *kṣetra-jña,* „der Kenner des Feldes", bezeichnet, wohingegen Körper und Geist, die Hüllen der spirituellen Seele, *kṣetra,* „das Feld", genannt werden. Im Dreizehnten Kapitel der *Bhagavad-gītā* bespricht die Persönlichkeit Gottes, Śrī Kṛṣṇa, den Themenbereich *kṣetra* und *kṣetra-jña* sowie *prakṛti* (die Natur oder Erscheinungswelt, die genossen wird) und *puruṣa* (der Genießer der Erscheinungswelt). Śrī Kṛṣṇa erklärt, daß alle Aktionen und Reaktionen, die in der Erscheinungswelt stattfinden, die Aktionen und Reaktionen dieser Verbindung von *kṣetra* und *kṣetra-jña* sind, d.h. der Natur und des Genießers der Natur. Reis zum Beispiel wird durch die Wechselwirkung von Feld und Bauer erzeugt, und auch ein Kind geht aus der Verbindung von *prakṛti,* der Genossenen, und *puruṣa,* dem Genießer, hervor. Alles, was wir in der Erscheinungswelt sehen, wird auf die gleiche Weise durch die Verbindung von *kṣetra* und *kṣetra-jña* erzeugt.

Der *kṣetra-jña* ist das spirituelle Lebewesen, während der *kṣetra* das Material ist, das vom Lebewesen ausgebeutet wird. Physik, Chemie, Astronomie, Pharmakologie, Volkswirtschaft, Sexologie und andere materielle Wissenschaften befassen sich mit verschiedenen Gebieten des *kṣetra.* Aber die Wissenschaft, die sich mit dem spirituellen Dasein befaßt und den *kṣetra-jña* betrifft, führt zu transzendentalem Wissen. Wirkliche Wissenschaft bezieht sich somit nicht auf den *kṣetra,* sondern auf den *kṣetra-jña.* Wir werden all diese Themen noch ausführlicher besprechen, für den Augenblick aber wollen wir es einfach dabei bewenden lassen, daß der *kṣetra-jña* (der *puruṣa* oder Genießer) das höchste Ziel allen Wissens ist, weil es einzig und allein der *kṣetra-jña* ist, der – zusammen mit dem materiellen Körper und Geist sowie den damit verbundenen physikalischen Elementen – alles erschafft.

Der *kṣetra-jña* ist das ewige spirituelle Wesen, während der *kṣetra* die flüchtige, vergängliche Materie ist. In den Veden wird diese ewige Wahrheit in folgendem Aphorismus zusammengefaßt: *brahma satyaṁ jagan mithyā.* „Die spirituelle Energie ist wirklich; die Welt ist nur ein falscher Schatten." Unter „falscher Schatten" sollten wir verstehen, daß die Welt vergänglich ist und nur vorübergehend existiert.

Wir sollten aber nicht fälschlich denken, die Welt existiere überhaupt nicht. Wir besitzen tatsächlich unseren vergänglichen materiellen Körper und Geist und sollten uns nicht zum Gespött der Leute machen, indem wir die Existenz von Körper und Geist verleugnen. Gleichzeitig sollten wir uns aber immer daran erinnern, daß Körper und Geist vergänglich sind. Das spirituelle Wesen jedoch, das in Körper und Geist gefangen ist, ist die ewige, unzerstörbare Wahrheit. Niemand kann die ewige spirituelle Seele zerstören – das ist es, was wir jetzt begreifen müssen. Die unzerstörbare spirituelle Seele ist erhaben über die Vorstellung von Gewalt und Gewaltlosigkeit.

Die ganze Welt ist wie verrückt danach, Wissen zu erwerben, das dem grobstofflichen materiellen Körper und dem feinstofflichen materiellen Geist zeitweilige Annehmlichkeiten verschaffen soll. Aber wichtiger als Körper und Geist ist die spirituelle Seele, mit der sich keine Wissenschaft eingehend beschäftigt. Aus diesem Grund hat dunkle Unwissenheit die Welt überschattet und große Unzufriedenheit, Unruhe und Pein verursacht. Wie lange kann man sich mit dem Genuß äußerlichen Glücks zufriedengeben? Es ist, als würde man seine Kleider waschen, ohne dem Magen Nahrung zuzuführen. Was uns wirklich nährt, ist das Wissen über die ewige Wahrheit, die unzerstörbare spirituelle Seele, die als das Lebewesen in jedem Körper existiert.

Dieses Lebewesen ist winzig klein, kleiner als das kleinste Atom. Gelehrten zufolge entspricht die Größe der Seele ungefähr dem zehntausendsten Teil einer Haarspitze. Die Seele durchdringt mit ihrer Gegenwart den gesamten Körper, ähnlich wie eine winzige Dosis starker Medizin. Daher sollten wir verstehen, daß das Gefühl, das wir selbst bei der geringsten Berührung eines Körperteils empfinden, von der Gegenwart dieses spirituellen Funkens im Körper herrührt. Wenn aber der winzige Lebensfunke den Körper verläßt, liegt der Körper tot darnieder und kann nicht den geringsten Schmerz empfinden – nicht einmal dann, wenn man ihn mit einer Axt zerhackt.

Daß der winzige Lebensfunke, die spirituelle Seele, nichts Materielles ist, zeigt sich daran, daß kein weltlicher Wissenschaftler je einen Lebensfunken durch eine Kombination materieller Substanzen zu erschaffen vermochte. Alles, was durch die Manipulation von Materie geschaffen wird, ist zerstörbar und vergänglich, aber da der Lebensfunke unzerstörbar ist, müssen die materiellen Wissenschaftler die Tatsache akzeptieren, daß sie mit ihrer materiellen Wissenschaft nicht in der Lage sind, ein Duplikat des Lebensfunkens anzufertigen. Sie können Atombomben herstellen, aber nicht den spirituellen Lebensfunken.

Überall auf der Welt haben die materiellen Wissenschaftler große Fortschritte gemacht, aber leider haben dieselben fortgeschrittenen Wissenschaftler keinen Versuch unternommen, den spirituellen Lebensfunken zu verstehen, der stets das wichtigste Thema ist. Das zeigt ihre grobe Unwissenheit und ihre Hilflosigkeit.

Die genialen Gehirne von Sri Jagadish Chandra Bose, Sir Isaac Newton und Benjamin Franklin hörten gänzlich auf zu funktionieren, als sich der kleine Lebensfunke von ihrem Körper trennte. Wenn es möglich wäre, diesen Lebensfunken durch eine chemische oder physikalische Materieverbindung zu erschaffen, dann hätte sicherlich der eine oder andere Schüler dieser großen Wissenschaftler sie wieder ins Leben zurückgeholt und so der Welt und der Wissenschaft einen Dienst erwiesen. Doch kein materieller Wissenschaftler kann den Lebensfunken durch irgendeine materielle Vorrichtung erschaffen, und diejenigen, die behaupten, sie seien in Zukunft dazu in der Lage, sind die größten Narren und Heuchler. Die lebendige Seele ist ewig – sie hat weder Anfang noch Ende und läßt sich somit niemals durch irgendeine Methode erschaffen. Schließlich entspricht es unserer Erfahrung, daß alles Geschaffene der Vernichtung unterworfen ist. Daß die spirituelle Seele durch keine materiellen Mittel erschaffen werden kann, ist also ein Beweis für ihre Ewigkeit. Und wer glaubt, er könne den Lebensfunken zerstören, weiß ebensowenig von ihm.

Die Persönlichkeit Gottes, Śrī Kṛṣṇa, erklärt mit Nachdruck, daß das Lebewesen, welches von spiritueller Natur ist, niemals geboren wird. Es existiert ewig und hat weder Vergangenheit noch Gegenwart, noch Zukunft. Die spirituelle Seele wird niemals vernichtet, nicht einmal nach der Vernichtung des materiellen Körpers. Auch wird sie durch die wiederholten Geburten und Tode in der materiellen Welt weder größer noch kleiner. Die spirituelle Seele ist immer jung und frisch, obwohl sie älter ist als alles andere in dieser Welt. Sie ist stets verschieden vom materiellen Körper und Geist, die ständig dem Tod und der Vernichtung unterworfen sind.

Man mag nun fragen: Warum erkärte Śrī Kṛṣṇa all dieses transzendentale Wissen Arjuna auf dem Schlachtfeld von Kurukṣetra? Die Antwort lautet schlicht und einfach, daß der Kampf, der in Erfüllung militärischer Pflicht ausgetragen wird, nur den Körper, nicht aber die Seele berührt, so wie der Verzehr eines üppigen Festmahls nur den Hunger des Magens, aber nicht den des Geistes berührt. Diese materiellen Einwirkungen können niemals das ewige Lebewesen, die spirituelle Seele, berühren, denn sie ist unbesiegbar und kann weder verbrannt noch ertränkt, noch ausgetrocknet werden. Nur materielle Dinge können in Stücke geschnitten, verbrannt, mit Wasser durchtränkt und von der Luft gedörrt werden. Um daher Arjuna zum Kampfe zu ermutigen, legte Kṛṣṇa auf verschiedenste Weise dar, daß das Lebewesen, die spirituelle Seele, gänzlich metaphysisch ist.

Was in Indien als *sanātana-dharma,* „die ewige Religion", bezeichnet wird, ist für diese ewige, alldurchdringende, unwandelbare, unzerstörbare spirituelle Seele bestimmt. Mit anderen Worten, wirkliche Religion geht über die verschiedenen Arten religiösen Glaubens hinaus, in deren Mittelpunkt der grobstoffliche materielle Körper und der feinstoffliche materielle Geist stehen. *Sanātana-dharma* ist nicht auf ein bestimmtes Volk, einen bestimmten Ort oder eine bestimmte Zeit beschränkt; vielmehr ist er ewig und überall gültig. Alle anderen Religionen außer *sanātana-dharma* wollen nur physische und psychische Veränderungen herbeiführen.

Verschiedene ethnische, geographische und geschichtliche Einflüsse haben dazu geführt, daß wir uns als Hindus, Moslems, Christen, Buddhisten, Sozialisten, Bolschewiken usw. bezeichnen. Insbesondere auf dem Gebiet der Religion haben wir versucht, eine große Vielfalt kurzlebiger physischer und psychischer Strukturen, eine Vielfalt von Religionszugehörigkeiten, zu schaffen, und zwar entsprechend den ethnischen, geographischen und geschichtlichen Verhältnissen. Das ist auch der Grund, warum wir glauben, wir könnten unsere Religion wechseln. Wer heute ein Hindu ist, kann morgen ein Mohammedaner werden, und wer heute ein Mohammedaner ist, kann morgen ein Christ werden. Wenn wir jedoch transzendentales Wissen erwerben und im *sanātana-dharma,* der eigentlichen, ewigen Religion des Lebewesens, gefestigt sind, dann – und nur dann – sind wir in der Lage, wirklich und unwiderruflich Frieden, Wohlstand und Glück in der Welt zu erlangen.

Da die spirituelle Seele winzig klein und unseren materiellen Augen unsichtbar ist, wird sie als unerklärlich, unbegreiflich usw. bezeichnet. Immerhin können wir verstehen, daß die spirituelle Seele ewig ist, denn sie ist niemals den Qualen der Geburt, des Todes, der Krankheit und des Alters oder irgendwelchen anderen physischen Veränderungen unterworfen. Wenn wir daher von diesen physischen Veränderungen befreit werden und ewigen Frieden und ewiges Glück erlangen wollen, ist es nötig, die ewige Religion der spirituellen Seele tatkräftig zu verbreiten. Wir dürfen dabei aber nie vergessen, daß die ewige Religion der Seele niemals an irgendwelche ethnischen, geographischen oder geschichtlichen Grenzen gebunden ist.

Karma-yoga: Arbeit mit transzendentalen Ergebnissen

Die großen Weisen teilen uns mit, daß man in Indien, dem heiligen Land von Bhāratavarṣa, geboren wird, nachdem man in einem allmählichen Evolutionsprozeß 8.400.000 Lebensformen durchwandert hat. Dazu zählen 900.000 Arten von Wassertieren, 2.000.000 sich nichtbewegende Lebensarten, wie zum Beispiel Pflanzen, 1.100.000 Reptilien- und Insektenarten, 1.000.000 Vogelarten, 3.000.000 Arten von Landtieren und 400.000 Menschenarten. Die spirituelle Seele wandert von einer Lebensform zur anderen und bewegt sich auf diese Weise seit Abermillionen von Jahren durch die Weite des Universums. Aus diesem Grund wird die spirituelle Seele als alldurchdringend bezeichnet.

Wie wir bereits erwähnten, heißt es im *Śrī Caitanya-caritāmṛta,* daß jemand, der zu guter Letzt im heiligen Land von Bhāratavarṣa (Indien) geboren wurde, sich um das höchste Wohl anderer Menschen bemühen sollte, nachdem er Selbsterkenntnis erlangt hat. In keinem anderen Land haben sich große Weise so sehr um die Erkenntnis des spirituellen Selbst bemüht. Sicher haben die Menschen in den westlichen Ländern ihr Bestes getan, um die materielle Wissenschaft weiterzuentwickeln, in deren Mittelpunkt der materielle Körper und Geist stehen. Aber trotz all solcher materiellen Wissensfortschritte im Westen leiden die Menschen im allgemeinen unter den giftigen Auswirkungen des Materialismus, denn sie haben sich sehr wenig um die spirituelle Wissenschaft gekümmert. Große Denker in der westlichen Welt müssen daher ihre Aufmerksamkeit auf Indien richten, wenn sie die Botschaft Gottes vernehmen wollen.

Um das Feuer des Materialismus zu löschen und so der Menschheit eine bessere Zukunft zu ermöglichen, erklärte Śrī Kṛṣṇa, die Persönlichkeit Gottes, in der *Bhagavad-gītā* ausführlich das Thema des *karma-yoga,* der Arbeit mit transzendentalen Ergebnissen. Es besteht ein großer Unterschied zwischen *karma,* der Arbeit für materiellen Gewinn, und *karma-yoga,* der Arbeit mit transzendentalen Ergebnissen. An mehreren Stellen der *Bhagavad-gītā* verwendet die Persönlichkeit Gottes das Wort *buddhi-yoga* in der Bedeutung von „intelligente Arbeit mit transzendentalen Ergebnissen". Unter *buddhi-yoga* können wir auch „transzendentale, hingebungsvolle Tätigkeiten" verstehen. Denn Śrī Kṛṣṇa, die Persönlichkeit Gottes, sagt, daß Er Seinen Geweihten immer Seine Gunst gewährt, indem Er ihnen die Intelligenz gibt, hingebungsvolle Tätigkeiten auszuführen, damit sie letzten Endes zu Ihm gelangen. An anderen Stellen heißt es, daß Gott nur durch hingebungsvolle Tätigkeiten zu erreichen ist. Die Schlußfolgerung lautet, daß wir von den Ergebnissen unserer Arbeit (*karma*) nur befreit werden können, wenn wir *buddhi-yoga* (*karma-yoga*) praktizieren, das heißt, wenn wir dem intelligenten Prinzip folgen, für transzendentale Ergebnisse zu arbeiten.

Im Zweiten Kapitel der *Bhagavad-gītā* erteilt die Persönlichkeit Gottes, Śrī Kṛṣṇa, Seinem Geweihten Arjuna folgenden Rat: „Bislang habe Ich dir transzendentales Wissen vermittelt. Jetzt will Ich dir Arbeit mit transzendentalen Ergebnissen beschreiben. Wenn du auf diese Weise handelst, wirst du aus den Fesseln befreit, die gewöhnliche Arbeit dir anlegt. Dabei gibt es weder Verlust noch Minderung. Selbst ein geringes Maß solcher Arbeit kann einen Menschen vor den größten Schwierigkeiten bewahren."

Für transzendentale Ergebnisse zu arbeiten heißt, Tätigkeiten im hingebungsvollen Dienst für Kṛṣṇa auszuführen. Und wie diese hingebungsvollen Tätigkeiten mit unserem praktischen Alltagsleben in Einklang gebracht werden können, wird in der *Bhagavad-gītā* erklärt. Diesen Vorgang nennt man mit dem Fachausdruck *karma-yoga.* Wenn die gleichen hingebungsvollen Tätigkeiten mit dem Erwerb von Wissen vermischt sind, werden sie mit dem Fachausdruck als *jñāna-yoga* bezeichnet. Wenn jedoch die hingebungsvollen Tätigkeiten die Grenzen solcher Arbeit und solchen Wissens überschreiten, heißt dieser Zustand reine transzendentale Hingabe, *bhakti-yoga.*

Die verschiedenen Handlungen, die wir in dieser Welt ausführen, bewirken bestimmte Ergebnisse. Wenn wir die Ergebnisse – die Früchte unserer Arbeit – genießen, zieht natürlich dieser Genuß seinerseits weitere Ergebnisse nach sich. So entwickeln wir einen großen Baum von Aktionen und Reaktionen mit ihren jeweiligen Früchten. Und wir verfangen uns als die Genießer der Früchte im Geäst dieses Baumes. Geburt für Geburt ist die spirituelle Seele gezwungen, solche Früchte hervorzubringen und zu genießen.

Wir haben kaum eine Möglichkeit, der Fessel der Aktion und Reaktion, d. h. der Arbeit und der daraus entstehenden Ergebnisse, zu entrinnen. Selbst wenn man aller Arbeit entsagt und das Leben eines *sannyāsī,* eines Bettelmönchs, angenommen hat, so muß man doch arbeiten, bloß um seinen hungrigen Magen zu füllen. Es gibt also keinen Ausweg: Man muß arbeiten, wenn man nicht Hunger leiden will.

Folglich rät die Persönlichkeit Gottes, Śrī Kṛṣṇa, Seinem Geweihten Arjuna: „O Arjuna, du mußt stets deine Pflicht tun. Etwas zu tun ist weitaus besser, als nichts zu tun. Du kannst nicht einmal für deinen täglichen Lebensunterhalt sorgen, ohne irgendeine Arbeit zu verrichten."

Pflicht bedeutet Arbeit, wie sie in den Schriften und heiligen Gesetzbüchern vorgeschrieben wird. Solche Arbeit ist weit besser, als ein faules Leben unter dem Vorwand zu führen, ein entsagender Mönch oder mystischer *yogī* zu sein. Um seinen Lebensunterhalt zu verdienen, kann man ohne Scheu den Beruf des Straßenkehrers annehmen, aber man darf nicht seine Kleidung mit dem safranfarbenen Mönchsgewand vertauschen, nur um seinen leeren Magen zu füllen. Das ist die Anweisung Śaṅkarācāryas, des großen monistischen Philosophen und religiösen Reformators. Im gegenwärtigen Zeitalter des Streits und der Heuchelei sollte man lieber seine normalen vorgeschriebenen Pflichten erfüllen, als sich dem Leben der Entsagung zu weihen. Diejenigen, die wirklich ein Leben der Entsagung führen, verstehen, daß sie die alltäglichen Pflichten, die ihre Gesellschaftsklasse ihnen vorschreibt, nicht aufgeben dürfen; ein solches Verhalten würde schlicht und einfach zu einer Katastrophe führen. Wie können wir unsere vorgeschriebenen Pflichten aufgeben, wenn wir ohne Arbeit außerstande sind, unseren Lebensunterhalt zu verdienen? Und doch darf man nicht vergessen, in welch schwieriger Lage man sich befindet, wenn man im Netzwerk von Aktion und Reaktion gefangen ist, das die spirituelle Seele an das materielle Dasein fesselt.

Um uns aus diesem Dilemma herauszuhelfen, gibt uns die Persönlichkeit Gottes, Śrī Kṛṣṇa, folgenden Rat: „Die beste Art und Weise, seine Arbeit zu verrichten, ist es, alle vorgeschriebenen Pflichten zu erfüllen um Yajña (Viṣṇu), das Höchste Wesen und die Absolute Wahrheit, zufriedenzustellen. Sonst wird jede Aktion eine Reaktion zur Folge haben, die uns bindet. Wer allerdings für Yajña tätig ist, wird von aller Fesselung frei."

Diese Arbeitsmethode, die keinerlei Fesselung verursacht, nennt man Arbeit mit transzendentalen Ergebnissen oder *karma-yoga.* Wenn man auf diese Weise tätig ist, wird man nicht nur frei von der Fessel der Arbeit, sondern entwickelt auch transzendentale Hingabe zur Absoluten Persönlichkeit Gottes. Man sollte die Früchte seiner Arbeit lieber im transzendentalen liebevollen Dienst des Herrn verwenden, als sie selbst zu genießen. Das ist die erste Stufe auf der Leiter des hingebungsvollen Dienstes. Śrī Caitanya lehrte Śrīla Rūpa Gosvāmī diese Wissenschaft des hingebungsvollen Dienstes am Daśāśvamedha-ghāṭa in Prayāga (Indien). Dort sagte der Herr, daß eine vom Glück begünstigte Seele nur durch die Barmherzigkeit Śrī Kṛṣṇas, der Persönlichkeit Gottes, und die Gnade des spirituellen Meisters den Samen des transzendentalen hingebungsvollen Dienstes empfängt. *Karma-yoga* ist die erste Stufe des reinen hingebungsvollen Dienstes. Diese Wissenschaft wird von Śrī Kṛṣṇa selbst oder von Seinen echten, vertrauten Dienern gelehrt. Wer nicht aus solchen Quellen Lehren annimmt, muß gezwungenermaßen die Bedeutung des *karma-yoga* mißverstehen, so wie gewöhnliche, weltliche Menschen, die vorgeben, im *karma-yoga* bewandert zu sein.

Wir müssen Geld verdienen, um unser materielles Dasein erhalten zu können. Mit diesem Geld sichern wir uns dann, was wir zum Leben brauchen, vor allem etwas für den hungrigen Magen. Wenn wir essen, halten wir unseren Körper gesund, und wenn wir unseren Körper gesund halten, verdienen wir uns unseren Lebensunterhalt. Das ist das Rad der Arbeit, auf dem wir uns durch das ganze Universum bewegen. Es läßt sich nicht abschätzen, wie weit und wie lange wir auf diese Weise schon im Kreis gewandert sind. Leben für Leben leiden wir im Kampf um illusionäres materielles Glück, dem wir wie einem Irrlicht hinterherlaufen. Als falscher Genießer, der dem allmächtigen

Herrn nicht gehorcht, sucht die Seele Leben für Leben nach dauerhaftem Glück, ohne zu wissen, wo wahres Glück zu finden ist. Wie schon Prahlāda Mahārāja sagte: „Keiner weiß, daß es zu seinem Besten ist, zu Viṣṇu, der allmächtigen Gottheit, zu gelangen."

Ohne zu wissen, was wirklich zu unserem eigenen Nutzen ist, reisen wir Leben für Leben ziellos auf dem Ozean des materiellen Daseins umher. Von den Wogen der Aktion und Reaktion hin und her geworfen, können wir auf unserer verhängnisvollen Reise das Ausmaß unserer Leiden nicht ermessen. Wir müssen uns dessen bewußt sein, daß das Ziel unserer Reise ist, die Absolute Wahrheit, Viṣṇu, die allgegenwärtige Gottheit, zu erreichen. Śrī Kṛṣṇa bekräftigt, daß alles getan werden muß, um Viṣṇu, Yajña, zufriedenzustellen. Im *Ṛg Veda* wird die gleiche Wahrheit beschrieben: Viṣṇu ist die Höchste Gottheit, und daher blicken alle Halbgötter zu Viṣṇu und Seinen Lotosfüßen auf. Der Verfasser der Veden ist der Höchste Herr selbst. Folglich ist Seine *Bhagavad-gītā* die beste Zusammenfassung aller Lehren der Veden. Daran besteht kein Zweifel. Śrī Kṛṣṇas Anweisung lautet daher, daß all unser Tun darauf ausgerichtet sein muß, Viṣṇu und Viṣṇu allein zufriedenzustellen, wenn wir von der Fesselung an das Rad der Arbeit frei werden wollen.

Einstmals folgten die Inder, die heute fälschlich als Hindus bezeichnet werden, dem *varṇāśrama-dharma* oder *sanātana-dharma,* dem System, das das menschliche Leben nach vier Gesellschaftsklassen und vier spirituellen Lebensstufen organisiert. Diejenigen, die sich in den drei höheren Gesellschaftsklassen befanden – nämlich die *brāhmaṇas* (die lehrende Klasse), die *kṣatriyas* (die verwaltende Klasse) und die *vaiśyas* (die produktive Klasse) –, führten alle das Leben von Vaiṣṇavas, das heißt, sie weihten jede Handlung der Höchsten Gottheit, Viṣṇu. In allen vier spirituellen Lebensstufen (Studenten, Haushälter, Ruheständler und Entsagende) wurde Viṣṇu verehrt, und zwar besonders im Haushälterleben. Vor allem die *brāhmaṇa*-Haushälter verehrten Viṣṇu ohne Unterlaß, und selbst heute noch verehren die Nachfahren solcher *brāhmaṇas* täglich Viṣṇu als ihre Familiengottheit.

Diese spirituell gebildeten Menschen taten alles Viṣṇu zuliebe. Je nach ihren Möglichkeiten kauften sie Nahrungsmittel und kochten sie für die Verehrung Viṣṇus. Um Ihn zufriedenzustellen, brachten sie

Ihm die Speisen dar, die sich hierdurch in *prasādam* („die Barmherzigkeit des Herrn", die Überreste Seiner Mahlzeit) verwandelten und anschließend verzehrt wurden. Was in jenen Tagen möglich war und noch heute hier und da praktiziert wird, kann man in allen Lebensbereichen wiederaufleben lassen; es bedarf nur einer geringfügigen Anpassung an Zeit, Ort und Volk. Auf diese Weise kann sich jeder aus den Fesseln des Netzes von Aktion und Reaktion befreien.

Sich Viṣṇus Lotosfüßen zu nähern bedeutet, so sagen die großen Weisen, Befreiung zu erlangen. Wir können uns unsere alltäglichen Wünsche erfüllen, indem wir Viṣṇus transzendentale Sinne zufriedenstellen. Das ist das höchste Ziel des *karma-yoga.* Wenn wir unsere Pflichten nicht auf diese Weise erfüllen, wird gewiß jegliche Arbeit, die wir verrichten, nichts anderes hervorbringen als giftige materielle Ergebnisse, und letzten Endes wird es in der Welt zu einer Katastrophe kommen. Wenn wir alles tun, um Viṣṇu zufriedenzustellen, und die Überreste der Viṣṇu dargebrachten Speisen zu uns nehmen, entledigen wir uns der Laster und sündhaften Reaktionen, die sich im Verlaufe unserer Pflichterfüllung ansammeln.

Auch wenn wir noch so viele Vorsichtsmaßnahmen gegen Laster und sündhafte Reaktionen treffen mögen, müssen wir selbst bei unseren normalen Geschäften viele Sünden begehen. Im Geschäftsleben ist es zum Beispiel notwendig und unvermeidbar zu lügen – ganz zu schweigen von den unzähligen Lügen, die von Juristen vorgebracht werden. Rechtsanwälte müssen allerlei Kniffe anwenden, um das Gesetz zu umgehen, gegen das ihre Klienten verstoßen haben. Und natürlich sind auch diejenigen, die anderen Berufen angehören oder die im Dienste anderer stehen, gezwungen, sich genauso zu verhalten. Ohne jeden Zweifel muß man solche Sünden begehen und die sündhaften Reaktionen auf sich laden, ob man will oder nicht.

Selbst wenn wir uns mit allen Mitteln davor hüten, irgendwelche Sünden zu begehen – und die Vaiṣṇavas, die Geweihten Viṣṇus, tun das natürlich – töten wir dennoch unwissentlich viele Ameisen und andere Insekten, während wir den alltäglichsten Pflichten nachkommen, wie etwa von einem Ort zum anderen zu gehen. Selbst wenn wir Wasser trinken, töten wir viele winzige Wasserlebewesen. Ebenso töten wir viele Lebewesen, wenn wir nur unser Haus saubermachen und während wir essen oder schlafen. Mit anderen Worten, wir sind außerstande, alle Sünden zu vermeiden, die wir im normalen Leben wissentlich oder unwissentlich auf uns laden.

Nach den Gesetzen der Menschen kann jemand, der einen Mord begangen hat, gehängt werden, aber nicht jemand, der niedere Tiere tötet. Nach den Gesetzen Gottes jedoch begeht selbst der eine Sünde, der niedere Tiere tötet. Für beide Taten werden wir nach den Gesetzen Gottes bestraft. Diejenigen, die nicht an die Gesetze Gottes oder nicht einmal an Seine Existenz glauben, mögen weiter Sünden auf sich laden und trotz der unzähligen Leiden, die sie dafür erdulden müssen, nicht zur Vernunft kommen, aber das hat keinen Einfluß auf die Existenz Gottes und Seiner ewigen Gesetze.

Die Gesetzbücher, die als die *smṛtis* bekannt sind, erwähnen fünf Arten der Sünde, die jeder unweigerlich begeht, ob er will oder nicht. Sie lauten wie folgt: (1) Sünden, die man durch Kratzen begeht; (2) Sünden, die man durch Reiben begeht; (3) Sünden, die man begeht, wenn man ein Feuer entzündet; (4) Sünden, die man begeht, wenn man Wasser aus einem Topf schüttet, und (5) Sünden, die man begeht, wenn man sein Haus saubermacht. Selbst wenn wir keine absichtlichen Sünden begehen, laden wir ohne jeden Zweifel diese fünf Arten der Sünde auf uns. Daher ist es unbedingt erforderlich, daß wir die Überreste der Speisen essen, die Viṣṇu geweiht sind, denn das erlaubt uns, den Reaktionen auf alle Sünden zu entgehen, die wir unwissentlich und ohne es vermeiden zu können begangen haben. Aus diesem Grund wird Viṣṇu auch heute noch auf den Hausaltären der Anhänger des *sanātana-dharma* verehrt, in erster Linie von den *brāhmaṇas.* Leider müssen diejenigen, die Essen nur zur Befriedigung ihrer eigenen Sinne und nicht als eine Opfergabe für Viṣṇu zubereiten, für all die Sünden bestraft werden, die sie wissentlich oder unwissentlich bei der Erfüllung ihrer vorgeschriebenen Pflichten begangen haben.

Daher sollten die politischen Führer aller Länder und Gemeinden unbedingt zuerst Viṣṇu zufriedenstellen – zu ihrem eigenen Wohl und zum Wohle derer, die sie zu führen behaupten. Die Persönlichkeit Gottes, Śrī Kṛṣṇa, rät Arjuna: „Was auch immer der Führer tut, dem folgen die gewöhnlichen Menschen. Was auch immer der Führer als Maßstab setzt, danach richten sich, ohne zu zögern, die Anhänger.“ Alle Führer sollten sich daher überlegen, wie sie ihren Anhängern ein gutes Beispiel geben können, indem sie ihre Pflichten so erfüllen, daß sie die transzendentalen Sinne Viṣṇus zufriedenstellen.

Aber leider ist die Zeit bereits gekommen, wo die meisten Führer, die alle Welt als Leitbilder anerkennt, selbst im Grunde ihres Herzens Atheisten sind und gegen die von Gott festgelegten Prinzipien verstoßen. Wie sollten sie in der Lage sein, die transzendentalen Sinne Viṣṇus zufriedenstellen? Und wie können sie erwarten, sich und ihre Gefolgschaft aus dem Morast der Sünden zu ziehen, die sie bei der Erfüllung ihrer vorgeschriebenen Pflichten auf sich laden, wenn sie nicht alles tun, um Viṣṇus transzendentale Sinne zufriedenzustellen? Wie können die gewöhnlichen Menschen Viṣṇu verstehen, wenn die Führer nicht die Existenz des allmächtigen Viṣṇu anerkennen, der die höchste transzendentale Persönlichkeit ist und gleichzeitig die allgegenwärtige, unpersönliche spirituelle Energie? Er ist der höchste Genießer all dessen, was existiert, und somit kann keiner von uns, wie groß er auch sein mag, der Genießer des Universums und seiner Reichtümer sein. Da unsere Stellung der des allmächtigen Viṣṇu, der höchsten Gottheit und des höchsten Herrschers, untergeordnet ist, können wir nur das genießen, was Er uns als Zeichen Seiner Güte gewährt. Wir dürfen nichts genießen, was nicht zuvor Ihm dargebracht wurde, und wir sollten keine besondere Anstrengung unternehmen, um etwas zu erlangen, was Ihm oder anderen gehört. Das ist der Geist des Vaiṣṇavatums.

In der *Īśopaniṣad* wird der gleiche Gedanke wie folgt beschrieben: „Alles, was wir im Universum sehen, ist seinem Wesen nach das Eigentum des höchsten Genießers, und man darf die Dinge genießen, die Er einem in Seiner Güte gegeben hat, aber sich niemals am Besitz anderer vergreifen."

Die Staatsführer und andere Menschen in Führungspositionen sollten daher Viṣṇu in den Mittelpunkt ihrer Tätigkeiten stellen. Diese transzendentale Handlungsweise wird ihnen selbst Nutzen bringen und sie dadurch in die Lage versetzen, ihren Gefolgsleuten Gutes zu tun. Wenn die Führer, einschließlich der Prediger und Staatsoberhäupter, nicht wie Vaiṣṇavas handeln – und statt dessen künstlich die erhabene Position Viṣṇus, des höchsten Genießers, einnehmen –, mögen sie vielleicht tätsächlich vorübergehend in den Genuß von Gewinn,

Bewunderung und weltlichem Ruhm kommen und durch eine falsche Zurschaustellung von Entsagung ihre unglückseligen Anhänger soweit irreführen, daß diese nicht den richtigen Pfad beschreiten wollen. Doch solche materialistischen, gottlosen Führer werden den unwissenden Seelen, die ihnen wie eine Schafsherde zum Schlachthaus folgen, niemals etwas Gutes tun können. Solch eine Führerschaft nützt zwar vorübergehend dem Führer, aber die Gefolgsleute werden ins Verderben gestürzt. Die Führer stacheln sie an, nach illusionärem Gewinn zu streben, und verleiten sie zu verschiedenen Sünden. Um ihres eigenen zeitweiligen Nutzens willen opfern solche Führer das wirkliche Interesse ihrer Anhänger und richten sie zugrunde.

Solche Führer wissen nicht, daß ihr vorübergehender Gewinn mit der Vernichtung ihres vergänglichen Körpers verlorengeht. Was sie aber in ihrem Leben als Führer getan oder unterlassen haben, wird im psychischen Gefängnis von Geist, Intelligenz und falschem Ego in einer sehr subtilen Form verbleiben, und infolge der Seelenwanderung wird sich das feinstoffliche, psychische Leben in einem anderen geeigneten Körper erneut entfalten. So werden ihre vergangenen Handlungen sie den Qualen verschiedener Räder von Aktion und Reaktion unterwerfen und sie zwingen, viele, viele Jahre lang von einem Körper zum anderen zu wandern. Und die Allgemeinheit wird dem folgen, wozu die ignoranten Führer sie auffordern.

Die Führer müssen deshalb wissen, wie sie zum Wohle aller Betroffenen handeln können. Erst einmal müssen sie die wirkliche Methode des *karma-yoga* verstehen und praktizieren, das heißt, sie müssen die Früchte ihrer Arbeit Śrī Viṣṇu darbringen. Dann sind sie tatsächlich in der Lage, ihren Anhängern etwas Gutes zu tun. Wie kann ein Arzt, der selbst krank ist, andere heilen? Der Arzt muß sich erst selbst kurieren, bevor er die Krankheiten anderer behandeln kann. Es ist nicht Sache eines echten Arztes, die Sinne des Patienten zu befriedigen. Ein guter, qualifizierter Arzt kann dem Patienten gegenüber nicht nachsichtig sein, indem er dessen launenhafte Wünsche erfüllt. Der Arzt muß die richtige Medizin verschreiben, ob sie den Sinnen des Patienten angenehm ist oder nicht.

Die Führer müssen deshalb wissen, daß die wirkliche Krankheit der Menschen ihre Abneigung ist, der allmächtigen Gottheit, Viṣṇu, zu dienen. Aber wenn die Führer nur ein oberflächliches Mitgefühl für die

Symptome der Krankheit zeigen, anstatt die Urkrankheit der Menschen, den Atheismus, an der Wurzel zu behandeln, werden sie der leidenden Menschheit keineswegs nützen. Das wirkliche Heilmittel für diese Krankheit besteht darin, die Überreste der Opfergaben, die Gott dargebracht wurden, zu sich zu nehmen; das ist die ideale Diät für den Patienten. Zu den Heilmitteln zählt, über die Herrlichkeit Gottes zu hören und zu chanten und sich an sie zu erinnern, die transzendentale Gestalt Gottes zu verehren, Ihm transzendentalen Dienst darzubringen, Ihn als den besten Freund anzunehmen und sich Ihm letztlich bedingungslos zu ergeben. Die Führer sollten für diese Diät und diese Heilmittel sorgen, wenn sie wirklich die Leiden der Menschheit beheben wollen.

Es ist erfreulich zu sehen, daß der alterfahrene Führer Mahatma Gandhi sein Bestes versucht, eine Methode zu erfinden, um auf der ganzen Welt eine göttliche Atmosphäre zu schaffen. Er predigt Zurückhaltung, Duldsamkeit, moralische Prinzipien und ähnliches. Aber es ist nicht möglich, das Unbegrenzte durch irgendeine erfundene Methode zu erreichen, die immer ihre Grenzen hat. Die Persönlichkeit Gottes, Śrī Kṛṣṇa, hat daher in der *Bhagavad-gītā* erklärt, daß sich ein großer Weiser Ihm nach vielen Geburten ergibt und daß ein solcher *mahātmā,* der imstande ist, alles mit Vāsudeva (der vollständigen Erweiterung Viṣṇus) zu verbinden, selten ist. Mit anderen Worten, sogenannte *mahātmās* sind überall zu finden, aber der wahre *mahātmā* ist derjenige, der die Beziehung zwischen Gott und der Schöpfung kennt.

Solch ein *mahātmā* versucht sich Gott niemals anhand irgendeiner erfundenen Methode zu nähern, die durch den induktiven, aufsteigenden Erkenntnisvorgang erdacht wurde. Vielmehr akzeptiert er den deduktiven, herabsteigenden Vorgang – das heißt die Methode, die direkt vom Höchsten Herrn oder durch Seine echten Stellvertreter herabkommt. Niemand vermag den Herrn durch den aufsteigenden Vorgang zu erreichen, nicht einmal nachdem er sich viele, viele Jahre lang darum bemüht hat. All das, was durch den aufsteigenden Vorgang erreicht wird, ist unvollkommenes, unpersönliches Teilwissen, das einen von der Absoluten Wahrheit ablenkt.

Zeichen solcher Unvollkommenheit zeigen sich uns in Gandhijis Predigen. Obwohl er den Namen Rāmas chantet, war er nicht mit der transzendentalen Wissenschaft des Namens vertraut. Er ist ein Verehrer des unpersönlichen Aspekts der Gottheit. Das bedeutet, daß sein Gott keiner transzendentalen Handlungen fähig ist. Mit anderen Worten, sein Gott kann weder essen noch sehen, noch hören. Wenn sich ein empirischer Philosoph der Absoluten Wahrheit zu nähern versucht, vermag er nur bis zum unpersönlichen Aspekt Gottes vorzudringen, und er weiß nichts von den transzendentalen Spielen des Herrn. Räumt man der Absoluten Wahrheit keine transzendentalen Sinne und transzendentalen Sinnestätigkeiten ein, dann hält man Sie gewiß für machtlos. Und ein machtloser Gott kann natürlich nicht die Gebete Seiner Geweihten erhören und das Leid des Universums lindern.

Durch den empirischen Vorgang der philosophischen Forschung vermag man vielleicht die metaphysischen Subjekte von den physischen Objekten zu unterscheiden. Solange aber der Wahrheitssucher nicht zum persönlichen Aspekt der Absoluten Wahrheit vorstößt, gewinnt er nur trockenes, unpersönliches Wissen von Ihr, ohne einen wirklichen transzendentalen Nutzen zu haben. Es ist somit vonnöten, daß Führer wie Gandhi sich dem persönlichen Aspekt der Absoluten Wahrheit zuwenden, der als Viṣṇu, die allgegenwärtige Gottheit, bekannt ist, und sich mittels *karma-yoga* für Seinen transzendentalen Dienst einsetzen. Auf diese Weise können sie der Menschheit etwas Gutes tun.

Die meisten Menschen sind überaus rege und geschäftig, wenn es um die Anliegen des materiellen Körpers und Geistes geht. Diejenigen, die sich auf der niedrigsten Stufe solcher weltlichen Tätigkeiten befinden, sind sehr selten imstande, die Tätigkeiten der spirituellen Ebene zu verstehen. Solche Menschen stehen gewöhnlich vor einem Rätsel, denn ihre verschiedenen sündhaften und tugendhaften Handlungen sind nur darauf ausgerichtet, das Leid zu lindern und das Glück des vergänglichen Körpers und Geistes zu vergrößern, und zwar durch Essen, Schlafen, Verteidigung und Sinnenbefriedigung. Die materiellen Wissenschaftler, die gleichsam die Priester und Wegbereiter der modernen materialistischen Lebensweise sind, erfinden viele Objekte zur Befriedigung der materiellen Sinne: der Augen und Ohren, der Nase, Haut und Zunge sowie schließlich des Geistes. So schaffen die Wissenschaftler das Feld für einen unnötigen Wettkampf, der das materielle Glück vergrößern soll – einen Wettkampf, der die ganze Welt in einen Strudel sinnloser Konflikte reißt. Das Endergebnis sind Mangel und

Not auf der ganzen Welt, so daß sogar die bloßen Lebensnotwendigkeiten, wie Essen, Unterkunft und Kleidung, Macht- und Streitobjekte werden. Und auf diese Weise tauchen die verschiedensten Hindernisse auf, die sich dem althergebrachten, gottgegebenen Prinzip „Einfach Leben – hoch Denken" in den Weg stellen.

Menschen, die auf einer etwas höheren Stufe stehen als solche groben Materialisten, glauben fest an ein Leben nach dem Tode und versuchen daher, sich ein wenig über die Ebene des groben Sinnengenusses zu erheben, der auf dieses eine Leben beschränkt ist. Sie bemühen sich, durch tugendhaftes Handeln etwas für das nächste Leben anzusammeln, genauso wie man Geld auf die Bank trägt, um später etwas davon zu haben. Aber diese Menschen verstehen nicht, daß nicht einmal tugendhafte Taten sie von der Fessel der Arbeit befreien können, wie wir bereits erklärt haben. Im Gegenteil, tugendhafte und sündhafte Taten fesseln uns gleichermaßen an das Rad von Aktion und Reaktion.

Weder der sündhafte noch der fromme Materialist sind sich bewußt, daß *karma-yoga* das einzige Mittel ist, sich aus der stets unerfreulichen Fessel der Arbeit zu befreien. Der erfahrene *karma-yogī* bringt Viṣṇu zwar die Früchte seiner Arbeit dar, aber er verhält sich dabei wie ein Materialist, der an den Früchten seiner Arbeit haftet, um durch sein eigenes Beispiel der Allgemeinheit einen Ausweg aus der Verstrickung von Aktion und Reaktion – der Folge gewöhnlicher Arbeit – zu lehren. So haben sowohl der *karma-yogī* als auch die Allgemeinheit einen Nutzen. Die Persönlichkeit Gottes sagt in der *Bhagavad-gītā* (3.26): „O Nachkomme Bharatas besser, du verrichtest weiterhin deine Arbeit wie ein angehafteter Materialist, der nicht mit transzendentalem Wissen vertraut ist. Auf diese Weise kannst du andere Menschen auf den Pfad des *karma-yoga* führen."

Daher tun diejenigen, die transzendentales Wissen haben und somit wahrhaft gelehrt sind, alles, was für die Erhaltung von Körper und Geist erforderlich ist, aber sie tun es, um die transzendentalen Sinne der Höchsten Gottheit, Viṣṇus, zufriedenzustellen. Das gemeine Volk betrachtet diese gelehrten Transzendentalisten als gewöhnliche Arbeiter, doch die Transzendentalisten arbeiten in Wirklichkeit nicht für weltlichen Gewinn; vielmehr sind sie *karma-yogīs,* das heißt, sie arbeiten für transzendentale Ergebnisse. Und bei solcher transzendentalen

Arbeit erzielt man automatisch materielle Ergebnisse, ohne sich eigens darum bemühen zu müssen.

Im gegenwärtigen Zeitalter sind wir Zeugen einer gewaltigen Expansion materieller Aktivitäten: Betriebe und Fabriken, Krankenhäuser und andere Institutionen sind nun in Mode gekommen. In früheren Zeiten nahmen materielle Aktivitäten nicht so stark zu. Seinerzeit war das Leben einfach, doch die Gedanken waren erhaben. Heute ergibt sich nun ein ausgezeichnetes Betätigungsfeld für die *karma-yogīs,* die all die verschiedenen modernen Institutionen in den Dienst Viṣṇus stellen können, um Seine transzendentalen Sinne zufriedenzustellen. Es ist deshalb dringend notwendig, in all den erwähnten Institutionen und den einzelnen Haushalten Viṣṇu-Tempel einzurichten, um die Absolute Gottheit in demselben Geist des *karma-yoga* zu verehren, den die Weisen der früheren Zeiten hatten. Die allgegenwärtige Persönlichkeit Gottes erscheint zwar in Ihren verschiedenen transzendentalen, ewigen Formen als Inkarnation, vollständige Erweiterung oder Teilerweiterung, aber die Weisen empfehlen die Verehrung der ewigen Zweigestalt Śrī Śrī Lakṣmī-Nārāyaṇas, Śrī Śrī Sītā-Rāmas und Śrī Śrī Rādhā-Kṛṣṇas. Daher ist es ernsthaft zu wünschen, daß die Besitzer und Manager von großen Betrieben, Fabriken, Hospitälern, Universitäten, Hotels und anderen Institutionen einen Tempel zur Verehrung einer dieser transzendentalen Formen Viṣṇus einrichten. Das wird alle, die in diesen Institutionen tätig sind, in *karma-yogīs* verwandeln.

Im allgemeinen macht man die Erfahrung, daß die Arbeiter in großen Betrieben und Fabriken vielen abscheulichen Angewohnheiten verfallen sind. Auf diese Weise gleiten sie allmählich zur niedrigsten Stufe hinab, auf die ein Mensch fallen kann. Wenn man ihnen aber voller Wohlwollen die Möglichkeit bietet, die Überreste von Speisen zu sich zu nehmen, die Viṣṇu geweiht sind, entwickeln sie nach und nach einen transzendentalen Sinn für Spiritualität und erheben sich zur Stufe spirituell fortgeschrittener Persönlichkeiten. Doch diese Menschen können sich nicht einfach dadurch zur erhabenen Stellung von Harijans (Gotteskinder) erheben, daß sie als solche bezeichnet werden. Wünschen sie sich etwas anderes als den transzendentalen Dienst für Viṣṇu, so wird jede Bemühung, ihre elende Lage zu verbessern, eine

Katastrophe zur Folge haben und den sozialen Frieden stören. Führer, die solche unterdrückten Arbeiter nur ihres eigenen zeitweiligen Gewinns wegen unnötigerweise aufwiegeln, tun den Arbeitern nichts Gutes. Ebensowenig ziehen die Führer einen Nutzen aus solch unüberlegten Handlungen. Im Gegenteil, durch solche materiellen Aktivitäten geraten die Arbeiter und die Kapitalisten in einen unvermeidlichen Streit und stören beträchtlich die soziale Ordnung. Das Problem läßt sich nur durch ein konsequentes *karma-yoga*-Programm lösen. Die Sozialisten bemühen sich um Gleichheit, die Bolschewiken um eine große soziale Ordnung der Brüderlichkeit und die Proletarier um einen weltlichen Himmel, in dem die Arbeiter die Kapitalisten an Wohlstand übertreffen; wenn aber alle Menschen *karma-yoga* ausführen, gehen sie über diese bruchstückhaften Bemühungen hinaus und erreichen gleichzeitig all die Ziele, die auf diesen anderen Wegen angestrebt werden.

Brüderlichkeit entfaltet sich in der menschlichen Gesellschaft stufenweise: von der Eigenliebe zur Familienliebe, von der Familienliebe zur Liebe zum Gemeinwesen, von der Liebe zum Gemeinwesen zur Vaterlandsliebe und von der Vaterlandsliebe zu der Liebe, die der ganzen Weltgemeinschaft gilt. Bei diesem allmählichen Prozeß gibt es immer einen Mittelpunkt der Anziehung, der unserer Liebe hilft, sich zu entfalten und von einer Stufe zur anderen fortzuschreiten. Es ist uns aber nicht bewußt, daß bei diesem unentwegten Kampf um die Entfaltung der Brüderlichkeit letztendlich der Mittelpunkt der Anziehung weder die Familie noch die Gemeinde, noch das Vaterland und auch nicht die Weltgemeinschaft ist, sondern die allgegenwärtige Gottheit, Viṣṇu. Diese Unwissenheit wird von dem materiellen Schleier verursacht, der illusionierenden Energie der Absoluten Wahrheit. Wie der große Gottgeweihte Prahlāda Mahārāja bestätigt, wissen die Menschen im allgemeinen nicht, daß Viṣṇu, die Höchste Persönlichkeit Gottes, der höchste und letzte Mittelpunkt der Anziehung ist. Und unter den Erscheinungsformen Gottes übt wiederum Śrī Kṛṣṇa die größte Anziehung aus.

Das Wort *Kṛṣṇa* leitet sich von der Wurzel *kṛṣ* her, was soviel bedeutet wie „das, was anzieht". Somit kann es keinen anderen Namen für die Höchste Absolute Wahrheit geben als Kṛṣṇa, „der Allanziehende".

Große Weise haben diesbezüglich umfangreiche Nachforschungen unternommen und sind zu der festen Überzeugung gelangt, daß Kṛṣṇa die Höchste Gottheit ist. Die Weisen von Naimiṣāranya (dem heutigen Nimsar im Distrikt Sitapur, Uttar Pradesh), die sich unter dem Vorsitz Sūta Gosvāmīs dort versammelt hatten, besprachen eingehend all die verschiedenen Inkarnationen der Absoluten Wahrheit. Sie gelangten zu dem Schluß, daß Kṛṣṇa die Höchste Persönlichkeit Gottes ist und daß alle anderen Inkarnationen entweder Seine vollständigen Erweiterungen oder Teile Seiner vollständigen Erweiterungen sind. Die Höchste Persönlichkeit Gottes ist Śrī Kṛṣṇa. So lautet das Urteil der *Bhāgavata*-Schule der Transzendentalisten. Diese Schlußfolgerung wird in der *Brahma-saṁhitā* bekräftigt, die von Brahmā, dem Schöpfer des Universums, verfaßt wurde: „Śrī Kṛṣṇa ist die Höchste Persönlichkeit Gottes mit einer ewigen, allglückseligen, transzendentalen Gestalt. Er ist die ursprüngliche Persönlichkeit, die unter dem Namen Govinda bekannt ist. Er existiert ohne jegliche Ursache, und Er ist die Ursache aller anderen Ursachen." Daher werden wir die Ideen von Gleichheit und Brüderlichkeit nur dann in brauchbare Instrumente dauerhaften Friedens verwandeln, wenn wir unsere Beziehungen zueinander auf die zentrale Anziehungskraft Śrī Kṛṣṇas gründen, der ersten Ursache aller Ursachen.

Um die Prinzipien etwas besser zu verstehen, die hier eine Rolle spielen, können wir die weltlichen Beziehungen um uns herum betrachten. Der Ehemann unserer Schwester zum Beispiel, den wir vor ihrer Heirat vielleicht gar nicht kannten, ist jetzt unser Schwager – einzig und allein aufgrund der zentralen, gemeinsamen Beziehung zu ihr. Und dank dieser zentralen, gemeinsamen Beziehung werden die Söhne und Töchter des uns zuvor unbekannten Mannes unsere Neffen und Nichten. Wiederum kreisen all diese liebevollen Beziehungen um unsere Schwester. In diesem Fall ist die Schwester der Mittelpunkt der Anziehung geworden.

Wenn wir in ähnlicher Weise unser Land zum Mittelpunkt der Anziehung machen, heften wir uns irgendein begrenzendes und Uneinigkeit stiftendes nationales Etikett an, wie „Bengali", „Pandschabi" oder „Engländer". Und wenn wir uns zu einem bestimmten Glauben oder einer bestimmten Religion bekennen und diese zum Mittelpunkt der

Anziehung machen, heften wir uns wieder ein sektiererisches Etikett an, wie „Hindu“, „Moslem“ oder „Christ“. So haben wir uns einen Mittelpunkt der Anziehung ausgesucht, den viele andere nicht mit uns teilen können, denn für sie ist unser Mittelpunkt der Anziehung nicht allanziehend.

Unsere Beziehungen zueinander lassen sich nur vervollkommnen, wenn wir Kṛṣṇa, die allanziehende Persönlichkeit Gottes, zum Mittelpunkt unserer Anziehung machen. Unserem Wesen nach haben wir alle eine ewige Beziehung zu Kṛṣṇa, der das ursprüngliche Lebewesen und damit der Mittelpunkt aller Anziehung ist. Wir müssen also diese Beziehung wiedererwecken, die in Vergessenheit geraten ist, weil uns *māyā*, die illusionierende Energie, vorübergehend in Unwissenheit gehüllt hat. Um daher unsere ewige Beziehung zu Kṛṣṇa wiederaufzunehmen, sollten wir mit *karma-yoga* beginnen, dem ersten Schritt zu transzendentaler Erkenntnis.

Der *karma-yogī* vermag jedem zu helfen, seine transzendentale Beziehung zu Kṛṣṇa als dessen ewiger Diener wiederzuerwecken. Und der *karma-yogī* erweist den gewöhnlichen Lebewesen, die weltlichen Tätigkeiten völlig verfallen sind, diese immense Wohltat, ohne sie bei ihrer normalen Beschäftigung zu stören. Wie bereits erwähnt, empfiehlt Kṛṣṇa in der *Bhagavad-gītā* sogar, daß Arbeiter in ihrem eigenen Interesse nicht von ihrer normalen Beschäftigung abgehalten werden sollten; ja sie sollten geradezu ermutigt werden, im Rahmen des *karma-yoga* dieser Beschäftigung nachzugehen.

Für gewöhnlich sind die Materialisten außerstande, ihre ewige Beziehung zu Kṛṣṇa zu verstehen. Statt dessen spielen sie sich – unter dem Einfluß der illusionierenden Energie – selbst als Kṛṣṇa auf. Diese Pseudo-Position als höchster Genießer bereitet solchen Materialisten große Probleme, wenn sie versuchen, die Kräfte der Natur zu beherrschen, aber dennoch können sie ihr selbstherrliches Machtstreben nicht aufgeben. Und wenn sie unter dem Druck von Enttäuschung und Frustration so tun, als ob sie die Haltung des Genießers aufgäben, suchen sie – mit noch größerem Genußstreben – im allgemeinen Zuflucht bei unechter Entsagung. Die materialistischen Arbeiter, die immer die Früchte ihrer weltlichen Tätigkeiten genießen möchten, leiden sehr unter den erdrückenden Nachteilen solcher Tätigkeiten, gleich armen

Ochsen, die fest an das Mühlrad gekettet sind. Aber unter dem Bann der Illusion, dem Diktat *māyās,* glauben sie, sie würden tatsächlich genießen. Ohne solche törichten Materialisten bei ihren normalen Tätigkeiten zu stören, beschäftigen die gelehrten *karma-yogīs* sie geschickt mit den Arbeiten, zu denen sie eine besondere Neigung haben – jedoch in Verbindung mit Kṛṣṇa. Nur um die törichten Materialisten für *karma-yoga* zu gewinnen, gehen zuweilen die gelehrten und befreiten Seelen, die ewige Diener Kṛṣṇas sind, gewöhnlichen Tätigkeiten nach.

Die törichten Materialisten wären für immer der Dunkelheit ihrer unsinnigen Tätigkeiten überlassen geblieben, hätten Śrī Kṛṣṇa, die Persönlichkeit Gottes, und Seine ewigen Gefährten, wie Arjuna, nicht in Ihrer Güte alles getan, um durch ihr unmittelbares, persönliches Beispiel den Vorgang des *karma-yoga* einzuleiten. Die törichten Materialisten sind unfähig, sich der unermeßlichen Schwierigkeiten bewußt zu werden, mit denen sie bei ihren profanen Tätigkeiten konfrontiert sind. Wie sehr sie sich selbst auch mit der Vorstellung, Herr ihrer verschiedenen Handlungen zu sein, irreführen mögen, werden sie doch immer von den Erscheinungsweisen der Natur getrieben und gelenkt – so lautet in der *Bhagavad-gītā* das Urteil Śrī Kṛṣṇas, der Persönlichkeit Gottes. Er sagt, daß ein törichter Materialist sich als Urheber all seiner Handlungen betrachtet, ohne zu wissen, daß es die Erscheinungsweisen der Natur sind, die ihn dazu veranlassen, all seine Tätigkeiten auszuführen. Der Tor kann nicht verstehen, daß er sich unter dem Bann von Śrī Kṛṣṇas illusionierender Energie, Māyā-devī, befindet, die ihn zwingt, nach ihrem Wunsch zu handeln. Folglich werden ihm nur die vorübergehenden Ergebnisse seiner Tätigkeiten zuteil, nämlich flüchtiges weltliches Glück oder Leid, während er die schwere Strafe der Knechtschaft erdulden muß, die ihm die Erscheinungsweisen der Natur aufzwingen.

In der *Bhagavad-gītā* hebt Śrī Kṛṣṇa hervor, daß jedes Lebewesen ein fester Teil von Ihm und als solcher Sein ewiger, transzendentaler Diener ist. Die natürliche Stellung eines Teiles ist es, dem Ganzen zu dienen. In der *Hitopadeśa,* einem alten vedischen Fabelbuch, erklärt eine anschauliche Analogie mit dem Titel *Uddeśa Indriyāṇām* die Beziehung zwischen den einzelnen Körperteilen und dem ganzen Körper. Hände, Beine, Augen, Nase und so weiter sind alles Teile eines vollständigen Ganzen, nämlich des Körpers. Wenn nun die Hände, die Beine, die Augen und die Nase sich nicht bemühten, den Magen mit Nahrung zu versorgen, sondern selbst die gesammelten Nahrungsmittel genießen wollten, käme es zu einer Störung im gesamten Körper. Die Körperteile würden dem Interesse des gesamten Körpers zuwider handeln. Durch solch törichtes Verhalten könnten die Hände, die Beine und die anderen Körperteile niemals ihre eigene Lage verbessern. Ganz im Gegenteil, der gesamte Organismus würde schwach und krank, weil der Körper vom Magen nicht mehr ausreichend mit Nährstoffen versorgt würde. Ebenso werden die Lebewesen leiden, wenn sie sich als Teil weigern, alles zur Freude des vollständigen Ganzen, Śrī Kṛṣṇa, zu tun.

In der *Bhagavad-gītā* heißt es, daß die Höchste Persönlichkeit Gottes, Śrī Kṛṣṇa, die ursprüngliche Ursache aller Ursachen ist, die Wurzel des Baums der gesamten Schöpfung. Es heißt weiterhin in der *Bhagavad-gītā,* daß es niemanden gibt, der Śrī Kṛṣṇa überlegen ist. Er ist der höchste Genießer aller Opfer und Tätigkeiten. Aber dennoch ergeben sich Menschen, die im höchsten Maße sündhaft sind, Ihm nicht, denn sie weigern sich zu akzeptieren, daß Er die Höchste Persönlichkeit Gottes ist und daß alle anderen Lebewesen Seine transzendentalen, ewigen Diener sind.

Das Vergessen dieser transzendentalen Beziehung zwischen dem Lebewesen und der Persönlichkeit Gottes hat jeden zu der falschen Vorstellung verleitet, er sei ein Miniatur-Kṛṣṇa. Jeder versucht die Welt in vollen Zügen zu genießen und versäumt dabei, der Absoluten Wahrheit, der Ganzheit und dem Ursprung von allem, der Persönlichkeit Gottes, zu dienen. Solche genußorientierten Handlungen werden unter dem Bann der Erscheinungsweisen der materiellen Natur ausgeführt, die auch als *māyā* oder illusionierende Energie bezeichnet wird. In Wirklichkeit ist das Lebewesen nicht fähig, die Naturkräfte zu beherrschen. Das Lebewesen wird den Erscheinungsweisen der Natur unterworfen, sobald es versucht, selbst die Position Śrī Kṛṣṇas, des höchsten Genießers, einzunehmen. In einem falschen, egozentrischen Bewußtsein bemüht sich das Lebewesen sehr, wie der höchste Genießer zu handeln, aber es ist seinem Wesen nach nicht dazu in der Lage – genausowenig wie Hände, Beine oder Augen wie der ganze Körper fungieren können. Weil das Lebewesen den Anspruch darauf erhebt, ein Genießer zu sein, nimmt es viele Schwierigkeiten auf sich. Um uns daher all dieser Schwierigkeiten zu entledigen, die wir aufgrund unseres illusionären Handelns erleiden, müssen wir den Vorgang des *karma-yoga* aufnehmen.

Im Gegensatz zu gewöhnlichen Lebewesen sind die Transzendentalisten, die *karma-yogīs,* wirklich gelehrt, und daher handeln sie nicht auf die gleiche Weise wie die gewöhnlichen Materialisten. Sie wissen, daß sich weltliche Tätigkeiten, die unter dem Bann der Erscheinungsweisen der Natur ausgeführt werden, vollkommen von den Tätigkeiten des transzendentalen hingebungsvollen Dienstes unterscheiden. Da der Transzendentalist sich als verschieden vom materiellen Körper und Geist versteht, versucht er immer in seiner wesensgemäßen Beziehung zu Kṛṣṇa zu handeln. Er ist sich bewußt, daß er eine ewige spirituelle Seele, ein unabtrennbarer Teil der höchsten spirituellen Seele, ist, auch wenn er sich vorübergehend in der materiellen Welt befindet. So hebt er sich stets von den Materialisten ab, obwohl seine materiellen Sinne – seine Hände, seine Beine, seine Augen und so weiter – mit den verschiedensten Tätigkeiten beschäftigt sein mögen. Diese Tätigkeiten im transzendentalen Dienst Śrī Kṛṣṇas befreien ihn von der Fessel der Arbeit. Die Persönlichkeit Gottes, Śrī Kṛṣṇa, sagt zu Arjuna: „O Arjuna! Gib die Vorstellung auf, der Genießer all deiner weltlichen Handlungen zu sein, und werde durch diesen Bewußtseinswandel ein Transzendentalist! Übe dein Kriegshandwerk aus, wie es dir die Umstände und deine Pflicht gebieten, aber übe es in dem Bewußtsein aus, Mir zu dienen! Auf diese Weise wirst du von der Fessel der Arbeit nicht gebunden. Und jeder, der all seine Tätigkeiten in diesem transzendentalen Bewußtsein ausführt, auf Mein Geheiß hin und ohne Mir zu grollen, wird ebenso von der Fessel der Arbeit befreit."

Das körperliche Bewußtsein – die falsche Auffassung, daß ich der materielle Körper und Geist bin und somit ein Teil der materiellen Welt und daß alles in der materiellen Welt mir als Genußobjekt dient – versperrt uns den Zugang zu echtem transzendentalem Wissen. Auf der Gundlage dieses transzendentalen Wissens rät uns die Persönlichkeit Gottes, Śrī Kṛṣṇa, uns spirituell zu öffnen und Transzendentalisten zu werden. Nur dann können wir begreifen, daß wir mit Sicherheit nicht von dieser Welt sind, sondern ewige spirituelle Wesen. Dank einer solchen Selbsterkenntnis beginnt sich unser materielles Verhaftetsein auf ganz natürliche Weise aufzulösen. Und je weiter wir uns spirituell entwickeln, desto weniger werden wir von Glück und Leid beeinflußt, die der Sinneswahrnehmung in der materiellen Welt entspringen. Das falsche Ego, das durch den Kontakt mit der Materie entsteht, wird dann allmählich bezwungen, und dieser Abbau des falschen Egoismus führt zur Befreiung von sämtlichen materiellen Identifikationen und zu einem erneuerten Bewußtsein unserer Beziehung zur Absoluten Wahrheit. Das nennt man Befreiung zu Lebzeiten.

Śrī Kṛṣṇa, die Persönlichkeit Gottes, ist die Absolute Wahrheit. Dies wird von allen authentischen Schriften bestätigt. Unser spirituelles Leben beginnt sich zu entfalten, sobald unsere Beziehung zu Śrī Kṛṣṇa wiedererweckt wird. Śrī Kṛṣṇa gleicht der Sonne, während Unwissenheit der Dunkelheit gleicht. Daher verschwindet das Dunkel der Unwissenheit, wenn wir unsere Beziehung zu Śrī Kṛṣṇa aufnehmen. Mit Śrī Kṛṣṇas Erscheinen in unserem Herzen werden wir von den Verunreinigungen des materiellen Daseins befreit, genauso wie der Morgen mit dem Aufgang der Sonne frisch und neu erscheint. Das ist keine Erfindung kindischer Phantasie, sondern eine wirkliche Erfahrung spiritueller Erkenntnis. Jeder, der ernsthaft in die Fußstapfen Śrī Kṛṣṇas und Seiner echten Diener tritt, erkennt diese einfache Wahrheit in gleicher Weise.

Der Narr aber, der Śrī Kṛṣṇa beneidet und sich als dessen Rivale aufspielt, akzeptiert diese Tatsache nicht. Ohne die überragende Bedeutung des *karma-yoga* zu verstehen, geben sich deshalb die törichten Materialisten unbegrenzten materiellen Tätigkeiten hin, die zur Fesselung führen; ihre bloße Arbeit hält sie für immer im materiellen Dasein der Geburten und Tode gefangen. Solche törichten Materialisten sind in Wirklichkeit auf Kṛṣṇa neidisch und verspotten Ihn, indem sie Ihn für ihresgleichen halten. Die Wahrheit über Śrī Kṛṣṇa dringt nicht leicht in die verstockten Gehirne solcher vom Empirismus angesteckten Materialisten. Aber ein Geweihter des Herrn glaubt und versteht nur, was tatsächlich auf den Seiten der *Bhagavad-gītā* geschrieben steht, und verläßt sich nicht auf seine eigene Vorstellungs- und Urteilskraft, auf die Methodik des Empirismus, die man im allgemeinen

„spirituelle Auslegung" nennt. Nur ein solcher Gottgeweihter kann die Logik völliger Hingabe an Kṛṣṇa akzeptieren und sich somit den Vorgang des *karma-yoga* zu eigen machen, um der gefährlichen Fessel der Arbeit zu entkommen.

Nirgends sagt Śrī Kṛṣṇas, daß die Gottgeweihten innerhalb einer bestimmten Kaste, eines bestimmten Glaubens, eines bestimmten Landes oder mit einer bestimmten Hautfarbe erscheinen müßten. Vielmehr können sie überall erscheinen, ohne jegliche Einschränkungen seitens Kaste, Glauben, Hautfarbe oder Land. Jeder also, wer immer oder was immer er auch sein mag, eignet sich, ein Geweihter Śrī Kṛṣṇas zu werden. Um diese Tatsache zu bekräftigen, sagt die Persönlichkeit Gottes in der *Bhagavad-gītā:* „O Sohn Pṛthās, selbst die Ungläubigen und Niedriggeborenen – einschließlich der gefallenen Frauen (Prostituierten), der unwissenden Arbeiter und der Kaufleute – werden allesamt die Vollkommenheit und das Reich Gottes erlangen, wenn sie bei Mir im hingebungsvollen Dienst Zuflucht suchen." Mit anderen Worten, das skrupellose Kastensystem, das jetzt in der Gesellschaft der Ungläubigen vorherrscht, ist kein Hindernis, sich Śrī Kṛṣṇa, der Absoluten Persönlichkeit Gottes, zu nähern.

Śrī Kṛṣṇa hat persönlich die grundlegenden Prinzipien des einen wirklichen und universalen Kastensystems aufgestellt. Die vier Gesellschaftsklassen – die *brāhmaṇas* (Priester und Intellektuelle), die *kṣatriyas* (Administratoren und Soldaten), die *vaiśyas* (Händler und Bauern) und die *śūdras* (Arbeiter) – sind von Ihm entsprechend den Eigenschaften gebildet worden, die die Mitglieder dieser Klassen durch ihre Handlungen unter dem Einfluß der Erscheinungsweisen der Natur erworben haben. Kṛṣṇa ist also einerseits der Urheber des Kastensystems auf der ganzen Welt, aber andererseits ist Er es auch nicht. Er ist nämlich nicht der Urheber eines tyrannischen und unnatürlichen Kastensystems, in dem die Ungläubigen die Stellung eines Menschen seiner Geburt entsprechend diktieren. Vielmehr ist Er der Urheber eines Kastensystems, das universal anwendbar, freiwillig und natürlich ist und das auf den Eigenschaften und Fähigkeiten eines Menschen aufbaut.

Das System der vier Gesellschaftsklassen war niemals als ein auf Geburtsrecht beruhendes Kastensystem gedacht. Dieses System läßt sich überall hinsichtlich der weltlichen, praktischen Eigenschaften und

Tätigkeiten der Menschen anwenden. Man wird niemals aufgrund seiner zufälligen Geburt als *brāhmaṇa, kṣatriya, vaiśya* oder *śudra* klassifiziert, genausowenig wie jemand aufgrund von Geburtsrecht Arzt werden kann, nur weil er zufällig der Sohn eines bekannten Arztes ist. Die wirkliche Qualifikation als Arzt kann man nur durch ein langes, schwieriges Medizinstudium erwerben, und erst nach Abschluß des Studiums darf man den Arztberuf ausüben. Natürlich schaut ein Patient, der einen Arzt aufsucht, nicht auf die Geburtsurkunde des Arztes, sondern auf dessen berufliche Fähigkeiten. So wie es zu allen Zeiten und in allen Ländern Ärzte gibt, gibt es auch immer aufgrund von persönlichen und praktischen Fähigkeiten *brāhmaṇas, kṣatriyas, vaiśyas* und *śudras* in allen Teilen der Welt.

Indiens gegenwärtiges Kastensystem, das auf einen bestimmten Teil der Welt und dort auf einen bestimmten sektiererischen Glauben begrenzt ist, ist zweifellos ungerecht und stellt eine Perversion des natürlichen, universalen Kastensystems dar. Wenn jemand ohne jegliche Medizinkenntnisse und ohne Medizinstudium als Arzt gilt, nur weil er der Sohn eines Arztes ist, und wenn er von einem Teil der Öffentlichkeit als Arzt akzeptiert wird, dann sind sowohl er als auch seine törichten Patienten nur Mitglieder einer Gesellschaft von Betrügern und Betrogenen. Das Kastensystem also, das von der Persönlichkeit Gottes, Śrī Kṛṣṇa, geschaffen wurde und auf das sich die *Bhagavad-gītā* bezieht, ist nicht mit dem Kastensystem der Gesellschaft von Betrügern und Betrogenen zu vergleichen. Śrī Kṛṣṇas Kastensystem ist allgemeingültig: zu allen Zeiten und überall auf der Erde, ja überall im Universum.

Die Eigenschaften der verschiedenen Klassen des Kastensystems werden in der *Bhagavad-gītā* aufgezählt, und wir wollen sie hier kurz besprechen. Die *brāhmaṇas* sind die höchste Gesellschaftsklasse; sie befinden sich in der Erscheinungsweise der Tugend und gehen Tätigkeiten nach, die Unvoreingenommenheit, Selbstbeherrschung und Nachsicht voraussetzen. Die *kṣatriyas* sind die zweithöchste Gesellschaftsklasse; sie befinden sich in der Erscheinungsweise schöpferischer Leidenschaft und nehmen öffentliche Führungspositionen in verschiedenen politischen und sozialen Organisationen ein. Die *vaiśyas* sind die dritte Gesellschaftsklasse; sie befinden sich in einer Mischung der Erscheinungsweisen der schöpferischen Leidenschaft und der dunklen Unwissenheit und sind gewöhnlich als Bauern und Kaufleute tätig. Die *śūdras* sind die niedrigste Gesellschaftsklasse; sie befinden sich in der Erscheinungsweise der Dunkelheit oder Unwissenheit und stehen im allgemeinen im Dienst der anderen drei Gesellschaftsklassen. Die *śūdras* (als Klasse) sind die Diener der ganzen Gesellschaft. Im gegenwärtigen Zeitalter der Dunkelheit, dem Kali-yuga, dem Zeitalter des Streits, der Heuchelei und der Unwissenheit, wird praktisch jeder als *śūdra* geboren.

Wenn wir menschliche Verhaltensweisen im Lichte des von Gott geschaffenen Kastensystems untersuchen, können wir die vier Gesellschaftsklassen gewiß in allen Teilen der Welt vorfinden. Wo immer auf der Erde Menschen leben, haben einige von ihnen die Eigenschaften von *brāhmaṇas,* während andere die Eigenschaften von *kṣatriyas, vaiśyas* oder *śūdras* haben. Die verschiedenen Erscheinungsweisen der Natur gibt es im ganzen Universum, und *brāhmaṇas, kṣatriyas* und so weiter sind nur die Schöpfungen dieser Erscheinungsweisen. Wie kann man also behaupten, daß die vier Kasten irgendwo auf der Erde nicht existieren? Das ist absurd. In allen Ländern und zu allen Zeiten gab, gibt und wird es die vier Gesellschaftsklassen geben. Folglich haben diejenigen völlig unrecht, die die Theorie vertreten, daß das System der vier Gesellschaftsklassen, das sogenannte Kastensystem, nur in Indien existiere.

Das Kastensystem hindert niemanden daran, ein Gottgeweihter zu werden. Selbst diejenigen, die weit hinter den Qualifikationen eines gewöhnlichen *śūdra,* eines Angehörigen der vierten Gesellschaftsklasse, zurückbleiben, eignen sich dazu, Śrī Kṛṣṇa transzendentalen Dienst darzubringen. Die spirituelle Vollkommenheit, die ein qualifizierter *brāhmaṇa* erlangt, indem er Śrī Kṛṣṇa, der allanziehenden Persönlichkeit Gottes und der Absoluten Wahrheit, dient, kann auch von jedem anderen erreicht werden – selbst von jemandem, dessen sozialer Status noch niedriger ist als der eines *śūdra* –, indem er ebenso Śrī Kṛṣṇa dient. Den *Purāṇas* zufolge kann selbst ein *caṇḍāla,* ein Angehöriger der fünften Gesellschaftsklasse, die noch unter der der *śūdras* liegt, einen *brāhmaṇa,* einen Angehörigen der ersten Klasse, durch seinen transzendentalen hingebungsvollen Dienst übertreffen. Die vertraulichen Lehren der *Bhagavad-gītā,* der erhabensten Schrift des Universums, sind daher ausschließlich dafür bestimmt, daß die Menschen die höchste Vollkommenheit des menschlichen Lebens erreichen: transzendentalen Dienst für Śrī Kṛṣṇa.

Jeder von uns muß sich also – ungeachtet seiner Kaste, seines Glaubens oder seiner Hautfarbe – den Vorgang des hingebungsvollen Dienstes zu eigen machen, der in seinem Anfangsstadium als *karma-yoga* bezeichnet wird, denn dadurch werden wir dazu beitragen, alle Tätigkeiten der Welt zu spiritualisieren. Durch solche Tätigkeiten werden sowohl der Arbeitende als auch die Arbeit von Spiritualität erfüllt, so daß beide die Erscheinungsweisen der Natur transzendieren. Und während die Arbeit spiritualisiert wird, eignet sich der Arbeitende automatisch die Qualitäten der höchsten Gesellschaftsklasse, der *brāhmaṇas,* an. Ja, wer völlig durch hingebungsvollen Dienst spiritualisiert wird, überschreitet die Erscheinungsweisen der Natur und übertrifft somit sogar einen *brāhmaṇa.* Schließlich ist der *brāhmaṇa,* obwohl er der höchsten weltlichen Klasse angehört, nicht transzendental. Wie man das höchste transzendentale Wissen erlangen kann, indem man einfach der Persönlichkeit Gottes transzendentalen Dienst darbringt, wird von Śrī Kṛṣṇa im 24. Vers des Vierten Kapitels der *Bhagavad-gītā* erklärt. Dort heißt es, daß durch die Ausführung von *karma-yoga* alles spiritualisiert wird. Wenn auch Ācārya Śaṅkaras Philosophie des Pantheismus eine verkehrte Interpretation der Vedānta-Maxime der Allgegenwart der Höchsten Seele verbreitet hat, hat sie doch einen praktischen Bezug zum oben erwähnten Vers.

Es gibt zwar verschiedene Arten von Opfern, aber wir sollten uns dessen bewußt sein, daß das höchste Ziel aller Opfer darin besteht, die Höchste Gottheit, Viṣṇu, günstig zu stimmen. Während unseres materiellen Daseins müssen wir mit materiellen Objekten umgehen, allein schon um Körper und Seele zusammenzuhalten. Doch wir können in allen solchen materiellen Tätigkeiten eine spirituelle Atmosphäre schaffen im Sinne der vedantischen Wahrheit, daß die Höchste Seele überall gegenwärtig ist. Diese Wahrheit wird von den Vertretern des Pantheismus unvollkommen erkärt, denn sie glauben fälschlich, daß alles die Höchste Seele sei, nur weil die Höchste Seele überall gegenwärtig ist. Wenn diese falsche Vorstellung erst einmal beseitigt ist und wir uns daran erinnern, daß die Höchste Seele tatsächlich überall gegenwärtig ist, können wir eine spirituelle Atmosphäre schaffen, indem wir alle Tätigkeiten in Verbindung mit der Höchsten Seele ausführen und uns in allem von einer selbstverwirklichten Seele führen lassen. Dann wird alles spiritualisiert.

Ein Beispiel soll den obigen Vorgang der Spiritualisierung veranschaulichen: Wenn ein Eisenstab ins Feuer gehalten wird und rotglühend wird, nimmt der Stab die Eigenschaften des Feuers an und verhält sich nicht mehr wie ein Eisenstab. In gleicher Weise wird alles mit spiritueller Energie erfüllt, wenn wir sämtliche Tätigkeiten in Hinblick auf unsere Beziehung zu Kṛṣṇa ausführen. Da es dann unser höchstes Ziel ist, Kṛṣṇa zu erfreuen, sind all unsere Tätigkeiten spirituell. In einem Opfer gibt es fünf Hauptelemente: (1) das Opferritual, (2) die Opfergabe, (3) das Feuer, (4) die Opferung, (5) das Ergebnis der Opferung. Wenn all diese Elemente mit der Höchsten Seele verbunden sind, werden sie spiritualisiert, und dann wird die ganze Zeremonie wahrhaft ein Opfer. Mit anderen Worten: Bringt man Śrī Kṛṣṇa im transzendentalen Dienst die erwähnten fünf Elemente dar, werden sie mit Ihm verbunden und somit vollkommen spiritualisiert.

Deshalb weihen kluge und gelehrte Menschen all ihre Tätigkeiten der transzendentalen Persönlichkeit Gottes. Diese wahrhaft geläuterten Seelen beherrschen tatsächlich all ihre Sinnestätigkeiten und meistern auch ihr wahres, spirituelles Selbst. Nur solche spiritualisierten Menschen sind imstande, für die gefallenen Seelen – unter Berücksichtigung der Person, des Orts und der Zeit – wirkliches Mitgefühl zu haben. Und obwohl solche spiritualisierten Menschen scheinbar materiellen Tätigkeiten nachgehen, sind sie völlig frei von der Fessel der Arbeit. Dies wird im siebten Vers des Fünften Kapitels der *Bhagavad-gītā* beschrieben, wo Kṛṣṇa erklärt, daß nur diejenigen, die ihre Arbeit um transzendentaler Ergebnisse willen verrichten, und zwar aus Mitgefühl für alle anderen, sich wirklich eignen, öffentliche Führungspositionen einzunehmen.

Die Feinde der *karma-yogīs* – Menschen also, die aus Eigennutz oder zur Befriedigung ihrer Sinne handeln und die nicht durch die transzendentale Beziehung des Dienstes mit der Höchsten Seele in Verbindung stehen – geben zuweilen vor, sie handelten gemäß dem Wunsch des höchsten Willens. In Wirklichkeit sind sie pantheistische Heuchler, die versuchen, über ihre Selbstsucht hinwegzutäuschen, indem sie diese als transzendentalen Gottesdienst ausgeben. Diejenigen aber, die reinen Herzens sind – das heißt diejenigen, die alles den Lotosfüßen der Persönlichkeit Gottes hingegeben haben –, halten sich von solchen Pseudo-Transzendentalisten fern.

Solche im Herzen reinen Transzendentalisten wissen, daß das Lebewesen, obwohl winzig klein, Teil der Absoluten Wahrheit ist und somit ein entsprechendes Maß an Unabhängigkeit hat. Die Persönlichkeit Gottes mischt Sich trotz Ihrer Allmacht niemals in die kleine Freiheit ein, die das Lebewesen genießt. Dem Lebewesen steht es also frei, sein kleines Maß an Unabhängigkeit zu mißbrauchen und unter den Einfluß der Erscheinungsweisen der Natur zu geraten. Sobald es von den Erscheinungsweisen der Tugend, Leidenschaft und Unwissenheit bestimmt wird, entwickelt es dementsprechend die Eigenschaften der Tugend, Leidenschaft und Unwissenheit. Solange das Lebewesen von der materiellen Natur bedingt bleibt, muß es gemäß seiner spezifischen Erscheinungsweise handeln. Ohne das Wirken der Erscheinungsweisen würden wir in der Erscheinungswelt nicht solch ein große Vielfalt von Tätigkeiten sehen können.

Sollten wir aus Unkenntnis der feinstofflichen Gesetze der Natur versuchen, all unsere weltlichen Tätigkeiten mit dem Argument zu rechtfertigen, daß sie durch den Willen der Persönlichkeit Gottes zustande kämen, dann würden wir den Taten der allguten Persönlichkeit Gottes Voreingenommenheit, Fehlerhaftigkeit und Gnadenlosigkeit unterstellen. Man sollte niemals glauben, daß die weltlichen Unzulänglichkeiten durch den Willen des Höchsten Herrn verursacht sind – daß also einige aufgrund Seines Willens glücklich sind, während andere aufgrund Seines Willens unglücklich sind. Solche Unterschiede in der materiellen Welt entspringen dem richtigen oder falschen Gebrauch des freien Willens seitens der Lebewesen. Śrī Kṛṣṇa, die Persönlichkeit Gottes, mahnt jeden eindringlich, alle bedingten Beschäftigungen, die von den verschiedenen Erscheinungsweisen der materiellen Natur diktiert werden, aufzugeben. Solche Beschäftigungen entstehen aus Unwissenheit, und diese wird durch die Erscheinungsweisen der Natur aufrechterhalten, nicht durch den Willen des Herrn.

Wie der Herr in der *Bhagavad-gītā* (5.13) sagt, ist Er nicht die Ursache dafür, daß jemand auf eine bestimmte Weise handelt, ebensowenig wie Er die Ursache der Früchte solcher Handlungen ist; vielmehr sind die Handlungen und ihre Früchte auf die verschiedenen Erscheinungsweisen der Natur zurückzuführen. Alle Tätigkeiten – außer denen des *karma-yoga* – werden vom Lebewesen selbst verursacht. Sie dienen seinem eigenen Interesse und haben ihren Ursprung im Mißbrauch des freien Willens. Deshalb sollte man niemals glauben, daß die Ergebnisse solcher Tätigkeiten irgendwie vom allmächtigen Gott bestimmt werden. Solche Tätigkeiten sind allesamt materiell, und folglich sind sie durch die Erscheinungsweisen der Natur bedingt und gesteuert. Die Persönlichkeit Gottes hat nichts mit ihnen zu tun.

Im Gegensatz dazu befindet sich der *karma-yogī* immer in einer transzendentalen Stellung, weit entfernt von den Bedingtheiten der Erscheinungsweisen der Natur, denn alle seine Tätigkeiten erreichen die Ebene des Absoluten. Wenn man vom Einfluß der Erscheinungsweisen der Natur befreit ist, offenbart die Erscheinungswelt ihren spirituellen Aspekt. Wenn sich die Welt auf diese Weise spirituell offenbart, können die Erscheinungsweisen der Natur dem spirituellen Fortschritt kein Hindernis mehr in den Weg stellen. Sind solche Hindernisse erst einmal überwunden, erlangt man die absolute Sicht.

Die *Bhagavad-gītā* (5.18) erkärt weiterhin, daß ein Weiser, der die absolute Sicht erlangt hat, jedes Lebewesen, sei es ein gelehrter und edler *brāhmaṇa,* eine Kuh, ein Elefant, ein Hund oder ein Hundeesser, mit gleichen Augen betrachtet. Unter den Menschen ist ein gelehrter und edler *brāhmaṇa* die Verkörperung der Erscheinungsweise der Tugend, während unter den Tieren die Kuh die Verkörperung der Erscheinungsweise der Tugend ist. Der Elefant und der Löwe sind Verkörperungen der Erscheinungsweise der Leidenschaft, während der Hund und der *caṇḍāla* (Hundeesser) Verkörperungen der Erscheinungsweise der Dunkelheit oder Unwissenheit sind.

Anstatt aber sein Augenmerk auf die verschiedenen äußeren Hüllen dieser Lebewesen (ihre Verkörperungen gemäß den verschiedenen Erscheinungsweisen der Natur) zu richten, betrachtet der *karma-yogī* sie mit seiner absoluten Sicht und dringt so zur darin verkörperten spirituellen Seele vor. Und weil die winzig kleine Seele von der unendlichen Höchsten Seele ausgeht, vermag der *karma-yogī* auf der höchsten Stufe alles und jeden mit gleichen Augen zu betrachten. Solch ein *karma-yogī* sieht alles in Beziehung zum Absoluten, und daher dient er mit allem, was er hat, dem Absoluten. Er betrachtet die zahllosen Lebewesen als transzendentale Diener der absoluten Gottheit, Śrī Kṛṣṇa. Seine vollkommene spirituelle Sicht durchdringt zwangsläufig das Gefängnis jedes materiellen Körpers, ebenso wie ein rotglühendes Eisen alles verbrennt, was es berührt. Indem der *karma-yogī* alles und jeden in den transzendentalen Dienst des Herrn stellt, gibt er ein Beispiel transzendentaler Gesinnung.

Der *karma-yogī* ist sich vollkommen dessen bewußt, daß Śrī Kṛṣṇa, die Persönlichkeit Gottes, der Genießer von allem und der Herr aller Lebewesen ist. Er mißt dem falschen Geltungsbedürfnis, das die Menschen dazu verleitet, selbst die Position eines Genießers oder Asketen einzunehmen, keinen Wert bei. Die großen Weisen empfinden Abscheu vor solchem falschen Geltungsbedürfnis und sehen es als die Urkrankheit des materiellen Daseins an. Gute Werke, Wissenserwerb, Meditation, Entsagung und Opfer – all diese Aktivitäten sind dazu bestimmt, diese materielle Krankheit zu heilen. Daher erklärt die Persönlichkeit Gottes, Śrī Kṛṣṇa, in der *Bhagavad-gītā* (5.29), daß man den höchsten Frieden erlangen kann, wenn man weiß, daß Er der Genießer aller Opfer und Entsagungen, der Herr aller Universen sowie der beste Freund aller Lebewesen ist.

Wir haben bereits über die Notwendigkeit gesprochen, Arbeit nur als ein Opfer zu verrichten, um Viṣṇus transzendentale Sinne zu erfreuen. Und die obige Stelle aus der *Bhagavad-gītā* läßt keinen Zweifel daran, daß einzig und allein Śrī Kṛṣṇa, die Höchste Persönlichkeit Gottes, fähig ist, das Ergebnis aller Opfer zu genießen. Die Opfer der gewöhnlichen Arbeiter sowie die Meditation und die Entsagung der empirischen Philosophen werden alle von der Persönlichkeit Gottes, Śrī Kṛṣṇa, angeordnet und aufrechterhalten. Auch die Überseele – der lokalisierte Aspekt Viṣṇus, über den die mystischen *yogīs* meditieren – ist eine vollständige Erweiterung Śrī Kṛṣṇas, der Persönlichkeit Gottes.

Somit ist Śrī Kṛṣṇa der Freund eines jeden: der gewöhnlichen Arbeiter, der empirischen Philosophen, der mystischen *yogīs* und erst recht der Gottgeweihten, die zu hundert Prozent Diener der Persönlichkeit Gottes sind. Der Höchste Herr handelt immer zum Wohle aller, indem Er Seine Geweihten ermächtigt, angepaßt an Zeit, Ort und Zuhörer die transzendentale Botschaft des hingebungsvollen Dienstes überall zu predigen und zu verbreiten. Der Herr ist daher die Quelle allen Segens. Und alle Menschen können vollkommenen Frieden und vollkommenes Glück erlangen, wenn sie Ihn durch den Vorgang des hingebungsvollen Dienstes kennenlernen, der mit *karma-yoga* beginnt.

Diejenigen, die alles der Persönlichkeit Gottes, Śrī Kṛṣṇa, zuliebe tun, haben es nicht nötig, Opfer, Buße und Meditation auszuführen, die nicht mit dem Dienst des Herrn verbunden sind. Wie wir in diesem Zusammenhang bereits erklärt haben, sind die Eigenschaften der Tugend, die einen *brāhmaṇa* auszeichnen, in den Eigenschaften solcher Geweihten des Herrn mitinbegriffen. Genauso sind auch das Opfer und die Sachkenntnis des ehrlichen Arbeiters, die Entsagung und das Wissen des *sannyāsī,* die Ruhe und tiefe Gottesmeditation des mystischen *yogī* und darüber hinaus Liebe zu Gott in den Eigenschaften eines Gottgeweihten mit enthalten.

Śrī Kṛṣṇa genießt persönlich die Früchte der Arbeit, die der Gottgeweihte verrichtet hat. Der Gottgeweihte ist also nicht für die Ergebnisse seiner Arbeit verantwortlich, ganz gleich, ob diese Ergebnisse in den Augen weltlicher Menschen gut oder schlecht erscheinen. Der Gottgeweihte wird in seinen Tätigkeiten von der Pflicht angespornt, alles Śrī Kṛṣṇa zuliebe zu tun. Er handelt nie aus Eigennutz. Der *sannyāsī* dagegen, der kein Gottgeweihter ist, entledigt sich aller weltlichen Pflichten, um Wissen über das alldurchdringende Brahman zu erwerben. Der mystische *yogī* greift zu ähnlichen Maßnahmen, um seine Meditation zu verbessern und den lokalisierten Aspekt der Höchsten Seele besser in sich wahrzunehmen. Aber ein Gottgeweihter handelt nur zur Zufriedenstellung der Höchsten Person, ohne an seine eigene Zufriedenstellung zu denken. Somit ist er von allen weltlichen Pflichten befreit, ohne sich eigens darum bemühen zu müssen, wie die *sannyāsīs* und Mystiker. Das spirituelle Wissen der *sannyāsīs* und die acht Vollkommenheiten der mystischen *yogīs* kann der Gottgeweihte mühelos erlangen. Dennoch hegt der Gottgeweihte nicht den Wunsch nach Gewinn, Bewunderung und Ansehen. Er wünscht sich keinen anderen Gewinn, als dem Herrn zu dienen, und einfach dadurch gewinnt er alles. Was gibt es noch zu erreichen, wenn man erst einmal den höchsten Gewinn erlangt hat, der alle anderen Gewinne in sich birgt?

Dem *yoga*-System Patañjalis folgend, stellt der mystische *yogī* seine verschiedenen Körperfunktionen praktisch ein und versucht, in meditative Trance zu versinken. Er erduldet alle Arten von Mühsal, um in seinem Herzen den lokalisierten Aspekt der Höchsten Seele wahrzunehmen. Mit anderen Worten, es ist ihm gleichgültig, was es kostet, sein Ideal zu verwirklichen, das im Universum nicht seinesgleichen hat – selbst wenn es seinen Tod bedeutet. Die Persönlichkeit Gottes sagt in der *Bhagavad-gītā* (6.22): „Wenn der mystische *yogī* die Höchste Seele in seinem Herzen erkennt, glaubt er, daß es nichts Wertvolleres gebe als diesen Zustand transzendentaler Erkenntnis. In diesem Zustand wird man von keinerlei Leid beunruhigt, wie schwer es auch sein mag."

Patañjalis System zufolge hat der mystische *yoga* die vollkommene Kontrolle der Gedanken und ihrer verschiedenen unsteten Neigungen zum Ziel. Zu diesem transzendentalen Zustand gehört es, so sagt Patañjali, daß man die Sinnestätigkeiten einstellt und die Stufe der Vollkommenheit erlangt, die nur den geläuterten spirituellen Seelen zugänglich ist. Wenn der Mystiker diesen Zustand erreicht hat, weicht seine Aufmerksamkeit nie mehr davon ab. Die acht mystischen Vollkommenheiten – *aṇimā* (die Fähigkeit, kleiner als das Kleinste zu werden), *laghimā* (die Fähigkeit, leichter als das Leichteste zu werden), *prāpti* (die Fähigkeit, alles, was man will, herbeizuholen), *īśitā* (die Fähigkeit, Planeten zu erschaffen), *vaṣitā* (die Fähigkeit, andere Menschen zu kontrollieren), *prākāmya* (die Fähigkeit, über die Naturgewalten zu herrschen) und so weiter – sind nur Begleiterscheinungen jener höchsten Stufe des mystischen *yoga.* Viele mystische *yogīs,* die eine oder zwei dieser Vollkommenheiten erlangt haben, geraten in die Falle ihres wankelmütigen Geistes. In solch einem Zustand erreicht der *yogī* nicht die höchste Vollkommenheit, nämlich reine Hingabe an die Höchste Persönlichkeit Gottes.

Aber der Gottgeweihte braucht nicht zu befürchten, auf diese Weise zu Fall zu kommen, denn seine Aufmerksamkeit ist bereits fest auf den transzendentalen Dienst des Herrn gerichtet. Daher braucht er sich nicht noch zusätzlich in Trance zu versenken. Dem Gottgeweihten erscheinen die mystischen Vollkommenheiten unbedeutend, da die Frische der Persönlichkeit Gottes, der seine ganze Konzentration gilt, immerfort zunimmt. Ein weltlicher Mensch kann gewiß nicht verstehen, wie man im hingebungsvollen Dienst so viel übersinnliches Glück erfahren kann.

Śrī Kṛṣṇa versichert uns in der *Bhagavad-gītā,* daß weder der mystische *yogī* noch der *karma-yogī,* die sich beide um die Vervollkommnung ihrer jeweiligen transzendentalen Tätigkeiten bemühen, irgend etwas verlieren, selbst wenn sie noch nicht ans Ziel ihrer Bemühung gelangt sind. Alles Materielle, sei es Wissen oder Reichtum, vergeht mit der Vernichtung des materiellen Körpers, aber die transzendentale Arbeit des *karma-yogī* überschreitet die weltlichen Grenzen des materiellen Körpers und Geistes, weil sie in Verbindung mit der spirituellen Seele ausgeführt wird. Die so spiritualisierten Tätigkeiten transzendieren die Grenzen materieller Vergänglichkeit. Ebenso wie die Seele nie vernichtet wird, nicht einmal bei der Vernichtung des materiellen Körpers und Geistes, fallen auch diese spiritualisierten Tätigkeiten nie der Vernichtung anheim.

Die Persönlichkeit Gottes bestätigt dies in der *Bhagavad-gītā* (6.40), und Ṭhākura Bhaktivinoda gibt hierzu folgende Erklärung: „Im Grunde läßt sich die Menschheit in zwei Gruppen unterteilen. Die eine verhält sich rechtmäßig, die andere unrechtmäßig. All diejenigen, die sich nicht um die Gesetze des Lebens kümmern, sondern nur nach dem Prinzip der Sinnenbefriedigung handeln, verstoßen gegen das Recht. Sie mögen zivilisiert oder unzivilisiert sein, gelehrt oder ungebildet, stark oder schwach – solche Gesetzesbrecher handeln stets wie die niedrigen Tiere. Nichts Gutes ist an ihnen, trotz allem äußeren Schein.

Die Menschen andererseits, die sich rechtmäßig verhalten, lassen sich in drei transzendentale Gruppen unterteilen: diejenigen, die nach den Anweisungen der Schriften karmische Tätigkeiten ausführen, die empirischen Philosophen und die transzendentalen Gottgeweihten. Erstere lassen sich wiederum in zwei Gruppen unterteilen: Menschen, die die Früchte ihrer Arbeit genießen wollen, und Menschen, die solche Wünsche transzendiert haben. Diejenigen, die die Früchte ihrer Arbeit genießen wollen, streben nach flüchtigem, materiellem Glück, und sie werden innerhalb der materiellen Welten mit irdischem oder himmlischem Glück belohnt. Doch man muß sich dessen bewußt sein, daß all diese Formen des Glücks vergänglich sind. Daher können solche Menschen kein wirkliches Glück erlangen, das dauerhaft und transzendental ist. Das wirkliche, transzendentale Glück erlangt man erst nach der

Befreiung von der Fessel des materiellen Daseins. Jede Handlung, die nicht dieses transzendentale Glück zum Ziel hat, ist vergänglich und führt zu nichts."

Wenn normale Arbeit mit einem solchen transzendentalen Ziel ausgeführt wird, nennt man sie *karma-yoga.* Nach und nach erlangt man durch *karma-yoga* zuerst Läuterung, dann transzendentales Wissen, dann vollkommene Meditation und schließlich den transzendentalen liebevollen Dienst für die Persönlichkeit Gottes. Manchmal wird ein weltlich gesinnter Mensch fälschlich für einen *tapasvī* (Asket) oder einen *mahātmā* (große Seele) gehalten, weil er viel Entsagung auf sich nimmt, um seine weltlichen Ziele zu erreichen. Doch die strengen Entsagungen solcher Materialisten bezwecken schließlich nur materielle Sinnenbefriedigung und haben somit keinen transzendentalen Nutzen. Auch einige Dämonen, wie Rāvaṇa und Hiraṇyakaśipu, unterzogen sich schwerer Entsagung und Buße, aber sie erlangten nichts als einige vergängliche Objekte für ihre Sinnenbefriedigung. Folglich kann man erst dann als *karma-yogī* (jemand, der für transzendentale Ergebnisse arbeitet) eingestuft werden, wenn man die Grenzen der Sinnenbefriedigung hinter sich gelassen hat.

Die Tätigkeiten des *karma-yoga* sind selbst auf den Anfangsstufen von echter Tugend durchdrungen. Ein *karma-yogī* macht Leben für Leben Fortschritt, wie in der *Bhagavad-gītā* (6.43) erklärt wird: „Nach seiner Wiedergeburt erweckt der *karma-yogī* die transzendentale Gesinnung des Dienstes wieder zum Leben, die er in seinem letzten Leben entwickelt hat, und versucht aufgrund seiner natürlichen Neigung, seine transzendentalen Tätigkeiten zu vervollkommnen."

Selbst wenn solch ein Transzendentalist irgendwie vom Pfad des Fortschritts abkommt, erhält er weitere Möglichkeiten, Fortschritt zu machen. Wie die *Bhagavad-gītā* (6.41) bestätigt, wird er im nächsten Leben entweder in der Familie eines echten *brāhmaṇa* geboren oder in der Familie eines reichen Kaufmanns, der sich dem Dienst des Herrn widmet.

Doch von allen Transzendentalisten, die als *karma-yogīs, dhyāna-yogīs, jñāna-yogīs, haṭha-yogīs* und *bhakti-yogīs* bezeichnet werden, sind die *bhakti-yogīs* gemäß der *Bhagavad-gītā* (6.47) die höchsten, denn sie dienen immerfort dem Herrn in Gedanken, Worten und Taten. Der transzendentale liebevolle Dienst für die Persönlichkeit Gottes ist das höchste und letzte Ziel aller Mystik. Das ist es, was der oben erwähnte Vers uns zu sagen hat.

In der Tat gibt es nur einen einheitlichen Pfad der Mystik. Er gleicht einer Stufenfolge, die zum höchsten Ziel hinführt. Folgt man diesem Pfad der Mystik, so wird man ein Pilger auf dem Weg zur spirituellen Vollkommenheit. *Karma-yoga,* Arbeit mit transzendentalen Ergebnissen, ist die erste Stufe auf diesem transzendentalen Pfad. Wenn empirisch-philosophische Schlußfolgerungen und ein Verlangen nach Entsagung hinzukommen, tritt man auf die zweite Stufe: *jñāna-yoga.* Wenn eine klare Vorstellung des höchsten herrschenden Prinzips, des Höchsten Herrn, hinzukommt und man versucht, die Gegenwart des Herrn im Herzen zu erkennen, erreicht man die dritte Stufe: *dhyāna-yoga.* Und wenn man schließlich beginnt, der Höchsten Persönlichkeit Gottes transzendentalen liebevollen Dienst darzubringen, erklimmt man die höchste und letzte Stufe: *bhakti-yoga.* Der Pfad der Mystik ist somit eine transzendentale Evolution, bei der all die obigen Stufen Teil eines allmählichen spirituellen Entwicklungsprozesses sind. Um die letzte Stufe verständlich zu machen, müssen all die obigen Vorstufen erwähnt werden. Wer nun das höchste Ziel erreichen will, kann den systematischen Pfad der Mystik begehen.

Aber man sollte nicht auf der ersten, zweiten oder dritten Stufe stehenbleiben, sondern den ganzen Weg bis zur letzten Stufe zurücklegen, bis zur vollkommenen Stufe des transzendentalen liebevollen Dienstes. Wer auf einer Zwischenstufe stehenbleibt und keinen wesentlichen Fortschritt mehr macht, sondern sich mit dieser Entwicklungsstufe zufriedengibt, wird seiner Stufe entsprechend *karma-yogī, jñāna-yogī* oder *dhyāna-yogī* genannt. Die Schlußfolgerung lautet also, daß der transzendentale Gottgeweihte der größte aller Mystiker ist.

Hier nun ist zu beachten, daß der Fortschritt auf dem transzendentalen Pfad der Mystik nicht mit gewöhnlichem materiellem Fortschritt zu vergleichen ist. In der materiellen Welt muß man erst eine gewisse Entwicklungsstufe erreicht haben, bevor man zur nächsten Stufe aufsteigen kann – und zu diesem System gibt es keine Alternative. Wenn man zum Beispiel ein Diplom haben möchte, muß man viele Prüfungen bestehen; daran führt kein Weg vorbei. Niemand kann erwarten, ein Diplom zu bekommen, ohne die erforderlichen Examen bestanden zu haben. Auf dem Pfad der Mystik gibt es zwar anerkannte

Vorschriften, die jemanden in einem allmählichen Entwicklungsprozeß von den niederen Stufen zur höchsten Stufe führen sollen, aber man kann auch durch Gottes Gnade ein transzendentales Diplom erwerben, ohne irgendwelche Vorexamen bestanden zu haben. Allerdings ist diese außerordentliche Gnade Gottes nur möglich durch eine innige Beziehung zur Persönlichkeit Gottes. Diese innige Beziehung zur Persönlichkeit Gottes entsteht nur in der transzendentalen Gemeinschaft der Gottgeweihten.

Jede Seele hat eine intensive, innige und ewige Beziehung zur Persönlichkeit Gottes. Doch aufgrund der langen Gemeinschaft mit der illusionierenden materiellen Energie hat jeder von uns diese Beziehung seit unvordenklichen Zeiten vergessen. Wir sind wie Bettler, die sich auf der Straße herumtreiben, obwohl wir doch alle die transzendentalen Söhne der reichsten Persönlichkeit, des Höchsten Herrn, sind. Obwohl wir dies mit einem kühlen Kopf sehr wohl verstehen könnten, beachten wir unseren überaus reichen Vater und unsere Beziehung zu Ihm nicht, und so haben wir weiterhin mit den Problemen unseres Bettlerdaseins – Armut und Hunger – zu kämpfen. Auf der Straße begegnen wir vielen Freunden, die genauso arm sind wie wir. Manchmal weisen uns Menschen, denen es ein bißchen besser geht als uns, den Weg zu einem besseren Leben, aber eigentlich machen uns solche Weisungen nicht glücklich. Diese Leute zeigen uns den Pfad der Arbeit, des Wissens, der Meditation, der Mystik und noch verschiedene andere Pfade, doch leider ist niemand von ihnen imstande, uns das Glück zu schenken, nach dem wir uns immerfort sehnen. Aus diesem Grund offenbarte Śrī Caitanya Seinem Geweihten Śrī Rūpa Gosvāmī am Daśāśvamedha-ghāṭa, am Ufer des Ganges bei Prayāga, daß nur die Seelen, die am meisten vom Glück begünstigt sind, den Samen des hingebungsvollen Dienstes erhalten, dank der Gnade der Persönlichkeit Gottes und Seines echten Stellvertreters.

In Form der transzendentalen Botschaft der *Bhagavad-gītā* können wir diesen Samen des hingebungsvollen Dienstes von Śrī Kṛṣṇa, der Persönlichkeit Gottes, empfangen. Nur wenn wir verstehen, daß die eigentliche Botschaft Śrī Kṛṣṇas in der *Bhagavad-gītā* darin besteht, Ihm hingebungsvoll zu dienen, werden wir die Lehren der *Bhagavad-gītā* im vollen Ausmaß zu schätzen wissen. Sonst mögen wir zwar die *Bhagavad-gītā* Leben für Leben lesen und tausendundeinen Kommentar darüber schreiben, aber all unsere Versuche, sie zu verstehen, werden sich als fruchtlos erweisen.

Die Höchste Persönlichkeit Gottes hat Sich in der *Bhagavad-gītā* offenbart. Unzählige gewöhnliche Menschen haben Autobiographien geschrieben, und die Allgemeinheit hat solche Bücher mit Begeisterung gelesen und aufgenommen, doch wenn der Höchste Herr persönlich über Sich spricht, akzeptieren die Leute Seine Botschaft nicht so, wie sie ist. Das ist ihr Unglück. Anstatt Seine Botschaft unverändert anzunehmen, versuchen die törichten, profanen Kommentatoren selbsterdachte Bedeutungen in die einfachen Passagen der *Bhagavad-gītā* hineinzuinterpretieren, um irgendeine dem menschlichen Geist entsprungene Idee zu vertreten, die von der *Bhagavad-gītā* in keiner Weise bestätigt wird. Die törichten Kommentatoren sind letztlich nicht in der Lage, mit solchen künstlichen Interpretationen ihre wertlosen Theorien zu beweisen. So versuchen sie am Ende, ihre Theorien dadurch zu untermauern, daß sie Gott durch einen Affen ersetzen.

In der *Bhagavad-gītā* wird eindeutig festgestellt, daß Śrī Kṛṣṇa die Höchste Persönlichkeit Gottes ist. Es wird weiter festgestellt, daß es unsere einzige Pflicht ist, Ihm transzendentalen liebevollen Dienst darzubringen. Haben wir erst einmal diese beiden Tatsachen den Seiten der *Bhagavad-gītā* entnommen und wirklich verstanden, können wir in die ersten Klassen spiritueller Bildung eintreten.

Anhang

Der Autor

His Divine Grace A.C. Bhaktivedanta Swami Prabhupāda wurde im Jahre 1896 in Kalkutta geboren, wo er im Jahre 1922 zum ersten Mal seinem spirituellen Meister, Śrīla Bhaktisiddhānta Sarasvatī Gosvāmī, begegnete. Bhaktisiddhānta Sarasvatī, ein bekannter Gelehrter und Gottgeweihter sowie der Gründer von vierundsechzig Tempeln in ganz Indien, fand Gefallen an dem gebildeten jungen Mann, und bereits bei ihrer ersten Begegnung bat er ihn, das vedische Wissen in englischer Sprache zu verbreiten. Śrīla Prabhupāda wurde sein Schüler, und elf Jahre später (1933) empfing er in Allahabad die formelle Einweihung.

In den darauffolgenden Jahren verfaßte Śrīla Prabhupāda, gemäß der Anweisung seines spirituellen Meisters, viele Artikel über die Philosophie des Kṛṣṇa-Bewußtseins; darüber hinaus unterstützte er Śrīla Bhaktisiddhāntas Gauḍīya-Maṭha-Bewegung in ihrer Arbeit. Im Jahre 1944 begann er ein halbmonatliches Magazin in englischer Sprache mit dem Titel *Back to Godhead* herauszugeben, das er ohne fremde Hilfe verfaßte, produzierte, finanzierte und vertrieb. Dieses Magazin wird heute von Śrīla Prabhupādas Schülern weitergeführt und in vielen Sprachen veröffentlicht.

Im Jahre 1950, im Alter von vierundfünfzig Jahren, zog sich Śrīla Prabhupāda aus dem Familienleben zurück und trat vier Jahre später in den *vānaprastha*-Stand (Leben in Zurückgezogenheit) ein, um seinen Studien und seiner Schreibtätigkeit mehr Zeit widmen zu können. Er begab sich nach Vṛndāvana, dem berühmten heiligen Ort, an dem Kṛṣṇa vor fünftausend Jahren erschienen war. Er fand im mittelalterlichen Rādhā-Dāmodara-Tempel Unterkunft, wo er in bescheidensten Verhältnissen lebte und sich mehrere Jahre in eingehende Studien vertiefte. 1959 trat er in den Lebensstand der Entsagung (*sannyāsa*). Im Rādhā-Dāmodara-Tempel begann Śrīla Prabhupāda mit der Arbeit an seinem Lebenswerk – einer vielbändigen kommentierten Übersetzung des achtzehntausend Verse umfassenden *Śrīmad-Bhāgavatam.*

Als besitzlosem *sannyāsī* fiel es Śrīla Prabhupāda sehr schwer, die notwendigen Mittel für seine Publikationen aufzutreiben. Trotzdem gelang es ihm bis 1965, mit Hilfe von Spenden den Ersten Canto des *Śrīmad-Bhāgavatam* in drei Bänden zu veröffentlichen. Im Herbst des Jahres 1965 reiste Śrīla Prabhupāda an Bord des Frachtdampfers *Jaladuta* in die Vereinigten Staaten, um die Mission seines spirituellen Meisters zu erfüllen. Als Śrīla Prabhupāda mit dem Schiff im Hafen von New York ankam, war er allein und so gut wie mittellos. Im Juli 1966, nach einem Jahr voller Prüfungen und Schwierigkeiten, gründete er die *Internationale Gesellschaft für Krishna-Bewußtsein* (ISKCON), die sich unter seiner persönlichen Führung innerhalb eines Jahrzehnts von einem kleinen Kṛṣṇa-Tempel in New York zu einer weltweiten Bewegung entwickelte.

Im Jahre 1968 gründete Śrīla Prabhupāda in Amerika die erste spirituelle Farmgemeinschaft, nach deren Vorbild in der Folge auf allen fünf Kontinenten ähnliche Projekte entstanden. In vielen westlichen Städten führte er das traditionelle Ratha-yātrā-Wagenfest ein, und im Jahre 1972 gründete er die erste *gurukula*-Schule in der westlichen Welt.

Auch in Indien rief Śrīla Prabhupāda viele Projekte ins Leben, wie zum Beispiel den eindrucksvollen Kṛṣṇa-Balarāma-Tempel in Vṛndāvana, das Kulturzentrum mit Tempel und internationalem Gästehaus in Bombay und das ISKCON-Weltzentrum in Śrīdhāma Māyāpur (Westbengalen), wo der Bau einer Stadt nach vedischem Vorbild geplant ist.

Neben all seinen Tätigkeiten sah Śrīla Prabhupāda seine Hauptaufgabe jedoch immer in der Buchveröffentlichung, und so gründete er 1972 den Bhaktivedanta Book Trust (BBT), der heute der größte Verlag für die religiöse und philosophische Literatur Indiens ist.

Bis zu seinem Verscheiden am 14. November 1977 in Vṛndāvana war Śrīla Prabhupāda, trotz seines fortgeschrittenen Alters, auf seinen Vorlesungsreisen vierzehnmal um die Welt gereist. Ungeachtet dieses straffen Zeitplans entstanden fortlaufend neue Bücher – insgesamt über 70 Bände –, die heute in fast alle Sprachen der Erde übersetzt werden.

Glossar

Ācārya: „jemand, der durch sein eigenes Beispiel lehrt"; Titel eines echten spirituellen Meisters.

Ahaṅkāra: „falsches Ego"; feinstoffliches materielles Element, das die fälschliche Identifikation der Seele mit dem materiellen Körper verursacht.

Arcā-vigraha: die transzendentale Bildgestalt Kṛṣṇas, die auf dem Altar nach traditionellen vedischen Zeremonien verehrt wird.

Arjuna: großer *kṣatriya* und Gottgeweihter, dem Kṛṣṇa die *Bhagavad-gītā* offenbarte.

Asita: großer Weiser in vedischer Zeit.

Āśrama: Bezeichnung für die vier spirituellen Lebensstufen im *varṇ-āśrama*-Gesellschaftssystem: *brahmacarya* (Lebensstand des zölibatären Studenten, der unter der Anleitung eines spirituellen Meisters die vedischen Schriften studiert); *gṛhastha* (Lebensstand der Ehe im Einklang mit den vedischen Regeln); *vānaprastha* (Zurückgezogenheit vom Familienleben); *sannyāsa* (Lebensstand der Entsagung).

Aṣṭāṅga-yoga: der „achtstufige Pfad" des mystischen *yoga,* beginnend mit der Beherrschung der Sinne und des Geistes durch Sitz-, Atem- und Meditationsübungen, bis hin zu vollständiger Versenkung (*samādhi*) und zur Erkenntnis des Paramātmā.

Bhagavad-gītā: „der Gesang Gottes"; die auf dem Schlachtfeld von Kurukṣetra offenbarten Lehren Kṛṣṇas, des Höchsten Herrn; die zentrale, zusammenfassende Schrift der Veden; enthält den Kern der vedischen Gottesoffenbarung.

Bhagavān: „Besitzer aller Vollkommenheiten", (nämlich aller Schönheit, aller Kraft, allen Ruhms, allen Reichtums, allen Wissens und aller Entsagung); Gott in Seinem höchsten Aspekt als transzendente Person; höchste Stufe der Gotteserkenntnis nach Brahman und Paramātmā.

Bhakta: Gottgeweihter.

Bhakti: liebende, dienende Hingabe an Gott.

Bhakti-rasāmṛta-sindhu: das wichtigste Werk Rūpā Gosvāmīs über die Wissenschaft des hingebungsvollen Dienstes.

Bhakti-yoga: der Vorgang, sich durch hingebungsvollen Dienst mit der Höchsten Persönlichkeit Gottes zu verbinden, um das ursprüngliche Kṛṣṇa-Bewußtsein der spirituellen Seele wiederzuerwecken; wird in den vedischen Schriften, insbesondere in der *Bhagavad-gītā* und im *Śrīmad-Bhāgavatam,* als höchste Form des *yoga* gelehrt.

Bhaktisiddhānta Sarasvatī: (1874-1937), der hervorragendste Gelehrte und *ācārya* seiner Zeit; Gründer der Gauḍīya-Maṭha-Bewegung; Verfasser zahlreicher Vaiṣṇava-Schriften; spiritueller Meister von His Divine Grace A. C. Bhaktivedanta Swami Prabhupāda.

Bhaktivinoda Ṭhākura: (1838-1914), großer *ācārya* der Vaiṣṇava-Schülernachfolge, Vater Bhaktisiddhānta Sarasvatīs.

Bildgestalt. *Siehe: Arcā-vigraha.*

Brahmā: das erste erschaffene Wesen im Universum; ist als Halbgott für die Schöpfung innerhalb des Universums zuständig.

Brahmacārī: Student im Zölibat. *Siehe auch: Āśrama.*

Brahmajyoti: die spirituelle Ausstrahlung, die von Kṛṣṇas transzendentalem Körper ausgeht; der spirituelle Himmel, in dem die Vaikuṇṭha-Planeten schweben.

Brahman: „die Transzendenz"; (1) das *brahmajyoti,* der unpersönliche Aspekt der Absoluten Wahrheit in Form ihrer alldurchdringenden Ausstrahlung; erste Stufe der Erkenntnis der Absoluten Wahrheit; (2) *allg. für:* die Absolute Wahrheit, die spirituelle Natur.

Brāhmaṇa: Priester und Lehrer. *Siehe auch: Varṇa.*

Brahma-saṁhitā: eine sehr alte Sanskritschrift mit Brahmās Gebeten an Govinda (Kṛṣṇa).

Buddha: (560-480 v. Chr.), Inkarnation Kṛṣṇas; lehrte Erlösung von materiellem Leid durch Versenkung und Askese.

Buddhi: „Intelligenz"; eines der drei feinstofflichen Elemente.

Buddhi-yoga: ein anderer Ausdruck für *bhakti-yoga,* der darauf hinweist, daß dieser *yoga* den höchsten Gebrauch der Intelligenz (*buddhi*) bedeutet.

Caitanya-caritāmṛta: die Beschreibung des Lebens und der Lehren Śrī Caitanya Mahāprabhus, in drei Teilen (*Ādi-, Madhya-, Antya-līlā*); verfaßt im 16. Jh. von Kṛṣṇadāsa Kavirāja Gosvāmī.

Caitanya Mahāprabhu: (1486-1534), Kṛṣṇa in der Rolle eines Gottgeweihten; erschien in Navadvīpa (Bengalen), um das gemeinsame Chanten des Hare-Kṛṣṇa-*mantra* (*saṅkīrtana*) als den Weg zur Selbst- und Gotteserkenntnis im Zeitalter des Kali einzuführen; löste eine spirituelle Renaissance der Kṛṣṇa-*bhakti* in ganz Indien aus; bekämpfte die religiöse Intoleranz der moslemischen Machthaber und der hinduistischen Kastenbrahmanen; predigte *bhakti* als die Essenz aller Religionen.

Chanten: (von engl. *to chant* – rezitieren, singen) (1) *allg.:* Singen oder meditatives Beten von *mantras* zur Verehrung Gottes oder der Halbgötter; (2) das Chanten der heiligen Namen Gottes, insbesondere des Hare-Kṛṣṇa-*mantra.*

Daśāśvamedha-ghāṭa: Badestelle am Ganges bei Prayāga.

Devakī: große Gottgeweihte und Mutter Kṛṣṇas in Dvārakā, Gemahlin Vasudevas.

Dharma: (1) religiöse Prinzipien gemäß den offenbarten Schriften; (2) wesensgemäße Pflicht und Eigenschaft der spirituellen Seele als ewiger Diener Gottes.

Dhruva Mahārāja: großer Gottgeweihter in einem vergangenen *yuga;* nahm als fünfjähriger Knabe große Entsagung auf sich und konnte so Gott von Angesicht zu Angesicht sehen.

Dhyāna-yoga: Vorgang der mystischen Meditation über die Überseele; die siebte Stufe im *aṣṭāṅga-yoga.*

Falsches Ego. *Siehe: Ahaṅkāra.*

Feinstofflicher Körper: der dem gewöhnlichen Auge unsichtbare Körper aus den drei feinstofflichen Elementen (Geist, Intelligenz und falsches Ego), der die Seele nach dem Tod in den nächsten Körper begleitet.

Geist: feinstoffliches materielles Element, in dem Denken, Fühlen und Wollen stattfinden; Sammelbecken aller Sinneseindrücke.

Goloka: das persönliche Reich Kṛṣṇas in der spirituellen Welt.

Gopīs: die Kuhhirtenmädchen von Vṛndāvana, die sich auf der höchsten Stufe der vollkommenen, reinen Liebe zu Kṛṣṇa befinden.

Gosvāmī: „jemand, der seine Sinne zu beherrschen vermag"; Titel eines *sannyāsī.*

Govinda: (*go* – Kuh, Sinnesorgan, Land; *vinda* – Quell der Freude)

„derjenige, der den Kühen, den Sinnen und dem Land Freude spendet"; ein Name Kṛṣṇas.

Gṛhastha: vedischer „Haushälter"; verheirateter Mann, der den vedischen Prinzipien des Familienlebens folgt. *Siehe auch: Āśrama.*

Guru: Lehrmeister in der vedischen Kultur, insbesondere der spirituelle Meister, der seinen Schüler im spirituellen Leben führt.

Halavā: eine Speise aus geröstetem Grieß, Butter und Zucker.

Hare-Kṛṣṇa-mantra. *Siehe: Mahā-mantra.*

Hari: „derjenige, der alles wegnimmt"; Name der Höchsten Persönlichkeit Gottes.

Haridāsa Ṭhākura: großer Gottgeweihter und enger Gefährte Caitanya Mahāprabhus; gilt als das maßgebende Vorbild im Chanten des Hare-Kṛṣṇa-*mantra.*

Haṭha-yoga: System körperlicher und atemtechnischer Übungen, um die Sinne zu beherrschen; Anfangsstufe des *aṣṭāṅga-yoga.*

Indra: großer Halbgott; König der himmlischen Planeten.

ISKCON: Abk. für *International Society for Krishna Consciousness;* gegründet 1966 in New York von His Divine Grace A.C. Bhaktivedanta Swami Prabhupāda.

Īśopaniṣad: die wichtigste der 108 Upaniṣaden.

Īśvara: „Herrscher"; (1) herrschende Persönlichkeit in der materiellen Welt; (2) der höchste *īśvara* (*parameśvara*), die Höchste Persönlichkeit Gottes, Śrī Kṛṣṇa.

Jñāna: „Wissen", insbesondere spirituelles Wissen.

Jñāna-yoga: der *yoga*-Pfad des Wissens; Pfad der spirituellen Verwirklichung, gekennzeichnet durch das Studium der vedischen Schriften und die philosophische Suche nach der Absoluten Wahrheit.

Jñāna-yogī. *Siehe: Jñānī* (3).

Jñānī: jemand, der sich mittels (1) philosophischer Spekulation, (2) monistischer Philosophie oder (3) *jñāna-yoga* bemüht, Wissen über die Absolute Wahrheit zu erlangen.

Kacaurīs: indische Teigspezialität.

Kālī: Form von Durgā; verkörpert den vernichtenden Aspekt der materiellen Energie.

Kali-yuga: das „Zeitalter des Streites und der Heuchelei", in dem sich die Menschheit gegenwärtig befindet; begann vor rund 5000 Jahren. *Siehe auch: Yuga.*

Kalki: Inkarnation Kṛṣṇas, die am Ende des Kali-yuga erscheint und alle sündigen Menschen tötet.

Kāma: „Lust, Begehren"; die materielle, verzerrte Widerspiegelung der ursprünglichen Liebe zu Gott .

Karma: „Handlung"; (1) Handlung, die eine gute oder schlechte (sündhafte) Reaktion nach sich zieht und den Handelnden an den Kreislauf von Geburt und Tod bindet; (2) Gesetz des *karma:* Gesetz von Aktion und Reaktion, dem alle *karma*-Handlungen unterstehen und das entscheidet, welchen Körper die Seele im nächsten Leben annimmt.

Karma-yoga: Pfad der Gotteserkenntnis, auf dem man die Früchte seines Handelns Gott darbringt.

Keśī-ghāṭa: Badestelle an der Yamunā in Vṛndāvana.

Kṛṣṇa: Gott, „der Allanziehende"; den vedischen Schriften zufolge der vertraulichste Name Gottes.

Kṛṣṇa-Bewußtsein: „Gottesbewußtsein"; das reine, ursprüngliche Bewußtsein der spirituellen Seele in ihrer wesensgemäßen Stellung als ewiger Diener Kṛṣṇas. *Siehe auch: Bhakti-yoga.*

Kṛṣṇaloka: der Planet in der spirituellen Welt, auf dem Kṛṣṇa residiert.

Kṣatriya: Verwalter, Krieger, König. *Siehe auch: Varṇa.*

Kuntī: Königin im vedischen Großreich; Gemahlin König Pāṇḍus; Tante Kṛṣṇas väterlicherseits; Mutter der fünf Pāṇḍavas.

Kurukṣetra: eine heilige Stätte, ungefähr 60 Kilometer nördlich von Hastināpura, dem heutigen Delhi; vor 5000 Jahren fand dort die große *Mahābhārata*-Schlacht statt, vor deren Beginn Kṛṣṇa die *Bhagavad-gītā* offenbarte.

Lakṣmī: die „Glücksgöttin"; die ewige Gemahlin Viṣṇus (Nārāyaṇas).

Līlā: „transzendentales Spiel"; Tat der Höchsten Persönlichkeit Gottes.

Madhvācārya: (1239-1319), bedeutender spriritueller Meister und Verfechter der Persönlichkeitslehre.

Mahābhārata: „die Geschichte des Königreichs von Bhārata-varṣa [Indien]"; mit über 110.000 Doppelversen das längste Epos der Weltliteratur; enthält als zentrale Passage die *Bhagavad-gītā.*

Mahā-mantra: der „große *mantra*", bestehend aus den Sanskritnamen Gottes; die persönliche Klanginkarnation Kṛṣṇas; von den Veden überliefert und von Śrī Caitanya Mahāprabhu als wirkungsvollste spirituelle Klangschwingung offenbart: Hare Kṛṣṇa, Hare Kṛṣṇa,

Kṛṣṇa Kṛṣṇa, Hare Hare / Hare Rāma, Hare Rāma, Rāma Rāma, Hare Hare.

Mahātmā: „große Seele"; großer Gottgeweihter.

Mantra: (*mana* – Geist, *tra* – befreien) heilige Wortformel oder Gebet, das sich an einen Halbgott oder direkt an Gott richtet.

Māyā: die niedere, illusionierende Energie Gottes, die die materielle Welt beherrscht und die bewirkt, daß die bedingten Seelen Kṛṣṇa vergessen; das Vergessen der Beziehung zu Kṛṣṇa.

Māyāvāda: die Philosophie Śaṅkarācāryas und seiner Anhänger, der zufolge die Absolute Wahrheit unpersönlich ist.

Māyāvādī: Anhänger der *māyāvāda*-Philosophie. *Māyāvādīs* verneinen die Existenz Gottes als höchste Person und bezeichnen die Individualität des Lebewesens als Illusion. Nach ihrer Theorie ist Gott formlos und unpersönlich, weshalb sie ihre eigene individuelle Existenz auflösen wollen, um mit dem Absoluten eins zu werden.

Nanda Mahārāja: *vaiśya*-König von Vṛndāvana und großer Gottgeweihter; Kṛṣṇas Vater in Vṛndāvana.

Nārada Muni: Sohn Brahmās; der Weise unter den Halbgöttern; verkörpert den reinen hingebungsvollen Dienst zu Kṛṣṇa.

Nārada-pañcarātra: maßgebliche Schrift über hingebungsvollen Dienst, verfaßt von Nārada Muni.

Nārāyaṇa: die Höchste Persönlichkeit Gottes; Kṛṣṇa in Seiner Erweiterung auf den spirituellen Vaikuṇṭha-Planeten.

Nityānanda Prabhu: ewiger Gefährte Śrī Caitanyas; Verkörperung von Gottes Barmherzigkeit.

Nimbarka Ācārya: bedeutender spiritueller Meister des frühen Mittelalters und Verfechter der Persönlichkeitslehre.

Oṁ (Oṁkāra): die heilige Silbe der Veden, die als Hinweis auf die Absolute Wahrheit ausgesprochen wird.

Paramātmā: die „Überseele"; die in der materiellen Welt allgegenwärtige Form Gottes, die Sich im Herzen aller Lebewesen und in allen Atomen befindet; begleitet die Lebewesen als Zeuge ihrer Handlungen durch alle Lebensformen; die zweite Stufe der Erkenntnis der Absoluten Wahrheit.

Paramparā: „Schülernachfolge"; die Kette der spirituellen Meister.

Prabhupāda, A.C. Bhaktivedanta Swami: (1896-1977), herausragender spiritueller Meister (*ācārya*) der Brahmā-Madhva-Gauḍīya-

Vaiṣṇava-Schülernachfolge, die bis zu Kṛṣṇa zurückreicht; bedeutendster Sanskritübersetzer der Neuzeit; gründete im Jahr 1966 die *International Society for Krishna Consciousness. Siehe auch: Der Autor.*

Prahlāda Mahārāja: großer Gottgeweihter, der als Sohn des Königs der *asuras,* Hiraṇyakaśipu, geboren wurde; als er fünf Jahre alt war, versuchte sein Vater ihn zu töten, worauf zu seiner Rettung Nṛsiṁhadeva erschien.

Prasādam: „Barmherzigkeit"; vegetarische, Kṛṣṇa geweihte Speise.

Purāṇa: philosophisch-historische Ergänzungsschriften zu den Veden, von denen das *Bhāgavata Purāṇa* (*Śrīmad-Bhāgavatam*) die wichtigste ist.

Purīs: aufgeblähte, in Butterfett fritierte, runde Teigfladen.

Rādhārāṇī: Kṛṣṇas ewige Gefährtin und Haupt-*gopī* in Vṛndāvana; Sie verkörpert die innere Freudenkraft Kṛṣṇas und ist Seine höchste Geweihte.

Rāma: (1) Name Kṛṣṇas mit der Bedeutung „die Quelle aller Freude"; (2) Kṛṣṇas Bruder Balarāma; (3) Rāmacandra, der *avatāra* Kṛṣṇas als vollkommener König.

Rāmānujācārya: (1017-1137), bedeutender sprititueller Meister und Verfechter der Persönlichkeitslehre.

Rūpa Gosvāmī: (1489-1564), einer der sechs Gosvāmīs; großer Heiliger Indiens; einer der direkten Schüler und Nachfolger Caitanya Mahāprabhus.

Sac-cid-ānanda: „ewig, voller Wissen, voller Glückseligkeit"; Eigenschaft Kṛṣṇas und Seiner höheren Energie.

Saṁsāra: „der Kreislauf von Geburt und Tod".

Sanātana Gosvāmī: (1488-1588), Bruder Rūpa Gosvāmīs; einer der direkten Nachfolger und Schüler Śrī Caitanyas.

Śaṅkarācārya: (788-820), einflußreicher Philosoph der indischen Geistesgeschichte; Begründer der Māyāvāda-Philosophie.

Sannyāsī: Mönch im Lebensstand des *sannyāsa* (*Siehe auch: āśrama*).

Sanskrit: die Sprache der Veden; älteste Schriftsprache der Welt und Muttersprache vieler moderner Sprachen.

Śāstra: offenbarte, heilige Schrift.

Śrīdhara Svāmī: (1429-1529), großer Gottgeweihter; Verfasser des ersten autorisierten Kommentars zum *Śrīmad-Bhāgavatam.*

Śrīkhaṇḍa: ein Joghurtdessert.

Śrīmad-Bhāgavatam (auch Bhāgavata Purāṇa): das bedeutendste der achtzehn *Purāṇas;* der 18.000 Verse umfassende Kommentar Śrīla Vyāsadevas zu seinem *Vedānta-sūtra;* beschreibt in zwölf Cantos die Taten und die Lehren der wichtigsten Gottgeweihten und Inkarnationen Gottes; der Zehnte Canto beschreibt das Erscheinen und die Taten Kṛṣṇas, der Höchsten Persönlichkeit Gottes.

Śūdra: Arbeiter und Handwerker. *Siehe: Varṇa.*

Svāmī: „Meister"; Titel eines *sannyāsī. Siehe auch: Gosvāmī.*

Transzendental: die Grenzen der Erfahrung und der sinnlich erkennbaren Welt überschreitend; unberührt von den Erscheinungsweisen der materiellen Natur; zur spirtuellen Natur gehörig.

Überseele. *Siehe:* Paramātmā.

Upaniṣaden: 108 philosophische Lehrgedichte; Teile der Veden.

Vaikuṇṭha: (*vai* – ohne; *kuṇṭha* – Angst) die spirituelle Welt, wo es keine Angst gibt.

Vaiṣṇava: ein Geweihter Kṛṣṇas oder Viṣṇus, der Höchsten Persönlichkeit Gottes.

Vaiśya: Händler und Bauern.

Valmikī Muni: großer Weiser und *yogī,* Verfasser des Rāmāyaṇa.

Varṇa: Unterteilung der vedischen Gesellschaft entsprechend den Eigenschaften und Tätigkeiten der Menschen: *brāhmaṇas* (Lehrer und Priester, die der Gesellschaft unentgeltlich spirituelle Führung geben), *kṣatriyas* (unter den *brāhmaṇas* tätige Verwalter und Beschützer der Gesellschaft), *vaiśyas* (Bauern und Gewerbetreibende) und *śūdras* (Arbeiter und Handwerker, die im Dienst der anderen drei *varṇas* stehen).

Varṇāśrama-dharma: das vedische Gesellschaftssystem der vier sozialen Klassen und der vier spirituellen Lebensstufen. *Siehe auch: Varṇa; Āśrama.*

Vasudeva: großer Gottgeweihter und Vater Kṛṣṇas in Dvārakā; Gemahl Devakīs.

Vāsudeva: „der Sohn Vasudevas" oder „der Allgegenwärtige"; Name Kṛṣṇas oder einer Seiner Erweiterungen.

Vedānta-sūtra: von Śrīla Vyāsadeva verfaßtes theologisch-philosophisches Werk, das die Schlußfolgerungen der Veden in Aphorismen zusammenfaßt.

Veden: (von *veda:* Wissen) (1) die vier ursprünglichen vedischen Schriften (*Yajur, Ṛg, Atharva, Sama*); (2) Sammelbegriff für die authentischen heiligen Weisheitsschriften der altindischen Hochkultur.

Viṣṇu: „der Alldurchdringende"; vierarmige Erweiterung Kṛṣṇas zur Schöpfung und Erhaltung der materiellen Welt.

Viṣṇu Svāmī: bedeutender spiritueller Meister des 13. Jh. und Verfechter der Persönlichkeitslehre.

Vṛndāvana: (1) Goloka Vṛndāvana: das Reich Śrī Kṛṣṇas in der spirituellen Welt; (2) Gokula Vṛndāvana: heilige Stadt in der Nähe von Mathurā im Staat Uttar Pradesh (Indien), wo Kṛṣṇa vor 5000 Jahren erschien.

Vyāsadeva: die literarische Inkarnation Gottes; schrieb das bis vor 5000 Jahren mündlich überlieferte vedische Wissen in Form der vier Veden nieder und verfaßte das *Vedānta-sūtra,* das *Mahābhārata* und die *Purāṇas.*

Yajña: vedisches Opferritual; ein Name Viṣṇus.

Yamunā: Fluß in Vṛndāvana.

Yamunācārya: bedeutender Gottgeweihter des frühen Mittelalters.

Yaśodā: Gemahlin Nanda Mahārājas; Kṛṣṇas Mutter in Vṛndāvana.

Yoga: „Verbindung"; Pfad zur Verbindung mit dem Höchsten. (*Siehe auch: Bhakti-, Haṭha-, Jñāna-, Karma-* und *Aṣṭāṅga-yoga*)

Yogī: (1) *allg.:* jemand auf einem der vielen möglichen *yoga*-Pfade; (2) mystischer *yogī* auf dem Pfad des *aṣṭāṅga-yoga;* (3) der höchste *yogī,* ein Gottgeweihter (*bhakti-yogī*).

Yuga: „Zeitalter" im Leben eines Universums, die sich zyklisch wiederholen: Satya-yuga, Tretā-yuga, Dvāpara-yuga und Kali-yuga.

Anleitung zur Aussprache des Sanskrit

Die in Indien geläufigste Schreibweise des Sanskrit wird *devanāgarī* genannt. Das *devanāgarī*-Alphabet besteht aus achtundvierzig Buchstaben, nämlich dreizehn Vokalen und fünfunddreißig Konsonanten, und wurde nach präzisen linguistischen Prinzipien zusammengestellt. Die im vorliegenden Buch verwendete Schreibweise entspricht dem international anerkannten System der Sanskrittransliteration.

Der kurze Vokal **a** wird wie das **a** in h**a**t ausgesprochen; das lange **ā** wie das **a** in h**a**ben und das kurze **i** wie das **i** in r**i**tten. Das lange **ī** wird wie das **i** in B**i**bel ausgesprochen, das kurze k**u** wie das **u** in B**u**tter und das lange **ū** wie das **u** in H**u**t. Der Vokal **ṛ** wird wie das **ri** in **ri**nnen ausgesprochen. Der Vokal **e** wird wie das **e** in **e**wig ausgesprochen; **ai** wie in w**ei**se; **o** wie in h**o**ch und **au** wie in H**au**s. Der *anusvāra* (**ṁ**), der ein reiner Nasallaut ist, wird wie das **n** im franz. bo**n** ausgesprochen, und der *visarga* (**ḥ**), der ein starker Hauchlaut ist, wird am Zeilenende mit Wiederholung des vorangegangenen Vokals ausgesprochen. So wird also **aḥ** wie **aha** ausgesprochen und **iḥ** wie **ihi**.

Die gutturalen Konsonanten – **k, kh, g, gh** und **ṅ** – werden in ähnlicher Weise wie die deutschen Kehllaute gebildet. **K** wird ausgesprochen wie in **k**ann, **kh** wie in E**ckh**art, **g** wie in **g**eben, **gh** wie in we**gh**olen und **ṅ** wie in si**ng**en. Die Gaumenlaute – **c, ch, j, jh** und **ñ** – werden vom Gaumen aus mit der Mitte der Zunge gebildet. **C** wird ausgesprochen wie das **tsch** in **Tsch**eche, **ch** wie im engl. staun**ch-h**eart, **j** wie das **dsch** in **Dsch**ungel, **jh** wie im engl. he**dge-h**og und **ñ** wie in Ca**n**on. Die alveolaren Konsonanten – **ṭ, ṭh, ḍ, ḍh** und **ṇ** – werden gebildet, indem man die Zungenspitze gegen den vorderen Gaumen drückt. **Ṭ** wird ausgesprochen wie in **t**önen, **ṭh** wie in Sanf**th**eit, **ḍ** wie in **d**ann, **ḍh** wie in Sü**dh**älfte und **ṇ** wie in **N**uß. Die dentalen Konsonanten – **t, th, d, dh** und **n** – werden in gleicher Weise gebildet wie die alveolaren, aber bei ihnen stößt die Zungenspitze an die Zähne. Die labialen Konsonanten – **p, ph, b, bh** und **m** – werden mit den Lippen gebildet. **P** wird ausgesprochen wie in **p**ressen, **ph** wie im engl. u**ph**ill, **b** wie in **B**utter, **bh** wie in Gro**bh**eit und **m** wie in **M**utter. Die Halbvokale – **y, r, l** und **v** – werden ausgesprochen wie in **y**oga, **r**eden, **l**ieben, **V**ene.

Die Zischlaute – **ś, ṣ** und **s** – werden ausgesprochen wie in **sch**warz, **sch**ön und fa**s**ten. Der Buchstabe **h** wird ausgesprochen wie in **h**elfen.

Bhakti-Yoga zu Hause

Nach alledem, was Sie in diesem Buch gelesen haben, werden Sie sich vielleicht fragen, wie Sie praktisch mit Ihrem spirituellen Leben beginnen können. Den Pfad des bhakti-yoga, *der Hingabe an Gott, kann man auf ganz individuelle Weise beschreiten. In einem Kṛṣṇa-Tempel hat man die Möglichkeit, die vedische Philosophie zu studieren und verschiedene Aspekte ihrer Kultur, wie z. B. Musik und Meditation, zu erlernen. Größtenteils wird* bhakti-yoga *aber zu Hause, in der Familie, von Menschen aller Altersgruppen und aus allen gesellschaftlichen Schichten praktiziert. Entscheidend ist beim* bhaki-yoga *eigentlich nur, daß man sein ursprüngliches Gottes- oder Kṛṣṇa-Bewußtsein, d. h. seine ursprüngliche Liebe zu Gott, wiedererweckt. Dabei sind gewisse grundlegende Richtlinien, die von den* bhakti-yogīs *seit Jahrtausenden befolgt werden, sehr hilfreich. Auf den folgenden Seiten werden die wichtigsten Übungen des* bhakti-yoga *beschrieben, nämlich das Chanten der heiligen Namen Gottes und die Weihung der täglichen Nahrung.*

Das Chanten des Hare-Kṛṣṇa-Mantra

„Es ist das Wesen des Hare-Kṛṣṇa-*mahā-mantra,* daß in jedem, der ihn chantet, augenblicklich ekstatische Liebe zu Kṛṣṇa erwacht" (*Caitanya-caritāmṛta, Ādi-līla*

Es gibt keine starren Regeln für das Chanten des Hare-Kṛṣṇa-*mantra.* Das Schöne an dieser *mantra*-Meditation ist, daß man sie jederzeit und überall ausführen kann: zu Hause, bei der Arbeit, unterwegs, usw.

Beim Chanten des Hare-Kṛṣṇa-*mantra* unterscheidet man grundsätzlich zwischen zwei Formen: *japa* und *kīrtana. Japa* bezieht sich auf die individuelle Meditation, bei der man auf einer Holzperlenkette chantet, und *kīrtana* bezieht sich auf das gemeinsame Singen in einer Gruppe. Beides sind empfohlene Formen der *mantra*-Meditation, und sie ergänzen sich ideal.

Japa

Das einzige, was man für diese Form der Meditation braucht, ist eine

Holzperlenkette. Solche *japa*-Ketten kann man in jedem Hare-Kṛṣṇa-Tempel bekommen, oder man kann sie auch selbst herstellen, was sehr einfach ist, wie Sie aus der folgenden Beschreibung ersehen können:

1. Sie brauchen 109 Holzperlen, die Sie in jedem Bastelgeschäft kaufen können. Die Perlen (mit einem Durchmesser von etwa 1-2 cm) müssen durchbohrt sein, damit sie auf einer Schnur aufgezogen werden können. Je nach Größe der Holzperlen brauchen Sie etwa 3-5 m Schnur.

2. Machen Sie etwa 15 cm vom Schnurende entfernt einen Knoten, und beginnen Sie dann, die Holzperlen aufzuziehen. Machen Sie zwischen jeder Perle einen Knoten oder Doppelknoten (*Abbildung 1*).

3. Wenn Sie auf diese Weise 108 Perlen aufgezogen haben, können Sie die beiden Schnurenden durch die 109. Perle durchziehen. Diese wird *Kṛṣṇa-Perle* genannt und sollte die größte von allen sein (*Abbildung 2*). Machen Sie nach dieser 109. Perle mit beiden Schnurenden den abschließenden Knoten und schneiden Sie den Rest der Schnur ab. Nun haben Sie Ihre eigene Meditationskette.

Wie man auf der Meditationskette chantet

Nehmen Sie Perle Nr. 1 (nicht die Kṛṣṇa-Perle) zwischen Daumen und Mittelfinger Ihrer rechten Hand (*Abbildung 3*) und chanten Sie einmal den vollständigen Hare-Kṛṣṇa-*mantra:*

hare kṛṣṇa hare kṛṣṇa
kṛṣṇa kṛṣṇa hare hare
hare rāma hare rāma
rāma rāma hare hare

Nehmen Sie danach die nächste Perle mit denselben zwei Fingern, chanten Sie wieder den vollständigen *mantra,* und gehen Sie auf diese Weise von Perle zu Perle, bis Sie auf jeder der 108 Perlen einmal den *mantra* gesprochen haben. Wenn Sie bei der Kṛṣṇa-Perle angelangen, haben Sie *eine Runde* gechantet. Um die nächste Runde zu beginnen, wechselt man auf der Kette die Richtung, ohne über die Kṛṣṇa-Perle hinwegzugehen.

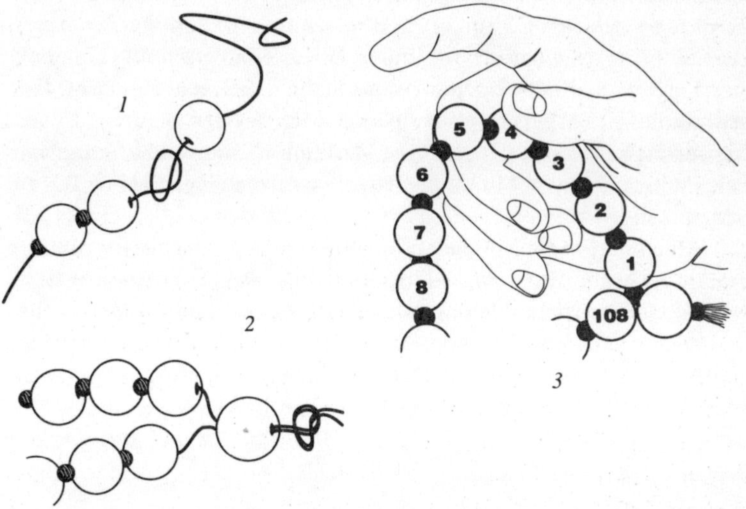

Das Chanten auf einer *japa*-Kette hilft uns, regelmäßig ein bestimmtes Minimum an Meditation auszuführen. Es erleichtert auch die Konzentration auf den *mantra,* weil zusätzlich der Tastsinn im Vorgang der Meditation beschäftigt wird.

Man kann überall *japa* chanten, und auch die Lautstärke kann unterschiedlich sein. Wichtig jedoch ist, daß Sie jeden *mantra* vollständig und deutlich aussprechen, so daß Sie die spirituelle Klangschwingung klar und bewußt hören. Sie werden sehen, daß es oft nicht leicht ist, sich auf den *mantra* zu konzentrieren, denn die Gedanken haben die Tendenz, sich „eigenmächtig" einzuschalten und abzuschweifen. Das Chanten ist jedoch eine solch wunderbare Meditation, daß dadurch auch Konzentration und Willenskraft gestärkt werden. Fahren Sie also einfach fort und versuchen Sie immer wieder, die Gedanken auf die Klangschwingung zu richten und jeden *mantra* deutlich auszusprechen. Flüssiger (aber immer noch deutlich) zu chanten kann ebenfalls eine Hilfe sein, um die Konzentration auf den *mantra* zu vergrößern.

Man kann zu jeder Tageszeit *japa* chanten, aber die vedischen Schriften weisen darauf hin, daß die Morgenstunden für die Meditation am förderlichsten sind. Die Erfahrung hat gezeigt, daß es sehr hilfreich ist, wenn man sich jeden Tag zur gleichen Stunde die nötige Zeit reserviert und sich ein gewisses Minimum an Runden vornimmt (das heißt, man kann immer mehr chanten, wenn sich die Gelegenheit ergibt, aber man nimmt sich vor, nie weniger als das Minimum zu chanten). Dieses regelmäßige Chanten gibt unserer Meditation eine solide Grundlage. Fangen Sie mit einem Minimum von ein oder zwei Runden pro Tag an, und allmählich können Sie die Anzahl der Runden erhöhen. Das tägliche Minimum für die Mitglieder der Bewegung für Kṛṣṇa-Bewußtsein beträgt sechzehn Runden, was ungefähr zwei Stunden beansprucht.

Da die Gebetsperlen heilig sind, sollten sie nicht den Boden berühren oder an einen unsauberen Ort gelegt werden. Zum Schutz trägt man sie am besten in einem Gebetsbeutel, einem speziellen Stoffbeutel, den man in jedem Tempel erstehen kann.

Kīrtana

Kīrtana bedeutet, den Hare-Kṛṣṇa-*mantra* in einer Gruppe zu singen. Das kann man überall tun – zu Hause, gemeinsam mit der Familie oder mit Freunden, im Wald usw. *Kīrtana* kann im Sitzen oder im Stehen durchgeführt werden. Die Geweihten Kṛṣṇas sind berühmt dafür, daß sie, gemäß dem Vorbild Śrī Caitanya Mahāprabhus, *kīrtana* auch in Form von öffentlichen Prozessionen in den Städten abhalten. Für gewöhnlich singt beim *kīrtana* jemand zuerst den Hare-Kṛṣṇa-*mantra* vor, worauf die anderen den *mantra* genauso nachsingen.

Der Vorteil von *kīrtana* ist, daß man zusätzlich zum eigenen Singen auch das Singen von anderen hört. Melodie, Stil und Musikinstrumente kann man frei wählen. Traditionell verwendet man die indischen Tontrommeln (*mṛdaṅgas*) und Handzimbeln (*karatālas*), aber auch jedes andere Instrument ist erlaubt: Gitarre, Klavier, Flöte usw. oder einfach Händeklatschen. Auf diese Weise können auch Kinder leicht an der Meditation teilnehmen und spirituellen Fortschritt machen.

Im *kīrtana* kann man sehr leicht erkennen, daß die Namen Gottes keine materielle Klangschwingung sind. Man kann kein materielles Wort und keinen weltlichen Schlager immer und immer wieder hören, geschweige denn singen, ohne daß man dessen bald überdrüssig wird. Doch je mehr und je konzentrierter man Kṛṣṇas Namen chantet, desto mehr erwacht eine natürliche Neigung zu spirituellen Tätigkeiten, und man lernt, sich und die Welt mit spirituellen Augen zu betrachten.

Wie man das Chanten verbessern kann

Das Chanten des Hare-Kṛṣṇa-*mantra* bringt unter allen Umständen ewigen spirituellen Nutzen. Von den großen Heiligen und Weisen, die Autoritäten auf dem Gebiet des *bhakti-yoga* sind, erfahren wir jedoch, daß es gewisse Regeln und Hilfen gibt, um das Chanten zu verbessern.

Je mehr man Hare Kṛṣṇa chantet, desto mehr gewinnt man spirituelle Stärke, und man entwickelt einen Geschmack für höhere, spirituelle Freude, die von materiellen Umständen unabhängig ist. Wenn man auf diese Weise die höheren Dimensionen des Lebens kennenlernt, wird es einem leichtfallen, die folgenden Grundsätze immer mehr in sein Leben aufzunehmen:

1. Man sollte versuchen, die vier regulierenden Prinzipien einzuhalten:

a) kein Fleisch, keinen Fisch, keine Eier

b) keine Berauschungsmittel (Dies bezieht sich nicht nur auf LSD, Heroin, Haschisch usw., sondern auch auf Alkohol, Nikotin, Koffein und Tein.)

c) keine Glücksspiele

d) kein ausschweifendes Geschlechtsleben (Bei einem Kṛṣṇa-bewußten spirituellen Leben ist Geschlechtsverkehr außerhalb der Ehe nicht erlaubt und innerhalb der Ehe nur zur Zeugung von Kindern.)

Je strikter man diesen Regeln folgt, desto schneller macht man in der spirituellen Erkenntnis Fortschritte. Dadurch kann man sich von materieller Anhaftung lösen und die Verstrickung in karmische Reaktionen drastisch vermindern. Aber selbst wenn man sich am Anfang nur unvollständig an diese Regeln halten kann, sollte man immer den Hare-Kṛṣṇa-*mantra* chanten, denn diese Meditation ist so mächtig, daß sie einem sehr schnell die Kraft gibt, in dieser Richtung Fortschritte zu machen.

2. Man sollte regelmäßig in den vedischen Schriften, insbesondere in der *Bhagavad-gītā* und im *Śrīmad-Bhāgavatam,* lesen, denn dadurch wird das materiell verunreinigte Bewußtsein geläutert. Einfach indem man Erzählungen von Kṛṣṇa, der Höchsten Persönlichkeit Gottes, und

der spirituellen Welt, wo sich Kṛṣṇa im Kreis Seiner Geweihten ewiger, glückseliger Spiele erfreut, hört oder liest, wird man spirituelles Wissen erwerben und genau verstehen lernen, was die Seele ist, wie man spirituell handelt und auf welchem Wege man sich aus der Bedingtheit der materiellen Welt befreit.

3. Um sich besser vor schlechten karmischen Reaktionen zu schützen, sollte man nur vegetarische Speisen zu sich nehmen, die zuvor Kṛṣṇa geweiht wurden. Das Töten von Lebewesen, auch von Pflanzen, zieht eine entsprechende schlechte *karma*-Reaktion nach sich. Die *Bhagavad-gītā* weist darauf hin, daß dem Menschen die vegetarische Ernährung zugeordnet ist und daß man diese vegetarischen Speisen zuerst Kṛṣṇa darbringen muß, denn dann wird Kṛṣṇa alle damit verbundenen karmischen Reaktionen aufheben.

4. Man muß lernen, seine Arbeit zu verrichten, um den Höchsten Herrn, Kṛṣṇa, zufriedenzustellen. Arbeitet man nur für den eigenen Nutzen und Profit, trägt man auch die Verantwortung für die damit verbundenen karmischen Reaktionen. Wenn man jedoch die Kunst erlernt, für Kṛṣṇa tätig zu sein, steht man nicht mehr unter der Herrschaft des *karma*-Gesetzes, das heißt, man befreit sich dadurch nicht nur vom *karma* der gegenwärtigen Tätigkeiten, sondern auch von den bereits bestehenden karmischen Reaktionen; darüber hinaus erwecken solche spirituellen Tätigkeiten, die nur Kṛṣṇas Freude zum Ziel haben, die Liebe zu Kṛṣṇa, die im Herzen eines jeden schlummert.

Man braucht also nicht aufzuhören zu arbeiten, aber man sollte solche Tätigkeiten vermeiden, die gegen die unter Punkt 1 erwähnten Prinzipien verstoßen.

5. Auf dem Pfad des spirituellen Lebens sollte man so oft wie möglich mit Gleichgesinnten zusammenkommen, in ihrer Gemeinschaft Hare Kṛṣṇa chanten und über Kṛṣṇa sprechen. Dies ist für die spirituelle Entwicklung sehr förderlich und vergrößert die eigene spirituelle Kraft. Da Umgang prägt, muß man sehr bedacht sein, die Gemeinschaft von Menschen zu meiden, die dem spirituellen Fortschritt schaden können. Die vedischen Schriften bestätigen, daß die Gemeinschaft mit Menschen, die sich um spirituellen Fortschritt bemühen, den vorgeschriebenen Regeln folgen und Hare Kṛṣṇa chanten, der beste und schnellste Weg ist, um konkreten spirituellen Fortschritt zu erzielen und letztlich nach Hause, zurück zu Gott zu gelangen.

6. Wie jeder leicht feststellen kann, sind *japa* und *kīrtana* wirkungsvoller, wenn sie vor einem Altar durchgeführt werden. Kṛṣṇa und Seine reinen Geweihten sind so gütig, daß sie in Form ihrer Bilder vor uns erscheinen. Mit anderen Worten, wenn man einen Altar aufstellt, lädt man Kṛṣṇa und Seine reinen Geweihten ein, in seinem Haus zu verweilen. Für solch „hohe Gäste" sollte man einen schönen Aufenthaltsort wählen: sauber, hell und ruhig. Ideale Orte für einen Hausaltar sind z. B. ein Regal, ein Kaminsims oder ein eigenes Tischchen.

Es ist sehr einfach, einen Hausaltar einzurichten. Nur schon ein Bild von Rādhā-Kṛṣṇa oder Śrī Caitanya genügt, um die Atmosphäre in Ihrer Wohnung völlig zu verwandeln. Es gibt verschiedene Formen von Hausaltären. Eine erste vollständige Form besteht aus einem Bild von Rādhā-Kṛṣṇa (Mitte), einem Bild von Śrī Caitanya und Seinen Gefährten (rechts) und einem Bild von Śrīla Prabhupāda (links).

Man sollte versuchen, den Altar regelmäßig zu reinigen und zu verehren. Idealerweise schmückt man den Altar täglich mit frischen Blumen, zündet Kerzen und Räucherstäbchen an und stellt kleine Becher mit frischem Wasser vor die Altarbilder; man kann vor dem Altar beten, chanten und singen und sein Essen opfern.

Der Altar sollte zum Mittelpunkt des häuslichen Lebens werden und die Wohnung in einen heiligen Ort verwandeln. Wenn wir Kṛṣṇa auf dem Altar mit Liebe und Hingabe verehren, werden wir allmählich spüren, wie sehr Er uns liebt. Das ist das Wesen des *bhakti-yoga.*

All die Dinge, die man für die Einrichtung eines Hausaltars benötigt und die einem helfen, die Atmosphäre zu Hause zu spiritualisieren (wie z. B. Räucherstäbchen, Kṛṣṇa-bewußte Poster und Musikkassetten), sind in jeder ISKCON-Boutique erhältlich und können dort bestellt werden.

Spirituelle Ernährung

Kṛṣṇa-Bewußtsein ist nicht nur eine theoretische Philosophie, sondern durchdringt alle Aktivitäten unseres Alltagslebens, vor allem auch die Zubereitung und den Verzehr von Nahrung.

Für den Gottgeweihten ist das Kochen und Darbringen von Speisen ein Ausdruck seiner *bhakti,* d. h. seiner Liebe zu Kṛṣṇa. Sogar im weltlichen Leben ist es so, daß man für jemanden, der einem besonders nahesteht, gerne kocht oder ihn gern zum Essen einlädt. Der Gast ist nicht so sehr vom Essen und von den einzelnen Gerichten berührt als vielmehr von der Aufmerksamkeit, die ihm entgegengebracht wird, und von der Mühe, die sich der Gastgeber machte. In analoger Weise kocht der Gottgeweihte für Kṛṣṇa und lädt Ihn ein, als erster von den Speisen zu kosten; das ist im *bhakti-yoga* von größter Wichtigkeit, um unsere Liebe zu Kṛṣṇa zu vergrößern.

Mit Seiner unbegrenzten, alldurchdringenden Kraft kann Kṛṣṇa materielle in spirituelle Energie verwandeln. Wann immer etwas Materielles mit Kṛṣṇa in Kontakt kommt, wird es „spiritualisiert". Wenn wir Kṛṣṇa also Speisen opfern, werden auch sie spiritualisiert; solche geweihte Nahrung nennt man im Sanskrit *prasādam,* was wörtlich „die Barmherzigkeit des Herrn" bedeutet.

Prasādam zu sich zu nehmen ist ein grundlegender Vorgang des *bhakti-yoga.* In anderen Formen des *yoga* und der Askese ist man gezwungen, seine Sinne künstlich zu unterdrücken, aber im *bhakti-yoga* ist das nicht nötig, da man lernt, wie man seine Sinne richtig gebraucht. Jeder muß sich zum Beispiel ernähren, aber ein Gottgeweihter weiß, wie man sich *spirituell* ernährt. Dadurch wird auch der eigene Körper spiritualisiert, und man fühlt sich immer mehr zu den spirituellen Freuden hingezogen, die jede materielle Sinnenfreude bei weitem übertreffen.

Śrī Caitanya sagte über *prasādam:* „Jeder hat diese Speisen schon früher einmal gekostet. Wenn sie jedoch für Kṛṣṇa zubereitet und Ihm mit Hingabe geopfert wurden, zeichnen sie sich durch außergewöhnlichen Geschmack und seltenen Wohlgeruch aus. Probiert sie und erfahrt den Unterschied! Abgesehen vom Wohlgeschmack, erfreut auch der Wohlgeruch den Geist und läßt uns andere Wohlgerüche vergessen. Man sollte verstehen, daß der spirituelle Nektar von Kṛṣṇas Lippen diese gewöhnlichen Speisen berührt und ihnen all Seine transzendentalen Eigenschaften verliehen haben muß."

Prasādam – die Vollkommenheit der vegetarischen Ernährung

Kṛṣṇa erklärt in der *Bhagavad-gītā,* daß wir Ihm all unsere Speisen darbringen sollen, und Er weist auch darauf hin, welche Speisen wir Ihm weihen können: „Wenn Mir jemand mit Liebe und Hingabe ein Blatt, eine Blume, eine Frucht oder etwas Wasser opfert, werde Ich es annehmen" (*Bg.* 9.26). Offensichtlich erwähnt Kṛṣṇa nichts, was mit Fleisch, Fisch oder Eiern zu tun hat, und deshalb sollte man es strikt vermeiden, Kṛṣṇa solche Dinge zu opfern. Als Zeichen der Liebe und Hingabe bringt der Gottgeweihte Kṛṣṇa nur die reinsten und schmackhaftesten Speisen dar.

Prasādam zu essen ist die Vollkommenheit der vegetarischen Ernährung. Der Vorsatz, Vegetarier zu werden, ist zwar sehr wichtig und begrüßenswert, aber noch nicht genug für ein spirituelles Leben. Es gibt viele Tiere, die auch vegetarisch leben, wie die Tauben, Affen und Elefanten; aber ein vegetarisch lebender Mensch sollte zusätzlich lernen, wie man sein gesamtes Leben spiritualisiert und seine ursprüngliche Beziehung zu Gott wiedererweckt. Dies ist, wie die Veden erklären, das Ziel des menschlichen Lebens, und sich nur noch von *prasādam* zu ernähren ist ein wichtiger, ja unumgänglicher Schritt in diese Richtung.

Das Zubereiten und Opfern von prasādam

Das Zubereiten von *prasādam* beginnt bereits bei der Auswahl der Nahrungsmittel. In der *Bhagavad-gītā* erklärt Kṛṣṇa, daß alle Nahrungsmittel den Erscheinungsweisen der materiellen Natur – Tugend, Leidenschaft und Unwissenheit – zugeordnet werden können. Getreide, Gemüse, Früchte, Milchprodukte und Nüsse gehören zu den Nahrungsmitteln in der Erscheinungsweise der Tugend, und nur sie können Kṛṣṇa dargebracht werden. Zu den Nahrungsmitteln der Erscheinungsweisen der Unwissenheit und Leidenschaft gehören solche, die faulig, gegoren und unrein sind oder Schmerz oder Krankheit verursachen (vgl. hierzu *Bg.* 17.8-10).

Fleisch, Fisch und Eier, aber auch Knoblauch, Zwiebeln, Essig und Pilze gehören zu den niederen Erscheinungsweisen und können deshalb Kṛṣṇa nicht geopfert werden. Auch Getränke, die Alkohol, Koffein oder Tein enthalten, müssen vermieden werden.

Beim Einkaufen muß man sehr vorsichtig sein, da heute in sehr vielen Produkten tierische Zutaten zu finden sind. Man sollte immer die Beschreibung der Zusammensetzung durchlesen, und bei einem zweifelhaften Produkt muß man vielleicht sogar selbst nachforschen. So gibt es zum Beispiel gewisse Sorten von Joghurt, Sauermilch, saurer Sahne und Creme, die Bindemittel oder Gelatine enthalten (eine Substanz, die durch das Auskochen von blutfrischen Knochen, Kalbsköpfen und -füßen hergestellt wird). Ebenso enthalten die meisten Käsesorten Lab, ein Milchgerinnungsenzym aus dem Magengewebe von geschlachteten Kälbern.

Je feinfühliger ein Mensch in spiritueller Hinsicht wird, desto vorsichtiger wird er auch bei seiner Ernährung, nicht nur in bezug auf die Zutaten, sondern auch in bezug auf die Zubereitung. Er wird es deshalb auch vermeiden, Speisen zu essen, die nicht im spirituellen Bewußtsein gekocht wurden. Gemäß den feinstofflichen Gesetzen der Natur beeinflußt das Bewußtsein des Kochs die Nahrung, die ihrerseits das Bewußtsein desjenigen beeinflußt, der sie ißt. Kochen ist wie Malen. Ein Gemälde ist nicht einfach nur eine Zusammenstellung von Pinselstrichen auf einer Leinwand, sondern der Ausdruck der Gefühlswelt des Malers, weshalb das Gemälde auch beim Betrachter bestimmte Gefühle und Eindrücke erweckt. Ebenso werden wir durch Speisen beeinflußt, die wir ja nicht nur betrachten, sondern auch zu uns nehmen. Wer ein spirituelles Leben führt, wird daher keine Speisen essen (vor allem keine getreidehaltigen), die von materialistisch gesinnten Menschen zubereitet wurden. (Getreide gilt als besonders starker „*karma*-Überträger".)

Bei der Zubereitung von Speisen, die man Kṛṣṇa darbringen will, muß man sehr auf Sauberkeit achten, denn „Sauberkeit ist gottgefällig". Das bezieht sich auf die Zutaten, aber auch auf die Küche und auf den Koch bzw. die Köchin. Deshalb sollte man sich vor dem Kochen gründlich die Hände waschen. Man muß auch lernen zu kochen, ohne zu probieren. Dies gehört zur Meditation des Kochens, denn wir kochen nicht für uns, sondern für Kṛṣṇa, und Er soll der erste sein, der davon kostet. Wenn man sich an die bewährten Rezepte hält, sollte es keine Fehler geben. Mit ein wenig Übung entwickelt man leicht das richtige Augenmaß für die Gewürze.

Nach dem Kochen wird *die Opferung* vorbereitet. Zu diesem Zweck sollte man neues, ungebrauchtes Geschirr besorgen, das ausschließlich für Kṛṣṇa bestimmt ist. Man nimmt von jeder Speise eine kleine Portion und füllt den Opferteller, den man dann auf den Altar vor ein Bild Kṛṣṇas stellt. Wir wissen, daß Kṛṣṇa unsere Speisen nicht braucht, aber wir bieten sie Ihm in einer liebevollen und dankbaren Haltung an. Das ist das entscheidende bei allen Handlungen des *bhakti-yoga.* Die Meditation beim Opfern von Speisen kann ganz einfach sein: „Lieber Kṛṣṇa! Alles kommt von Dir. Bevor ich etwas von Dir nehme, möchte ich es deshalb zuerst Dir weihen. Bitte finde Gefallen an meiner bescheidenen Opferung!" Dazu kann man dreimal den Hare-Kṛṣṇa-*mantra* chanten, während man mit einem Glöckchen klingelt. So sieht die einfachste Form der Opferung aus.

Für gewöhnlich opfert man die Speisen aber, indem man jedes der drei folgenden Sanskritgebete dreimal chantet und dabei wiederum mit einem Glöckchen klingelt. (Zur Aussprache siehe: „Anleitung zur Aussprache des Sanskrit")

nama oṁ viṣṇu-padāya kṛṣṇa-preṣṭhāya bhū-tale
śrīmate bhaktivedānta svāmin iti nāmine
namas te sārasvatī-deve gaura-vāṇī-pracāriṇe
nirviśeṣa-śūnyavādi-pāścātya-deśa-tāriṇe

„Ich erweise meine achtungsvolle Ehrerbietung His Divine Grace

A.C. Bhaktivedanta Swami Prabhupāda, der Śrī Kṛṣṇa sehr lieb ist, da er bei Seinen Lotosfüßen Zuflucht gesucht hat.

Alle Ehre sei dir, o spiritueller Meister, der du der vollkommene Diener Śrīla Bhaktisiddhānta Sarasvatī Gosvāmīs bist. In deiner Barmherzigkeit hast du die Botschaft Śrī Caitanyas verbreitet und die westlichen Länder von den Philosophien der Unpersönlichkeit und der Leere befreit."

namo mahā-vadānyāya
kṛṣṇa-prema-pradāya te
kṛṣṇāya kṛṣṇa-caitanya-
nāmne gaura-tviṣe namaḥ

„O freigebigste Inkarnation! Du bist Śrī Kṛṣṇa selbst in Seiner Gestalt als Śrī Kṛṣṇa Caitanya. Du hast die goldene Körpertönung Śrīmatī Rādhārāṇīs angenommen, und Du verschenkst großmütig reine Liebe zu Kṛṣṇa. Ich erweise Dir meine achtungsvolle Ehrerbietung."

namo brāhmaṇya-devāya
go-brāhmaṇa-hitāya ca
jagad-dhitāya kṛṣṇāya
govindāya namo namaḥ

„Ich erweise Śrī Kṛṣṇa, der Höchsten Persönlichkeit Gottes, meine achtungsvolle Ehrerbietung. Er ist der Beschützer der Kühe und der *brāhmaṇas* und der wohlmeinende Freund der gesamten Welt. Ich erweise Kṛṣṇa, der auch Govinda genannt wird, immer wieder meine achtungsvolle Ehrerbietung."

Bevor man den Teller wieder wegnimmt, wartet man zehn bis fünfzehn Minuten. Während dieser Zeit kann man den Tisch decken, die Küche säubern oder *kīrtana* singen. Wenn man den Teller vom Altar nimmt, spricht man den *mahā-mantra:*

hare kṛṣṇa hare kṛṣṇa
kṛṣṇa kṛṣṇa hare hare
hare rāma hare rāma
rāma rāma hare hare

Alle Speisen, sowohl die auf dem Opferteller als auch die in den Töpfen, sind jetzt *prasādam* („die Barmherzigkeit des Herrn"). Das *prasādam,* das sich auf dem Teller befand, wird jedoch als *mahā-prasādam,* „besonderes *prasādam*", bezeichnet, und beim Austeilen sollte jeder einen Teil davon bekommen. Wenn man Kṛṣṇas Geschirr gespült hat, kann man mit dem Essen beginnen. Auch während des Essens sollte man sich an die spirituelle Eigenschaft des *prasādam* erinnern. Auf diese Weise wird für den *bhakti-yogī* jede Tätigkeit, sogar das Kochen und Essen, zur Meditation über den Höchsten.

Schlußbemerkung

Das Schöne am *bhakti-yoga* ist, daß Sie von jeder Stufe aus einsteigen können und individuell die nächsten (oder ersten) Schritte auf dem Pfad Ihres spirituellen Lebens tun können. Kṛṣṇa gibt in der *Bhagavad-gītā* (2.40) das Versprechen: „Bei dieser Bemühung gibt es weder Verlust noch Minderung, und schon ein wenig Fortschritt auf diesem Pfad kann einen vor der größten Gefahr bewahren."

Die zeitlose Philosophie der *Bhagavad-gītā* hat im Herzen der Menschen, im Osten wie im Westen, schon immer lebhaftes Interesse geweckt. Die *Bhagavad-gītā*, der „Gesang Gottes", ist die Essenz der vedischen Weisheit und gehört zu den bedeutendsten Werken der spirituellen und philosophischen Weltliteratur. Große Denker wie Kant, Schopenhauer, Einstein und Gandhi ließen sich nachhaltig von dieser Schrift inspirieren, die die wahre Natur des Menschen, seine Bestimmung im Kosmos und seine Beziehung zu Gott offenbart.

Śrī Śrīmad
A.C. Bhaktivedanta Swami Prabhupāda/
Bhagavad-gītā wie sie ist.

896 Seiten, 16 Bildtafeln, geb.

Das *Śrīmad-Bhāgavatam (Bhāgavata Purāṇa)* wird als die reife Frucht am Baum der Veden bezeichnet und gilt mit seinen 18 000 Versen in vollendetem Sanskrit als das bedeutendste der 18 *Purāṇas*. Dank Śrīla Prabhupādas wortgetreuer Übersetzung und seinen einfühlsamen Kommentaren können wir authentische, lebendige Einblicke in die Geschichte, Religion, Kultur und Zivilisation des alten Indien gewinnen. Das *Śrīmad-Bhāgavatam* ist die umfassendste und autoritativste Darstellung vedischen Wissens.

Śrī Śrīmad
A.C. Bhaktivedanta Swami Prabhupāda/
Śrīmad-Bhāgavatam

Gesamtausgabe 12 Bände, je Band 600-1000 Seiten und 16 Bildtafeln, geb.

Das *Śrī Caitanya-caritāmṛta* von Kṛṣṇadāsa Kavirāja Gosvāmī ist die wichtigste Biographie Śrī Caitanya Mahāprabhus. Vor fünfhundert Jahren verbreitete Śrī Caitanya in ganz Indien das gemeinsame Chanten der heiligen Namen Gottes (*saṅkīrtana*) und löste so eine Renaissance der *kṛṣṇa-bhakti* aus. Er ist der Begründer einer gewaltigen spirituellen Bewegung, die das religiöse und philosophische Denken weit über Indiens Grenzen hinaus beeinflußt hat.

Śrī Śrīmad
A.C. Bhaktivedanta Swami Prabhupāda/
Śrī Caitanya-caritāmṛta

Gesamtausgabe 11 Bände, je Band 300-900 Seiten und 16 Bildtafeln, geb.

Bei den folgenden Adressen können Sie einen
Gesamtkatalog aller Bücher, Schallplatten, CD's und Kassetten (mit Preisliste) beziehen:

Vedischer Buchversand
Eva-Maria Kinn
Böckingstr. 6
D-55767 Abentheuer
Tel.: 06782-6494

Schweiz. Gesellschaft für Kṛṣṇa-Bewusstsein
Postfach 116
CH-8030 Zürich

Seit Jahrtausenden ist Kṛṣṇas Lebensgeschichte ein unversiegbarer Quell der Inspiration für das spirituelle und kulturelle Leben Indiens. Das *Kṛṣṇa*-Buch gibt anhand von 90 Erzählungen eine lebendige Beschreibung der unvergleichlichen Taten und Eigenschaften Śrī Kṛṣṇas, wie sie im Zehnten Canto des *Śrīmad-Bhāgavatam* überliefert werden. Es ist eines der seltenen Bücher, in denen sich fesselnde Erzählkunst, malerische Poesie und höchste Philosophie auf vollkommene Weise verbinden.

Śrī Śrīmad
A.C. Bhaktivedanta Swami Prabhupāda/
Kṛṣṇa die Quelle aller Freude

2 Bände, je Band ca. 380 Seiten und 16 Bildtafeln, geb.

Der Nektar der Hingabe ist eine zusammenfassende Studie des *Bhakti-rasāmṛta-sindhu*, eines klassischen Sanskritwerks des 16. Jahrhunderts, das von Śrīla Rūpa Gosvāmī verfaßt wurde. *Der Nektar der Hingabe* beschreibt mit faszinierender Genauigkeit die Methode des hingebungsvollen Dienstes von seinen Anfangsstufen bis hin zur innigen Gottesliebe. Dieses Buch überschreitet die Begrenztheit trockener philosophischer Spekulation und stößt das Tor zur Transzendenz auf, mit all ihren spirituellen Gefühlsregungen und Gedanken.

Śrī Śrīmad
A.C. Bhaktivedanta Swami Prabhupāda/
Der Nektar der Hingabe

416 Seiten, 16 Bildtafeln, geb.

Im Laufe der Geschichte erschienen auf der Welt viele *avatāras,* göttlich inspirierte Lehrer und Inkarnationen Gottes, doch keiner von ihnen hat so großzügig spirituelle Liebe verteilt wie der Goldene Avatāra, Śrī Caitanya Mahāprabhu. Dieses Buch enthält die wichtigsten Gespräche Śrī Caitanyas mit den größten Gelehrten, Philosophen und Transzendentalisten Seiner Zeit. Die philosophische Auseinandersetzung zwischen dem Monismus Śaṅkaras und dem Monotheismus Rāmanujas, Madhvas und Śrī Caitanyas machen den Leser mit den zwei bedeutendsten spirituellen Traditionen Indiens bekannt.

Śrī Śrīmad
A.C. Bhaktivedanta Swami Prabhupāda/
Die Lehren Śrī Caitanyas

320 Seiten, 16 Bildtafeln, geb.

Die Schönheit des Selbst ist eine gelungene Auswahl von Śrīla Prabhupādas Interviews, Essays, Vorträgen und Briefen. Eine ausgezeichnete Einführung in die Welt des Kṛṣṇa-Bewußtseins.

Śrī Śrīmad
A.C. Bhaktivedanta Swami Prabhupāda/
Die Schönheit des Selbst

320 Seiten, 16 Bildtafeln, geb.

Königin Kuntī war eine der Hauptfiguren in einem verwickelten politischen Drama, das in einem blutigen Bruderkrieg um die indische Thronfolge gipfelte. Dieses Buch enthält ihre tiefempfunden Gebete an Śrī Kṛṣṇa.

Śrī Śrīmad
A.C. Bhaktivedanta Swami Prabhupāda/
Die Lehren Königin Kuntīs

320 Seiten, 16 Bildtafeln, geb.

Leben kommt von Leben ist eine grundlegende Kritik an den sogenannten Errungenschaften, Theorien und Behauptungen der modernen Naturwissenschaft.

Śrī Śrīmad
A.C. Bhaktivedanta Swami Prabhupāda/
Leben kommt von Leben.

320 Seiten, 16-seitiger Bildteil, geb.

Die Lehren Śrī Kapilas — der Sohn Devahūtis ist eine Vortragsreihe über Śrī Kapila, den Begründer der *sāṅkhya*-Philosophie.

Śrī Śrīmad
A.C. Bhaktivedanta Swami Prabhupāda/
Die Lehren Śrī Kapilas — der Sohn Devahūtis

320 Seiten, geb.

Diese Auswahl von Vorträgen über die *Bhagavad-gītā* macht den Leser mit der Wissenschaft des *bhakti-yoga* bekannt.

Śrī Śrīmad
A.C. Bhaktivedanta Swami Prabhupāda/
Bewußte Freude

320 Seiten, 16 Bildtafeln, geb.

Im Angesicht des Todes schildert das außergewöhnliche Sterbeerlebnis des großen Sünders Ajāmila, der, knapp dem Tode entronnen, ein neues, spirituelles Leben beginnt.

Śrī Śrīmad
A.C. Bhaktivedanta Swami Prabhupāda/
Im Angesicht des Todes

320 Seiten, 16 Bildtafeln, geb.

Die faszinierende Biographie von Śrī Śrīmad A.C. Bhaktivedanta Swami Prabhupāda und die Geschichte der ISKCON.

Satsvarūpa dāsa Goswami/ Prabhupāda. Der Mensch, der Weise — sein Leben, seine Lehren.

400 Seiten, 16-seitiger Bildteil, geb.

133 Rezepte für alle Freunde der indisch-vegetarischen Küche, mit einer Abhandlung über Vegetarismus und spirituelle Ernährung.

Adirāja dāsa/ Vedische Kochkunst

304 Seiten, 35 Bildtafeln, geb.

Der Nektar der Unterweisung, eine Übersetzung von Śrīla Rūpa Gosvāmīs klassischem Sanskritwerk *Śrī Upadeśāmṛta*, lehrt uns die praktischen Grundlagen des spirituellen Lebens.

Śrī Śrīmad A.C. Bhaktivedanta Swami Prabhupāda/ Der Nektar der Unterweisung

144 Seiten, Taschenbuch

Die *Śrī Īśopaniṣad* ist die wichtigste der 108 *Upaniṣaden*. Neunzehn zeitlose Weisheiten für inneren Frieden und Erfüllung.

Śrī Śrīmad A.C. Bhaktivedanta Swami Prabhupāda/ Śrī Īśopaniṣad

160 Seiten, Taschenbuch

Jenseits von Raum und Zeit offenbart uns den Weg zu den spirituellen Planeten.

Śrī Śrīmad A.C. Bhaktivedanta Swami Prabhupāda/ Jenseits von Zeit und Raum

64 Seiten, Taschenbuch

Ein fesselnder Dialog zwischen dem spirituellen Meister einer jahrtausendealten Tradition und seinem zukünftigen Schüler.

Śrī Śrīmad A.C. Bhaktivedanta Swami Prabhupāda/ Vollkommene Fragen — vollkommene Antworten

128 Seiten, Taschenbuch

Zentren der Internationalen Gesellschaft für Krischna-Bewußtsein

Gründer/Ācārya: Śrī Śrīmad A.C. Bhaktivedanta Swami Prabhupāda

April 1998

Für weitere Auskünfte über Vorträge, Programme, Festivals und Seminare steht Ihnen das nächstgelegene Zentrum zur Verfügung.

EUROPA

DEUTSCHLAND

Abentheuer – Hujets-Mühle, Böckingstr. 8, 55767 Abentheuer/ Tel. (06782) 2214, Fax (06782) 40981
Flensburg – Neuhörup 1, 24980 Hörup/ Tel. (04639) 7336
Hamburg – Mühlenstr. 93, 25421 Pinneberg/ Tel. (04101) 23931
Köln – ISKCON, Taunusstr. 40, 51105 Köln-Gremberg/ Tel. (0221) 8303778, Fax (0221) 8370485
München – ISKCON, Wachenheimer Str. 1, 81539 München/ Tel. (089) 68800288, Fax (089) 68800289
Wiesbaden – Vedischer Kulturtreff, Schiersteiner Str. 6, 65187 Wiesbaden, Tel. (0611) 373312

Weitere Zentren befinden sich in Berlin, Böblingen, Hannover, Weimar, Leipzig, Dresden, Nürnberg, Stuttgart, Weinheim und anderen Orten (Kontakt über ISKCON Abentheuer).

FARMGEMEINSCHAFT

Jandelsbrunn – Nava-Jiyada-Nrsimha-Ksetra, Zielberg 20, 94118 Jandelsbrunn/ Tel. (08583) 316

RESTAURANT

Köln – Govinda, Taunusstr. 40, 51105 Köln-Gremberg/ Tel. (0221) 8303778

SCHWEIZ

Basel – Bhakti-Yoga-Zentrum, St.-Jakobs-Str. 33, CH-4132 Muttenz/ Tel. & Fax (061) 4620614
Tessin – Via ai Grotti, 6862 Rancate (TI)/ Tel. (091) 6460071, Fax (091) 6460073
Zürich – Bergstrasse 54, 8030 Zürich/ Tel. (01) 2623388, Fax (01) 2623114

RESTAURANTS

Bern – Govinda, Marktgasse 7 (3. Stock), 3011 Bern/ Tel. (031) 3123825
Zürich – Preyergasse 16, 8001 Zürich, Tel. & Fax (01) 2518859

ÖSTERREICH

Gutenstein – Markt 58, 2770 Gutenstein/ Tel. & Fax (02634) 7731

GROSSBRITANNIEN UND IRLAND

Belfast, Nordirland – Brookland, 140 Upper Dunmurray Lane, BT17 OHE/ Tel. +44 (1232) 620530
Birmingham, West Midlands – 84 Stanmore Rd., Edgbaston, B16 9TB/ Tel. +44 (121) 420-4999
Bristol, England – Alberta Cottage, Wraxhall Road, Nailsea, BS19 1BN/ Tel. +44 (1275) 853788
Cardiff, Wales – 18 Greenfield Place, Caerphilly, Mid Glamorgan/ Tel. +44 (1222) 831579
Coventry, England – Kingfield Rd., Radford (Postanschrift: 19 Gloucester St., CV1 3BZ)/ Tel. +44 (1203) 552822, 555420
Dublin, Irland – Hare Krishna Centre, 6 South William St, Dublin 2/ Tel. +353 (1) 6791306
Glasgow, Schottland – Karuna Bhavan, Bankhouse Road, Lesmahagow, Lanarkshire ML11 OES/ Tel. +44 (1555) 894790
Leicester, England – 21 Thoresby St., North Evington, Leicester LE5 4GU/ Tel. und Fax +44 (116) 2367723
Liverpool, England – 114 Bold Street, Liverpool L1 4HY/ Tel. +44 (151) 7089400, 6438817
London, England (City) – 10 Soho St., London W1V 5DA/ Tel. +44 (171) 4373662 (Geschäftszeiten), 4393606 (andere Zeiten), Fax 4391127
London, England (Country) – Bhaktivedanta Manor, Letchmore Heath, Watford, Hertfordshire WD2 8EP/ Tel. +44 (1923) 857244, Fax 852896
London, England (South) – 42 Enmore Road, South Norwood, London SE25/ Tel. +44 (181) 656-4296, 654-3138
Manchester, England – 20 Mayfield Rd., Whalley Range, Manchester M16 8FT/ Tel. +44 (161) 2264416, Tel. & Fax 8606117
Newcastle upon Tyne, England – Hare Krishna Centre, 304 Westgate Rd., Tyne & Wear, NE4 68R/ Tel. +44 (191) 2220150
Plymouth, England – 5 Erme Park, Ermington, Devon PL2 9LY/ Tel. +44 (1548) 830085

FARMGEMEINSCHAFTEN

County Wicklow, Ireland – Rathgorragh, Kiltegan/ Tel. & Fax +353 (508) 73305, 73292
Lisnaskea, Nordirland – ISKCON Inishrath Island, BT92 9GN Lisnaskea, Co. Fremanagh/ Tel. +44 (13657) 21512
London, England – (über Bhaktivedanta Manor)

RESTAURANTS

London, England – Govinda's, Tel. +44 (171) 4374928, (Büro:) 4375875 (Adresse: siehe ISKCON London, City)
Dublin, Ireland – Govinda's, 4 Aungier St., Dublin 2

(Regelmäßige Krischna-bewußte Programme finden in mehr als zwanzig anderen Städten Großbritanniens statt. Information: Bhaktivedanta Books Ltd., Reader Services Department, P.O. Box 324, Borehamwood Herts WD6 1NB/ Tel. +44 [181] 9051244)

ITALIEN

Asti – Roatto, Frazione Valle Reale 20/ Tel. +39 (141) 938406
Bergamo – Villaggio Hare Krishna (da Medolago strada per Terno d…Isola), 24040 Chignolo D'isola (BG)/ Tel. +39 (35) 490706, Fax 4940705
Bologna – Via Ramo Barchetta 2, 40010 Bentivoglio (BO)/ Tel. +39 (51) 863924
Brescia – Hare Krishna Club, Via Gabriela Rosa 17, 25121 Brescia/ Tel. +39 (30) 2400995
Mailand – Centro Culturale Govinda, Via Valpetrosa 5, 20123 Milano/ Tel. +39 (2) 862417
Palermo – Viale della Regione Siciliana di Nord Ovest 4441, 90145 Palermo/ Tel. +39 (91) 6700385
Rom – Sri Gaura Mandala, Via Mazzanese Km. 0,700 (dalla Cassia uscita Calcata), Pian del Pavone (Viterbo), 01036 Nepi/ Tel. +39 (761) 527038, 527251
Rom – Hare Krishna Forum, Piaza Campo de…Fiori 27, 00186 Rome/ Tel. +39 (6) 6832660
Vicenza – Via Roma 9, 36020 Albettone (Vicenza)/ Tel. +39 (444) 790573, Fax 790581

FARMGEMEINSCHAFT

Florenz (Villa Vrindavan) – Via Communale degli Scopeti 108, S. Andrea in Percussina, San Casciano, Val di Pesa (FI) 50026/ Tel. +39 (55) 820-054, Fax 828460

RESTAURANT

Mailand – Govinda's (siehe ISKCON Mailand)

SCHWEDEN

Göteborg – Höjdgatan 22, 43136 Mölndal/ Tel. +46 (31) 879648, Fax 879657
Grödinge – Korsnäs Gard, 14792 Grödinge/ Tel. +46 (8) 53029151, Fax 53025062
Karlstad – Västra Torggatan 16, Box 5155, 65005 Karlstad/ Tel. +46 (54) 152000, Fax 152001
Lund – Bredgatan 28 ipg, 22221 Lund/ Tel. +46 (46) 120413, Fax 188804
Malmö – Föreningsgatan 28, 21152 Malmö/ Tel. +46 (40) 6116497
Stockholm – Fridhemsgatan 22, 11240 Stockholm/ Tel. +46 (8) 6549002, Fax 6508813
Uppsala – Nannaskolan sal F 3, Kungsgatan 22, 75108 Uppsala (Postanschrift: Box 833, 75332 Uppsala)/ Tel. +46 (18) 102924, 509956

FARMGEMEINSCHAFT

Järna – Almviks Gard, 15395 Järna/ Tel. +46 (8) 55152050, Fax 55152060

RESTAURANTS

Göteborg – Govindas Restaurant, Victoriagatan 2A, 41125 Göteborg/ Tel. +46 (31) 139698
Lund – Govindas (siehe ISKCON Lund)
Malmö – Higher Taste, Amiralsgatan 6, 21155 Malmö/ Tel. +46 (40) 6116496
Stockholm – Govindas (siehe ISKCON Stockholm)
Uppsala – Govindas (siehe ISKCON Uppsala)

ÜBRIGE LÄNDER

Aarhus, Dänemark – Radio Krishna's Bogcafe, Thorvaldsensgarde 32, 8000 Aarhus C/ Tel. +45 (8) 6761545
Amsterdam, Niederlande – Van Hilligaertstr. 17, 1072 JX/ Tel. +31 (20) 6751404, Fax 6751405

Antwerpen, Belgien – Amerikalei 184, 2000 Antwerpen/ Tel. +32 (3) 2370037
Barcelona, Spanien – Plaza Reial 12, Entlo 2, 08002 Barcelona/ Tel. +34 (3) 302-5194
Belgrad, Serbien – VVZ-Veda, Custendilska 17, 11000 Beograd/ Tel. +381 (11) 781-695
Budapest, Ungarn – Hare Krishna Temple, Mariaremetei ut. 77, Budapest 1028 II/ Tel. +36 (1) 2758140
Debrecen, Ungarn – Szechenzi u. 55, Debrecen 4025/ Tel. +36 (52) 413370
Den Haag, Niederlande – Van Zeggelenlaan 76, 2524 AS Den Haag/ Tel. +31 (70) 3930750
Eger, Ungarn – Szechenyi u. 64, Eger 3300/ Tel. +36 (56) 410515
Helsinki, Finnland – Ruoholahdenkatu 24d, 00180 Helsinki/ Tel. +358 (0) 6949879, Fax 6949837
Hillerød, Dänemark – Bauneholm, Baunevej 23, Bendstrup, 3400 Hillerød/ Tel. +45 (42) 2286446, Fax 2287331
Iasi, Rumänien – Stradela Moara De Vint 72, 6600 Iasi
Kaunas, Litauen – Savanoryu 37, 3000 Kaunas/ Tel. +370 (7) 222574, Fax 209016
Krakau, Polen – ISKCON, ul. Wyzynna 2, 30-617 Krakow/ Tel. & Fax +48 (12) 6545824
Lissabon, Portugal – Rua Bernado Lima 35, 2 sala D 1150 Lisboa/ Tel. & Fax+351 (1) 354-0855
Ljubljana, Slowenien – ISKCON Slovenia, Žibertova 27, 61000 Ljubljana/ Tel. +386 (61) 1312319, Fax 310815
Madrid, Spanien – Espiritu Santo 19, 28004 Madrid/ Tel. +34 (1) 521-3096
Malaga, Spanien – Ctra. Alora, 3 int., 29140 Churriana/ Tel. +34 (5) 2621038
Oslo, Norwegen – Jonsrudvej 1G, 0274 Oslo/ Tel. +47 (22) 552243, Fax 558172
Paris, Frankreich – 31, Rue Jean Vacquier, 93160 Noisy-le-Grand/ Tel. +33 (1) 43043263
Plovdiv, Bulgarien – ul. Prosveta 56, Kv. Proslav, Plovdiv 4015/ Tel. +359(32) 446962
Porto, Portugal – Rua S. Miguel, 19 C.P. 4050 (Postanschrift: Apartado 4108, 4002 Porto Codex)/ Tel. +351 (2) 2005469
Prag, Tschechische Republik – Jilova 290, Praha 5-Zlicin 155 21/ Tel. +42 (2) 3021282, 3021608, Fax 3021628
Pula, Kroatien – Vaisnavska Vjerska Zajednica, Vinkuran Centar 58, 52000 Pula (Postanschrift: P.P.16)/ Tel. & Fax +385 (52) 573581
Riga, Lettland – Krishyana Barona 56, LV 1001 Riga/ Tel. +371 (2) 272490, Fax 225039
Rijeka, Kroatien – Svetog Jurja 32, 51000 Rijeka (Postanschrift: P.P.61)/ Tel. +385 (51) 255244, Fax 255245
Santa Cruz de Tenerife, Spain – C/ Castillo 44, 4, Santa Cruz 38003, Tenerife/ Tel. +34 (22) 241035
Sarajevo, Bosnien-Herzegovina – Marka Marulica 3/8, 71000 Sarajevo/ Tel. & Fax +381 (71) 647361
Septon-Durbuy, Belgien – Château de Petite Somme, 6940 Septon (Durbuy)/ Tel. +32 (86) 322926, Fax 322929
Skopje, Makedonien – ISKCON, Roze Luksemburg 13, 91000 Skopje/ Tel. +389 (91) 201451
Sofia, Bulgarien – Postanschrift: Sofia 1000, P.O. Box 827
Split, Kroatien – Hindu Vaisnavska Zajednica, Cesta Mutogras 26, 21312 Podstrana (Postanschrift: ISKCON, P.P. 290, HR-21000 Split)/ Tel. +385 (21) 651137
Szolnak, Ungarn – Baratsag u. 6, Szolnak 5000/ Tel. +36 (56) 412124
Tallin, Estland – ul. Linnamae Tee 11-97/ Tel. +372 (142) 597569
Tenerife, Spanien – C/ La Milagrosa 6, La Cuesta, La Laguna, Tenerife/ Tel. +34 (922) 653422
Timisoara, Rumänien – ISKCON, Porumbescu 92, 1900 Timisoara/ Tel. +40 (961) 54776
Turku, Finnland – Kaurakatu 39, 20740 Turku 74/ Tel. +358 (21) 364055
Vilnius, Litauen – Raugyklos 23, 2024 Vilnius/ Tel. +370 (122) 661218, Fax 235218
Warschau, Polen – Mysiadlo k. Warszawy, ul. Zakret 11, 05-500 Piaseczno (Postanschrift: MTSK, 02-770 Warszawa 130, skr. poczt. 257)/ Tel. & Fax +48 (22) 757797
Wroclaw, Polen – ul. Bierutowska 23, 51-317 Wroclaw (Postanschrift: 50-900 Wroclaw 2, skr. poczt. 858) / Tel. & Fax +48 (71) 3457981
Zagreb, Kroatien – ISKCON, I Bizek 5, 10090 Zagreb (Postanschrift: P.P. 68, HR-10001 Zagreb)/ Tel. & Fax +385 (41) 190548

FARMGEMEINSCHAFTEN

Frankreich (Bhaktivedanta Village) – Château Bellevue, 39700 Châtnois (bei Dôle)/ Tel. +33 (384) 728235, Fax +33 (384) 826973
Frankreich (La Nouvelle Mayapura) – Domaine d'Oublaisse, 36360 Lucay le Mâle/ Tel. +33 (54) 402481
Polen (New Santipura) – Czarnow 21, k. Kamiennej Gory, 58-424 Pisarzowice/ Tel. +48 (7574) 12892
Spanien (New Vraja Mandala) – (Santa Clara) Brihuega, Guadalajara/ Tel. +34 (49) 280436
Tschechische Republik – Krsnuv Dvur c. 1, 257 28 Chotysany
Ungarn – Krsna-völgy, Fö u. 38, Somogyvamos 8699/ Tel. +36 (85) 340185

RESTAURANTS

Barcelona, Spanien – Restaurante Govinda, Plaza de la Villa de Madrid 4-5, 08002 Barcelona/ Tel. +34 (3) 3187729
Kopenhagen, Dänemark – Govinda's Vegetarisk Restaurant, Noerre Farimagsgade 82, København/ Tel. +45 (33) 337444
Oslo, Norwegen – Krishna's Cuisine, Kirkevejen 59b, 0364 Oslo/ Tel. +47 (2) 2606250
Prag, Tschechische Republik – Govinda's, Soukenicka 27, 110 00 Praha 1/ Tel. +42 (2) 2481-6631, 2481-6016
Prag, Tschechische Republik – Govinda's, Na hrazi 5, 180 00 Praha 8-Liben/ Tel. +42 (2) 683-7226
Septon-Durbuy, Belgien – Gopinatha's Garden (siehe ISKCON Septon-Durbuy)

GEMEINSCHAFT UNABHÄNGIGER STAATEN

RUSSLAND

Moskau – Khoroshewskoje schosse d.8, korp.3, 125284 Moskwa/ Tel. +7 (095) 2556711, Fax 9453317
Moskau – Nekrasovsky pros., Dmitrowsky reg., 141760 Moskwa/ Tel. +7 (095) 9798268
Nishni Nowgorod – ul. Iwana Mochalowa 7-69, 603904 Nishni Nowgorod/ Tel. +7 (315) 252592
Nowosibirsk – ul. Leningradskaja 111-20, Nowosibirsk
Perm (Ural) – Pr. Mira 113-142, 614065 Perm/ Tel. +7 (3442) 335740
St. Petersburg – 17, Bumazhnaya st., 198020 St. Petersburg/ Tel. +7 (812) 186-7259, -9690, Fax 186-1170
Uljanowsk – ul. Glinki 10, Uljanowsk/ Tel. +7 (8422) 221-4289
Wladiwostok – ul. Rudnewa 5-1, 690087 Wladiwostok/ Tel. +7 (4232) 268943

RESTAURANT

St. Petersburg – Govinda's, 58, Angliskij pr., 190008 St. Petersburg/ Tel. +7 (812) 113-7896

UKRAINE

Charkow – ul. Werchne-Giewskaja 43, 310015 Charkow/ Tel. +380 (0572) 202167, 726968
Dnjepropetrowsk – ul. Ispolkomowskaja 56A, 320029 Dnepropetrowsk/ Tel. +380 (0562) 445029
Donetsk – ul. Tubensa 22, 339018 Makayewka/ Tel. +380 (0622) 949104
Kiew – ul. Menjinskogo 21-B, 252054 Kiev/ Tel. +380 (044) 2444944
Nikolajew – Sudostroitelni pereulok 5/8, 377052/ Tel. +380 (0512) 351734
Simferopol – ul. Kiewskaja 149/15, 333000 Simferopol/ Tel. +380 (0652) 225116
Winnitza – ul. Chkalow St. 5, 268000 Winnitza/ Tel. +380 (0432) 323152

ÜBRIGE LÄNDER

Alma Ata, Kasachstan – Per. Kommunarow 5, 480022 Alma Ata/ Tel. +7 (3272) 353830
Baku, Aserbaidschan – Pos. 8-i km, per. Sardabi 2, 370060/ Tel. +994 (12) 212376
Bishkek, Kirgisien – Per. Omski 5, 720000 Bishkek/ Tel. +7 (3312) 472683
Duschanbe, Tadshikistan – ul. Anzob 38, 724001 Duschanbe/ Tel. +7 (3772) 271830
Jerewan, Armenien – ul. Krupskoj 18, 375019 Jerewan/ Tel. +374 (2) 275106
Kishinew, Moldawien – ul. Popowitsch 13, Kishinew/ Tel. +373 (2) 558099
Minsk, Weißrußland – ul. Pawlowa 11, 220053 Minsk/ Tel. +7 (17) 374751, Fax 370629
Sukhumi, Georgien – Pr. Mira 274, Sukhumi
Tbilissi, Georgien – ul. Kacharawa 16, 380044 Tbilissi/ Tel. +995 (32) 623326

NORDAMERIKA

KANADA

Calgary, Alberta – 313 Fourth St. N.E., T2E 3S3/ Tel. +1 (403) 265-3302, Fax 547-0795
Edmonton, Alberta – 9353 35th Avenue, T6E 5R5/ Tel. +1 (403) 439-9999
Montreal, Quebec – 1626 Pie IX Boulevard, H1V 2C5/ Tel. & Fax +1 (514) 521-1301
Ottawa, Ontario – 212 Somerset St. E., K1N 6V4/ Tel. +1 (613) 565-6544, Fax 565-2575
Regina, Saskatchewan – 1279 Retallack St., S4T 2H8/ Tel. +1 (306) 525-1640
Toronto, Ontario – 243 Avenue Rd., M5R 2J6/ Tel. +1 (416) 922-5415, Fax 922-1021
Vancouver, B.C. – 5462 S.E. Marine Dr., Burnaby V5J 3G8/ Tel. +1 (604) 433-9728, Fax 431-7251

FARMGEMEINSCHAFT

Ashcroft, B.C. – Saranagati Dhama, Box 99, Ashcroft, B.C. V0K 1A0/ Tel. +1 (250) 4532397, Fax 453-2622 (Attn: 453-2397)

RESTAURANTS

Ottawa – (siehe ISKCON Ottawa)
Toronto – Hare Krishna Dining Room (siehe ISKCON Toronto)
Vancouver – Hare Krishna Buffet (siehe ISKCON Vancouver)

USA

Atlanta, Georgia – 1287 South Ponce de Leon Ave. N.E., 30306/ Tel. +1 (404) 378-9234, Fax 373-3381
Austin, Texas – 807-A E. 30th St. 78705/ Tel. +1 (512) 320-0372, Fax (512) 320-0477
Baltimore, Maryland – 200 Bloomsbury Ave., Catonsville, 21228/ Tel. +1 (410) 744-4069, Fax 744-1624
Berkeley, California – 2334 Stuart Street, 94705/ Tel. +1 (510) 540-9215
Boise, Idaho – 1615 Martha St., 83706/ Tel. +1 (208) 344-4274
Boston, Massachusetts – 72 Commonwealth Ave., 02116/ Tel. +1 (617) 247-8611, Fax 266-3744
Chicago, Illinois – 1716 W. Lunt Ave., 60626/ Tel. +1 (773) 973-0900, Fax 973-0526

Columbus, Ohio – 379 W. Eighth Ave., 43201/ Tel. +1 (614) 421-1661, Fax 294-0545
Dallas, Texas – 5430 Gurley Ave. 75223/ Tel. +1 (214) 827-6330, Fax 823-7264
Denver, Colorado – 1400 Cherry St., 80220/ Tel. +1 (303) 333-5461, Fax 321-9052
Detroit, Michigan – 383 Lenox Ave., 48215/ Tel. +1 (313) 824-6000 Fax 822-3748
Gainesville, Florida – 214 N.W. 14th St., 32603/ Tel. +1 (904) 336-4183
Gurabo, Puerto Rico – Route 181, P.O. Box 8440 HC-01, 00778-9763/ Tel. & Fax +1 (809) 737-1658
Hartford, Connecticut – 1683 Main St., E. Hartford, 06108/ Tel. & Fax +1 (860) 289-7252
Honolulu, Hawaii – 51 Coelho Way, 96817/ Tel. +1 (808) 595-3947, Fax 595-3433
Houston, Texas – 1320 W. 34th St., 77018/ Tel. +1 (713) 686-4482, Fax 686-0669
Laguna Beach, California – 285 Legion St., 92651/ Tel. +1 (714) 494-7029, Fax 497-9707
Long Island, New York – 197 S. Ocean Ave., Freeport, 11520/ Tel. +1 (516) 223-4909
Los Angeles, California – 3764 Watseka Ave., 90034/ Tel. +1 (310) 836-2676, Fax 839-2715
Miami, Florida – 3220 Virginia St., 33133 (Postanschrift: P.O. Box 337, Coconut Grove, FL 33233)/ Tel. +1 (305) 442-7218, Fax 444-7145
New Orleans, Louisiana – 2936 Esplanade Ave., 70119/ Tel. +1 (504) 486-3583
New York, New York – 305 Schermerhorn St., Brooklyn, 11217/ Tel. +1 (718) 875-6127
New York, New York – 26 Second Avenue, 10003/ Tel. +1 (212) 420-1130
Philadelphia, Pennsylvania – 41 West Allens Lane, 19119/ Tel. +1 (215) 247-4600, Fax 247-8207
Philadelphia, Pennsylvania – 1400 South St., 19146/ Tel. +1 (215) 985-9334
Phoenix, Arizona – 100 S. Weber Dr., Chandler, 85226/ Tel. +1 (602) 705-4900, Fax 705-4901
Portland, Oregon – 5137 N.E. 42 Ave., 97218/ Tel. +1 (503) 287-3252
St. Louis, Missouri – 3926 Lindell Blvd., 63108/ Tel. +1 (314) 535-8085, Fax 535-0672
San Diego, California – 1030 Grand Ave., Pacific Beach, 92109/ Tel. +1 (619) 483-2500, Fax (619) 483-0941
Seattle, Washington – 1420 228th Ave. S.E., Issaquah, 98027/ Tel. +1 (206) 391-3293, Fax 868-8928
Tallahassee, Florida – 1323 Nylic St. (Postanschrift: P.O. Box 20224, 32304)/ Tel. & Fax +1 (904) 681-9258
Towaco, New Jersey – P.O. Box 109, 07082/ Tel. & Fax +1 (201) 299-0970
Tucson, Arizona – 711 E. Blacklidge Dr., 85719/ Tel. +1 (520) 792-0630, Fax 261-0906
Washington, D.C. – 3200 Ivy Way, Harwood, MD 20776/ Tel. +1 (301) 261-4493, Fax 261-4797
Washington, D.C. – 10310 Oaklyn Dr., Potomac, Maryland 20854/ Tel. +1 (301) 299-2100, Fax 983-5451

FARMGEMEINSCHAFTEN

Alachua, Florida (New Ramana-reti) – Box 819, Alachua, 32615/ Tel. +1 (904) 462-2017
Carriere, Mississippi (New Talavan) – 31492 Anner Road, 39426/ Tel. +1 (601) 749-0544, 799-1354, Fax 799-2924
Gurabo, Puerto Rico (New Govardhana Hill) – (über ISKCON Gurabo)
Hillsborough, North Carolina (New Goloka) – 1032 Dimmocks Mill Rd., 27278/ Tel. (919) 732-6492, Fax 732-8033
Mulberry, Tennessee (Murari-sevaka) – Rt. No. 1, Box 146-A, 37359/ Tel. (615) 759-6888, Fax 759-5785
Port Royal, Pennsylvania (Gita Nagari) – R.D. No. 1, Box 839, 17082/ Tel. & Fax (717) 527-4101

RESTAURANTS

Atlanta – The Hare Krishna Dinner Club (siehe ISKCON Atlanta)
Dallas – Kalachandji's (siehe ISKCON Dallas)
Denver – Govinda's (siehe ISKCON Denver)
Detroit – Govinda's (siehe ISKCON Detroit)
Eugene, Oregon – Govinda's Vegetarian Buffet, 270 W. 8th St., 97401/ Tel. +1 (503) 686-3531
Fresno, California – Govinda's, 2373 E.Shaw, 93710/ Tel. +1 (209) 225-1230
Honolulu – Gauranga's Vegetarian Dining (siehe ISKCON Honolulu)
Gainesville, Florida – Radha's, 125 NW 23rd Ave., 32609/ Tel. +1 (352) 367-9012
Laguna Beach, California – (siehe ISKCON Laguna Beach)
Los Angeles – (siehe ISKCON L.A.)
Miami – (siehe ISKCON Miami)
New Orleans, Louisiana – (siehe ISKCON New Orleans)
St. Louis, Missouri – Govinda's (siehe ISKCON St. Louis)
San Diego – Govinda's at the Beach (siehe ISKCON San Diego)/ Tel. +1 (619) 483-5266
San Francisco – Govinda's (siehe ISKCON Berkeley)
Tucson, Arizona – (siehe ISKCON Tucson)

MITTEL- UND SÜDAMERIKA

BOLIVIEN

Cochabamba – Av. Heroinas E-0435 Apt. 3 (Postanschrift: P.O. Box 2070, Cochabamba)/ Tel. & Fax +591 (42) 54346
La Paz – Pasaje Jauregui, 2262 Sopocachi/ Tel. +591 (2) 721945, Fax 392710
Santa Cruz – Calle 27 de Mayo No. 99 esq. Justo Bazan/ Tel. & Fax +591 (3) 345189

RESTAURANTS

Cochabamba – Restaurant Gopal, calle Espana N-250 (Galeria Olimpia)/ Tel. & Fax +591 (42) 34082
Cochabamba – Restaurant Govinda, calle Mexico E0303/ Tel. & Fax +591 (42) 22568
Cochabamba – Restaurant Tulasi, Av. Heroinas E-262
La Paz – Restaurant Imperial, Calle Sagarnaga No. 213
Oruro – Restaurant Govinda, Calle 6 de Octobre No. 6071/
Santa Cruz, Bolivien – Snack Govinda, Calle Bolivar esq. Av. Argomosa (1ero anillo)/ Tel. +591 (3) 345189
Sucre – Restaurant Sat Sanga, Calle Tarapacá No. 161/ Tel. +591 (64) 22547

FARMGEMEINSCHAFT

über ISKCON Cochabamba

BRASILIEN

Belém, PA – Av. Almirnante Barroso, 1012, Centro, CEP 660023 000/ Tel. +55 (91) 243-0558
Belo Horizonte, MG – R. Ametista, 212, Prado, CEP 304120/ Tel. +55 (31) 332-8460
Brazilia, DF – SCRS, 509 Bloco A Entrada 79, sala 2 asa sul, CEP 70360 510/ Tel. +55 (61) 272-3111
Campania Grande, PB – R. Verancio Naiva, 136, Centro
Campos, RJ – Rua Barao de Miracema, 186, Centro, CEP 28016 100, Campos dos Goitacazes
Curitiba, PR – Al. Cabral, 670, Centro, CEP 80410 210/ Tel. +55 (41) 277-3176
Florianopolis, SC – R. Cesar Augusto de Souza, 319, Careanos, CEP 88047440
Fortaleza, CE – R. José Laurenco, 2114, Aldeota, CEP 60115 228/ Tel. +55 (85) 264-1273
Goiania, GO – R. Centro e Treze, B-85, CEP 47020 050)/ Tel. +55 (62) 224-9820
Manaus, AM – Av. 7 de Setembro, 1559, Centro, CEP 69005 141/ Tel. +55 (92) 232-0202
Natal, RN – Praia de Serinhaem, 2254, Ponta Negra, CEP 55092 180
Petropolis, RJ – R. do Imperador, 349, Sobreloja 9, Centro CEP 25620 002
Porto Alegre, RS – R. Tomás Flores, 331, Bonfim, CEP 90035 201/ Tel. +55 (51) 233-1474
Recife, PE – R. Democlitos de Souza Filho, 235, Madalena, 50001 970
Ribeirao Preto, SP – R. Carlos Gomes, 2315, Campos Elásios, CEP 14085 400/ Tel. +55 (16) 628-1533
Rio de Janeiro, RJ – R. Mucu, 120, Alto da Boa Vista, CEP 20331 180/ Tel. +55 (21) 267-0052
Salvador, BA – Rua Alvaro Adorno, 17, Brotas, 40225 460/ Tel. +55 (71) 382-1064
Sao Carlos, SP – Ruo Emilio Ribas, 195, Centro, CEP 13563 060
Sao Paulo, SP – Av. Angelica, Santa Cecilia, CEP 01227 200/ Tel. +55 (11) 259-7352

FARMGEMEINSCHAFTEN

Parati, RJ - Goura Vrindavana, CP 062, Serto Idaiatuba, CEP 23970 020
Pindamonhangaba, SP - Nova Gokula, Bairro de Ribeirao Grande, CP 108, CEP 12400 000)/ Tel. & Fax +55 (12) 982-9036
Teresopolis, RJ - Nova Vrajabhumi, Canoas, CP 93468, CEP 25951 970

RESTAURANT

Caxias do Sul, RS - R. Italia Travi, 601, Rio Branco, CEP 95097 710

MEXICO

Guadalajara – Pedro Moreno No. 1791, Sector Juarez, Jalisco/ Tel. +52 (3) 616-0775
Mexico City – Gob. Tiburcio Montiel No. 45, 11850 Mexico, D.F./ Tel. & Fax +52 (5) 271-1953
Mexico City – Coahuila 135 C, Col. Roma, 06700, Mexico D.F./ Tel. +52 (5) 514-3071
Monterrey – Av. Luis Elizondo No. 400, local 12, Col. Alta Vista/ Tel. +52 (8) 387-3028
Saltillo – Blvd. Saltillo No. 520, Col. Buenos Aires/ Tel. +52 (84) 178752
Tulancingo – Postanschrift: Arpatado 252, Tulancingo, Hildago/ Tel. & Fax +52 (775) 34027

FARMGEMEINSCHAFT

Guadalajara – (über ISKCON Guadalajara)
Veracruz – Postanschrift: Jesus Garcia 33, Col. Ferrocarril, Cerro Azul, Veracruz

RESTAURANTS

Guadalajara – (siehe ISKCON Guadalajara)
Veracruz – Restaurante Radhe, Sur 5 No. 50, Orizaba, Ver./ Tel. +52 (272) 57525

PERU

Lima – Carretera Central Km. 32 (frente a la curva baja a la Cantuta) Chosica/ Tel. & Fax +51 (14) 4910250
Lima – Schell 634 Miraflores/ Tel. +51 (14) 444-2871
Lima – Av. Garcilazo de la Vega 1670/ Tel. +51 (14) 4332589

FARMGEMEINSCHAFT

Hare Krishna-Correo De Bella Vista – DPTO De San Martin

RESTAURANTS

Cuzco – Espaderos 128
Lima – Schell 634 Miraflores

ÜBRIGE LÄNDER

Asunción, Paraguay – Centro Bhaktivedanta, Mariano R. Alonso 925, Asunción/ Tel. +595 (21) 480-266, Fax 490-449
Bogotá, Kolumbien – Calle 72, No.20-60, Bogota (Postanschrift: Apartado Aereo 58680, Zona 2, Chapinero)/ Tel. & Fax +57 (1) 2534529, 2482234
Buenos Aires, Argentinien – Centro Bhaktivedanta, Andonaegui 2054 (1431)/ Tel. +54 (1) 523-4232, Fax 523-8085
Cali, Kolumbien – Avenida 2 EN, #24N-39/ Tel. +57 (23) 68-88-53
Caracas, Venezuela – Avenida Berlin, Quinta Tia Lola, La California Norte/ Tel. +58 (2) 225463
Chinandega, Nicaragua – Edificio Hare Krsna NO.108, Del Banco National 10 mts abajo, #108/ Tel. +505 (341) 2359
Essequibo Coast, Guyana – New Navadvipa Dham, Mainstay, Essequibo Coast
Georgetown, Guyana – 24 Uitvlugt Front, West Coast Demerara
Guatemala, Guatemala – Calzada Roosevelt 4-47 tercer nivel, Zona 11
Guayaquil, Ecuador – 6 de Marzo 226 V.M. Rendon/ Tel. +593 (4) 308412, 309420
Montevideo, Uruguay – Centro de Bhakti-Yoga, Mariano Moreno 2660, Montevideo/ Tel. +598 (2) 477919
Panama, Republik Panama – Via las Cumbres, entrada Villa Zaita, frente a INPSA No. 1 (Postanschrift: P.O. Box 6-1776, El Dorado, Panama)
Pereira, Kolumbien – Carrera 5a, #19-36
Quito, Ecuador – Inglaterra y Amazonas
Rosario, Argentinien – Centro de Bhakti-Yoga, Paraguay 556, (2000) Rosario/ Tel. +54 (41) 252630, 264243, Fax 490838
San José, Costa Rica – Avenida 6 y calle, de la Pizza Hut 30 mtrs. al oeste (Postanschrift: Apartado 166 1002, Paseo de los Estudiantes)
San Salvador, El Salvador – Postanschrift: P.O. Box 1506/ Tel. +503 780799
Santiago, Chile – Carrera 330/ Tel. +56 (2) 698-8044
Santa Domingo, Dominikanische Republik – über Gobhatta Dasa, P.O. Box 14909/ Tel. + 1 (809) 541-9714
Tegucipalpa, Honduras – Arpatado Postal 30305/ Tel. +504 32-3172, Fax 504 43-7806
Trinidad and Tobago, Westindische Inseln – Orion Drive, Debe/ Tel. +1 (809) 647-3165
Trinidad and Tobago, Westindische Inseln – Prabhupada Ave. Longdenville, Chaguanas

FARMGEMEINSCHAFTEN

Argentinien (Bhaktilata Puri) – Ciudad de la Paz 3554 (1429) Capital Federal/ Tel. +54 (1) 523-8085
Costa Rica – Nueva Goloka Vrindavana, Carretera a Paraiso, de la entrada del Jardin Lancaster (por Calle Concava), 200 metros al sur (mano derecha) Cartago (Postanschrift: Apdo. 166, 1002)/ Tel. +506 51-6752
Ecuador (Nueva Mayapur) – Ayampe (Nähe Guayaquil)
Ecuador (Giridharidesha) – Chordeleg (near Cuenca), Cassiga Postal 01.05.1811, Cuenca/ Tel. +593 (7) 255735
El Salvador – Carretera a Santa Ana, Km. 34, Canton Los Indios, Zapotitan, Dpto. de La Libertad
Guyana – Seawell Village, Corentyne, East Berbice
Kolumbien (Nueva Mathura) – Cruzero del Guali, Municipio de Caloto, Valle del Cauca/ Tel. +57 (23) 612688 en Cali

RESTAURANTS

Buenos Aires, Argentinien – Jagannath Prasadam, Triunvirato 4266, 1428 Buenos Aires Cap.Fed./ Tel. +54 (1) 521-3396
Buenos Aires, Argentinien – Restaurante Tulasi, Marcelo T. de Alvear 628, Local 30/ Tel. +54 (1) 311-0972
Guatemala, Guatemala – Callejor Santandes a una cuadra abajo de Guatel, Panajachel Solola
Quito, Ecuador – (siehe ISKCON Quito)
San Salvador, El Salvador – 25 Avenida Norte 1132

ASIEN

INDIEN

Agartala, Tripura – Assam-Agartala Rd., Banamalipur, 799001
Ahmedabad, Gujarat – Sattelite Rd., Gandhinagar Highway Crossing, Ahmedabad 380054/ Tel. +91 (79) 6749945, 6749827
Allahabad, U.P. – 161 Kashi Nagar, Baluaghat, Allahabad 211003/ Tel. +91 (532) 653318
Bamanbore, Gujarat – N.H. 8A, Surendranagar District
Bangalore, Karnataka – Hare Krishna Hill, 1 'R' Block, Chord Road, Rajaji Nagar 560 010/ Tel. +91 (80) 332 1956, Fax 332-4818
Belgaum, Karnataka – Shukravar Peth, Tilak Wadi, 590006
Bharatpur, Rajasthan – c/o Jeevan Nirman Sansthan, 1 Gol Bagh R., 321001 Bharatpur/ Tel. +91 (5644) 22044, Fax 25742
Bhubaneswar, Orissa – National Highway No. 5, IRC Village, 751015/ Tel. +91 (674) 413517, 413475
Bombay – siehe Mumbai
Chandigarh, Punjab – Hare Krishna Land, Dakshin Marg, Sector 36-B, 160036/ Tel. +91 (172) 601590, 603232
Chennai, Tamil Nadu – 59, Burkuit Rd., T. Nagar, 600017/ Tel. +91 (44) 434-3266, Fax 434-5929
Coimbatore, Tamil Nadu – Padmam 387, VGR Puram, Alagesan Road 1, 641011/ Tel. +91 (422) 435978, 442749, Fax 446355
Dwarka, Gujarat – Bhartiya Bhuvan, Dwarka Dham, Dist. Jamnagar, 361335/ Tel. (c/o Shantilal) +91 (2892) 34606, Fax (2892) 34319
Guntur, A.P. – Opp. Sivalayam, Peda Kakani 522509
Guwahati, Assam – Ulubari Charali, South Sarania, Gauhati 781001/ Tel. +91 (361) 545963
Hanumkonda, A.P. – Neeladri Rd., Kapuwada, 506011/ Tel. +91 (8712) 77399
Haridwar, U.P. – Prabhupada Asram, Nai Basti, Bhimgoda, 249401/ (Postanschrift: P.O. Box 4)/ Tel. +91 (133) 422655, 425849
Hyderabad, A.P. – Hare Krishna Land, Nampally Station Rd., 500001/ Tel. +91 (40) 592018, 552924
Imphal, Manipur – Hare Krishna Land, Airport Road, 795001/ Tel. +91 (385) 221587
Jaipur, Rajasthan – G-110 Uday Path, Shyam Nagar, Jaipur 302019/ Tel. +91 (141) 364022, Fax (141) 370947
Kalkutta, Westbengalen – 3C Albert Rd., 700017/ Tel. +91 (33) 2473757, 2476075, Fax 247-8516
Katra, Jammu und Kashmir – Srila Prabhupada Ashram, Srila Prabhupada Marg, Kalka Mata Mandir, Katra (Vashnov Mata) 182101/ Tel. +91 (1991) 33047
Kurukshetra, Haryana – 369 Gudri Muhalla, Main Bazaar, 132118/ Tel. +91 (1744) 22806, 23529
Lucknow, U.P. – 1 Ashak Nagar, Guru Govind Singh Marg, 226018
Madras – siehe Chennai
Mangalore, Karnakata – Hare Krishna Ashram, Rosario Church Rd., Pandeshwar, 574001 Mangalore/ Tel. +91 (824) 420474
Mayapur, Westbengalen – Shree Mayapur Chandrodaya Mandir, Shree Mayapur Dham, Dist. Nadia (P.O. Box 10279, Bllyganj, Calcutta 700019)/ Tel. +91 (3472) 45239, 45240, 45233, Fax 45238
Moirang, Manipur – Nongban Ingkhon, Tidim Rd./ Tel. 795133
Mumbai, Maharashtra – Hare Krishna Land, Juhu 400049/ Tel. +91 (22) 6206860, Fax 6205214
Mumbai, Maharashtra – 7 K.M. Munshi Marg, Chow Patty 400007/ Tel. +91 (22) 3634078, Fax 3677941
Mumbai, Maharashtra – Shrusthi Complex, Mira Road (E), opposite Royal College, Thane, 401107/ Tel. +91 (22) 8817795, 8118875
Nagpur, Maharashtra – 70 Hill Road, Ramnagar, 440010/ Tel. +91 (712) 529932
Neu-Delhi – Sant Nagar Main Road (Garhi), hinter Nehru Place Complex (Postanschrift: P.O. Box 7061), New Delhi 110065/ Tel. +91 (11) 6419701, 6412058, Fax 6433540 (Attn: ISKCON)
Neu-Delhi – 14/63, Punjabi Bagh, 110026/ Tel. +91 (11) 5410782
Pandharpur, Maharashtra – Hare Krishna Ashram, across Chandrabhaga River, Dist. Sholapur, 413304/ Tel. +91 (7315) 35159
Patna, Bihar – Rajendra Nagar Road No. 12, 800016/ Tel. +91 (612) 50765
Puna, Maharashtra – 4 Tarapoor Rd. Camp, 411001/ Tel. +91 (212) 667259
Puri, Orissa – Sipasurubuli Puri, Dist. Puri/ Tel. +91 (6752) 24592, 24594
Puri, Orissa – Bhakti Kuthi, Swargadwar, Puri/ Tel. +91 (6752) 23740
Secunderabad, A.P. – 27 St. John's Road, 500026/ Tel. +91 (840) 805232, Fax 814021
Silchar, Assam – Ambikapatti, Silchar, Cachar Dist., 788004
Siliguri, Westbengalen – ISKCON, Bhaktivedanta Swami Marg, Gitalpara 734406/ Tel. +91 (353) 426619, Fax 526130
Sri Rangam, Tamil Nadu – 16A Thiruvadi street, Trichy, 620 006/ Tel. 433945
Surat, Gujarat – Rander Rd., Jahangirpura, 395005/ Tel. +91 (261) 685516, 685891
Surat, Gujarat – Bhaktivedanta Rajavidyalaya, Krishnalok, Surat-Bardoli Rd. Gangapur, P.O. Gangadhara, Dist. Surat, 394310/ Tel. +91 (261) 667075
Thiruvananthapuram (Trivandrum), Kerala – T.C. 224/1485, WC Hospital Rd., Thycaud, 695014/ Tel. +91 (471) 68197
Tirupati, A.P. – K.T. Road, Vinayaka Nagar 517507/ Tel. +91 (8574) 20114
Udhampur, Jammu und Kashmir – Srila Prabhupada Ashram, Prabhupada Marg, Prabhupada Nagar, Udhampur 182101/ Tel. +91 (1992) 70298
Vadodara (Baroda), Gujarat – Hare Krishna Land, Gotri Rd., 390021/ Tel. +91 (265) 326299, 331012, Fax 331013
Vallabh Vidyanagar, Gujarat – ISKCON Hare Krishna Land, Vallabh Vidyanagar 338120/ Tel. +91 (2692) 30796
Vrindavana, U.P. – Krishna-Balaram Mandir, Bhaktivedanta Swami Marg, Raman Reti, Mathura Dist., 281124/ Tel. +91 (565) 442478, 442355, Fax 442596

FARMGEMEINSCHAFTEN

Ahmedabad District, Gujarat – Hare Krishna Farm, Katwada (über ISKCON Ahmedabad)
Assam – Karnamadhu, Dist. Karimganj
Chamorshi, Maharashtra – 78 Krishnanagar Dham, District Gadhachiroli, 442603/ Tel. +91 (218) 623473
Hyderabad, A.P. – P.O. Dabilpur Village, Medchal Tq., R.R. District, 501401/ Tel. 552924
Karnakata – Bhaktivedanta Eco-Village, Nagodi P.O., Vollur Valley, Hosanagar Taluq, Shivmoga District, Karnakata 577425 (Postanschrift: Garuda Guha, Kollur, D.K. District, Karnakata 576220)
Mayapur, Westbengalen – (über ISKCON Mayapur)

RESTAURANTS

Bombay – Govinda's (siehe Hare Krishna Land)
Kalkutta – Hare Krishna Karma-free Confectionary, 5 Russel St., 700071
Mayapur – Govinda's (siehe ISKCON Mayapur)
Vrindavana – Gästehaus des Krishna-Balaram Mandir

ÜBRIGE LÄNDER

Cagayan de Oro, Philippinen – 30 Dahlia St., Ilaya Carmen, 900 Cagayan de Oro (c/o Sepulveda's Compound)

Chittagong, Bangladesh – Caitanya Cultural Society, Sri Pundarik Dham, Mekhala, Hathazari (Postanschrift: GPO Box 877, Chittagong)/ Tel.+88 (31) 225822
Colombo, Sri Lanka – 188 New Chetty St., Colombo 13/ Tel. +94 (1) 433325
Dhaka, Bangladesh – 5 Chandra Mohon Basak St., Banagram, Dhaka 1203/ Tel. +88 (2) 252428
Hong Kong – 27 Chatam Road South, 6/F, Kowloon/ Tel. +852 (2) 7396818, Fax 724-2186
Iloilo City, Philippinen – 13-1-1 Tereos St., La Paz, Iloilo City, Iloilo/ Tel. +63 (33) 73391
Jakarta, Indonesien – P.O. Box 2694, Jakarta Pusat 10001/ Tel. +62 (21) 4899646
Jessore, Bangladesh – Nitai Gaur Mandir, Kathakhali Bazaar, P.O. Panjia, Dist. Jessore
Jessore, Bangladesh – Rupa-Sanatana Smriti Tirtha, Ramsara, P.O. Magura Hat, Dist. Jessore
Kathmandu, Nepal – Budhanilkantha, Kathmandu (Postanschrift: P.O. Box 3520)/ Tel. +977 (1) 371743, Fax 414409 (Attn: ISKCON)
Kuala Lumpur, Malaysia – Lot 9901, Jalan Awan Jawa, Taman Yarl, 58200 K.L./ Tel. +60 (3) 780-7355, -7360, Fax 781-1644
Manila, Philippinen – Penthouse Liwag Bldg., 3307 Mantanzas St., Makati, Metro Manila/ Tel. +63 (2) 8337883 loc.10
Phnom Penh, Kampuchea – 49ZE Preah Sothearos St., Sankat Tunle Bassac, Khan Chamcar Mon/ Tel. +855 (23) 721742
Taipei, Taiwan – (Postanschrift: c/o ISKCON Hong Kong)
Tel Aviv, Israel – 16 King George St. (Postanschrift: P.O. Box 48163, Tel Aviv 61480)/ Tel. +972 (3) 528-5475, 629-9011, Fax 629-9011
Tokio, Japan – 4-19-6 Subaru 1F, Kamatikada, Nakano, Tokyo 164-0002/ Tel. +81 (3) 5343-9147, Fax 5343-3812
Yogyakarta, Indonesien – P.O. Box 25, Babarsari YK, DIY

FARMGEMEINSCHAFTEN

Indonesien – Govinda Kunja (über ISKCON Jakarta)
Malaysia – Jalan Sungai Manik, 36000 Teluk Intan, Perak/ Tel. +63 (32) 83254

RESTAURANTS

Cebu, Philippinen – Govinda's, 6th Door, Socorro Bldg., Corner Juana Osmena & Don R. Aboitz Sts., Cebu City/ Tel. +63 (32) 2534304
Kuala Lumpur, Malaysia – Govinda's, 16-1 Jalan Bunus Enam, Masjid India/ Tel. +60 (3) 780-7355, -7360, -7369

AFRIKA

NIGERIA

Abeokuta – Ibadan Rd., Obantoko, hinter NET (Postanschrift: P.O. Box 5177)
Benin City – 108 Lagos Rd., Uselu/ Tel. +234 (52) 247900
Enugu – 8 Church Close, off College Rd., Housing Estate, Abakpa-Nike
Ibadan – 1 Ayo Akintoba St., Agbowo, University of Ibadan
Jos – 5A Liberty Dam Close, P.O. Box 6557, Jos
Kaduna – 8B Dabo Rd., Kaduna South, P.O. Box 1121, Kaduna
Lagos – 25 Jaiyeola Ajata Estate, off International Airport Express Rd., Lagos (Postanschrift: P.O. Box 8793, Lagos)/ Tel. & Fax +234 (1) 876169
Port Harcourt – Second Tarred Road, Ogwaja Waterside (Postanschrift: P.O. Box 4429, Trans Amadi)
Warri – Okwodiete Village, Kilo 8, Effurun/Oreropke Rd. (Postanschrift: P.O. Box 1922, Warri)

SÜDAFRIKA

Durban (Natal) – 50 Bhaktivedanta Circle, Chatsworth Centre, Chatsworth 4030 (Postanschrift: P.O. Box 56003)/ Tel. +27 (31) 433328, Fax 438198
Johannesburg – 14 Goldreich St., Hillbrow, 2001 (Postanschrift: P.O. Box 10667, Johannesburg 2000)/ Tel. +27 (11) 484-7170, Fax 484-6279
Kapstadt – 17 St. Andrews Rd., Rondebosch 7700/ Tel. +27 (21) 689-1529, Fax 686-8233
Port Elizabeth – 15 Whitehall Court, Western Rd., 600 Port Elizabeth/ Tel. & Fax +27 (41) 534330
Pretoria – 1189 Church St. Hatfield, 0083 (Postanschrift: P.O. Box 14077, Hatfield, 0028)/ Tel. & Fax +41 (12) 342-6216

RESTAURANTS

Durban – Govinda's (siehe ISKCON Durban)
Johannesburg – (siehe ISKCON Johannesburg)

ÜBRIGE LÄNDER

Accra, Ghana – Samsam Rd., Off Accra-Nswawam Hwy, Medie, P.O. Box 11686, Accra North
Gaborone, Botswana – P.O. Box 201003/ Tel. +267 307768, Fax 301988
Kampala, Uganda – Bombo Rd., Nähe Makerere University (Postanschrift: P.O. Box 1647, Kampala)/ Fax. +256 (41) 251145
Kisumu, Kenia – P.O. Box 547/ Tel. +254 (35) 42546, Fax 43294
Marondera, Simbabwe – 6 Pine Street (Postanschrift: P.O. Box 339)/ Tel. +263 (28) 8877801
Mombasa, Kenia – Hare Krishna House, Sauti Ya Kenya and Kisumu Rds. (Postanschrift: P.O. Box 82224, Mombasa)/ Tel. +254 (11) 312248
Nairobi, Kenia – Muhuroni Close, off West Nagara Rd. (Postanschrift: P.O. Box 28946, Nairobi)/ Tel. +254 (5) 744365, Fax 740957
Phoenix, Mauritius – Hare Krishna Land, Pont Fer, Phoenix (Postanschrift: P.O. Box 108, Quartre Bornes, Mauritius)/ Tel. +230 696-5804, Fax 465-1066
Rose Hill, Mauritius – 13 Gordon St./ Tel. +230 454-5272

FARMGEMEINSCHAFT

Mauritius (ISKCON Vedic Farm) – Hare Krishna Rd., Vrindaban, Bon Acceuil/ Tel. +230 418-3955

AUSTRALIEN UND OZEANIEN

AUSTRALIEN

Adelaide – 227 Henley Beach Rd., Torrensville, S.A. 5031/ Tel. +61 (8) 234-1378, Fax 8234-1418
Brisbane – 95 Bank Rd., Graceville, (Postanschrift: P.O. Box 83, Indooroopilly) QLD 4086/ Tel. +61 (7) 3379-5455, Fax 3379-5880
Canberra – 117 Hawksbury Crescent, Farrer, ACT 2607/ Tel. +61 (6) 290-1869, Fax 286-4700
Melbourne – 197 Danks St., Albert Park (Postanschrift: P.O. Box 125), Victoria 3206/ Tel. +61 (3) 9699-5122, Fax 9690-4093
Perth – 144 Railway Parade (Postanschrift: P.O. Box 102), Bayswater, W.A. 6053/ Tel. +61 (9) 370-1552, Fax 272-6636
Sydney – 180 Falcon St., North Sydney, N.S.W. 2060 (Postanschrift: P. O. Box 459, Cammeray, N.S.W. 2062)/ Tel. +61 (29) 959-4558, Fax 957-1893
Sydney – 180 Falcon St., North Sydney, NSW 2060 (Postanschrift: P.O. Box 459, Cammerey, NSW 2062)/ Tel. +61 (2) 959-4558, Fax 957-1893

FARMGEMEINSCHAFTEN

Bambra (New Nandagram) – Oak Hill, Dean's Marsh Road, Bambra, VIC 3241/ Tel. +61 (52) 887383, Fax 887309
Millfield, N.S.W. – New Gokula Farm, Lewis Lane (off Mt. View Rd. Millfield near Cessnock), (Postanschrift: P.O. Box 399, Cessnock), 2325, N.S.W./ Tel. +61 (49) 98-1800, Fax: Tempel in Sydney
Murwillumbah (New Govardhana) – Tyalgum Rd., Eungella, via Murwillumbah (Postanschrift: P.O. Box 687), N.S.W. 2484/ Tel. +61 (66) 726579, 723047, Fax 431226

RESTAURANTS

Adelaide – Food for Life, 79 Hindley St./ Tel. +61 (8) 82315258
Brisbane – Govinda's, 1. Etage, 99 Elizabeth St., QLD 4000/ Tel. +61 (7) 3210-0255
Brisbane – Hare Krishna Food for Life, 190 Brunswick St., Fortitude Valley/ Tel. +61 (7) 3854-1016
Melbourne – Crossways, 1. Etage, 123 Swanston St., Melbourne, Victoria 3000/ Tel. +61 (3) 9650-2939
Melbourne – Gopal's, 139 Swanston St., Melbourne, Victoria 3000/ Tel. +61 (3) 9650-1578
Murwillumbah – 91 Main Street, Murwillumbah N.S.W. 2484/ Tel. +61 (66) 726767
Perth – Hare Krishna Food for Life, 200 William St., Northbridge, WA 6003/ Tel. +61 (9) 227-1684
Sydney – Hare Krishna Food for Life, 529b Kind St., Newtown, NSW 2042/ Tel. +61 (29) 550-6524

NEUSEELAND, FIJI UND PAPUA-NEUGUINEA

Christchurch, Neuseeland – 83 Bealey Ave. (Postanschrift: P.O. Box 25-190 Christchurch)/ Tel. +64 (3) 665174, Fax 661965
Labasa, Fiji – Delailabasa (Postanschrift: P.O. Box 133)/ Tel. +679 812912
Lautoka, Fiji – 5 Tavewa Ave. (Postanschrift: P.O. Box 125)/ Tel. +679 664112, Fax 663039
Port Moresby, Papua-Neuguinea – Section 23, Lot 46, Gordonia St., Hohola (Postanschrift: P.O. Box 571 POM NCD)/ Tel. +675 259213
Rakiraki, Fiji – Rewasa, Rakiraki (Postanschrift: P.O. Box 204)/ Tel. +679 694243
Suva, Fiji – Joyce Place, Off Pilling Rd., Nasinu 7½ miles, Samabula (P.O. Box 6376)/ Tel. +679 381161
Wellington, Neuseeland – 60 Wade St., Wadestown, Wellington (Postanschrift: P.O. Box 2753, Wellington)/ Tel. +64 (4) 4720510

FARMGEMEINSCHAFT

Auckland, Neuseeland – Hwy. 18, Riverhead, neben dem Huapai Golf Course (Postanschrift: R.D. 2, Kumeu, Auckland)/ Tel. +64 (9) 4128075, Fax 412-7130

RESTAURANTS

Auckland, Neuseeland – Gopal's, 1. Etage, Civic House, 291 Queen St./ Tel. +64 (9) 3034885
Christchurch, Neuseeland – Gopal's, 143 Worcester St./ Tel. +64 (3) 366-7035
Labasa, Fiji – Hare Krishna Restaurant, Naseakula Road/ Tel. +679 811364
Lautoka, Fiji – Gopal's, Ecke Yasawa St. und Naviti St./ Tel. +679 662990
Suva, Fiji – Gopal's, 18 Pratt St./ Tel. +679 314154